해방이후 재일한인 외교문서 해제집

┃제10권┃

(1980~1984)

동의대학교 동아시아연구소 편저

이경규 이행화 이재훈 김선영 공저

박문사

머리말

　본 해제집은 동의대학교 동아시아연구소 인문사회연구소 지원사업(2020년 선정, 과제명「해방이후 재일조선인 관련 외교문서의 수집 해제 및 DB구축」)의 5차년도 성과물이며, 해방이후 재일한인에 관련된 대표적인 사건을 이해하는데 중요하다고 생각되는 외교문서를 선별하여 해제한 것이다. 본 해제집『재일한인 관련 외교문서 해제집』은 1980년부터 1984년까지 한국정부 생산 재일한인 관련 외교문서를 대상으로, 한국정부의 재일한인 정책을 비판적이고 상대적인 관점에서 통합적인 연구를 추진하는 것을 목적으로 간행된 것이다. 제10권에서는「재일본 한국인 법적지위 및 복지향상 문제」(1980~1982)에 관련된 외교문서를 다루었다.

　현재, 재일한인 사회는 탈식민과 분단의 재일 70년을 지나면서 한일 관계사의 핵으로 남아 있으며, 그만큼 한일과 남북 관계에서 이들 재일한인 사회가 갖는 의미는 강력하다고 할 수 있다. 바꾸어 말하면, 재일한인 사회를 한국과 일본 사이에 낀 지점에서 정치적이고 민족적인 이데올로기를 주입하여 부정적인 이미지로 읽어온 관점은 더 이상 유효하지 않다. 재일한인 사회는 한국과 일본을 상대화시키며 복합적인 의미망을 만들어내고 있기 때문에 오히려 한국과 일본, 그리고 남북 분단의 문제를 새롭게 재조명할 수 있는 위치로 자리매김할 필요가 있다. 특히, 현재 동아시아의 지형도가 급속도로 변화하고 있다는 점에서 남북의 역사적 관계사를 통합적으로 상대화할 수 있는 이른바 중간자로서의 재일한인 연구는 반드시 필요하다. 이에 본 연구팀은 재일한인 사회와 문화가 갖는 차이와 공존의 역학이 한국과 일본, 그리고 북한을 둘러싼 역동적인 관계망 속에서 어떠한 기제로 작동하고 있는지, 한일 양국의 외교문서를 통해서 살펴보고자 하는 것이다.

　지금까지 재일한인 관련 외교문서에 대한 선행연구는 한일회담 관련 외교문서를 연구하는 과정 속에서 일부 재일한인의 북한송환사업 및 법적지위협정 문제를 다루고 있을 뿐, 해방이후부터 현재까지의 전체상을 파악할 수 있는 연구는 전무한 상태이다. 특히, 한국인 연구자는 재일한인 연구를 통해 일본의 내셔널리즘을 점검·수정하는 것에 집중한 나머지, 재일한인 사회와 문화에 한국이 어떠한 형태로 개입해 왔는지에 대해서는 그다지 관심을 두지 않았다. 따라서 본 연구팀에서는 한국정부의 재일한인 정책을 비판적이고 상대적인 관점에서 통합적 연구를 추진하기 위해, 한국정부의 재일한인 관련 외교문서는 물론이고 민단을 비롯한 재일한인단체가 발행한 자료를 수집하여 심화연구의 기초적인 자료로 활용할 계획이다. 이를 통해, 재일한인을 연구하는 한국인 연구자의 중립적인 포지션을 비판적으로 사유하고, 한국인의 내셔널리즘까지 포괄적으로 점검·수정할 수 있는 획기적인 토대자료 구축 및 새로운 연구방법론을 모색·제시하고자 한다.

　본 해제집 제10권에서 다루게 될 외교문서에 대해서 간략히 소개한다. 「재일본 한국인 법적지위 및 복지향상 문제」(1980~1982) 관련 문서는 일본 정부가 국제인권규약에 비준하면서 재일한인 법적지위의 변화 과정을 엿볼 수 있는 자료로 구성되어 있다. 한국 정부는 일본 국내법 개정 조치에 재일한인 문제가 포함될 것으로 예상됨에 따라 재일한인의 법적지위 및 복지향상에 관한 교섭에 나서게 된다. 재일한인 협정영주권자는 일본 국민과 같이 납세 의무를 지고 있으면서도 수혜면에서는 일본 국민과 동등한 대우를 받지 못하고 부당한 차별대우를 받고 있는 실정이었다. 국민연금을 비롯한 아동수당, 공영주택 입주 등의 항목이 전혀 적용되지 않거나 적용된다 하더라도 미미한 수준이었다. 한국 정부와 재일민단 등이 재일한인의 법적지위 향상 및 사회복지 개선을 위해 교섭하는 과정과 일본 정부가 국내법 개정 조치를 취해 가는 과정을 살펴볼 수 있는 귀중한 자료이다.

　본 해제 작업은 1년이라는 짧은 기간 동안에 1980년 1월부터 1984년 12월 사이의 한국정부 생산 재일한인 외교문서를 수집하여 DB를 구축하는 작업을 거쳤다. 동아시아연구소의 인문사회연구소 지원사업 연구팀 연구진은 방대한 분량의 자료들을 조사·수집했고, 정기적인 회의 및 세미나를 통해서 서로의 분담 내용들을 공유·체크하면서 해제집 내용의 완성도를 높이는데 심혈을 기울였다.

　마지막으로, 관련 자료 수집에 적극적으로 협조해주신 외교부 외교사료관 담당자 선생님들께 진심으로 감사드리며, 방대한 분량의 자료수집과 해제작업의 악전고투를 마다하지 않고 적극적으로 집필에 임해준 인문사회연구소지원사업 연구팀 선생님들께도 이 자리를 빌려 다시 한번 깊이 감사드린다. 끝으로 이번 해제집 출판에 아낌없는 후원을 해주신 도서출판 박문사에 감사를 드리는 바이다.

2025년 12월
동의대학교 동아시아연구소
소장 이경규

목차

재일본 한국인의 법적지위 향상 문제 1

해제집 이해를 위한 부가 설명

    본 해제집은 해방 이후인 1980년부터 1984년까지 생산된 대한민국 외교문서 중 공개된 재일코리안 관련 사안들을 모아 해제한 것이다. 외무부 파일은 시기와 주제에 따라 분류되어 있으므로 본 해제집에 수록된 파일들도 그 기준에 의해 정리하였다. 본 해제집은 아래와 같은 기준에 의해 작성되었다.

1. 각 해제문은 제목, 해제, 본문, 이하 관련 문서를 수록하였다.

2. 관련 문서는 동일 내용의 중복, 재타자본, 문서상태 불량으로 인한 판독 불가, 여러 사안을 모은 문서철 안에서 상호 맥락이 연결되지 않거나 상대적으로 중요도가 덜한 부분, 개인정보가 담긴 부분은 채택하지 않았다.

3. 관련 문서는 생산 연도순으로 일련번호를 매겼고, 각 문서철의 기능명칭, 분류 번호, 등록번호, 생산과, 생산 연도, 필름 번호, 파일 번호(사안에 따라서는 존재하지 않는 것도 있음), 프레임 번호 등 외교부의 분류 기준을 그대로 사용하였다.

4. 문서의 제목은 생산문서의 원문대로 인용하였으나 제목이 작성되지 않은 경우는 임의로 작성하였다.

5. 문서번호는 전술한 이유로 인해 미채택 문서가 있으므로 편집진의 기준대로 일련번호를 부여하였다.

6. 발신처, 수신처, 작성자, 작성일은 편집부의 형식을 따라 재배치하였다.

7. 인쇄 번짐, 원본 필름의 촬영불량, 판독 불가의 경우 □의 형태로 처리하였으나, 원문에서 판독하기 어렵더라도 동일 사안에서 여러 차례 반복된 단체, 지명, 인명 등은 표기가 명백한 부분을 기준으로 통일성을 기하였고, 오타, 오기 등으로 각기 다르게 표기되었을 경우에는 각주로 이를 처리하였다.

8. 원문의 오기가 있더라도 표기를 그대로 따르는 것을 원칙으로 하였으나, 경우에 따라 임의로 띄어쓰기를 한 곳도 있다.

9. 개인정보 보호를 위해 외교사료관에서 검게 마킹한 부분이 있는데, 여기에 덧붙여 편집부에서 민감한 정보라 생각되는 부분은 ****로 처리하였다.

10. 본문의 한자는 원문과 관계없이 한국어 문서일 때는 정자로, 일본어문서일 때는 약자로 표기하였으나, 문서의 특성에 따라 이를 혼용한 곳도 있다.

재일본 한국인의 법적지위 향상 문제 1

1980년대 전반기 재일한인 법적지위

1970년대까지의 재일한인의 법적지위 및 대우 문제에 대한 한일 양국의 대응은 서로 극명하게 달랐다. 한국측이 재일한인의 영주권과 처우 문제에 대해 적극적으로 나서는 반면에, 일본측은 강제퇴거를 강화하려는 그간의 입장만을 고수하면서 재일한인의 기본권이 침해되는 결과를 초래하게 되었다. 일본측은 주로 강제퇴거 조항을 명분으로 외국인에 대해 강제 추방할 수 있는 권리가 주권국가 일본의 자주적인 권한임을 강조하여 1978년 이후 점차 협정영주권자의 강제송환을 늘려나가는 방향을 견지하고 있었다. 재일한인 법적지위 및 대우 문제에 관한 실무자회의가 1970년대 내내 진행되었지만 제대로 된 해결점을 찾지 못하는 상황에서 일본 정부는 1979년 국제인권규약[1]에 비준하게 된다.

일본 정부가 국제인권규약에 비준하는데는 베트남 난민 문제와 관련이 있다. 1976년 베트남 전쟁에서 북베트남 인민군이 승리하여 베트남사회주의공화국을 수립하였다. 이후 베트남에서는 사회주의 개혁 정책이 전개되어 남부지역을 중심으로 베트남 난민 문제가 발생하게 된다. 일본이 재일외국인 정책에 변화를 가져온 계기가 된 것은 베트남 전쟁으로 인한 대량 난민의 발생이었다. 베트남 난민 문제의 처리 문제를 둘러싸고 G7 국가를 중심으로 인도적인 차원에서 난민을 수용해야 한다는 책임분담론이 대두되었다. 일본 정부도 어쩔 수 없이 1979년 국제인권규약에 가입하여 베트남 난민을 수용할 준비를 시작했다. 이로 인해 1979년부터 공공주택의 입주 자격, 공적 금융기관의 이용 자격에 국적 제한 조항을 부분적으로 폐지하게 된다. 1981년 일본 정부는 난민협약, 난민의정서 등에 가입하고 본격적으로 베트남 난민을 정주외국인으로 수용할 수 있는 태세를 갖추게 된다. 1981년에 일본 정부는 난민협약에서 요구하는 「사회복지제도에서의 내국인과 동등한 대우」를 실현하기 위해 외국인에게 개방하지 않은 국민연금 및 아동수당 등의 관련법에서 국적 제한 조항을 삭제하였다.

이때 비로소 재일한인도 일본 사회복지제도의 적용 대상에 포함되었다. 베트남 난민 수용 문제가 없었다면, 일본 정부가 영주외국인에게 사회복지제도를 적용한 시점은 상당히 늦추어졌을 것이다. 이와 함께 일본 정부는 난민 출신자와 「법률 125호」 해당의 조선적 재일한인과의 법적지위에 형평성이 문제될 수 있다는 점을 확인하게

---

1) 국제인권규약은 1966년 12월 16일 UN 총회에서 채택되어 1976년 3월 23일부터 효력이 발생되기 시작한 다자간 조약이다. 국제인권규약은 경제적·사회적·문화적 권리에 관한 국제규약(International Covenant on Economic, Social and Cultural Rights, A규약)과 시민·정치적 권리에 관한 국제규약(International Covenant on Civil and Political Rights, B규약)으로 나뉘어 있다.

된다. 그러므로 출입국관리령을 일부 개정하여 영주권이 부여되지 않았던 조총련계 재일한인에게도 영주를 허가해주는 「특례영주권」 제도를 도입하였다.

한국 정부는 일본 정부의 국제인권규약 비준 움직임과 관련하여 일본 국내법 개정 조치를 취할 경우에 재일한인 문제가 포함될 것으로 예상됨에 따라 재일한인의 법적 지위 및 복지향상에 관한 교섭 준비에 나서게 된다. 재일한인에 대한 일본 정부의 사회복지정책은 내외국인 불평등의 차별을 두고 있었다. 재일한인 협정영주권자는 일본 국민과 같이 납세 의무를 지고 있으면서도 수혜면에서는 일본 국민과 동등한 대우를 받지 못하고 부당한 차별 대우를 받고 있는 실정이었다. 특히, 국민연금2)을 비롯한 아동수당, 공영주택 입주 등의 항목이 전혀 적용되지 않거나 적용된다 하더라도 미미한 수준이었다. 국민연금은 일본 국민을 대상으로 하고 있기 때문에 재일한인에게는 적용되지 않았고, 아동수당은 일본 국민이 적용 대상이지만 일부 지자체에서 재일한인에게도 부분 적용되는 실정이었다.

국제인권규약에는 「종족, 피부색, 성별, 언어, 종교, 사상, 민족적 또는 사회적 근원, 재산, 사회적 지위」 등을 이유로 한 차별을 금지하는 규정을 두고 있다. 그러므로 재일한인에 대한 각종 차별이나 강제퇴거, 국민연금 가입 제한, 국적 조항 등의 법적 지위 및 처우 문제를 개선하는데 있어서 매우 중요한 국제조약이라고 볼 수 있다. 일본 정부가 국제인권규약에 비준함에 따라서 재일한인들에게는 처우가 개선될 수 있는 중요한 계기가 될 수 있다고 예측되었기 때문에, 주일한국대사관과 재일민단은 재일한인들의 법적지위 향상 및 사회복지 개선을 위하여 적극적으로 대응하기 시작했다.

주일대사관과 재일민단은 국제인권규약을 비롯하여, 난민협약3), 난민의정서4) 내용에 대한 적극적인 검토에 들어갔다. 그리고 당시에는 재일한인의 법적지위에 관한 연구가 거의 없었는데, 도쿄대학 오누마 야스아키 교수의 「한국인의 법적지위에 관한 일고찰」은 재일한인의 문제를 영주권 문제에서 인권의 문제로 보게 되는 중요한

---

2) 1959년 시행된 국민연금법에서 재일한인은 외국국적을 이유로 수급 대상에서 제외되었는데, 국적에 따른 부당한 차별이라며 문제를 제기하는 여러 차례의 소송이 발생하였다.

3) 난민협약은 제2차 세계대전 후에도 계속 발생하는 난민에 대해 인권과 기본적 자유를 보장하고 난민의 지위에 관한 종래의 국제협정을 수정·통합함과 동시에 그들의 적용 범위와 보호를 확대하기 위해 1954년 UN에서 발효된 협약이다. 난민협약은 난민을 「인종, 종교, 국적, 특정의 사회집단의 구성원인 것 또는 정치적 의견을 이유로 박해를 받을 우려가 있는 위험을 갖기 때문에 국적국 외에 있는 자로 그 국적국의 보호를 받을 수 없는 자 또는 그러한 공포를 갖기 때문에 그 국적국의 보호를 받는 것을 바라지 않는 자」로 규정하고 있다. 난민협약의 체약국은 난민에게 형벌을 가해서는 안되고, 합법적으로 체류하는 난민을 추방하지는 않으며, 박해의 우려가 있는 영역의 국경으로 난민을 추방·송환해서는 안 된다.

4) 1967년에 UN에서 택한 협약으로 난민협약의 지역적인 한계 따위를 보완하였다.

계기가 되었다.5) 그리고 기독교 단체를 중심으로 한 시민사회단체가 국제기구를 향해 재일한인들의 인권 문제를 제기하는데 큰 역할을 했다. 특히, 최창화 목사(고쿠라교회)와 강은홍 목사(미국 남장로교회) 등이 제37차 UN인권위원회 제네바회의에 참가하여 재일한인의 문제를 적극적으로 알리는 활동은 국제사회에 재일한인의 인권 문제를 이슈화하는데 상당한 역할을 했다.6)

이러한 과정을 거쳐 1981년 일본 외무성과 후생성은 난민협약 가입 승인 안건을 국회에 제출하면서 난민을 포함한 재일외국인에게 자국민과 동등하게 사회보장제도를 적용할 수 있도록 국민연금법 등의 관계법을 개정하기로 합의하게 된다.

일본 외무성과 후생성의 합의 내용은 다음과 같다.

1) 국민연금에 대해 국적 요건을 철폐하지만 그 외의 조치는 취하지 않음.
2) 아동수당, 아동복지수당, 특별아동부양수당, 복지수당에 대해 국적 요건을 철폐함.
3) 생활보호에 대해서는 일반 외국인과 같이 난민에게도 허용함.

그런데, 국민연금은 일본인이라도 60세까지 25년간 가입하지 않으면 노령연금을 받을 수 없게 되어 있다고 하여, 35세 이상의 재일외국인에 대한 구제 조치는 포함되어 있지 않다는 문제점이 남아 있었다. 국제인권규약 A규약 제9조에 모든 이들이 사회보장을 받을 권리를 규정하고 있는데, 일본이 35세 이상의 재일한인에게 국민연금 가입을 제한하는 것은 재일한인에 대한 차별로서 국제인권규약 A규약 제9조 규정을 위반하고 있는 것이다. 재일외국인의 대다수를 차지하는 재일한인들의 차별을 철폐하여 국민연금의 완전 적용을 요구하는 항의가 빗발치게 된다.

일본 정부는 「출입국관리령」을 「출입국 관리 및 난민 인정법」으로 개정하여 한일 법적지위협정에 의해 협정영주허가의 대상이 되지 않았던 조총련계 재일한인들도 특례영주권자로서 영주가 허가되었다. 이를 통해 재일한인들의 처우도 함께 개선된다는 점을 밝히고 있지만, 난민협약 가입에 따라 정비되는 출입국관리령과 관계되는 국적 조항 철폐에 머물러 있기 때문에 민단을 비롯한 재일한인 단체들은 다시 반발하고 나섰다.

1982년 2월 16일, 도쿄에서 재일한국인 지위 향상에 관한 특별위원회를 개최하여 외국인등록법 개정 문제, 공무원 채용 문제, 국민연금의 전면 적용과 사회보장 문제,

---

5) 大沼保昭(1980)「在日朝鮮人の法的地位に関する一考察」法学協会, 97(2)
6) 재일한인 문제 홍보 영문 책자 『Koreans in Japan』

재사할린 한국인 귀환 문제, 지방선거권 취득 문제 등을 다루었다. 특히, 35세 이상의 국민연금 가입 제한 문제는 경과 조치를 취하여 구제하기로 하였고, 국공립대학 교수 채용에 재일한인이 차별을 받지 않도록 적극적으로 나서기로 하였다. 일본에서 외국인은 국가공무원법의 예외 규정으로 임용되는 경우 이외에는 공무원인 국공립 대학교수에 임용될 수 없었으나, 특별조치법을 통해서 외국인에게도 국공립대학 교수로 임용되는 길이 열리게 되었다.[7]

1983년 2월 17일, 주한일본대사관에 한국의 외국인 변리사 등록에 대한 확인 요청 공문이 도착했다. 1982년 재일한인 정양일 씨가 변리사 시험에 합격하여 변리사 등록을 신청한 상황이기 때문에 한국에서 향후 상호주의를 채용할 가능성이 있는지의 유무를 확인해달라는 공문이었다. 한국에서는 상호주의를 고려하고 있지 않다는 의견을 전달받은 일본 통산성은 재일한인 정양일 씨의 변리사 등록은 불가능하다는 통보를 하게 된다. 정양일 씨는 변리사 시험에 합격했지만, 일본이 외국인 변리사 등록에 관하여 상호주의를 취해 왔으므로 변리사 등록을 하지 못한 사례이다. 그러나 이후 일본 통산성의 변리사 자격 인정에 관한 성령 개정으로 변리사 등록을 인정하였다.[8]

그리고 국공립대학 교원 채용의 경우와 달리 일본의 공립 초중고교의 외국인 교원 채용은 인정되지 않았다. 문부성이 외국인 교원을 인정하지 않는 이유로 (1)공권력의 행사, 공적인 의사결정에 참여하는 공무원은 일본 국적을 필요로 하는 것은 당연한 법리이며, (2)대학교수에 한해서는 이번에 법률로 특별 조치를 한 것이라고 했다. 그러나 현실적으로 재일한인 등 외국인의 취업 차별을 없애라는 빗발치는 반대에 부딪혀 교원 채용 시험의 수험 자격에서 국적 조항을 없애는 지자체가 늘어 갔다. 문부성의 방침은 이러한 움직임을 차단하고자 하는 의도가 당연히 깔려 있었다. 문부성의 강경한 자세로 외국인에게 교원 채용 수험에 문호를 개방한 지역에서도 다시 수험 자격을 인정하지 않는 방침으로 선회하게 되었다.

1983년 4월, 일본 기타큐슈시는 외국인등록증에 지문날인을 거부해온 최창화 목사와 두 딸을 고발하기로 결정했다. 기타큐슈시가 지문날인 거부자에 대해 고발하기로 결정함으로써 고발 사태는 다른 도시로 확산되기 시작했다. 교토 경찰은 교토세이카대학 시간강사인 김명관 씨가 외국인등록증 재발급을 신청할 때 지문날인을 거부했다는 이유로 구속하는 사태가 발행했다. 지문날인과 관련하여 1983년 시점에서 약 30여 건의 지문날인 거부 사례가 발생하여 재일한인의 반발이 예상되는 바 한국 정부에서도 이 문제에 대한 성의 있는 해결을 촉구하고 나섰다.

---

7) 「国立又は公立の大学における外国人教員の任用等に関する特別措置法」(1982.9.1. 法律第89号)
8) 「弁理士第二条第一項第一号に定める外国の国籍を有する者に関する省令」(1983.3.16. 公布)

당시에 일본에서 지문 채취를 당하는 사람은 범죄인과 재일한인을 비롯한 재일외국인 뿐이었다. 전후 일본 정부는 전쟁 희생자들에 대한 피해 보상에 있어서 내국인과 재일한인들을 구별해서 다루었다. 일본 정부가 이렇게 재일한인에 대한 차별 대우를 한다는 것은 언어도단이었다. 김명관 씨가 구속되자 도쿄대학 오누마 야스아키 교수는 「일본 정부의 지문날인 강요는 폐쇄적인 대외정책을 나타내는 상징적인 것이며, 외국인을 죄인시하는 지문날인 제도는 마땅히 철폐해야 한다」고 강조했다. 일본 경찰이 김명관 씨를 구속한 것이 오히려 최창화 목사 등 그동안 지문날인을 거부해 온 많은 재일한인을 비롯하여 이를 지원하는 시민단체들의 지문날인 철폐 운동으로 이어질 가능성이 높은 상황이었다. 이에 일본 전국시장회의에서는 외국인 지문 채취와 외국인등록증 휴대 의무 철폐를 정부에 건의하기로 결의안을 채택했다.

1983년 7월 27일, 재일민단은 법무대신 앞으로 다음과 같은 내용의 지문날인 거부에 관한 요망서를 제출하게 된다.[9]

1) 지문날인은 재일한인에게 과거의 불행한 시대를 상기시킴.
2) 지금까지 민단의 기본 방침은 일본 내에서 준법 운동을 추진하여 왔으나 최근 각지의 지문날인 거부 및 재입국 불허 등 상태에 관해 깊은 우려를 표명함.
3) 85년부터 시행되는 외국인등록 갱신 시기를 맞아 지문 거부 사례수가 많을 것으로 예상됨.
4) 현행 외국인등록법을 조속히 협정영주자를 위한 외국인등록특별법으로 개정 바람.
5) 특히, 지문날인 거부자에 대하여 온건하게 고려하여 주기 바람.

1983년 8월 15일, 재일민단은 외국인의 지문날인, 외국인등록증 상시 휴대 철폐 운동을 전개하기로 결정하였다.[10]

1) 재일민단은 83.9.1.부터 12.9.까지 외국인등록법상의 지문날인 및 등록증 상시 휴대 철폐를 위한 100만인 서명 운동을 전개하기로 결정하였음을 보고합니다.
2) 상기 운동은 83.8.26.~8.27. 개최되는 민단전국지방협의회를 통해 실시, 민단조직별로 1세대당 15명 이상의 서명을 받도록 추진할 계획이며 10.1부터는 가두 서명을 시행할 예정입니다.
3) 동 운동은 9월 및 10월에 각 우호단체, 정당과의 긴밀한 홍보활동을 통하여

---

9) 「指紋押捺拒否に関する要望書」(1983.7.27.)
10) 「外国人登録証 指紋・常時携帯撤廃100万人署名運動」(在日本大韓民国居留民団, 1983.8.15)

재일한국인의 당면과제에 대한 이해를 구하고 11월에는 각급지방의회에 대한 집중적인 요망(청원, 진정) 활동을 일제히 전개하는 방향으로 추진될 것임을 첨언합니다.

1983년 9월 17일, 재일민단은 100만인 서명 운동과 더불어 일본 프레스센터에서 재일한인 문제에 관한 심포지엄을 대대적으로 개최하게 된다.[11] 이날 심포지엄은 일한의원연맹 야스이 겐 회장과 도쿄대학 오누마 야스아키 교수를 비롯한 250여 명의 관계 인사가 참석하여 주제 발표와 토론이 진행되었다. 동년 11월 20일, 재일한인 및 일본인 48명의 관계 인사들은 도쿄 변호사회관 강당에서 지문날인 거부 소송 전국연락협의회 결성대회를 개최하여 재판 투쟁을 전개하고 있는 재일외국인을 지원하고 지문 압날 제도의 폐지 운동을 전개하기로 하였다.[12] 동년 11월 26일, 한·일 변호사협회 제5차 정기총회가 교토 그랜드호텔에서 개최되어 한일 양국 변호사들은 외국인등록증 상시 휴대와 지문 압날 의무 등에 대한 당면 문제의 개선과 재일한인의 지위에 대한 특수성을 인정하고 이들의 정당한 요구를 받아들이기 바란다는 결의문을 채택했다. 이렇게 해서 100만인 서명 운동은 12월 추산 150만이 넘은 성과를 거두게 되었다.

100만인 서명 운동이 진행되는 가운데 재일한인 김현조 씨의 국민연금 지급에 대해 1982년 9월 1심에서 패소하였으나 1983년 10월 도쿄고등재판소 2심 판결에서 승소하였고 사회보험청 장관은 고등재판소 판결에 승복한다는 담화를 발표했다. 김현조 씨는 구청 직원의 권유로 국민연금에 가입하여 1976년 65세가 되어 노령연금 지급을 신청하였으나 외국인은 해당되지 않는다는 사유로 피보험 자격이 취소된 사례이다. 35세 이상의 재일한인 전체에 효력을 미치는 법 개정은 아니지만, 국민연금 문제를 해결해나가는데 중요한 전환점을 마련하였다.

1984년 6월 1일, 「재일한국인 법적지위 및 처우 문제에 관한 제3차 한·일 고위 실무자회의」가 도쿄에서 개최되었다.[13] 제3차 한·일 고위 실무자회의에서 다루어진 토의기록을 정리하면 다음과 같다.

---

11) 「'83在日韓国人問題に関するシンポジウム」(在日本大韓民国居留民団, 1983.9.17)
12) 「指紋押捺拒否問題資料」(指紋拒否訴訟全国連絡協議会, 1983.11.20)
13) 제1차 고위실무자회의는 1981.1.19.~30.(도쿄) 개최하였고, 제2차 고위실무자협의는 1983.6.13.~14.(서울) 개최하였다.

1) 한국측 관심 사항

한국측 요청	일본측 답변
1. 재일한국인 후손 법적지위 확정을 위하여 조속히 실무 협의 개시 제의	1. 개정 국적법 및 특례 영주허가 조치 시행 결과 검토 후, 협의 개시 용의 표명
2. 잠재 거주자 일괄 구제 요청	2. 제반 사정상 사안별 구제 방침 표명
3. 지문 압날 제도 및 외국인등록증 상시 휴대 제도 폐지 요청	3. 외국인등록법을 개정한지(82년 10월) 오래 되지 않아, 현재로서는 어려움.
4. 취업 기회 확대 요청	4. 취업 문제의 중요성을 인식하고 있음.
5. 35세 이상자에 대한 국민연금법의 완전 적용 요청	5. 국회 상정 중인 개정안이 통과되면, 35세 이상자에게도 상당한 혜택이 부여됨.
6. 재일 한국학교 고등부 졸업생의 대학 진학 자격 부여 요청	6. 문부성 인가 기준에 합치될 경우 정규학교로 인가하고자 하며, 구체적인 기준을 마련하도록 하겠음.
7. 사할린 교포 가족 상봉 노력 촉구	7. 앞으로 계속 노력 방침

2) 일본측 관심 사항

일본측 요청	한국측 답변
1. 협정영주권자 중 강제퇴거자 인정 요청	1. 인도적 이유를 들어 거부
2. 일본 밀입국자 규제 요청	2. 협조 방침 표명
3. 일본 입국 한국인의 재류 자격의 활동 규제 요청	3. 협조 방침 표명
4. 재일한국인 보안사범에 대한 인도적 배려 요망	4. 아국 국내문제이므로 공식 거론 거부

제3차 한·일 고위 실무자회의에서 한국측은 재일한인 문제에 대해 일본측의 적극적인 관심과 획기적인 개선 조치를 촉구했다. 제3차 한·일 고위 실무자회의는 이후 7월에 개최 예정인 한·일 외상 회담 등에서 재일한인의 지위 향상을 강력히 촉구하기 위한 기반을 마련한 실무자회의였다고 평가할 수 있다.

제3차 한·일 고위 실무자회의 개최 이전까지의 재일한인 처우 관련 주요 개선 현황을 살펴보면 다음과 같다.

구분	관련 령	개정 시기	내 용
변호사	사법연수생 채용 선발 요령	1977.09.21.	외국인 불가 조항에 최고재판소가 상당하다고 인정하는 자는 가능하다는 단서 조항 삽입
변리사	변리사 등록에 관한 통산성령	1983.03.16.	변리사 등록 인정
공영주택 입주	관계법령 시행 위한 내부 행정지침	1979.04.01.	공영주택 입주 허용
공금용 융자		1980.04.01.	융자 허용
사회복지 관계	아동수당법, 모자복지법 등	1982.01.01.	난민협약, 국제인권규약 가입을 계기로 국적 조항 철폐
국민연금	국민연금법	1982.01.01.	국적 조항 철폐 (단, 35세 이상 고령자 배제)
외국인등록 관계	외국인등록법	1982.10.01.	●등록대상 연령 상향 조정: 14세→16세 ●등록 확인 갱신 기간 연장: 3년→5년 ●상시휴대 의무 위반시 체형 삭제 ●벌과금 인상: 3만엔→20만엔
출입국 관계	출입국관리 및 난민인정법	1982.01.01.	●특례 영주 허가 ●회수 재입국제 실시 ●재입국 허가 기간 연장
국공립대학 교원 임용	국공립대학 교원 임용 특례조치법	1982.09.01.	●국적 조항 철폐 ●82.08.18. 초중고 외국인 교원 불임용 원칙 하달(문부성)

  그리고 1984년 일본에서는 국적법 개정 움직임이 있었다. 1950년 7월부터 1984년 11월까지는 부계혈통주의가 채택되어, 외국인인 부와 일본인인 모 사이에 태어난 아이에게는 일본 국적이 주어지지 않았지만, 무국적아가 문제가 되면서 개정하기에 이르렀다. 종전의 부계혈통주의에서 부모양계혈통주의로 변경한 1984년의 국적법 개정의 배경에는 1985년에 비준 예정이었던 「여성에 대한 모든 형태의 차별 철폐에 관한 조약」14)이 관련되어 있으며 일본 국내법의 정비가 필요한 상황이었다. 이 조약은 비준 당사국으로 하여금 정치, 경제 및 문화 등의 권리를 향유함에 있어 여성에 대한 차별을 철폐할 것을 요구하고 있다. 또한, 비준 당사국들에게 조약의 목적을 추구하기 위해 남녀 간의 평등한 권리를 촉진하는 내용의 긍정적인 각종 조치를 취

---

14) UN이 「UN 10년 여성의 해」를 선포하면서 1979년 제34회 총회 본회의에서 채택하고 1981년 9월 20개국 이상의 비준을 받아 법적 구속력을 갖게 된 국제협정이다.

할 것을 장려하고 있다. 이 조약은 특히 여성들에게 교육 및 고용뿐만 아니라 투표권과 피선거권 등 남녀 간의 평등 실현을 위한 토대를 규정하고 있다. 일본 국적법의 개정은 한국인 부와 일본인 모 사이에 태어난 자녀에게는 한국 국적을 취득하게 하고 있으나 80% 가까이 일본인 모의 호적에 사생아로 등재하고 있었기 때문에 국적법 개정이 진행되면 이들이 구제될 수 있는 상황이었다.

지금까지 일본 정부가 국제인권규약에 비준한 이후 1980년대 전반기의 재일한인의 법적지위 변화 과정을 살펴보았다. 1965년 한일법적지위협정이 체결되어 재일한인은 협정영주권을 부여받게 된 후, 1982년 「출입국 관리 및 난민 인정법」에 따라 한일법적지위협정에서는 협정영주 허가 대상이 아니었던 조총련계 재일한인도 신청에 의해 특례영주권자로 영주가 허가되었다. 그러나 협정영주권자 후손의 법적지위는 미해결 상태로 남아 있게 된다.

1970년대에 접어들면서 새로운 세대로서의 2세대 등장과 법적지위가 어느 정도 확보되기 시작하면서 재일한인 사회에서는 직업에 관한 차별 철폐 운동이 전개되기 시작했다는 점이 1970년대 재일한인 사회의 가장 큰 변화라고 생각된다. 1970년대에 전개되는 직업에 관한 차별 철폐 운동은 다시 1980년대의 지문날인 철폐 운동으로 이어지는 계기를 마련했다는 점에서 중요한 의미를 갖는다.

이러한 법적지위 차별에 대해 재일한인들을 비롯하여 일본인 인권운동가들의 적극적인 개선 운동은 일본 정부에 대해서는 제도적 민족 차별의 문제점을 시정하도록 한 민주화 운동이었고 일본 사회에 대해서는 국제화 및 다문화 공생의 움직임을 확산시키는 계기가 되었다고 평가할 수 있다.

▌관련 문서 ▌

① 재일본 한국인 법적지위 및 복지향상 문제, 1980. 전2권(V.1 1-10월)
② 재일본 한국인 법적지위 및 복지향상 문제, 1980. 전2권(V.2 11-12월)
③ 재일본 한국인 법적지위 향상 문제, 1981
④ 재일본 한국인 인권 등 처우문제, 1981
⑤ 재일본 한국인 법적지위 향상 문제, 1982

① 재일본 한국인 법적지위 및 복지향상 문제, 1980.
전2권(V.1 1-10월)

○ ● ○

기능명칭: 재일본 한국인 법적지위 및 복지향상 문제, 1980. 전2권(V.1 1-10월)

분류번호: 791.23

등록번호: 19604(15156)

생산과: 교민 1과

생산연도: 1980-1980

1. 총무처 공문-외국인의 공무원임용에 관한 조사협력 의견협의 요청

총무처
번호 인기200-24
일자 1980.1.7.
발신 총무처장관
수신 외무부장관
제목 의견협의

　　　재대한민국 일본국 대사로부터 한국에 있어서의 외국인 임용에 관한 공무원
제도 조사협력 의뢰가 있어 별첨과 같이 회신하고저 하는 바 이와 관련되어 본
회신이 재일교포의 일본국 공무원임용 등 법적지위문제에 영향이 있을 수 있는
지에 관한 귀부의 의견을 조속 회신하여 주시기 바랍니다.
첨부 1. 공문사본 1부
　　　 2. 설문회보서 사본 1부.　 끝.

총무처장관

1-1. 공문사본

총무처
번호 인기200-
일자 1980.1.7.
발신 총무처장관
수신 재대한민국일본국대사
제목 한국에 있어서의 외국인임용에 관한 설문서 송부

　　　1. 회신이 지연된 데 대하여 미안하게 생각합니다.
　　　2. 귀대사께서 요청한 별첨설문을 송부하오며 아울러 설문내용만으로는 나
타낼 수 없는 다음 사항을 실시하므로써 이해를 돕고저 합니다.

다음

가. 한국에서는 원칙적으로 외국인의 공무원임용을 인정하지 않고 있읍니다. 그 근거는 대한민국헌법 제22조가 "모든 국민은 법률이 정하는 바에 따라 공무담임권을 가진다"라고 규정하여 공무담임권(公務擔任權)을 국민에게만 인정하고 있기 때문입니다. 따라서 "공무담임"에 해당되는 국가 또는 지방자치단체의 모든 직위에는 외국인의 임용이 불가능하다 할 것입니다.

나. "공무담임"은 해석여하에 따라 그 범위가 달라질 수도 있읍니다만 일반적으로 "공권력의 행사나, 국가 또는 공공단체의 의사의 결정에 참여하는 것"으로 이해한다면 국가공무원법상 일반직 및 별정직공무원은 이에 해당된다 할 것이므로 일반직 및 별정직공무원으로의 외국인 임용은 불가하다 할 것입니다.

다. 그러나 국가공무원법 제85조 내지 제87조, 지방공무원법 제41조의 2, 제41조의 3 및 제41조의 5에 규정된 잡급직원, 전문직원 및 시한부직원의 경우는 비록 국가기관에서 근무를 하드라도 경우에 따라서는 단순한 잡무의 취급, 전문적이거나 특수한 기술의 헌신적인 공여나 조사, 연구, 시험, 검사, 의료업무등에 한시적으로 종사할 뿐 성질상 공권력의 행사나 국가 또는 공공단체의 의사의 결정에 참여하는 것이 아닌 경우가 있을 수 있읍니다. 따라서 외국인의 국가 또는 공공단체에의 고용은 잡급직원, 전문직원 및 시한부직원의 경우에는 가능하다고 생각되나 이 경우에도 공권력의 행사나 공공의사 결정에 참여하지 아니하는 것이 분명한때에 한정된다고 할 것입니다.

라. 위 "다"의 경우를 제외하고는 현재, 교육공무원의 경우에 "국립대학 외국인교수 채용 규정"을 갖고 있어 강의나 연구업무의 수행을 위하여 외국인 교수를 초빙하거나 외국인을 임용할 수 있도록 되어있습니다 이 경우에도 일반적으로 대학교수는 공권력행사나 공공단체의 의사결정에 직접적으로는 참여하지 아니한다는 일반적인 관행에 신뢰를 두고 규정이 만들어진 것으로 믿어집니다.

마. 따라서 현행 한국의 공무원제도 자체는 외국인의 고용을 원칙적으로 전제하지 않고 있기 때문에 이들에 대한 별도의 인사제도(예:보수, 복무조건, 휴가, 선서 등)를 마련하고 있지 아니하고, 현재로서는 고용된 인원은 거의 없는 상태이므로 귀 대사께서 요청한 고용통계 기타 자료를 별도로 드리지 못함을 유감으로 생각합니다.

3. 귀 대사 및 귀대사관 직원의 건승을 축원합니다. 끝.

총무처장관

2. 기안-외국인의 공무원임용에 관한 조사협력 의견협의 요청에 대한 의견 회신

분류기호 문서번호 교일725-
일자 1980.1.15
기안책임자 교민1과 임창묵
경유수신참조 총무처장관
제목 의견회신

　　　1. 인기200-24(80.1.7)와 관련입니다.
　　　2. 대호 조사서가 재일동포의 일본 공무원 임용에 영향이 미칠수도 있다고
사료되므로 회신 공문 내용중, 외국인 임용 가능여부에 관한 단정적인 표현은
가능한한 회피하는 것이 좋을 것으로 생각되며 아래 재일교포와 일 정부간의
질의응답 내용을 참고하시기 바랍니다.
　　　　　　　　　　　　　-아래-
가. 일본정부 및 지방자치 단체는 재일 거류민단 또는 일본의회 의원의 "외국인
　　공무원으로 채용" 요청서 또는 질의에 대하여 "공무원에 관한 당연한 법리로
　　서, 공권력행사 또는 공공의사 형성에 참가하는 공무원으로 채용하기 위하
　　여는 일본국적이 필요하나 그 이외의 공무원으로 되기 위하여는 일본국적이
　　반드시 필요하지는 않다고 해석한다"라고 응답하고 있음.
나. 외국인 범주에 속해 있는 재일교포들도 일본내에서 일반공무원으로 채용된
　　예는 없으며, 다만 지방자치 단체의 단순 기술직 등(간호원, 의사, 교원, 전
　　화교환수 등)에만 약간 명 근무하고 있으며, 동 기술직으로서의 채용도 일부
　　지방자치 단체에 한정되어 있는 실정임.
다. 재일 거류민단은 재일교포들의 일본국 공무원채용을 위하여 정부, 국회 및
　　각 지방자치 단체에 대하여 "공무원 채용에 관한 요망서"를 송부하는 등 계
　　속하여 노력하고 있음.
첨부: 1. 재일 거류민단이 일본 동경 지사에게 보낸 요청서 사본 1부.
　　　2. 동경지사의 회신 사본 1부.　끝.

2-1. 첨부-재일 거류민단이 일본 동경 지사에게 보낸 요청서

要望書(個別第二号)

公務員採用に関する要望

一九七八年六月一日

在日本大韓民国居留民団中央本部

　　　　　殿

　在日韓国人の権益擁護と民生安定等を目的とする本団は、貴当局に対して公務員の採用に関して次の通り要望致します。

　今日、私たち在日韓国人は何ら法的な根拠も示されないまま国家ならびに地方公務員への就職の機会から締め出されておりますが、公務員採用におけるこのような処遇の実情は明らかに関係諸法を無視するものといわざるをえません。西宮市、尼崎市、川西市、宝塚市、芦屋市、三木市、西脇市、高砂市、三田市などではすでに採用を認めております。

　すなわち、法的に見ても国家公務員法第三十八条、地方公務員法第十六条はともに公務員の要件として日本国籍を有することを求めておらず、また一九五五年三月十八日付人事院事務総長の見解にも、公務員の要件として必ずしも日本国籍は必要でないとの判断を示しており、在日韓国人が公務員となるうえで、法的な支障は全くないはずであります。

　それにもかかわらず、実際には公務員の募集要項には国籍条項が明記され、そのため私たち在日韓国人が公務員採用に応募する途は完全に閉されています。

　これは就職差別以外のなにものでもなく在日韓国人に対する根強い偏見と差別がかかる実態を招来しているものと指摘せざるをえません。

　ところで、在日韓国人の公務員就職に関する前述の人事院事務総長通達、「公権力の行使または国家の意志形成への参画にたずさわる公務員となるためには日本国籍を必要とする」という「公権力の行使」あるいは「国家の□□□□□□□□□□不明確であり、私達はこれを納得することができません。

　公務員採用に関する行政のこのような不合理極まりない姿勢は、日本社会で堅実がつ永続的な生活基盤を築こうとする在日韓国人の将来を不安定なものにしており、まして、安定した生活を営む権利を保証した韓日協定の基本精神と大きくかけはなれたものとなっております。

　また、かかる行政は就労の権利、義務、職業選択の自由をうたった日本国憲法の精神にももとるものといわざるをえません。私達韓国人の就職問題は、今尚多くの難関をかかえ、苛酷な状況下におかれています。韓国籍というだけの理由で不当に諸々の制約を受けているため、その職業分野は極めて狭い範囲に限られ、本人の能力、適性にそぐわない不本意な就職を余儀なくされていることは周知のとおりであります。このような背景にある在日韓国人に対して、なお公務員への道を不当に閉ざすことは、一般企業における就職差別をも助長する結果となり、基本的人権尊重が叫ばれる今日の時代の流れに逆行するものであり、絶対に容認できないものであります。

　公務員採用に関するこのような差別的な処遇の実態は、在日韓国人の特殊な歴史的事情を無視するものであり、□には在日韓国人の□□□□□□□□□□□□□

（원문 페이지 누락）

2-2. 첨부-일본 동경 지사의 회신

東京から

　東京本部の場合は、各区で全国統一要望書提出と適用項目の回答を要求し、多くの成果はあったが、東京本部としてはこれらの要望をまとめる形で、七九年三月一日と三月十五日を期して、一応総体的な集計を東京部に要請した。

　東京部からの回答は、まず文章で、1住宅入居関係、2児童手当と国民年金関係、3金融機関、4公務員採用関係、5外登法と出入国管理令の改正関係などについて回答があり、別紙のようなその実施状況を詳しく図表で示した内容の回答があった。この図表では六十七項目が適用となっている。

　しかしこれらはいずれも該当者のある実施状況であり、東京都として適用している項目は九十二項目である。すなわち二十五項目については適用しているが、該当者がないということである。

昭和五十四年四月十九日
在日本大韓民国居留民団
東京地方本部
団長　李彩雨　殿

　　　　　　　　　　　　　　　　　　　　　　　　　　　東京都知事

美濃部亮吉

在日韓国人に係る権益擁護に関する要望及び
福祉、社会保障制度の適用について(回答)

　昭和五十四年三月一日三月十五日貴職から提出ありました「在日韓国人に係る権益擁護に関する要望」及び「福祉・社会保障制度適用に関する確認依頼」について、下記のとおり回答いたします。

記

Ⅰ　在日韓国人に係る権益擁護に関する要望□□□□□□□□□□□

(원문 페이지 누락)

　□□□□□□□□□□□業者に対する制度融資の取扱機関の一つであり、融資に際しては夕国人を理由に差別取扱いはしておりません。

4　公務員の採用に関する要望

　　病院の医師及び技能労務系の職種を除き、一般職員の採用については日本国籍を有するものとなっており、現行法制度が変わらない限り採用範囲の拡大は困難であります。

5　外国人登録法並びに出入国管理令等の改正に関する要望

　　外国人登録事務は国の機関委任事務のため、地方公共団体と独自の改善はできません。

　　しかし、本要望の中には次の例等に示すとおり外国人登録事務処理上改善を要するものもあり、すでに外国人登録事務担当者の会議等においても要望してきたものでありますが、さらに御要望の趣旨にそって法務省に早期実現を要望いたします。

例　(1)　再交付または引替交付によって新しい外国人登録証明書が交付された場合は、新規又は確認申請の場合と同じ期限とすべきこと。

　　(2)　□□□□□□□□□□□除すべきこと。

　　(3)　再入国許可を受けて出国する場合、登録証書を携帯したまま出国することとし、再入国後居住地の区市町村への登録証明書返還申請を廃止すべきこと。

Ⅱ　福祉、社会保障制度の適用に関する確認

　別添のとおり。

3. 외무부공문(착신전보)–재일한인 복지향상

외무부

번호 JAW-02003

일시 011018

수신시간 80.2.1. 11:54

발신 주일대사

수신 장관

제목 재일한인 복지향상

　　연: 일본영 724-568

　1. 당관 김경철 참사관은 외무성 세끼 국련국 참사관 건설 오오다 주택국 참사
　　　관 및 대장성 미야모토 은행국 심의관을 방문하고 국제인권규약 가입과 관련
　　　재일 한인에 대한 주택입주 및 이를 위한 주택금융금고의 융자문제에 관하여
　　　의견을 교환한 바 있음.
　　가. 김참사관은 외무성에 대하여 국제인권규약에 주재국이 가입한 후 재일한
　　　　인에 대한 지위개선이 이루어져야 할 것인 바, 연호의 현존한 허다한 문
　　　　제점을 제시하고, 이중에서 해결이 용이한 것부터 순차 개선하여 줄 것을
　　　　요청하였음.
　　나. 건설성에 대하여는 전년도에 이미 개선요청을 한 바 있는 재일한인의 주
　　　　택 입주 문제에 관하여 조속한 시일내에 결론을 내려줄 것을 요청한 바,
　　　　건설성은 공영주택 이외 주택공급공사 주택에 대하여도 재일한인이 입주
　　　　할 수 있도록 원칙적인 검토를 필하였으며, 문제는 분양주택과 관련 금융
　　　　금고의 융자자격이 일본인에 한정되어 있으므로 동 개정이 급선무이므로
　　　　대장성측의 설득을 SUGGEST하여왔음.
　　다. 대장성은 주재국이 국제인권규약에 가입한 후 재일 한인에 대한 복지개
　　　　선을 전진적으로 검토하여야 한다는 사실을 인지하고 주택금융금고의 융
　　　　자 자격을 재일 한인에게도 확대 허용토록 검토하고 있다고 말하였음.
　2. 당관은 연호 재일 한인의 법적 지위 및 복지향상과 관련한 문제점 중 해결가
　　　능한 문제부터 조치코자 주재국 관계 각서와 계속 접촉중인 바 주택입주에
　　　관한 재일한인에 대한 차별 개선은 이루어질 전망임.
　　(주일영-교일)

4. 외무부공문(착신전보)–재일한인 복지 향상

외무부
번호 JAW-02045
일시 041140
수신시간 2.4. 13:20
발신 주일대사
수신 장관
제목 재일한인 복지 향상

연: jaw-02C03
주재국 건설성, 주재국 참사관 및 대장성 심의관이 당관 김경철 참사관에게 아래와 같이 재일 한인의 주택입주 및 융자문제에 관하여 통보하여 왔음,
1. 주택 입주 및 분양과 관련하여 1980.4월1일부터 재일 한인에 대하여도 주택공단 및 주택공급 공사의 임대주택 입주 및 분양대상 자격에 포함키로 하고 분양주택의 입주를 위한 주택금융금고의 융자도 허용키로 결정, 금 내주중 주택국장 통달서를 지방자치단체에 송부 시행키로 결정하였다고 함.
2. 대장성은 주택금융금고에 융자 뿐만 아니라, 당관의 요청에 따라 국민금융금고(사업 자금 융자)의 융자도 재일한인에게 허용토록 검토하고 있음을 시사하였음.
3. 국장 통달서 내용은 입수 후 송부위계임.
(주일(영)-교일)

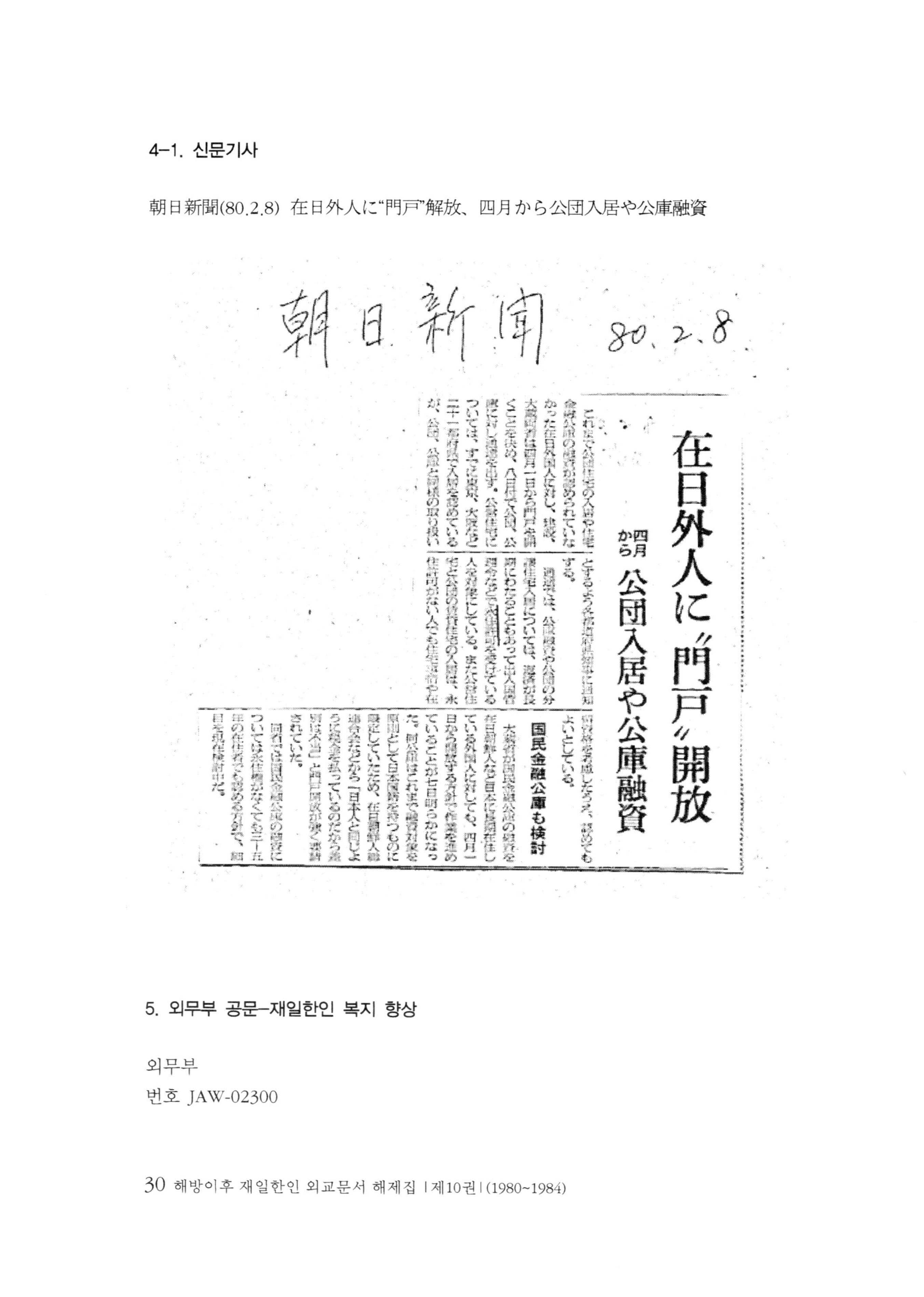

4-1. 신문기사

朝日新聞(80.2.8) 在日外人に"門戸"解放、四月から公団入居や公庫融資

在日外人に "門戸" 開放

四月から 公団入居や公庫融資

国民金融公庫も検討

5. 외무부 공문—재일한인 복지 향상

외무부

번호 JAW-02300

일시 151020
수신시간 80.2.15. 11:28
발신 주일대사
수신 장관
제목 재일한인 복지 향상

　　　연: JAW-02045, 일본영725-850
　　　1. 2.14. 당관 김경철 참사관은 건설성, 대장성관계 참사관 및 심의관을 방문
하고 금번 즈재국 정부가 재일 한인에 대하여 주택의 입주 및 입주를 위한 자금
을 주택 금융공고로부터 융자받을 수 있도록 문호를 개방한데 대하여 사의를
표하였음.
　　　2. 대장성에 대하여는 주택금융 공고의 융자뿐만 아니라 이 기회에 사업자금
의 융자를 받을 수 있도록 국민금융 공보의 융자도 재일한인에게 허용할 것을
요청하였는 바, 동 심의관은 현재 개방 원칙은 정하였으나 세부 시행 요령을
검토하고 있으며, 신 회계연도(4월) 시행을 위하여 노력하고 있다고 말하였음.
(일본 영-교일)

6. 주일대사관 공문–재일한국인 복지 향상

주일대사관
번호 일본(영)725-850
일시 1980.2.14.
발신 주일대사
수신 장관
참조 영사교민국장
제목 재일한국인 복지 향상

　　　연: JAW-02003, 02045
　　　연호와 관련 주재국 건설성, 대장성은 재일한국인에게 80.4.1부터 주택의 임
대 및 분양을 허용키로 결정하고 이의 시행을 위하여 각 지방 현지사, 주택공단
총재 및 주택금융금고 총재에게 별첨 내용 지시서를 80.2.8 자로 발송하여는

바 이를 송부하오니 업무에 참고하시기 바랍니다.

첨부: 1. 공영주택 임대에 관한 지시서.

     2. 주택금융 공고 대부에 관한 지시서.

     3. 공단주택 임대 및 분양에 관한 지시서. 끝.

주일대사

6-1. 첨부-건설성 공영주택 임대에 관한 지시서

建設省

建設省住政発第7号
昭和55年2月8日

知事　殿

建設省住宅局長

公営住宅の賃貸における外国人の取り扱いについて

　公営住宅の賃貸における外国人の取り扱いについては、諸般の情勢にかんがみ、外国人であつても日本国において永住する地位を与えられた者等について、原則として、日本国民に準じて取り扱うことが望ましいと考えるので、下記事項に留意の上対処されたい。

　なお、本通達は、昭和55年4月1日から適用する。

　また、貴管下事業主体に対しても、この旨周知徹底されたい。

記

　公営住宅への入居申込資格は、原則として出入国管理令(昭和26年政令第319号)第4条第6項若しくは第22条第2項又は日本国に居住する大韓民国民の法的地位及び待遇に関する日本国と大韓民国との間の協定の実施に伴う出入国管理特別法(昭和40年法律第146号)第1条第2項の規定により永住することを許可された者並びにポツダム宣言の受諾に伴い発する命令に関する件に基く外務省関係者命令の措置に関する法律(昭和27年法律第126号)第2条第6項の規定により本邦に在留している者及びその子について認めることができるものとするが、賃貸住宅の性格からそれぞれの事

業主体において、地域の住宅事情及び入居を希望する外国人の事情等を総合的に勘
案した上で、その他の外国人について入居申込資格を認めることもさしつかえない
ものとする。

6-2. 첨부-주택금융 공고 대부에 관한 지시서

建設省

藏銀第290号
建設省計宅発第19号
建設省住政発第7号
昭和55年2月8日

金融公庫総裁
大津留温　殿

大藏省銀行局長
米里恕
建設省計画局長
宮繁護
建設省住宅局長
関口洋

住宅金融公庫の貸付け等における外国人の取扱いについて

　住宅金融公庫の貸付け等における外国人の取扱いについては、諸般の情勢にか
んがみ、外国人であつても日本国において永住する地位を与えられた者等につい
て、原則として、日本国民に準じて取り扱うことが望ましいと考えるので、下記事
項に留意の上対処されたい。
　なお、本通達は、昭和55年4月1日から適用する。
記

1　住宅金融公庫(以下「公庫」という。)の貸付けの申込資格及び公庫の貸付けを受け
　　て建設された住宅又は造成された住宅の用に供する宅地の譲受申込資格について
　　　住宅金融公庫法第17条第1項、第2項及び第4項から第11項までの基底による貸

付け申込資格並びに同条第1項、第4項、第9項及び第10項の規定による貸付けを
受けて建設された住宅又は造成された住宅の用に供する宅地の譲受申込資格は、
出入国管理令(昭和26年政令第319号)第4条第6項若しくは第22条第2項又は日本国
に居住する大韓民国国民の法的地位及び待遇に関する日本国と大韓民国との間の
協定の実施に伴う出入国管理特別法(昭和40年法律第146号)第1条第2項の規定に
より永住許可を受けた者並びにポツダム宣言の受諾に伴い発する命令に関する件
に基く外務省関係諸命令の措置に関する法律(昭和27年法律第126号)第2条第6項
の規定により本邦に在留している者及びその子(以下「永住許可を受けた者等」と
いう。)について認めるものとする。
2 公庫の貸付けを受けて建設された賃貸住宅への入居申込資格について
　　住宅金融公庫法第17条第1項、第9項及び第10項の規定による資金の貸付けを受
けて建設された賃貸住宅への入居申込資格は、原則として永住許可を受けた者等
について認めるものとするが、在留資格等を勘案して外国人登録法第4条第1項に
規定する登録を受けた者について認めることもさしつかえないものとする。

6-3. 첨부─공단주택 임대 및 분양에 관한 지시서

建設省

建設省計宅発第20号
建設省住政発第8号
昭和55年2月8日

日本住宅公団総裁　殿

建設省計画局長
建設省住宅局長

日本住宅公団の建設した住宅の賃貸等における
外国人の取扱いについて

　　日本住宅公団の建設した住宅の賃貸等における外国人の取扱いについては、諸
般の情勢にかんがみ、外国人であつても日本国において永住する地位を与えられた
者等について、原則として、日本国民に通じて取り扱うことが望ましいと考えるの

で、下記事項に留意の上対処されたい。
　　なお、本通達は、昭和55年4月1日から適用する。
記

1　日本住宅公団(以下「公団」という。)の建設した住宅又は造成した住宅の用に供する宅地の譲受申込資格について

　　公団の建設した住宅又は造成した住宅の用に供する宅地の譲受申込資格は、出入国管理令(昭和26年政令第319号)第4条第6項若しくは第22条第2項又は日本国に居住する大韓民国国民の法的地位及び待遇に関する日本国と大韓民国との間の協定の実施に伴う出入国管理特別法(昭和40年法律第146号)第1条第2項の規定により永住許可を受けた者並びにポツダム宣言の受諾に伴い発する命令に関する件に基く外務省関係諸命令の措置に関する法律(昭和27年法律第126号)第2条第6項の規定により本邦に在留している者及びその子(以下「永住許可を受けた者等」という。)について認めるものとする。

2　公団の建設した賃貸住宅への入居申込資格について

　　公団の建設した賃貸住宅への入居申込資格は、原則として永住許可を受けた者等について認めるものとするが、在留資格等を勘案して外国人登録法第4条第1項に規定する登録を受けた者について認めることもさしつかえないものとする。

7. 외무부공문(발신전보)－재일한인 복지 향상

외무부
번호 WJA-02174
일시 181600
발신 장관
수신 주일대사

　　대: JAW-02045, 02300
　　1. 재일동포 생활권을 지키기 위하여 전개하여온 차별철폐 활동중, 국민연금 문제 다음으로 난문제였던 공단주택 입주권 및 주택금융공고의 융자문제가 해결케 된 것은 귀하를 중심으로 한 공관직원과 민단의 노력의 결과라고 생각되며, 어려움을 무릅쓰고 계속 꾸준히 전개하여온 재일한인 복지향상을 위한 그간

의 노고를 치하함

　　2. 아직도 해결되고 있지 않은 국민연금, 공무원 임용 등에 있어서의 차별문
제도 조속히 해결되도록 가일층 노력하기 바람.

　　(교일-　　)

8. 주일대사관 공문–재일한인복지향상

주일대사관
번호 일본(영)725-965
일시 1980.2.20.
발신 주일대사
수신 장관
참조 영사교민국장
제목 재일한인복지향상

　　연: 일본(영)725-850
　　연호로 송부한 재일한인의 임대 및 분양주택의 입주와 관련 택지분양에 관
한 건설성 지시서를 별첨 송부하오니 참고하시길 바랍니다.
　　첨부: 건설성 개택발 제22호
　　　　　 〃　　　 〃　　　 제23호. 끝.
　　　　　 〃　　　 〃　　　 제21호. 끝.

주일대사

8-1. 첨부–건설성 개택발 22호

建設省

建設省計宅発第22号
昭和55年2月8日

地域振興整備公団総裁　殿

建設省住宅局長

地域振興整備公団が地方都市開発整備業務により
造成した住宅の用に供する住宅の譲渡における外国人の取扱いについて

　地域振興整備公団が地方都市開発整備業務により造成した住宅の用に供する住宅の譲渡における外国人の取扱いについては、諸般の情勢にかんがみ、外国人であつても日本国において永住する地位を与えられた者等について、原則として、日本国民に通じて取り扱うことが望ましいと考えるので、下記事項に留意の上対処されたい。
　なお、本通達は、昭和55年4月1日から適用する。

記

　出入国管理令(昭和26年政令第319号)第4条第6項若しくは第22条第2項又は日本国に居住する大韓民国国民の法的地位及び待遇に関する日本国と大韓民国との間の協定の実施に伴う出入国管理特別法(昭和40年法律第146号)第1条第2項の規定により永住許可を受けた者並びにポツダム宣言の受諾に伴い発する命令に関する件に基く外務省関係諸命令の措置に関する法律(昭和27年法律第126号)第2条第6項の規定により本邦に在留している者及びその子(以下「永住許可を受けた者等」という。)について認めるものとする。

8-2. 첨부―건설성 개택발 23호

建設省

建設省計宅発第23号
昭和55年2月8日

殿

建設省住宅局長

新住宅市街地開発事業により造成された住宅の用に供する
住宅の譲渡における外国人の取扱いについて

　新住宅市街地開発事業における外国人の取扱いについては、諸般の情勢にかんがみ、外国人であつても日本国において永住する地位を与えられた者等について、原則として、日本国民に準じて取り扱うことが望ましいと考えるので、下記事項に留意の上対処されたい。

　なお、本通達は、昭和55年4月1日から適用する。

記

　新住宅市街地開発事業により造成された住宅の用に供する宅地の譲受申込資格は、出入国管理令(昭和26年政令第319号)第4条第6項若しくは第22条第2項又は日本国に居住する大韓民国国民の法的地位及び待遇に関する日本国と大韓民国との間の協定の実施に伴う出入国管理特別法(昭和40年法律第146号)第1条第2項の規定により永住許可を受けた者並びにポツダム宣言の受諾に伴い発する命令に関する件に基く外務省関係者命令の措置に関する法律(昭和27年法律第126号)第2条第6項の規定により本邦に在留している者及びその子(以下「永住許可を受けた者等」という。)について認めるものとする。

8-3. 첨부—건설성 개택발 21호

建設省

建設省計宅発第21号
昭和55年2月8日

宅地開発公団総裁　殿

建設省住宅局長

宅地開発公団の造成した住宅の用に供する
住宅の譲渡における外国人の取扱いについて

　宅地開発公団の造成した住宅の用に供する住宅の譲渡における外国人の取扱いについては、諸般の情勢にかんがみ、外国人であつても日本国において永住する地位を与えられた者等について、原則として、日本国民に準じて取り扱うことが望ましいと考えるので、下記事項に留意の上対処されたい。

　なお、本通達は、昭和55年4月1日から適用する。

記

　宅地開発公団の造成した宅地の用に供する宅地の讓受申込資格は、出入国管理令(昭和26年政令第319号)第4条第6項若しくは第22条第2項又は日本国に居住する大韓民国国民の法的地位及び待遇に関する日本国と大韓民国との間の協定の実施に伴う出入国管理特別法(昭和40年法律第146号)第1条第2項の規定により永住許可を受けた者並びにポツダム宣言の受諾に伴い発する命令に関する件に基く外務省関係者命今の措置に関する法律(昭和27年法律第126号)第2条第6項の規定により本邦に在留している者及びその子(以下「永住許可を受けた者等」という。)について認めるものとする。

9. 메모–재일한국인에 대한 차별 일부철폐

在日韓国人에 対한 差別一部撤廃
1. 差別撤廃内容 및 時期
　　　—住宅金融公庫의 融資
　　　—同公庫融資住宅 및 宅地購入
　　　—住宅公団住宅購入 및 賃貸
　　時期: 80.4.1.부터
2. 適用対象
　　　—在日永住権者(韓国人이 87% 点有)
　　　—在留資格取得者(住宅賃貸에 局限)
3. 主要未解決項目
　　　—国民年金
　　　—児童手当(一部地域許用)
　　　—公務員任用(一部地域技術職許用)
4. 国民年金加入要求 10万署名運動展開
　　　—民団青年会主導
　　　—現署名者 7万名

10. 외무부 공문–재일한인 복지문제

외무부
번호 JAW-02536
일시 251812
수신시간 80.2.26. 9:37
발신 주일대사
수신 장관
제목 재일한인 복지문제

연: JAW-02045
1. 금 2.25 본직은 (김경철 참사관 대동) 와다나베 에이이찌 건설대신을 예방하고 주재국 건설성이 오는 4.1부터 재일 한국인에 대하여 공단 및 주택공급공사의 임대분양주택에 입주 주택금융 금고의 융자 자격을 부여키로 결정한데 대하여 65만 재일한국인을 대신하여 사의를 표명하였음. 또한 금후 재일한인의 기타 사회보장 및 복지문제에 대하여 각의 등에서 논의될 때 건설대신이 적극적인 역할을 다하여 줄 것을 기대한다고 부연하였음.
2. 이에 대하여 동 대신은 본인은 고 "후나다" 전의장을 모시고 한일 국교정상화 시 국회에서 비준안 통과를 위하여 노력한 일이 있음을 상기하면서 기타 재일한인의 사회보장 및 복지문제가 논의될 시 최선을 다할 것이라고 말하였음.
(주일영-교이)

11. 메모–재일교민에 대한 국민금융공고융자 허가

(領事僑民局)
80年 3月 5日
題目: 在日僑民에 對한 國民金融公庫融資 許可

1. 措置內容
大藏省은 國民金融公庫의 融資対象에 在日僑民을 包含시키고, 이를 4月 1日부터 施行키로 決定되었음을 駐日大使館에 通報하여왔음.

2. 國民金融公庫의 機能

銀行等 一般金融機関으로부터 資金貸付 받기 어려운 國民大衆에 對하여 必要한 事業資金供給을 目的으로 하는 金融公庫

3. 參考

同國民金融公庫法 第1條에 "國民大衆"에게만 適用한다고 하여 在日僑民은 融資對象에서 除外되었던 것임.

12. 외무부 공문(착신전보)-재일한인 복지 향상

외무부
번호 JAW-03086
일시 050901
수신시간 80.3.5. 16:41
발신 주일대사
수신 장관
제목 재일한인 복지 향상

연: JAW-02300

1. 금3월 4일 대장성 미야모또 심의관이 당관 김경철 참사관에게 통보하여 온 바에 의하면 연호 국민금융공고(은행, 기타 일본 금융기관으로부터 자금의 융통을 받기 어려운 국민대중에 대하여 필요한 사업자금 공급을 목적으로 하는 금융공고)의 융자 대상에 재일 한인을 포함시키고 이를 4월 1일부터 시행키로 결정하였다고 통보하여 왔음.
2. 동 시행과 관련한 지시서를 3월 10일경 관계 기관에 통보할 것이라고 하여 왔음을 첨언함.
(일영-교일)

13. 주일대사관 공문-재일한인 법적지위 및 복지향상

주일대사관

번호 일본(영)725-1462
일시 1980.3.14
발신 주일대사
수신 장관
참조 영사교민국장
제목 재일한인 법적지위 및 복지향상

연: JAW-02300, 03086
주재국정부는 재일한인의 복지 문제와 관련 주택의 입주, 주택금융공고 및
국민금융공고의 융자를 재일한인에게 허용키로 결정, 4월1일부터 이를 시행키
로 되었는 바, 이와 관련 당관 관계관을 지방 출장케 하여 지방민간 간부들을
소집, 재일한인 법적지위 및 복지향상에 관한 설명회를 개최케 하였는 바 그
결과를 별첨 보고합니다.
별첨: 1. 설명내용
      2. 설명회 현황. 끝.

주일대사

13-1. 첨부-설명회 현황

설명회 현황

1. 후꾸오카
   가. 일시: 1980.2.7
   나. 참석자: 대사관: 김경철참사관
                    최상덕영사
              총영사관: 남홍우총영사
                    김창환영사
              민단: 박민섭부단장(단장은 중앙사무국장 겸직)
                    조창제 감찰위원 외 60명
      다. 설명내용: 별첨

2. 시모노세키

    가. 일시: 1980.2.8

    나. 참석자: 대사관: 김경철참사관

          영사관: 송승헌영사

          민단: 김현빈단장(야마구치현)

              강정일의장(〃   )

              이기준감찰위원(〃   )

              이정우사무국장(〃   )

              박찬희단장(시모노세끼) 외 40명

3. 니이가다

    가. 일시: 1980.2.21

    나. 참석자: 대사관: 같음

              총영사관: 박성우총영사

                 정찬영사

              민단본부: 전준인권옹호위부위장

              민단: 권동국단장(니이가다)

                권녕상의장(〃)

                김삼중부단장(〃)

                신형수감찰위원장 외 65명

4. 센다이

    가. 일시: 1980.2.22

    나. 참석자: 대사관: 같음

              영사관: 전용각영사

              민단본부: 같음

              민단: 안병화단장(미야기본부)

                우응록의장(시호가마) 외 50명

5. 삿뽀로

    가. 일시: 1980.3.1

    나. 참석자: 대사관: 같음

              총영사관: 우종총영사

              민단본부: 같음

              민단(지방): 북해도전지역

                 지방민단간부 포함 400명

반응: 대사관의 재일한인 법적지위 및 복지향상을 위한 적극적인 대정부
　　　교섭과 지원에 대하여 각 지방 교민은 자체의 복지향상 운동을 보다
　　　적극화할 것을 다짐하고 있음.
문제점: 일부 지방민단간부에 제2세가 진출하고 있는 실정으로서 금후
　　　오오사카, 동경 등 교포의 밀집 지역에서도 제2세의 진출이 현저히
　　　나타날 것으로 전망되는 바 이들에 대한 선도책을 검토하여야 할
　　　것임.

13-2. 첨부-설명 내용

재일한인 법적지위 및 복지향상에 관한 설명 내용

오늘 본인은 여러분의 생활과 직접 관련이 있는 재일한국인의 법적지위 및 복지
향상과 관련하여 대사관이 지난1년동안 무엇을 하여 왔고 또한 현재까지 민단중앙
본부 및 지방본부가 중심이 되어 추진하여 온 복지향상 운동의 금후 방향에 관하여
설명을 드리고자 합니다.

여러분이 잘 아시다시피 작년 2월에 현재의 김정열대사님께서 동경에 부임하신
이후 한일간 무역의 불균형 시정에 노력하여 오셨을 뿐 만 아니라 또한 보다 큰 관심
을 재일한국인의 법적지위 및 복지향상 문제에 두시고 저로 하여금 이 문제를 전담
토록 하셨읍니다. 본인은 지난 1965년 한일간의 재일한국인 법적지위에 관한 협정이
체결된 지 15년이 경과된 현시점에서 그동안 대사관 또는 지방영사관이 여러분을
위하여 무엇을 해왔고 앞으로 무엇을 하여야 할 것인가를 검토해 보았읍니다. 실질
적으로 현행 법적지위 협정 제4조에 명시된 여러분의 복지 문제에 관한 조항에는
건강보험, 의무교육, 생활보고, 영주귀국자에 대한 재산 이송의 편의 등 4가지 사항
에 관하여서만 주재국 정부가 재일한국인에 대하여 편의 또는 혜택을 부여토록 되어
있습니다. 그러나 현실적으로 주재국 정부는 자국민인 일본 국민에 대하여는 197개
항목에 달하는 사회보장 및 복지에 관한 혜택을 부여하고 있는 것이 현실입니다.
우리 재일한국인은 년간 1500억엔에 달하는 막대한 세금을 주재국 정부에 납부하면
서 그 반대 급부로서 받은 혜택은 일본 국민과 비교하여 엄청난 차이가 있는 것입니
다. 이러한 관점에서 볼 때 대사관으로서는 여러분이 추진하고 계시는 복지향상 운
동을 직접 간접으로 지원하고 주재국 관계 각성과 접촉하여 문제점을 해결함으로서

재일한국인이 이 땅에서 생활을 해 나가는데 있어서 조금이라도 도움이 되도록 하여야 하겠다고 생각하고 있는 것입니다. 이와 관련하여 지난해 5월23일 한일의원연맹 총회가 동경에서 개최되었고 동회의에서 재일한국인의 법적지위 및 복지문제와 관련한 문제점등을 정리하여 재일한국인의 법적지위 개선이라는 제목으로 이경호위원께서 일본측에 대하여 소상하게 설명을 드린 바 있습니다. 동 내용은 여러분이 지금까지 추진하여 지방자치단체와 접촉하시면서 요망하신 바 있는 국민연금, 아동수당, 주택입주, 융자, 지방공무원에 취직, 외국인등록법 및 출입국관리령의 개정 등인 것입니다. 우리가 한일의원연맹에 양국간의 국회의원들이 모이는 회의에서 이러한 문제점을 제시한 것은 통상국회 또는 임시국회등에서 재일한국인에 대한 법적지위 및 복지문제 등에 대하여 대정부 질의를 전개함으로서 정부관계 각성에 대하여 이 문제를 조속히 검토토록 촉구하고자 하는데 있는 것입니다. 동 회의에서 아측은 이 문제를 상호 위원들 간에 검토하고 추진하기 위하여 소위원회를 구성할 것을 제의하였고 일본측은 이를 수락하여 재일한국인 법적지위 향상 소위원회가 구성 성립케 된 것입니다. 동 위원회의 일본측 위원으로서는 위원장에 와다고 사꾸의원(민사), 이시바시가즈야(자민), 오찌이헤이(자민). 후루야도오루(자민) 이상 중의원 4명 및 우에다미노루(자민), 가라다니미찌가즈(민사) 참위원의원 2명 계6명으로 구성을 보게 된 것입니다. 동 재일한국인 법적지위 향상 소위원회는 지난해 8월10일 대사관 관계관 및 민단간부들이 참석하여 제1차 회의를 개최하였고 재일한국인의 법적지위 및 복지문제에 관한 현황 설명을 본인이 소상하게 드린 바 있으며 일본측은 동 설명을 심중히 청취하여 금번 통상국회에서 이 문제에 관한 대정부 질의를 강화하여 일본정부로 하여금 문제를 조속히 검토 해결토록 촉구하기로 합의하였던 것입니다. 이에 따라 금년 통상국회에서는 나까노간세이(민사) 의원이 국민 재일한국인 국민연금에 관하여 후생대신에게 질의를 하였고 그 밖에 오까다마사가쯔(민사) 의원, 미우라다가시(민사) 의원 등이 재일한국인의 법적지위 및 복지향상 문제에 관하여 관계각성이 조속히 문제를 개선토록 촉구한 바 있읍니다. 그러면 이 자리에서 외국인의 지위에 관한 국제적 여건을 간단히 설명드리자하면 여러분들 가운데 아시는 분도 계시겠지만 지금으로부터 10여년 전인 1967년에 유엔에서 국제인권 규약이 채택되었고 세계의 여타 선진국은 일찍이 이를 비준동의한 바 있습니다. 그러나 일본은 10여년이라는 세월이 흐른 뒤 작년 1979년 6월 국회의 비준동의를 득하여 동 비준서를 유엔에 기탁하여 9월21일 동 규약이 일본에 대하여 효력을 발하게 된 것입니다. 동 규약은 3가지로 구성되어 있고, 그 내용을 말씀드리자면 첫째 경제적, 사회적, 문화적 권리에 관한 규정 둘째 정치적, 시민적 권리에 관한 규정 셋째 의정서 등으로 구성되어 있습니다. 이를 통칭 A규약, B규약, 의정서라고 하여 A규약 제9조에는 동

규약 당사국은 사회보험 기타 사회보장에 관한 모든 사람의 권리를 인정하도록 규정하고 있으며 B규약에는 모든 사람에 대한 신체자유 및 정치적 권리에 관하여 규정하고 있고 의정서는 B규약을 시행치 않는 당사국이 있는 경우 개인이 이를 유엔 인권위원회에 문제를 제기할 수 있도록 규정되어 있는 것입니다. 그러나 일본은, A, B 양 규약은 비준동의하고 의정서에 비준은 유보하고 있는 것입니다. 다시 말하면 현 시점에서 일본이 외국인에 대하여 정치적, 시민적 권리를 부여할만한 기초가 되어있지 않기 때문에 개인베이스에서 문제를 제기하는 경우 혼란을 초래할 우려가 있기 때문에 동 의정서의 비준을 유보한 것으로 생각됩니다. 여하튼 국제적인 조류는 외국인에 대한 지위를 내국인 수준으로 향상하여야 한다는 것으로 가입당사국인 일본 정부도 동규약이 발효한 9월 21일 소노다외상이 발표한 담화문 내용에 의하면 이 인권규약은 국련이 채택한 인권제조약 가운데 가장 기본적이며 포괄적인 것으로 국련이 인권분야에서 발생한 최대의 성과인 것으로 생각됩니다. 이 국제인권규약의 체결은 일본의 자세를 널리 대외적으로 주지시킴과 동시에 국내적으로는 인권보장에 관한 종래의 국내 시책을 일층 충실 강화시키기 위한 큰 계기가 되는 것으로 생각됩니다라고 말함으로서 가입국인 일본으로서는 국제적인 조류에 호응하지 않으면 아니될 입장에 놓여있는 것입니다. 이제 본인이 이 문제를 담당하면서 주재국 관계 각성 관계자를 접촉하는 가운데 문제별로 주재국정부가 어떻게 생각하고 있는가를 상세히 여러분에게 설명함으로서 지방에 계시는 여러분이 지방민단 간부들을 중심으로 하여 지방자치단체의 관계자들과 접촉하시는데 참고하시기 바랍니다. 첫째 총리부입니다. 총리부에는 사회보장제도 심의회의가 있습니다. 동 심의회의는 30여명의 위원으로 구성되어 있고, 동 위원들은 국회, 관계관청, 학계 기타 관계 단체에서 선출되고 현재 회장은 오오꼬치가즈오 전 동경대학 총장이 맡아서 일본의 사회보장제도 전반에 관한 문제점을 검토 심의하여 총리대신에 자문하는 기구인 것입니다. 그러나 현재까지 동 심의기구는 1년에 20여차례의 심의회의를 개최하면서도 일본에 살고있는 외국인에 대한 사회보장과 관련한 문제점을 한번도 검토한 바 없으며 일본인, 내국인에 대한 제도상에 문제점만을 검토하여 이를 총리대신에 개선점 등을 자문해 왔던 것입니다. 그러나 본인은 이 기구에 대하여 이제 일본은 이미 선진국 대열에 들어섰으므로 구미선진국이 외국인에 대하여 부여하고 있는 사회보장 및 복지문제 등을 검토하여 일본도 선진국 수준으로 외국인의 지위를 향상시킬 시기가 왔다고 보며 재일외국인의 98%를 차지하는 재일한국인에 대한 사회보장제도 및 복지문제를 이 심의회의에서 검토하여 개선책을 총리대신 및 관계각성에 건의하여 줄 것을 요망한 바 있습니다. 둘째 외무성은 주재국 관계 각성 중에서 이 문제에 관한 한 문호 개방을 주장하는 유일한 부처입니다. 그 이유는 역시 외무성은 교섭의 상대가

수많은 외국으로서 일본에 창구 역할을 하고 있는것입니다. 국제회의 등에서 선후진국 대표들과 접촉을 하면서 일본에 대한 국제적인 감각, 요구가 무엇인가를 잘 알고 있는 것입니다. 다라서 일본이 놓여있는 국제적인 지위에 상응하는 본국 외국인의 지위에 관한 현존제도의 개선이 필요하다고 생각하고 있는 것입니다.

다시 말하면 작년6월에 선진국 정상회담이 동경에서 개최될 정도로 일본도 선진국과 어깨를 나란히 하고 있으므로 일본에 거주하는 외국인에 대한 대우 역시 선진국 수준으로 향상을 시켜야 되겠다고 보고 있는 것입니다. 본인은 외무성 관계담당관에 대하여 이제 일본도 국제인권규약에 가입하였고 동 규약이 규정하는 바에 따라 재일한국인에 대한 사회보장제도 및 복지문제를 적극적으로 관계각성이 검토토록 외무성이 종용하여 줄 것을 요청하였습니다. 현재 외국인인 일본인에 대하여는 197개 사회보장의 혜택을 부여하면서도 영주권을 취득하여 주재국정부에 대하여 납세의무를 다하고 있는 재일한국인에 대한 사회보장면에 있어서의 혜택이 극히 희소한 것은 차별이며 구미선진국이 외국인, 특히 영주권 취득자에 대하여 부여하고 있는 수준으로 일본의 제도를 개선하여 주어야 할 것이라고 주장하였습니다. 구체적으로는 국민연금, 아동수당, 주택입주, 융자, 취직의 차별, 외국인등록법, 출입국관리령 등의 개정 문제들이 있고 국제인권규약의 취지로 보아 이를 일시에 문제를 해결하라고 요망하는 것이 아니며 시행 가능한 것으로부터 서서히 문제를 해결하여야 할 것이라고 주장한 바 있습니다. 본인이 현시점에서 볼 때 생활권의 기본이 되는 주택입주 문제와 융자 문제는 재일한국인의 입장에서 본 때 중요한 문제일 뿐만 아니라 일본측으로 볼 대에도 상기 제문제 중에서 가장 해결이 용이한 문제라고 생각됨으로 이 문제를 우선 해결토록 건설성 및 대장성에 강력히 요구하여 주도록 당부한 바 있는 것입니다. 건설성은 주택 입주에 관한 문제를 관장하고 있는 부처로서 공용주택의 입주에 관하여는 1975년 주택국장의 통달에 의하여 일부 지방자치단체에서는 시행하고 있는 지역도 있으나 이를 전국 일률적으로 공용주택의 입주를 시행하도록 할 것과 주택공급공사 및 주택공단 주택의 임대 및 분양주택에 대하여 재일한국인에 그 문호를 개방할 것을 요청하였습니다. 또한 주택의 입주 및 임대권의 허용만으로는 완전한 문호의 개방이라고는 볼 수가 없으며 돈이 없는 사람에게도 입주할 수 있도록 주택금융공고의 장기처리융자도 한꺼번에 실시하여 줄 것을 강력히 요망한 바 있는 것입니다. 대장성에 대하여는 우선 융자문제와 관련하여 주택금융공고의 융자를 동법 제1조의 규정에 의한 국민대중 속에서 재일한국인을 포함시켜 융자를 허용할 것과 아울러 국민금융공고의 융자, 영세사업자에 대한 자금 융자도 허용할 것을 요구하였습니다. 상기 주택금융공고 및 국민금융공고 융자는 융자를 받는 자가 이자를 지불하게 되는 것이므로 만일 재일한국인을 융자 대상에 포함시킨다면 재일한국인이 동 금고 운용 육성에 협조 기여하는 것이며 주재국 정부의 재정 부담이 가하여지는 것이 아니므로 문제를 대국적으로 검토하여 조속히 해결하여 줄 것을 강력히 요청한 바 있는 것입니다. 상기 주택의 입주 융자문제에 관하여는 지난 2월8일 건설성 및 대장성에서 당관에 재일한국인에 대하여 문호를 개방하고 이를 4월1일 부터 시행토록 촉구하는 지시서를 각 지방 현지사 및 주택금융공고 총재에게 송부하게 되었다고 통보하여 온 바 있습니다. 또한 사업자금을 융자하는 국민금융공고의 문호 개방도 현재 검토 중에 있으며 이것 역시 4월1일 실시를 위하여 현재 검토 중이라는 사실을 아울러 통보하여 온 것입니다. 이것은 그동안 지방 각 공관 및 민단 중앙 및 지방본부의 여러분들이 상호 협력하여 추진하여 온 운동의 결과라고 보며 이 기회에 대사님의 여러분의 노고에 대한 치하의 말씀을 전달하는 바입니다. 이제 남어있는 것은 국민연금, 취직의 차별, 외국인등록법 및 출입국관리령의 개정문제입니다.

　　후생성은 가장 어려운 국민연금 및 아동수당의 문제를 관장하고 있습니다. 현재 일본에 살고 있는 70만 재일한국인에 대하여 연금 부여 자격을 준다면 일본정부는 막대한 재정부담이 가하여 질 것이므로 이 문제에 관한한 소극적이며 일부 선진국이 시행하는 것처럼 양국간 통산 협정을 체결하여 상호 호혜주의에 입각하여 시행할 것을 주장하고 있는 것입니다. 다시 말씀드리면 국민연금에 가입하여 일정기간동안 부금을 납입하여 온 일본인이라도 장기간 외국에 거주하는 경우 동 연금의 혜택을 부여 받지 못하고 있는 것이 실정이므로 이를 구제하기 위한 방법으로서 통산협정의 체결을 주장하고 있는 것이며 아국이 현재 국민연금제도를 시행하고 있지 않는 현시점에서 이 문제를 기피하고자 하는 주장인 것입니다. 이에 대하여 본인은 일본의 연금제도는 두가지로 구분되는 바 즉 국민연금 및 후생연금으로 알고있으며 국민연금은 동 법에 가입자격이 일본인에 한한다는 국적 조항으로 인하여 재일한국인이 배제되고 있으나 후생연금은 재일한국인이 기업에 취직하는 경우 동 법의 강제 규정에 따라 불입금을 봉급에서 공제되고 있으며 일본인인 경우 장기20여년동안 동 회사를 근무하는 도중에 회사를 그만두는 경우 지금까지 불입하여 온 후생연금이 자동적으로 국민연금으로 바꾸어져 전환이 되나 재일한국인이 중도에서 회사를 그만두는 경우 국민연금으로 전환이 되지 못하여 5년 또는 10년에 걸쳐 동 회사 근무중 불입한 불입금의 혜택을 포기하지 않으면 아니될 모순이 있으므로 이러한 제도상의 모순을 시정하여 줄 것을 요청한 바 있습니다. 이에 대하여 후생성측은 이러한 모순점을 시인하면서 문제를 검토할 것이라고 한 바 있으나 본인이 느낀 바로서는 국민연금에 혜택을 재일한국인이 받기 까지에는 여러분의 보다 적극적인 노력이 필요한 것으로 생각됩니다. 따라서 여러분은 지방공관, 지방민단본부와 상호 협조하여 지방자치단

체 및 의회에 적극적으로 동 문제 해결을 요망토록 하여 중앙에서 개최되는 지방자
치장 회의에서 이 문제가 검토되어 중앙정부에 통달이 되도록 노력하여야 하겠습니
다. 중앙에서는 대사관이 계속하여 중앙정부와 접촉하면서 동 문제 해결을 위하여
노력할 것입니다.

　　법무성은 외국인등록법 개정과 관련하여 금번 통상국회의 동법 개정안을 상정할
예정인 것으로 압니다. 그 내용은 (1) 등록 없이 외국인이 재류할 수 있는 기간을
종래의 60일에서 90일로 하며 (2) 등록항목의 변경신청은 성명, 국적, 재류기간 등
중요한 것을 제외한 항목(여권번호, 발행일자 등)등은 등록증 재교부시 행하여도 가
하며 (3) 외국인등록의 효력기간은 3년인바 갱신 신청한 자는 갱신한 날로부터 3년
(종래는 당초 신청일부터 3년) (4) 재입국허가를 득하여 출국하는 경우 등록증을 예
치할 필요가 없도록 하는 것 등이라고 합니다. 이것은 우리가 외국인등록법상의 개
정 요청의 핵심인 (1) 상시 휴대 폐지 (2) 지문에 압날을 한번으로 할 것 (3) 벌칙
조항의 개정과는 거리가 떨어진 것으로 본인은 위3가지 사항을 이번 개정안에 포함
시키도록 요청을 한 바 있습니다. 이에 대하여 법무성측은 외국인 관리를 위하여
등록제를 실시하고 있고 등록증을 발급한 이상 휴대는 하여 주어야 하나 현실적으로
구멍가게에 담배를 사러 가거나 목욕탕에 갈 때 등록증을 휴대하지 않았다고 벌금이
나 체형을 가한 일은 없을 것이라고 말하면서 벌칙 조항에는 등록증을 휴대치 않을
경우 징역1년 이내 벌금은 3만엥 이하로 규정되어 있으나 실제로는 체형을 가한 바
없으며 벌금은 3천엥 내외로 동법을 완화 운영하고 있다고 말함으로 이에 대하여
본인은 법의 규제 대상자의 입장에서는 운영과 일치되도록 규정 명문을 개정하여
주기를 희망하는 것이며 운영의 묘란 법의 집행자의 입장에서 융통성을 전제로 한
것임으로 실제 운영되는 것과 같이 조문은 개정되어야 하며 체형 규정을 시행치 않
고 있으면 이를 삭제하기를 희망하고 벌금의 한계를 주재국 국민에 대한 주민기본대
장법 상의 벌금액 수준으로 개정을 바라는 것이라고 말하였습니다. 법무성이 이번에
내놓을 예정인 외국인등록법 개정안의 내용은 물론 현재 일본에 살고 계시는 여러분
들에게 어느 정도의 편리를 가져오게 될 것임은 사실이나 우리의 주장과는 거리가
있는 것입니다. 우리는 계속해서 동법에 개정을 요구하여야 할 것이며 우리의 계속
적인 꾸준한 노력에 의하여 우리의 목적이 달성될 수가 있다고 생각합니다. 이제
오랫동안 기피하여 왔던 동법 개정에 법무성이 손을 대기 시작하였다는 점에 큰 의
의를 찾을 수가 있다고 보겠읍니다. 취직의 차별문제에 관하여는 본인은 이렇게 생
각합니다. 재일한국인이 일본에 살고 있는 한 일본인 사회와 담을 쌓지 않고 자주
접촉하여 종래 일본인이 가지고 있는 한국인관을 고치도록 우리가 노력하여야 할
것입니다. 다시 말씀드리면 우리가 일본인과 자주 접촉을 가지고 우리가 가지고 있

는 능력이 일본인이 지금까지 생각해왔던 것 이상에 것이라는 것을 알려주고 또한 우리의 근면성을 인식시킴으로서 지금까지 일본인이 생각해왔던 재일한국인에 대한 인식을 새롭게 가지게 함으로서 취직의 차별문제는 해소가 될 것으로 생각됩니다. 다시 말씀드리면 우리의 능력이나 근면성이 일본인보다 뛰어나다는 인식을 일본인으로 하여금 가지도록 우리는 계속 노력을 하여야 할 것입니다. 앞으로 여러분이 추진하고 계시는 복지향상운동은 목적이 이루어질 때까지 계속 하셔야 할 것이나 여러분께서 지방자치단체의 관계자와 접촉하실 때 이야기를 전개해 나가는데 있어서 우선 재일한국인은 과거 36년간에 걸쳐 일본의 식민지정책에 의하여 징용이나 강제노동으로 끌려와 거주지를 일본에 택하게 된 특수한 관계를 고려하여 특별한 조치를 요구하는 것이라고 말하는 경우가 많을 것으로 압니다. 그러나 본인은 이렇게 논리를 전개할 시대는 이미 지나갔다고 생각합니다. 일본은 세계의 경제의 대국으로서 선진국의 하나임에 틀림없습니다. 그러면 왜 여타 선진국에서는 외국인에 대하여 내국민에 준하는 사회보장 및 복지의 혜택을 부여하고 있는데 왜 일본은 재일한국에 대하여 차별을 두고 있는가 하는 식의 설명방법이 일본측 관계관을 설득하는데 있어서 보다 효과적이라고 생각되는 것입니다. 한가지 예를 들어 설명해 보았습니다 마는 우리는 항상 상대를 의식하고 우리의 실익이 어디에 있는가를 잘 알고 손쉬운 설득방법으로 상대자를 설득토록 노력하여야 하겠읍니다. 앞으로 지방공관과 지방민단이 상호 협조하면서 남아있는 문제들을 하나하나 해결해 나가는데 노력해 주시기 바랍니다. 대사관은 중앙에서 관계 각성과 꾸준히 접촉하면서 이 문제들을 해결코자 계속 노력할 것임을 이 기회에 다짐하면서 오늘 본인의 설명을 끝맺을까 합니다.

감사합니다.

14. 외무부 공문(착신전보)–재일외국인 복지 향상

외무부
번호 JAW-03073
일시 041600
수신시간 80.3.5. 10:40
발신 주일대사
수신 장관

제목 재일외국인 복지 향상

80.3.3 중의월 예산위에서 "구사가와"(공명당) 의원은 국민년금제도 등에 대해 질의하였는 바 동 질의응답 요지는 다음과 같음

1. 질의

79.11.28 전국 시장회의 및 전국 시정촌장회의가 영주권을 소지한 외국인에게 국민년금 제도를 적용하여 줄 것을 정부에 요청하였는 바 이에 대한 조치 여하

후생성 답변:

국민년금은 현재 일반국민이 20~65세 사이에 25년간 계속하여 매월 일정액수를 불입하여야 적용되는 것임으로 외국인에게 적용하는 것은 부적당하다고 보며 영주권을 소지한 한국인에게도 곧 적용하기는 어려움

2. 질의:

영주외국인에 대한 국민금융공고 융자에 대해 설명 요청

대장상 답변:

4.1부터 실시하기 위하여 작업중에 있으며 근일내로 관계 당국에 통달하겠음.

3. 질의

영주외국인의 전국체육대회 참가 여하

문부상 답변:

국체는 일본체육협회가 자체기준 요강에 의해 운영하고 있는 바 앞으로 성의있게 검토할 것이며, 체육협회에 의사를 전달하여 내년 국체에는 참가되도록 노력하겠음.

(일본영-교일)

15. 메모-재일교민에 대한 국민연금적용문제

(領事僑民局) 1980年 3月 8日

題目: 在日僑胞에 対한 國民年金適用問題

1980.3.5 日本衆議院 予算委에서 民社党 中野寬成議員의 質疑에 対해 厚生省長官 다음과 같이 答辯

1. 在日韓國人에 國民年金法을 適用하기 為해서는 二國間協定이 必要

2. 同年金은 25年이라는 長期間의 拂入期間이 必要한 것이므로 韓國人에 対한 適用에 問題가 있음

3. 韓國人은 特別取扱하기는 困難하나 韓日協定基本精神에 따라 誠意것 檢討하 겠음

16. 외무부 공문(착신전보)—재일한국인 복지 향상

외무부
번호 JAW-03157
일시 071155
수신시간 80.3.7. 15:57
발신 주일대사
수신 장관
제목 재일한국인 복지 향상

80.3.5 중의원 예산위에서 "나까노 간세"의원(민사당)은 국민연금 제도에 대해 질의하였는 바 동 질의응답 요지는 다음과 같음.
1. 질문: 국제인권규약 비준과 관련, 재일한국인에 대한 국민년금제도 정용 조치 여하
후생상 답변: 성의껏 검토하겠으나 외국인의 경우 2국간 협정이 필요함.
2. 질문: 일반외국인과 재일한국인의 위치는 상이함으로 일정부 독자적으로 조치를 취해야 할 것임.
후생상 년금국장 답변: 한국인을 특별 취급하는 것은 대단히 곤란함.
25년간 장기거출 기간이 있는 관계로 2국간 협정이 필요하며 양국 정부가 통산을 해야 할 것임.
3. 질문: 한일협정 기본정신에 비춘 정부의 기본적 자세 여하
후생상 답변: 국민년금은 후생성이 주관하나 대장성과 합의하여야 하는 정부 전체적 문제이며 한일협정 기본정신을 고려하여 성의 있기 검토하겠음.
(일본 영-교일)

17. 자료-재일한국인 복지향상에 관한 면담

제목: 재일한국인 복지향상에 관한 면담
1. 일시: 1980.2.28(목)12:30-14:00
2. 장소: 힐튼호텔 식당
3. 면담자: 주일 김경철 참사관
　　　　　 외무성 국련국 세끼 참사관
　　　　　 법무성 관방 야마모또 참사관
4. 면담내용
　 가. 김참사관은 외무성이 관계 각성에 복지 및 사회보장제도 개선 설득 필요,
　　　 요청
　 나. 국민연금 문제는 재정부담이 수반되는 문제로서 후생성이 현재 검토 중
　　　 에 있으나 시간이 걸릴것임.
　 다. 국민연금과 후생연금 간의 모순점을 연구 검토할 것임.

18. 주일대사관 공문-면담록 송부

주일대사관
관리번호 80-38
번호 일본(영)725-129
일자 1980.3.4
발신 주일대사
수신 장관
참조 영사교민국장
제목 면담록 송부

　　　재일한국인의 법적지위 및 복지문제와 관련하여 김참사관과 주재국 관계성
담당자와의 면담록을 별첨 송부하오니 업무에 참고하시기 바랍니다.
유첨: 면담록사본 1부. 끝.

주일대사

면담요록
일시: 1980.2.28(목) 12:30-14까지
장소: 힐톤호텔 레스토랑
면담자: 김경철참사관
세끼 외무성 국련국 참사관, 야마모토 법무성 관방 참사관
면담내용:

　　김참사관: 금번 신회계년도 4월1일부터 재일한국인에 대하여 주재국 관계성이
　　　　　주택공단 및 공급공사의 임대 및 분양주택에 대한 입주를 허용키로 결정하
　　　　　고 이의 시행을 위하여 건설성이 지방자치단체 및 주택금융공고 총재에게
　　　　　통달서를 송부하였다고 하는 바 이는 그동안 외무성의 배려와 관계 각성에
　　　　　대한 권고의 덕택인 것으로 사료하며 이 기회에 사의를 표하는 바임. 문제는
　　　　　남아있는 기타 복지 및 사회보장제도의 개선에 보다 적극적으로 외무성에서
　　　　　관계각성을 설득하여 문제가 해결되도록 조치를 바라는 바임.

　　세끼참사관: 작년9월 국제인권 규약이 아국에 대하여 발효한 이래 지난번 면담
　　　　　시 설명과 같이 재일한국인에 대한 제도상의 개선점을 관계 각성에 대하여
　　　　　조속히 검토하고 년내에 필요한 조치를 취하도록 요청한 바 있으며 1차로
　　　　　주택 및 융자문제가 개선케 된 것은 다행한 일로 생각함. 남아있는 것은 국
　　　　　민연금 등의 문제인 것으로 아는 바 동문제도 후생성이 현재 검토 중에 있는
　　　　　것으로 아는 바 만일 국민연금의 수혜 자격을 재일한국인에게 부여하는 경
　　　　　우 얼마정도의 재일한국인이 동연금에 가입하게 될 것인지?

　　김참사관: 주재국정부가 국민연금의 가입 자격을 재일한국인에게 부여하는 경
　　　　　우 현재 영주권을 소지한 자 및 앞으로 일본에 영주코자 하는 사람들이 모두
　　　　　가 동 연금에 가입할 것으로 알고 있음.

　　세끼참사관: 연금문제는 재정 부담이 수반되는 문제로서 현재 일본인이 외국에
　　　　　거주하는 경우 수혜 대상에서 제외되는 문제점등과 아울러 재일한국인에 대
　　　　　한 가입 문제에도 종합적으로 검토되어야 할 것인 바 역시 시간이 요할 것으
　　　　　로 보임.

　　김참사관: 재일한국인이 납세의 의무를 다하면서 주재국 정부의 재정부담과 관
　　　　　련되는 연금의 수혜대상에서 제외하는 것은 모순이며 물론 재일한국인에 대
　　　　　하여 국민연금의 가입자격을 부여하는 경우 막대한 재정부담이 가하여 질
　　　　　것은 사실이나 이에 앞서 연금제도상의 모순점을 우선 개선하여 주어야 할

것임. 다시 말하면 일본에 연금제도는 두가지 종류로 구성되어 있고 국민연
금과 후생연금인 것으로 아는 바 만일 재일한국인이 어떤 기업체에 취업을
하는 경우 후생연금의 강제 규정에 따라 불입금을 불입하게 되나 동 기업체
에 계속하여 20년동안 근무하지 못하고 중도에서 퇴직하는 경우 일본인인
경우에는 그 불입금이 자동적으로 국민연금으로 옮겨지게 되나 재일한국인
인 경우 국민연금 가입자격이 없기 때문에 그동안 불입한 불입금을 포기하
지 않으면 아니되는 입장에 놓이게 되는 것임. 따라서 재일한국인에 대하여
국민연금을 부여할 것인지 여부를 검토하기에 앞서 이러한 국민연금과 후생
연금 간의 모순점 개선을 우선 주재국 관계 각성은 검토하여야 할 것이며
외무성이 후생성으로 하여금 동 문제를 조속히 검토하여 주도록 필요한 조
치를 취하여 주기를 바라는 바임.

세끼참사관: 연금제도, 국민연금과 후생연금 간에 모순점이 있다는 것은 시인하
는 바이며 동 문제를 관계 각성에서 검토하도록 조치하겠음. 지난번 면담
시 이야기한 바와 같이 브라질에 이민한 일본인들이 최근에는 2세들이 브라
질 국적을 취득하여 현재13명의 국회의원이 나왔으며 또한 에너지장관도 일
본인2세가 담당하고 있는 바 이들이 자기들의 권익을 스스로가 관철하고 보
호하고 있는 실정인 바 개인의 의견으로서는 재일한국인 2,3세에 대해서 일
본 국적을 취득토록 하는 것이 문제해결에 첩경인 것으로 알고 있음.

김참사관: 이 문제는 지난번 면담 시 말한바와 같이 우리나라는 남북이 양단된
특수한 사정이 있으며 잘 아시다시피 일본안에 조총련과 거류민단이라는 두
개의 한극인 조직이 존재하고 있는 것임. 이러한 사정 하에서 귀하가 이야기
하는 브라질에 대한 일본 이민들과는 판이하게 다른 사정과 여건하에 놓여
있는 것임. 4월호 "제군"이라는 잡지에 김종필 공화당 총재가 재일한국인 2,3
세의 방향에 관하여 의견을 제시한 바 있음을 읽은 적이 있는 바 여기에서
동 총재는 일본측의 수용태세도 문제점에 하나라고 지적하고 있음.

야마모또참사관: 이것은 본인의 사안이지만 현재의 재일한국인이 제2차대전 종
전 이전부터 계속 거주하여 온 사람들은 원래 일본국적을 소지하였으나 센
프란시스코 강화조약 체결과 동시에 본인들의 의사를 확인함이 없이 일방적
으로 일본 국적을 포기토록 된 것인 바 이제 동인들의 국적 포기 및 취득과
관련한 의사 확인을 일정한 기간을 두고 실시하여 재일한국인 중 종전의 일
본 국적을 계속 취득하기를 희망하는 자에 대하여는 복적이 가능토록 조치
가 있어야 할 것으로 생각되는 바 이 문제는 여러가지 어려운 문제점을 안고
있으므로 쉽게 공개하기는 어려우며 한국측과 깊히 검토되어야 할 문제인

것으로 생각됨.

김참사관: 재일한국인의 지위에 관하여는 장기적인 측면과 단기적인 측면으로
　　　　나누어 볼 수가 있는 바 잘 아시다시피 1991년이 되면 양국간에 체결한 법적
　　　　지위협정의 개정이 이루어져야 하는 바 그때까지 양측이 여러가지 문제점을
　　　　신중히 검토해야 할 것으로 생각됨. 단기적으로는 이미 아측이 제시한 바
　　　　있는 재일한국인에 대한 사회보장 및 복지제도상의 문제점등을 일본측이 조
　　　　속히 개선해 주어야 할 것임. 끝.

19. 한일외상회담 자료

在日韓國人法的地位 및 處遇改善問題

(韓.日外相会談資料)

1980.3.

領事僑民局

1. 國民年金 加入問題
　　− 在日韓國人의 特別한 歷史的 背景, 韓日協定 基本精神에 依據 在日韓國人에
　　　게 適用 必要.
　　− 日本은 國際人權規約에 加入(79.9.21 發效)
　　− 在日韓國人도 老齡化하여 國民年金은 重要한 問題点
　　− 職場에 勤務中 厚生年金에 加入되 있던 在日韓國人이 中途에 職場을 離脫한
　　　境遇, 國民年金에 轉入이 않되므로 拂入金을 抛棄해야함.
　　日側立場
　　− 國民年金은 强制 加入되는 것으로 25年間 保險料를 納付해야 하는 바, 途中歸
　　　國者의 權利喪失問題 處理等 韓日 兩國協定이 必要함.
　　− 國民年金問題는 財政負擔이 隨伴되므로, 日本人이 外國에 居住하는 境遇 受

惠對象에서 除外되는 問題等 綜合的 檢討가 必要함

2. 協定永住權 申請期間 再設定
   - 約10萬名으로 推算되는 有資格 未申請者 救濟
   - 朝總聯으로부터 轉向者 漸增
   - 韓日兩國 弘報 不足으로 因한 無知 및 朝總聯의 申請 防害活動에 依據 未申請
   - 協定에는 申請期間이 5年으로 되어있으나, 實質的으로 1969.8 韓日 法務次官 會談后인 約1年 6個月에 不過함

   日側立場
   - 協定改定 또는 新協定 締結과 國內立法이 必要함
   - 法126號 該當者 全體의 法的地位 問題와 같은 時期에 解決되어야 할 것이나 如斯한 立法措置는 日本國 政治 情勢上 不可能함.

3. 密航者의 救濟 및 退去문제
   - 1966.1.17(韓日協定發效日)以前 密航者는 原則的으로 全員 特別在留許可 要求
   - 1966.1.17-1971.1.16 密航者는 人道的 考慮를 行하여 特別 在留許可토록 要求 (大部分 救濟要求)

   日側立場
   - 1966.1.17 以前 密入國者는 特別在留 許可하나 個別審查가 必要함
   - 1966.1.17-1971.1.17 密航者에 對하여는 日本人 또는 協定永住權者와 結婚한 者 等 小數만 特別在留許可함.

4. 回數再入國問題
   - 在日僑胞들은 本國投資活動 規模擴大, 親族訪問等 本國往來 回數 增加
   - 日本出國時마다 再入國許可 必要하므로 不便
   - 申請人의 個別的事項을 勘案하여 許可해 줄 것을 主張

   日側立場
   - 76年 實務者會談시 回數 재入國의 選別的 許可 意向 비춘 바 있음.

5. 再入國期間延長 問題
   - 在日僑胞 子女 本國 또는 第3國 留學增加
   - 留學者도 1年에 1年以上 日本에 再入國 해야함
   - 協定永住權者에 대하여는 特別 考慮, 主張

   日側立場
   - 入管令에 再入國許可의 最大期間 1年임.
   - 入管令 改正時 考慮

20. 김현조 국민연금 재판

김현조 국민연금 재판

1. 인적사항
   1910년 출생, 1923(13세시) 일본에 도항
2. 경위
   - 국민연금 관계 직원의 권고로 1960년 국민연금에 가입, 만기가 되는 60세까지 130개월분 보험료를 지불, 65세가 되어 연금 지급을 청구했던 바,
   - 1976.12.23 동경도지사는 동 국민연금을 "오적용"에 의한 것이므로 피보호자 자격을 취소하고 지불한 보험료는 반환한다고 통보
   - 김현조는 1977 동경도 보험심사관 및 사회보험 심사회에 재심사 청구를 했으나 1979.5 기각 재결
   - 1979.7.20. 동경도 지사와 사회보험청 장관을 상대로 동경지방재판소에 행정소송 제기
     (재일한국인의 일본 최초의 국민연금 재판)
3. 재판시 원, 피고측 주장
   가. 원고주장
      - 국민연금법이 외국인의 가입을 배제하고 있다는 해석은 잘못됐다.
      - 국민연금 가입이 수리된 후 장기간이 경과됐으므로 신의성실의 원칙에 따라 기득권이 인정되어야 한다.
   나. 피고주장
      - 국민연금법의 적용 대상은 일본국민에 국한
      - 동건은 당연 무효

21. 주일대사관 공문－재일한국인 복지향상

주일대사관
번호 일본(영)725-1463
일자 1980.3.14
발신 주일대사

수신 장관
참조 영사교민국장
제목 재일한국인 복지향상

　　　연: JAW-03086
　　　연호 국민금융공고의 융자와 관련, 주재국 대장성은 별첨과 같이 오는 4월
1일부터 이를 시행할 것을 발표하였는 바 동 내용을 송부하오니 참고하시기 바
랍니다.
　　　유첨: 신문발표문. 끝

주일대사

21-1. 첨부—신문발표문

新聞発表

昭和55年3月7日
大藏省

国民金融公庫の外国人貸付けについて

　　国民金融公庫における外国人貸付けの問題については、「国際人権規約」が批准
された等にかんがみ、昭和55年4月1日から外国人(外国人登録を受けた者に限る。)
に対して融資を行う方針を定め、本日付でその旨国民金融公庫に通達した。

22. 주일대사관 공문—국회회의록 송부

주일대사관
번호 일본(영)725-1534

일자 1980.3.18.
발신 주일대사
수신 장관
참조 영사교민국장
제목 국회회의록 송부

　　　연: JAW-03073, 02475
　　재일한국인 복지향상과 관련 연호로 보고한 바 있는 중의원 예산위, 참의원
건설위원회에서 구사가와, 니노미야의원의 질의 내용(회의록)을 별첨 송부하오
니 참고하시기 바랍니다.
　　　유첨: 1. 회의록(참의원 건설위원회)
　　　　　　 2. 회의록(중의원 예산위원회). 끝.[1]

주일대사

23. 외무부 공문(착신전보)-재일외국인의 입주 자격 검정(언론 보도)

외무부
번호 JAW-04059
일시 022102
수신시간 80.4.3. 12:22
발신 주일대사
수신 장관
제목 재일외국인의 입주 자격 결정(언론 보도)

　　80.4.2 마이니찌 신문은 2면 1단으로 아래 요지 보도함.
　　1. 주택공단 입주와 주택금융공고 융자에서 지금까지 제외되었던 재일외국인은
신년도의 1일부터 일정 자격을 갖고 있다면 입주와 융자를 받을 수 있게 되었으
며, 공단, 공고는 4.1 신청자격 등을 발표하였음.

---

1) 유첨1-91回 通常国会 55年 2月 21日 参議院 建設委員会, 유첨2-91回 通常国会 55年 3月 3日
　　衆議院 建設委員会 각 생략

2. 주택공단의 경우 분양주택 분양택지 민영 임대용 특정 분양 주택의 양도 신청을 할 수 있는 것은
　　가) 출입극 관리령으로 영주 허가를 받은 자
　　나) 한일 조약에 의거한 지위 협정으로 영주 허가를 받은 협정영주자
　　다) 포쓰담 선언에 의거 외무성 관계 제명령의 조치에 관한 법률로 일본에 재류하고 있는 자 및 그의 자식 등 3조건 가운데 1가지 조건에 해당하는 자로 되어 있음.
3. 그리고 임대주택의 입주신청 자격은 상기 이외에 외국인등록을 받고 1년 이상 계속해서 일본에 재류하고 있는 자임.
(일정 아일, 교일)

24. 외무부 공문(착신전보)–재일한국인 복지 향상

외무부
번호 JAW-04231
일시 100933
수신시간 80.4.10. □:□
발신 주일대사
수신 장관
제목 재일한국인 복지 향상

1. 4월9일 본직은 김경철 참사관을 대동하고 다께시따 대장 대신을 예방, 지난 4월1일부터 재일한국인에 대하여 주택 입주를 위한 주택금융공고 및 사업자금 융자를 위한 국민금융 공고의 융자를 내국인과 같이 허용키로 결정한 데 대하여 사의를 표하였음.
또한 금후 재일한국인의 여타 사회보장 및 복지문제에 대하여 대장대신이 보다 적극적으로 문제해결에 선도적 역할을 다하여 줄 것을 당부하였음.
2. 이에 대하여 동대신은 예산안 심의중 분주한 가운데 상기 문제의 해결을 보게된 것은 다행한 일이었다고 말하고 금후 재일한국인의 복지문제에 관하여도 보다 큰 관심을 가지고 적극적으로 임하겠다고 말하였음. (주일영-교일)

25. 외무부 공문(착신전보)-재일한국인의 연금문제에 관한 건

외무부
관리번호 80-575
번호 JAW-04241
일시 101450
수신시간 80.4.10. 17:10
발신 주일대사
수신 장관

　　연: 일본영 725-165
1. 연호 보고와 관련 재일한국인의 국민연금 문제에 대하여 금일 후생성 마사끼 심의관은 당관 김경철 참사관에게 실무자회의 개최시기를 문의하여 왔음.
2. 이에 대하여 김참사관은 외상회담후 조속한 시일내에 양측전문가를 포함하여 개최키로 하고 상호 실무자 간에서 문제점을 제시 협의하는 가운데 해결점이 발견될 것으로 기대한다고 말하였음.
3. 마사끼 심의관은 외상회담 후 적절한 시기에 실무자간 회합을 갖기로 하되 구체적으로 협의할 내용 등에 관하여는 당관을 창구로 하여 계속 접촉키로 하겠다고 말하였음.
4. 상기에 관하여는 외무성측과도 협의하여 금번 외상회담 결과로서 실무자회담 개최를 대외적으로 밝힐 수 있도록 함이 좋은 것으로 사료되는 바 이에 관한 지침과 아울러 아측의 회담개최 희망시기 등 회시 바람.(일본영-아일, 교일)

26. 외무부 공문(착신전보)-한일외상회담 의제

외무부
관리번호 80-597
번호 JAW-04305
일시 121219
발신 주일대사
수신 장관

제목 한일외상회담 의제

대: WJA-03259, 04133
연: JAW-04126, 04164, 04275
80.4.11. 1700-1800 당관 이재준 서기관 및 최상덕 서기관은 외무성 요청에 의하여 북동아과 모찌쯔끼 차석을 방문 금번 외상회담 의제 중 재일교포의 법적지위 및 복지향상 문제에 관하여 다음과 같이 협의하였음.

1. 협정영주권 신청기간 재설정 문제

아측은 본건이 71및 76년 양국 법적지위 실무자회의에서부터 양국간에 논의되어 왔다는 점과 특히 77.2월 양국 외상회담시 거론되어 당시 하또야마 외상이 문제해결을 위해 77년 각료회의에 법상을 참석시킬 것을 검토하겠다고 하였으나 일측 사정에 의하여 법상이 참석하지 않았음을 지적 본건이 양국 외상 간에 상금 PENDING으로 되어있음으로 금년 외상회의에서는 해결되어야 할것이라고 한 바 일측은 수긍하는 태도를 보였음.

2. 국민년금 가입문제

가. 아측은 재일한국인 1세의 노령화로 본 국민연금 가입문제가 43만 협정영주권 취득자를 포함한 교포사회의 가장 중요한 문제로 대두되어 교포 자체로서도 일본정부에 대해 국민연금 가입을 요청하고 있으나 해결되지 않고 있어 한국정부에 대해서 조속히 해결해 줄 것을 강력히 요구하고 있다는 배경을 설명한 후 일본정부가 재일한국인의 생활안정을 위해 본 건을 적극 검토하여 금번 외상회의에서는 좋은 결과가 나오기를 기대한다고 말하였음.

나. 일측은 이에 대해 국민연금법 적용대상이 일본인으로 되어있어 법률개정이 필요하고 저일한국인 영주권자를 일괄 가입시킬 경우 일정부 재정부담이 가중되며 여러가지 기술적인 어려운 문제가 있어 즉시 실현되기는 어려운 문제라고 설명하였음.

다. 따라서 아측은 국민연금 가입의 제문제점을 검토하기 위하여 양국간에 전문가를 포함한 실무자회담이 필요할 것이라고 설명하였음.

라. 이어 양측은 금번 외상회의에서는 양 외상이 동문제를 적극적으로 논의하고 (도리구무) 그 결과 양국관계 실무자회의를 개최키로 합의하는 방향으로 할 것에 양해하였음.

(일본정-아일, 교일)

27. 협조문–재일한국인 법적지위에 관한 실무자회의 개최

협조문
분류기호 및 문서번호 아일700-65
발신일자 80.4.23.
발신 아주국장
수신 영사교민국장
제목 재일한국인 법적지위에 관한 실무자회의 개최

1. '80.4.17. 동경에서 개최된 한일외상회담에서 아측이 국민연금 가입문제를 포함한 재일교포의 복지증진문제와 관련, 일정부의 선처를 촉구하였던 바, 일측은 이에 대해 일정부로서 가능한 한 적극적으로 검토하겠다고 하고 가까운 장래에 실무협의를 하도록 합의를 보았습니다.

2. 상기 외상회담 결과에 비추어 보아 귀국에서 양국 실무자회의를 주관, 추진하는 것이 좋을 것으로 사료되며, 당국으로서는 동 사안이 한일관계에 미치는 영향과 금년9월 개최예정인 한일 정기각료회의에서도 거론될 것이라는 점을 고려, 상기 실무자회의에의 참가등 상호 긴밀한 협조를 해 가는 것이 필요하다고 사료합니다. 끝.

28. 외무부 공문(착신전보)–난민조약 및 국민연금관계 실무회의

외무부
관리번호 80-807
번호 JAW-05403
일시 161432
수신시간 80.05.16. 17:15
발신 주일대사
수신 장관
제목 난민조약 및 국민연금관계 실무회의

    대 WJA-0556

연 주일영 725-234

대호지시와 관련 당관 김경철 참사관은 외무성 조약국 야마다 심의관 및 후생성 마사끼 관방심의관을 방문 타진한 결과는 다음과 같음

1. 난민조약 가입문제

가. 작년도 인지난민문제가 국제문제화되자 당시 소노다 외상은 통상국회에서 동조약가입 비준안을 제출하겠다고 답변하였고 이에 따라 외무성 실무진에서는 동조약가입을 위하여 문제점을 검토하여 왔다고 함

나. 조약안을 검토 결과 동조약에 가입하는 경우 가입당사국은 난민에 대하여 사회보장 및 복지면에 있어서 내국민대우를 부여하여야 하게 규정되어 있으므로(23, 24조)기존 재일외국인에 대한 대우문제와 국내적으로 모순이 있게 되므로 외무성은 관계성인 후생성에 대하여 현존 재일외국인(주로 재일한국이)에 대한 사회보장복지문제 특히 국민연금 가입문제 등을 선 해결할 것을 종용하였다고 함

다. 후생성측은 난민조약가입을 위하여 현시점에서 재일외국인에 대한 사회보장 및 복지제도개선이 어려움으로 동 조항 중 사회보장조항만을 유보하여 가입할 것을 주장하고 있다고 함. 이에 대하여 외무성은 현78개 조약당사자국 중 유보가입 선진국은 3개국에 불과한 실정임에 비추어 일본이 유보가입 하는 경우 국제적 비난을 면치 못할 것이므로 유보 없이 가입을 주장하고 있어서 사실상 금번 통상국회에 동조약가입 비준한 상정은 관계부처 간의 협의가 이루지 못하여 차기 통상국회까지 연기치 않을 수 없게 되었다고 함.

라. 외무성은 재일한국인의 국민연금 가입문제를 주재국의 난민조약가입과 관련을 가지고 후생성에 대하여 이 기회에 가입자격을 부여할 것을 종용하고 있는 입장인데 반하여 후생성은 난민조약은 사회보장조항을 유보하여 가입하고 재일한국인의 국민연금문제는 별도로 시간을 두고 검토하고자 하는 입장인 것으로 보임

2. 국민연금 실무자회담

가. 후생성측은 지난번 외상회담시 논의된 국민연금에 관한 실무자회담은 현재 통상국의 회기중이므로 회기종료 후 일정한 잔무처리기간을 경과한 후 6월말경이면 시기적으로 가능할 것으로 보인다고 말하고 있음

나. 국민연금은 재일한국인의 사회보장 및 복지문제 중에서 이루어져야 할 가장 주요한 목표의 하나임에 비추어도 주재국의 난민조약 가입검토와 관련 외무성측이 기존외국인에 대한 국민연금문제를 검토하여야 한다고 후생성측에 종용하고 있음에 비추어 가능한 가까운 시일내 동실무회합을 가지는 것이 가할

것으로 사료되오니 본부방침 결정에 참고하시기 바람

　　　다. 미일 연금 통산 협정은 양측이 현재 교섭중으로 협정안이 성안되지 못하였다고 하며 금년 가을 타결을 목표로 교섭중이라 함을 참고로 첨언함

　　　3. 상기 면담내용 상세는 연호파편 송부하였으니 참고바람(주일영 교일 아일)

29. 주일대사관 공문-재일한인 복지향상에 관한 설명회

주일대사관
번호 주일(영)725-2511
일자 1980.5.13
발신 주일대사
수신 장관
참조 영사교민국장
제목 재일한인 복지향상에 관한 설명회

　　　연: 일본(영)725-1462
　　　연호와 관련 재일한국인 복지문제에 관한 설명회를 관서(고오베, 오오사카) 지방에서 별첨과 같이 개최하였는 바 동결과 보고서를 송부하오니 업무에 참고하시기 바랍니다.
　　별첨: 결과보고서 1부
　　　　　신문기사. 끝.

주일대사

29-1. 첨부-설명회 현황

설명회현황

1. 고오베

가. 일시: 1980.5.9.(금) 14:00-17:00

나. 장소: 효고껜 민단본부 회의실

다. 참석자:

　　대사관: 오재희공사, 김경철참사관

　　총영사관: 김기준총영사, 우종호영사

　　민단중앙본부: 전준 권익옹호위원회 부위원장

　　지방민단: 황하천단장 외 100명

라. 설명내용: 연호 보고에 추가하여 외상회담 이후 국민연금의 추진현황을 부언.

2. 오오사까

가. 일시: 1980.5.10.(토) 13:00-17:00

나. 장소: 오오사까지방 민단본부 회의실

다. 참석자:

　　대사관: 오재희공사, 김경철참사관

　　총영사관: 김재춘총영상, 이규수부총영사, 정경근영사, 정광하영사, 최홍규
　　　　　　주재관

　　민단중앙본부: 전준 권익옹호위 부위원장

　　민단지방본부: 긴끼지방 민단간부 및 단원250명

라. 설명내용: 상동

평가: 재일한국인의 복지문제에 대사관 관계자가 문제해결을 위하여 대정부 교섭에
따른 현황과 반응을 상세히 설명해줌으로서 지방 민단을 중심으로 한 동운동의
방향을 제시하고 금후 지방 민단조직을 중심으로 한 동운동의 적극화가 기대되
는 바 동설명회를 통한 교민 선도의 효과가 크다고 보여짐.

검토사항: 설명회 종료 후 참석자의 질문에서 관심과 우려는 제3세에 대한 지위문제
및 협정영주권 기간내 미신청자에 대한 구제조치인 바 동문제에 대한 계속 검토
가 필요한 것으로 사료됨.

(신문보도내용 참조). 끝.

통일일보(80.5.13) 権益擁護運動　民団、公館が一体で　大阪兵庫　呉公使ら招き講習会

통일일보 80. 5. 13.

権益擁護運動

통일일보 80. 5. 13.

民団、公館が一体で

大阪
兵庫
呉公使ら招き講習会

兵庫でも

30. 외무부 공문(착신전보)–국민연금 실무자회의

외무부
관리번호 80-885
번호 JAW-05600
일시 301616
발신 주일대사
수신 장관
제목 국민연금 실무자회의

  연: JAW-05403
  대: WJA-0556
1. 금 5.30 당관 김경철 참사관이 후생성 마사끼 관방심의관과 접촉한 바(최상혁 서기관 및 사사끼 년금과장 동석) 일측은 동 실무자회의를 가능한한 특별국회가 개최되기 이전인 6월중에 개최하기를 희망한다고 말하여 왔으니 동회의 개최시기 결정에 참고바람. (참고: 선거 6.22 특별국회 7월 초순)
2. 아측의 동 실무자회의 개최희망시기 및 토의할 사항을 회시 바라며 대호 보사부 등 관계부처와의 협의결과 및 연구 검토 결과도 참고로 회시 바람. (일본영-교일)

31. 외무부 공문(착신전보)–국민연금 실무자회의

외무부
관리번호 80-1011
번호 JAW-06583
일시 251230
발신 주일대사
수신 장관
제목 국민연금 실무자회의

  연: WJA -06035

1. 80.6.24 당관 최상혁 서기관은 후생성으로 사사끼 연금과장을 방문 대호 국민 연금 실무자회의의 개최에 대해 타진한 일본 후생성측의 의견을 아래와 같이 보고함.

가. 시기에 관해서는 지난번 마사끼 심의관이 일참사관에게 이야기한 바와 같이 6월말경이 좋다고 생각했으나 한국측이 7월초순을 희망한다면 검토하여 곧 회보하겠음.

총선거시 특별국회가 7.16 경 소집될 예정인 바 국회가 소집되면 장관 경질 및 연금법 개정안의 심의 등으로 회의 개최가 어려운 사정에 비추어 일측으로서는 가능한한 빠른 편이 좋다고 생각함.

특별국회 개최 이전이 아니라며 9월로 접어들어야 시간이 있을 것으로 생각함.

나. 회의참석자 범위에 대해서는 후생성으로서는 과장 이하 레벨이 좋다고 생각함. 실무자회의 명칭 그대로 양국 년금담당 실무자들이 즉 일측의 후생성 관계관과 한국측 보사부 관계자가 회합하여 양측 사정을 설명하고 토의하는 것이 좋다고 봄. 심의관 레벨이상이 수석대표가 된다면 이는 실무자회의라고는 생각할 수 없으며 현재 담당심의관이 새로 임명되었고(야마구찌 신이찌로) 우연이지만 동심의관이 업무파악이 되어있지 않으며 건강상태가 좋지 못해 근무시간도 제한되고 있음으로 과장 이하의 레벨이 좋다고 생각함.

다. 미국과의 회의도□□ 일측 후생성의 실무자들만이 회합 토의하였으며 외무성 관계자는 다만 회의 개최지의 대사관원이 참석하였을 뿐인 바 금번에도 이러한 형식으로 개최하는 것이 좋다고 보는 바 회의가 구체적으로 진행되어 필요할 경우에는 위의 참석자 레벨을 높이거나 양측 외무성 관계자들을 참석시키는 것을 생각할 수 있음.

다. 회의기간은 한국측의 참석자에 따라 상이할 것으로 생각하는 바 한국측의 참석자와 년금에 관하여 상세한 사항까지 토의가 진행된다면 1일은 부족할 것이 이□□ 없지 않고 다만 일반적인 토의를 한다면 하루로 족하다고 생각됨.

일측으로서는 한국의 년금제도의 구조, 실행현황 등에 대한 설명은 청취하고자 하며 현재 한국은 국민년금 제도가 실시되지 않고 있는 바 앞으로의 방향 등에 대해서도 청취하고 싶음.

라. 사용언어는 영어를 사용해도 일본측은 통역을 필요로 하기 때문에 각각 자국어도 말하고 통역을 시키는 방법이 좋다고 생각함.

2. 후생성측 의견이 상기와 같음으로 근일중 외무성측과도 협의할 예정인 바 회의개최의 구체적 희망시기 및 기간 토의 희망사항 외 대표구성에 대하여 아측 입장을 지급 회시 바람(일영, 교일, 아일)

32. 외무부 공문(착신전보)–국민연금 실무자회의

외무부
관리번호 80-1058
번호 JAW-06607
일시 261450
발신 주일대사
수신 장관
제목 국민연금 실무자회의

연: JAW-06583, 06403, 일본영 725-224
대: WJA-06235
1. 당관 최상혁 서기관은 6.25 외무성 북동아과 모찌쯔끼 차석(마끼노 과장 구주 출장중)을 방문 대호 지시에 따라 국민년금 실무자회의 개최를 제의하였음.
2. 일측은 금번회의가 지난 76년 법적지위 실무자회의의 연속인지의 여부를 문의한 바 아측이 76년 회의와도 관계가 없는 것은 아니나 금번 회의는 지난 4월 양국 외상간의 협의사항을 구체적으로 시행하는 것으로서 우선 국민년금 문제만을 토의키 위한 것이라는 점을 설명한 바 외무성내부 및 관계부서와 협의한 후 조속회보 하겠다고 하였음.
2. 일측은 개인의견이라고 전제한 후 금번 회의의 7월초순 개최는 어려울 것 같다고 말하고 그 이유로서 7월중에 북해도 어업문제를 동경에서 협의키로 한 바 있고 이 기회에 대륙붕 개발협정과 그 적용에 관한 협의도 아울러 시행할 예정이며 고요이다 수상 장례식에 따른 업무도 있고 후생성 대장성 및 자민당측과 협의하여 일측입장을 정립하여야 할 필요가 있는 바 시간적으로 여유가 없다고 말하였음.
4. 이에 대해 아측은 연호 후생성의 사정 및 의향을 설명하고 외무성측이 시간이 없다면 금번 회의는 년금담당자 만이라도회합시켜 우선 회의를 시작하는 것이 좋을 것이며 그 이후 일측외무성 관계자가 참석하는 것도 생각할 수 있다고 말한 바 일측은 재일한국인에 대한 국민년금 적용문제는 현재 외무성이 가입을 적극 추진중인 난민조약과의 관계로 매우 DELICATE한 문제로서 처음부터 외무성이 참석하는 것이 문제해결에 도움이 될 것이라고 말하였음.
5. 외무성은 난민조약과의 관련 재일한국인의 복지향상에 관하여 작년 하반기부터 최대한의 노력을 경주하고 있으나 후생성측은 복지부여에 대해 매우

RELUCTANT하며 외무성과 반대 입장을 고수하고 있기 때문에 외무성측으로서는 기타 모든 관계부처와의 협의설득을 통하여 문제를 해결하는 방향으로 나아가고저 하는 바 외무성이 참석치 않은 양국 년금관계자 만의 회의가 된다면 후생성측의 입장에 휘말려 처음부터 한국측에 불리한 결과를 초래하게 될 가능성이 있다고 지적하였음.

6. 이에 대해 최서기관은 재일한국인에 대한 국민년금 적응문제는 최종적으로는 일본정부의 일방적인 조치로서 해결되는 것이며 일정부가 정책적으로 결정할 문제로서 양측이 교섭하고 타협하여 해결될 문제는 아니라고 보며 외무성측이 문제를 해결하고자 하는 데 대한 분위기조성을 기하고 또한 일정부가 본 년금문제에 대하여 성의를 다하고 있다는 점을 대외적으로 보이기 위하여서라도 회의를 개최하는 것이 좋을 것이다고 말하고 동 회의에서 즉각적인 결론은 기대할 수는 없는 것으로서 우선 문제 해결을 위하여 회의를 시작한다는데 의미가 있는 것이라고 말하였음.

이에 대해 일측은 만일 외무성과 후생성의 입장이 동일하나 다만 관심도의 차이가 있는 경우라면 우선 실무자만의 회의 개최도 의미가 있겠으나 현재 외무성과 후생에서의 입장이 상당한 차이가 있으므로 의미가 없다고 보며 오히려 후생성측의 입장에 유인되어 불가능하다는 인식이 대외적으로 널리 알려져 한국측에 손해가 될 가능성이 있음으로 고심해야 될 것이며 외무성측으로서는 관계부처와 협의를 거쳐 착실히 준비한 후에 개최하는 것이 바람직하다고 말하였음.

7. 연호 보고와 같이 외무성은 난민조약 가입과 관련 동조약 가입 이전에 재일한국인 국민연금 가입문제를 관계성인 후생성과 결론을 맺고자 노력하고 있음이 엿보이는 바 이와 관련 금번 국민연금 실무자회의에 있어서도 외무성측이 이에 참여하기를 희망하고 후생성측과 절충하는데 있어 약간의 시일이 요할것으로 사료됨.

8. 2항 외무성측의 회답을 접수한 후 보고하겠음.

(일영-교일 아일)

33. 외무부 공문(착신전보)—국민연금 실무자회의

외무부
관리번호 80-1318

번호 JAW-07742
일시 301615
발신 주일대사
수신 장관
제목 국민연금 실무자회의

　대: WJA-06070
　연: JAW-06607
1. 금 7.30 당관 최상혁 서기관은 외무성 북동아과 관계관과 접촉 연호 아측이
제의한 국민년금 실무자회의 제의에 대한 일측의 의사를 타진한 바 그간 오오히
라 수상 장례식, 북해도 어업문제 한일간회의, 대륙붕문제 한일간 회의 등으로
상금 관계부처 간의 협의를 갖지못하였다고 하면서 조속 검토하겠다고 말하였
음.
2. 아울러 아측은 대호 6항의 지시에 따라 동실무자회의를 심의관급을 수석대표
로 하고 한일 외무성 실무자를 포함하여 가능한 한 빠른 시일내에 개최하는 것
이 좋겠다고 말하고 이에 대하여도 조속히 검토하여 줄 것을 요청하였음. (일영-
교일)

34. 외무부 공문(착신전보)–국민연금 실무자회의

외무부
관리번호 80-1339
번호 JAW-08979
일시 131702
발신 주일대사
수신 장관
제목 국민연금 실무자회의

　연: JAW-07742
80.8.12 당관 관계관이 외무성 마끼노 북동아과장을 접촉 표제회의에 관하여
타진한 바 동 과장은 동 회의를 개최하는 것에는 찬성이나, 현재 동과의 업무

폭주 등 사정으로 물리적으로 시간이 없어 검토가 불가□하므로 좀더 시간이 지난 뒤에 협의하는 것이 좋겠다고 말하였음을 중간 보고함.
(일영-교일, 아일)

35. 외무부 공문(착신전보)-국민연금 실무자회의

외무부
관리번호 80-1562
번호 JAW-09817
일시 291710
발신 주일대사
수신 장관
제목 국민연금 실무자회의

　대: WJA-09234
　연: JAW-08979
1. 당관 조성찬 참사관은 9.27 외무성 아세아국 "와타나베" 참사관을 방문하고 현 안의 국민연금 실무자회의 개최를 촉구한 바 연호로 이미 보고한 바와 같이 주관과인 북동아과 자체가 그간 여러가지 업무가 폭주하여 물리적으로 동회의를 위한 실무자 선에서의 문제점 검토가 부진하였다고 설명하면서 자기로서는 아세아극장 및 북동아과장과 협의하여 동 회의가 조속히 개최되도록 노력할 것이라고 말하였음을 보고함.
2. 한편 이와 관련하여 동 참사관은 회의 개최 시기에 관하여는 현재 일본의 임시 국회가 개최되어 후생성 및 외무성이 국회 대책 등 업무로 아측이 제의하고는 10월 하순 개최는 좀 어렵지 않나 느끼고 있지만 10월 상순경에 외무성 및 후생성 간에 일본의 "난민조약" 가입국의 상정문제를 놓고 의견조정을 위한 고위 회담이 있을 것임을 시사하였으므로 조 참사관은 동 양성 간의 고위회담에서 재일한국인 연금가입을 위한 실무자회담에 관하여도 양성 간에 조기 개최문제를 협의하여 구체적인 회의 예상 일시를 알려달라고 요청하였던 바 동 참사관은 그렇게 하도록 상부에 건의할 것을 약속하였음.
3. 동석상 대호 제2항에 관하여 조참사관이 문의한 바 와따나베 참사관은 자기

가 알기로는 지난8월에 있었던 외무성과 후생성간(외무성 아세아국장, 국련국 참사관, 후생성 연금국장)의 협의 내용은 그 목적이 재일한국인에 대한 국민연금 적용문제가 아니라 일본의 난민조약 가입문제를 둘러싸고 후생성 및 외무성 간에 의견이 대립되어(후생성은 난민조약 등 난민의 대우에 있어서 사회보장면 에서 내국민 대우를 해주는 2항은 유보하여 가입하자고 주장하고 외무성은 이 에 반대) 이를 설득, 조정하자는데 그 목적이 있었다고 하며 다만 동 석상에서 일본이 난민조약에도 가입할려는 이 시점에서 재일외국인 특히 한국인에 대한 연금문제를 난민조약 이전에 어떠한 형태든지간에 타결이 바람직하다는 외무성 의 견해를 후생성측에 밝힌 것으로 자기는 알고 있다고 설명하였음.

4. 본건과 연관하여 그간 조참사관이 후생성 관방심의관 및 관계관등과 접촉한 바로는 후생성 당국으로서는 국민연금 실무자회담 개최 자체에는 이의가 없는 것으로 감지되었으나 다만 외무성이 회의 시기 등에 관하여 상기한 바와같이 실무담당과 자체가 바쁘다는 이유 등으로 이제껏 미루어 보고 있는 듯한 감촉임 을 아울러 보고함.

한편 회담 장소에 관하여 와따나베 참사관은 제1차 회담은 동경이 되어야만 하 느냐고 문의하기에 조 참사관은 아측으로서는 반드시 동경이 되어야만 된다는 필수적인 요인은 없으니 이 문제는 개최시기 전망이 제시되면 상호 협의해보자 고 하였음. (일영-교일, 아일)

36. 협조문—복지정책 현황 자료 제출

협조문
분류기호 및 문서번호 교일725-211
발신일자 80.10.4.
발신 영사교민극장
수신 기획관리실장
제목 복지정책 현황 자료 제출

　　대: 기행 120-181
　　대호에 의거, 당국의 복지정책 현황 자료를 별첨과 같이 송부합니다.
첨부: 자료1부. 끝.

36-1. 협조문―복지정책 현황 자료 제출

시책명	지금까지의 현황 및 실적	추진상 문제점	대책방안
재일 동포 복지 향상	일본에 영주할 의사로 영주권을 획득한 재일한국인은 한일 법적지위 협정 전문의 기본정신에 의거, 일본의 사회질서 하에서 안정된 생활을 영위할 수 있도록 되어있음. 그러나 재일한국인은 사실상 사회복지 면에서 각종 차별을 받고 있으며 그 대표적인 것은 다음과 같은 것임. 1. 재일한국인의 일본국민연금 가입 추진 문제 　가. 일본의 국민연금은 노령, 폐질, 사망과 관련하여 연금을 지불하는 제도로서 일본국민은 강제적으로 가입토록 되어있으나 재일한국인에게는 동 연금가입이 허용되지 않고 있음.	（국민연금 가입에 대한 일본측 주장） ―재일한국인의 역사적 특수성은 인정하나 국민연금 제도는 일반적인 사회보장제도이므로 재일한국인만 별도로 취급한다는 것은 형평의 원칙에 위배됨.	（연금가입에 대한 아측의 대응안） 하기와 같은 내용을 외교교섭을 통해 일측에 설명하여 국민연금 가입이 가능토록 최선을 다하고 있음 ―재일한국인은 역사적 특수성에 의거 일반외국인과 구별하여 특별취급함이 당연함. ―재일한국인은 납세의무를 이행하고 있으므로 국민연금 가입혜택을 줌이 당연함
	나. 이의 해결을 위해 3차에 걸친 회의를 통해 아측은 국민연금 문제를 포함한 재일한국인	―또한, 국민연금은 25년이라는 장기간의 보험지불이 필요하나 만기 이전에 영주귀국하는 자들에 대한 권리	―한·일 법적지위 협정 전문의 기본정신에 의거, 국민연금 가입문제가 시급히 해결되어야 함.

처우문제를 제의한 바 있으며 국민연금 관계 실무자 회의의 년내 개최를 위해 외교교섭을 계속하고 있음. 다. 또한 재일한국인 거류민단을 통해 한국인의 국민연금 가입을 위해 일 관계기관에 요구서를 제출, 일본국회를 통한 대정부 질의, 국민연금 소송 제기, 서명운동 등을 활발히 전개하고 있음.	보전에 문제가 있음. ─국민연금은 강제규정이나 외국인을 강제 가입하는 것은 모순성이 있음. ─사회보장 제도에 따른 처우문제는 양국간 협정 체결이 필요함	─재일한국인 66만 중 40만이 영주권 취득자이므로 연금 불입 도중 영주귀국자는 극소수일 것이며 현행 국민연금법의 규정에 따라 일본국민과 동일하게 취급하는 방안도 가능할 것임. ─재일한국인은 일본에 영주권을 취득한 사람이 대다수로 노후에 대비하기 위하여는 일본국민과 동일하게 국민연금에 강제 가입토록 함도 좋을 것이나, 일반외국인과의 관계상 임의 가입토록 할 시는 가능한 대다수 재일교포가 가입토록 계몽할 예정임. ─주요 선진국은 협정체결 없이 사회보장제도를 적용시키고 있으므로 일본도 재일한국인을 국민연금 가입대상자에 포함시켜야 함
2. 임공단 주택입구권 및 주택금융공고의 융자 문제 　가. 종전에는 재일한국인에 대한 주택입주 및 주택금융공고의 융자를 허용치 않았으나 그간 아측의 노력의 결과 80.4.1부터 일	─	─

	당국이 이를 허용키로 결정하였음. 나. 일 국민금융공고법 제1조에 "국민대중"에게 적용한다고 되어있어 재일교포는 융자대상에서 제외되었던 것을 그간의 아국의 외교교섭의 결과 이룩된 성과임 다. 동 결정은 일본의 재일한국인에 대한 차별 중 국민연금 다음으로 중요한 과제였던 것임		
	3. 기타 행정차별 철폐 주요대상은 아동수당(일부 지역은 허용되고 있음), 공무원 임용(일부 기술직은 허용되고 있음) 등인 바, 이의 완화 및 철폐를 위해 아측은 외교교섭을 통한 법적지위 향상을 도모함은 물론 민단이 스스로 자신들의 권익옹호를 위해 적극 차별철폐 운동을 전개토록 지원하고 있음.	−일본의 내국인에 치중한 사회보장제도 −일본의 대한국인 인식관	−외교찬넬을 통한 재일동포 법적지위 및 차별철폐 교섭 적극화 −각종 차별실태의 철저한 파악을 통한 자료 수집 및 대응책 강구 −민단을 통한 각종 강연회, 심포지움, 탄원, 서명운동 등을 개최토록 하여 일 국민의 인식 개선

37. 협조문-복지정책 현황 자료 제출

협조문

분류기호 및 문서번호 기행120-181
발신일자 80.9.29
발신 기획관리실장
수신 외교안보연구원장
제목 복지정책 현황 자료 제출

1. 국무총리실은 국가 시정목표의 하나인 복지국가의 건설을 위한 새로운 정책
   과 전략을 수립하고자 당부의 업무 중 복지정책의 일환으로 추진되고 있는
   사업의 실적, 현황을 제출토록 요청하여 왔는 바, 각 실·국(과)별로 소관사
   항에 관한 자료를 별첨 양식에 의거 작성, 80.10.4까지 당실로 송부하여 주
   시기 바랍니다.
2. 국무총리실은 각부처별 자료를 종합하여 10.11 이전에 청와대에 제출할 예정
   임을 첨언합니다.
   첨부: 작성 양식1부.끝.

37-1. 별첨-현황 작성 양식

*작성양식

시책명	지금까지의 현황 및 실적	추진상 문제점	대책방안

1. 복지정책의 범위는 국민에게 혜택을 주는 모든 정책을 망라할 것.
   (예: 서민주택 건립, 장학금 지급, 이중곡가제…. 등)
2. 현황 및 실적은 구체적으로 상세하게 작성할 것.

38. 외무부 공문(발신전보)—국민연금 가입문제 등

외무부
관리번호 80-1595
번호 WJA-1066
일시 061930
발신 장관
수신 주일대사
제목 국민연금 가입문제 등

'80.10.6 15:00 아주국장은 주한 무라오카 공사를 초치(1등 서기관 배석), 면담한 가운데 국민연금 가입문제, 방공식별구역 문제에 대해 다음 요지로 언급하였음을 통보하니 교섭에 참고하기 바람.

1. 국민연금 가입문제 해결 위한 실무자 회의 개최

　가. 지난4월 한일 외상회의에서도 재일한국인의 국민연금가입 문제해결을 위한 실무자 회의를 개최할 것을 합의한 바 있음을 상기시키고 주일대사관을 통해 10월 하순경 등 실무자 회의가 개최되도록 관계성과 교섭할 것을 지시하였던 바, 일측은 국회일정 등으로 10월 하순경 개최는 어려울 것이라는 반응이라고 하는데 조속히 개최되도록 일측이 성의를 보일 것을 촉구함.

　나. 이에 대해 무라오카 공사는 외무성이 관계성청과 여러가지로 이야기하고 있는 것으로 안다고 말하면서 조기개최를 촉구하는 한국측 입장을 본부에 보고하겠다고 했음.

2. 한국 방공식별구역 확장문제

　가. 아주국장은 한국 방공식별구역의 확장문제와 관련, 주일대사관을 통해 일측에 협의할 것을 제의했으나, 일본 방위청 등에서 소극적인 반응으로 보이고 있음을 지적하고 적어도 한국측의 제의 내용이 어떤 것인가를 알아보기 위해서라도 일측은 아측의 협의에 응할 것을 촉구함.

　나. 이어 아주국장은 이 같은 협의를 위해서 아측은 동경에 외무국방 실무대표단을 파견할 의향이 있음을 밝히면서 협의 조차 않으려는 일측의 태도는 이해할 수 없다고 말하고 가능한 한 조속한 시기에 협의가 이루어지도록 주한대사관으로서도 본부에 건의해 줄 것을 요망함.

　다. 이에 대해 무라오카 공사는 구체적인 문제는 잘 모르겠으나, 본부에 보고할 것을 약속했음.

(아일-   )

39. 외무부 공문(착신전보)—국민년금 실무자회의

외무부
관리번호 80-1625
번호 JWA-10257
일시 091602
수신시간 80.10.10. 7:16
발신 주일대사
수신 장관
제목 국민년금 실무자회의

　　연: JAW-09317, 06235
1. 10.8 외무성관계관이 비공식으로 당관에 전언한 바에 의하면 외무성으로서는
표제 실무자회의를 10월 마지막주에 개최할 것을 검토 중에 있으며 후생성과의
협의를 거쳐 공식으로 한국측에 통보할 것이라 함.
2. 본건에 관하여 외무성과 계속 접촉하고 아측이 후생성측과도 협의 보고 예정
인 바 아측이 희망하는 토의사항을 검토 회시 바라며 동 회의의 의제를 대비하
기 바람(일영-교일 아일)

40. 외무부 공문(착신전보)—국민연금 실무자회의

외무부
관리번호 80-1663
종별 지급
번호 JAW-10384
일시 141001

발신 주일대사
수신 외무부장관
제목 국민연금 실무자회의

대: WJA-1066
연: JAW-10251

1. 대호 실무자회의 토의 의제 중 나항은 국민연금과는 직접적인 관련은 없으나 의제로서 일본측에 제시하는 것도 당관 의견으로서는 무방하다고 사료됨
2. 재일한국인에 대한 아동수당 지급은 지금 현재 시점에서는 재일한국인 전체에 일률적으로 적용시키고 있지는 않으나 당관 추계로는 일본 전국 중 약 200여개 지방 자치제에서는 각자 지방자치체 의회결의로서 재일한국인에게도 적용시키고 있는 것으로 알고 있음. 동 아동수당은 아동1인당 제3아부터(세째번 아이) 월 5,000엥씩 지급(중앙정부와 지방자치체에서 반반씩 부담)되고 있음을 참고로 보고함.
3. 한편 본 건과 연관하여 당관 조성찬 참사관이 연호로 보고한 일외무성 아세아국 와타나베 참사관과 면담시 동 참사관은 일외무성 아세아국으로서는 본 건 연금회담 담당참사관은 최근의 아세아국 참사관급 이동 때문에 자기자신이 본 회담을 담당할지 또는 하세가와 참사관이 담당할지 아직 업무분담이 결정되어 있지 않으나 자기 사견이라고 전제하고 일본정부로서는 재일한국인에 대한 연금을 적용하게 된다면 한국국적이 아닌 조총련계 재일한국인을 고려하지 않으면 일본사회당 및 공산당계의 이에 대한 반발 및 국회대책면에서 난점이 있다고 말하기에 조참사관은 이에 대하여 일측 입장도 이해도 되나 이 문제는 어디까지나 협정영주권을 가진 재일한국인을 위한 대한민국과 일본국과의 회담이며 아국정부가 어떻게 조선적을 가진 조총련계 재일한국인까지도 포함시켜 운운할 성질의 것인가 반문하고 또한 조총련계 재일조선인은 조총련에서 북송운동을 전개하고 있고 그들의 기본 입장은 일본에는 영주하지 않고 언젠가는 이북으로 돌아가겠다는 것이 그들의 정착된 사고방식이고, 방침이니 이들까지도 연금대상에 포함시켜 운운하는 것은 논리상 모순이 아니냐고 이의를 제기해 놓았음. 연이나 본건과 연관하여 일본국에 영주할 의사를 표명하여 협정영주권이 아닌 일반영주권 취득 재일한국인도 고려하여야 될 걸로 사료되나 1979년말 추계로는 여사한 재류자격 취득 재일 한국인은 약 4,100여명인바 이 중 80프로가 한국계이고 잔여 20프로는 조총련계로 추산되는 바 조총련계 재일조선인이 대한 적용문제를 다각으로 검토하여야 할 것으로 감촉되었음.

4. 토의 의제로 또 하나 고려되어야 될 점은 재일한국인이 어느 기업체에 취직하면 후생연금에 강제적으로 가입되어 동 불입금을 봉급에서 공제하여 후생연금에 불입하고 있는 바 일본인의 경우는 기업체 근무를 그만두는 경우 후생연금이 자동적으로 국민연금으로 기산 이월되지만 재일한국인의 경우는 국민연금법 중 국적조항 때문에 자동이월이 안되어 기업체 근무기간 중 불입한 금액에 대한 혜택이 없어 그만큼 손해를 보고 있으니 연금 회의 토의시 이 점도 특히 중점 토의되어야 되고 또한 재일한국인으로서 재일 현지법인 기업체에 근무하거나 어느 경우는 상사 □□로 강제로 후생연금에 가입되어 본국 귀임시 가입된 후생연금 불입금을 환급받지 못하고 있으니 본 건도 아울러 본회의에서 일측에 제기 시정하여야 될 것임.
5. 본회담을 위한 대표단 구성에 대한 구체적인 본부 지시 요망함.
(일영-교일, 아일)

41. 국민연금에 관한 한일 실무자회의에 대비한 대책회의 결과

국민연금에 관한 한일 실무자회의에 대비한 대책회의 결과

1. 일시: 1980.10.20 (월) 13:30-15:00
2. 장소: 청내 소회의실
3. 참석자: 외무부 영사교민국 심의관 김기조(사회)
　　　　　　외무부 영사교민국 교민1과장 박명호
　　　　　　보사부 연금기획과장정영진
　　　　　　외무부 일본담당관실 사무관 서현섭
　　　　　　한국개발원 보건정책실장민재성
4. 협의내용
　가. 금번의 국민연금 실무자회의는 5차에 걸쳐 한일 실무자회의의 일환으로 이루어진 것임을 일측에 이해시킴
　나. 회의명칭은 회의개최에 따른 배경 등을 감안하여 "재일한국인의 대우에 관한 한일 실무자 회의"라고 함
　다. 회의 의제는 다음과 같이함.
　　　1) 재일한국인에 대한 일본 국민연금 적용 문제(후생연금 포함)
　　　2) 재일한국인에 대한 일본 아동수당 지급 문제

3) 기타(재일한국인의 사회보장 일반)

라. 국민연금 적용 대상자는 원칙적으로 협정영주권자에 한하나, 그럴 경우 126
호 해당자의 반사적 이익이 조총련계에 있게 됨을 감수해야 할 것임. 이 경우
그런 결과를 disregard하는 방향으로 상부 결재를 얻어 훈령에 포함토록 건
의하기로 함.

마. 회의 대책으로는 재일한국인의 법적지위협정의 일환으로(필요하면 부수적인
양국간 협정을 체결하여) 일본 국민연금법 등의 확대 적용 또는 적절한 운영
을 통해 실시 가능토록 추진하고, 일본측의 연금 통산 협정과 같은 호혜적
적용을 통한 해결방식을 반대하기로 함.

바. 개회사시 재일한국인의 일반적인 사회보장제도의 적용에 관한 취지를 삽입
토록 하며 장차 쟁점의 시발로 제기 거류민의 권익 확대에 노력키로 함.

(주) 상기 라, 마, 바항에 관련하여 상부 결재를 맡아 훈령으로 대표단에게 하달
키로 함.

재일한국인의 일본국민연금 가입을 위한 대책회의 결과

1. 문제점

　　가. 재일한국인의 역사적 특수성은 인정하나 일본국민연금제도는 일반적인 사회
보험방식에 의한 사회보장 제도이므로 재일외국인 가운데 한국인만 별도 취
급한다는 것은 형평의 원칙에 위배된다.

　　나. 일본의 국민연금법은 25년 이라는 장기간의 보험가입이 필요하며, 일반외국인
을 국민연금법 적용대상으로 포함시킬 경우에는 만기 이전에 자국으로 영주
귀국하는 자들에 대한 권리보존의 문제와 관련하여 강제적용하기가 곤란하다.

　　다. 1965년에 체결한 "재일한국인의 법적지위협정" 제4조에 명기된 교육.생활보
호 그리고 국민건강보험에 관한 사항은 이미 이행하고 있다.

2. 토의

　　가. 재일한국인의 특수성에 대하여:

재일한국인은 일반외국인의 특성과는 달리 자신의 의사에 반하여 강제적으
로 일본에 유입되었고 전후 30년간은 사회.경제.정치적으로 어려운 환경과
차등적인 차별대우를 무릅쓰고도 생활의 기반을 정착시켜 왔으며 4세대까지
이른 이들의 후손은 언어와 생활관습 등 모든 부문에서 일본문화에 적응되었
을 뿐만 아니라 대부분의 재일 영주권자는 계속 일본에서 거주하기를 희망하

고 있다. 이와 같은 이유로 인하여 "재일한국인의 법적지위협정"이 1965년에 체결된 바 있으며 일본에 있어서의 일반적인 외국인의 성격과 다른 특수성이 인정되어야 한다.

　　나. 재일한국인의 일본국민연금제도 적용에 대하여:

　　　　(1) 한일 협정의 근본정신은 협정전문에서 규정한 바와 같이 "일본국의 사회질서 하에서 안정한 생활을 영위하게 하기 위한 …"것을 목적으로 하기 때문에 일본의 사회보장 전반에 걸쳐서 적용되어야 한다.
　　　　　　협정 제4조에 규정된 국민건강보험이나 생활보호부문에만 한정적으로 적용하는 것은 사회보장의 사회적 위험(social risks)을 기본적으로 보장하려는 사회보장 논리에 부합되지 않는다.

　　　　(2) 재일한국인은 일본국에 대한 납세의무를 비롯한 일본국민의 의무를 충실히 이행하고 있다.

　　　　(3) 일본국민을 위한 소득보장제도의 골격을 이루고 있는 국민연금제도는 가입기간(25년), 자격요건(65세와 퇴직), 급여수준, 갹출방법 등이 선진 제국의 사회보장제도와 상이한 특성을 가지고 있기때문에 국가 간의 호혜적인 협정체결 방법으로 해결하려는 데에는 기술적으로 난점이 많다.

　　　　(4) 그러나 재일한국인이 국민연금의 적용을 강력히 희망하는 이유는 그들의 후손을 위한 사회보장 요구가 증대 되고 있으며 일본영주를 목적으로 하는 1세대가 이미 노령화되고 있기 때문이다. 따라서 현행 국민연금제도 범위내에서 시행된다면 가입기간이나 강제성의 문제가 제도운영에 지장을 주지는 않을 것이다.

3. 대책

　　가. 재일한국인의 법적지위협정 중 제4조의 내용을 일부 보완하여 일본의 모든 사회보장제도를 적용 받도록 추진할 것.

　　나. 일본이 주장하는 양국간 협정방식이란 사회보장제도의 양국간 통산과 균형을 전제로 하기 때문에 우리나라의 사회보장제도 실정으로는 성과를 기대하기 어렵다.

41-1. 회의 관련 부수자료

(별첨자료)

=목차=

1. 영주권 취득 외국인에 대한 연금제도의 각국 예
2. 재일한국인에 적용하는 복지사회 보장 항목 전국 종합 통계표
3. 재일한국인에 대한 국민연금 적용에 관한 일본측 입장(중의원 답변 중심)
4. 재일한국인의 재류자격 현황

영주권 취득 외국인에 대한 연금제도의 각국 예

국명	연금가입 허용 여부 및 강제성 유무	불입 만기 이전에 영주귀국의 경우	2국간 협약 여부
미국	취업사증 소지자는 자의로 가입 가능	불입금 전액 및 이자포함 환급	
영국	영주권 소지자 및 Working Permit를 소지한 장단기 체류자도 강제 가입	연금의 수혜를 받지 못함	협약 대상으로 하고 있지 않음
불란서	노동허가증 소지자는 자동적으로 사회보장 제도 가입(의무적)	귀국시 5년이상 불란서에서 노동을 하고 55세 이상이 되어야 연금을 받을 수 있음.	교류가 많은 구주, 북구, 아프리카, 근동의 35개국(아시아국은 없음)과 개별 협정으로 상호주의 적용
독일	외국국적 소지 취업자는 의무적으로 연금보험 가입	귀국 후 일정기간(2년: 아국 광부의 예)이 경과된 후 반제 신청할 수 있음.	2국간 협약 없음
카나다	영주권 취득 외국인은 사실상 강제적으로 가입	·퇴직연금은 2년이상 불입하면 불입한 액수 및 년한 수에 상응한 연금을 지급받게 됨. ·노령연금은 영주귀국시 연금중지, 귀환하면 다시 받을 수 있음.	2국간 협약 없음
이태리	노동허가 취득자 강제가입	·중도해약 불가하며 불입금을 되돌려 받을 수 없음 ·귀환 시 종전 불입금 계속 유효	·특별한 협약없음 ·다만, 협약국간 상호 노동자 취업 편의를 위한 EEC 및 OECD국과의 다자협약 및 스위스와의 협약에서 간접적으로 사회보장 제도의 공평한 수혜 규정

호주	・10년 계속 거주자, 1년 이상 거주자 또는 그 미만자라도 정기 거주할 것으로 간주되는 자에게 해당되는 등 관대한 복지제도 채택 ・정부에서 예산 책정하므로 불입제도 없음.	해당없음	・협정 불필요 ・영국과 뉴질랜드와의 특수관계로 복지제도에 대한 상호주의 적용, 협정 체결

김현조 국민연금 재판

1. 인적사항

   1910년 출생, 1923(13세시) 일본에 도망

2. 경위

   - 국민연금 관계 직원의 권고로 196년 국민연금에 가입, 만기가 되는 60세까지 130개월분 보험료를 지불, 65세가 되어 연금지급을 청구했던 바,
   - 1976.12.23 동경도 지사는 동 국민연금을 "오 적용"에 의한 것이었으므로 피보호자 자격을 취소하고 지불한 보험료는 반환한다고 통보
   - 김현조는 1977. 동경도 보험심사관 및 사회보험 심사관 및 사회보험 심사회에 재심사 청구를 했으나1979.5.기각 재결
   - 1979.7.20. 동경도 지사와 사회보험청 장관을 상대로 동경 지방 재판소에 행정 소송 제기.

     (재일 한국인의 일본 최초의 국민연금 재판)

3. 재판시 원.피고측 주장

   가. 원고주장

   - 국민연금법이 외국인의 가입을 배제하고 있다는 해석을 잘못됐다.
   - 국민연금 가입이 수리된 후 장기간이 경과됐으므로 신의 성실의 원칙에 따라 기득권이 인정되어야 한다.

   나. 피고주장

   - 국민연금법의 적용 대상은 일본국민에 국한
   - 동건은 당연 무효

연금제도

직역연금(피용자) ┬ 일반직역연금 ··· 후생연금보험
　　　　　　　　 └ 특정직역연금 ┬ 선원보험법
　　　　　　　　　　　　　　　　　│ 국가공무원 공제조합
　　　　　　　　　　　　　　　　　│ 지방공무원 공제조합
　　　　　　　　　　　　　　　　　│ 공공기업체 직원등 공제조합
　　　　　　　　　　　　　　　　　│ 사립학교 교직원 공제조합
　　　　　　　　　　　　　　　　　└ 농림어업단체 공제조합

지역연금(일반국민) ··· 국민연금법

일본의 공적연금 제도 개요

1. 공적연금
　　가. 피용자 연금
　　　　취업자를 대상으로 하는 연금으로서 후생연금, 선원보험, 각종 공제조합(국가
　　　　공무원 공제조합, 지방공무원 공제조합, 사립학교직원 공제조합 등)이 있음
　　나. 국민연금
　　　　20세 이상의 일반 주민을 대상으로 하는 연금
2. 후생연금
　　가. 대상자: 상시5인 이상의 종업원을 고용하고 있는 공장, 백화점, 은행, 운송회
　　　　사, 토건회사, 생사 등의 종업원
　　　　* 여관, 세탁소, 이발소, 빠징고, 보링, 다방, 빠 등 써비스업과 음식점 등 정
　　　　　착성이 약한 업체 종업원은 제외됨.
　　나. 보험료
　　　　─ 후생연금 가입자의 보험금음 사업주가 그 반액을 부담하고 급료에서 공
　　　　　제, 불입
　　　　─ 월수 15만엥의 남자의 월 보험료는 6,300엥(여자의 경우 5,470엥)
　　다. 연금지급 종류
　　　　노령연금, 통산 노령연금, 장해연금 및 장해 수당금, 유족연금, 탈퇴 일시금
　　라. 노령연금 지급액
　　　　월10만 내지 15만엥 정도
3. 국민연금
　　가. 국민연금 제도
　　　　1) 국민연금법 제정: 1959.4.16.

2) 보험업무 개시: 1961.4.1.

나. 국민연금 제도 실시의 취지

일본의 공적연금 제도가 일정 조건을 구비한 피고용자를 대상으로 하는데 그치고 국민의 태반을 이루는 영세기업 등의 피고용자, 농림어업자, 상공업자 등의 자영업자 등이 연금제도에서 제외되어 있으므로 이들 대다수의 미적용자 구제책으로 마련된 연금 제도임.

다. 국민연금 가입 자격

1) 일본 국적을 보유하고

2) 일본 국내에 거주하며

3) 20세 이상 60세 미만의 자

라. 적용: 강제적용자와 임의적용자가 있음

1) 강제적용 대상자: 농민, 자영업자, 써비스업 및 음식업의 피고용자 등으로서 후생연금 등 피고용자 연금 적용 대상에서 제외된 자

2) 임의적용 대상자: 피고용자 연금에 가입된 자의 배우자, 주간부 학생 등

마. 보험료

일률적으로 3,300엥, 단, 장해자, 빈곤자 등에 대해서는 보험료 면제 제도가 있음.

바. 연금지급

1) 종류

– 노령연금 및 통산 노령연금(가입자가 노령에 달했을 때 수령)

– 장애연금(가입자가 병, 부상으로 장해상태에 있을 때 수령)

– 모자연금, 준모자연금, 유아연금, 과부연금(유족이 수령)

– 사망일시금(가입자 사망시 유족이 수령하는 일시금)

2) 지급액

– 25년간(300개월)의 보험료 불입자는 년액 47만 730엥의 노령연금 수령

– 23년간(336개월)의 보험료 불입자는 년액 52만 7천여엥의 노령연금 수령

4. 공산 노령연금 제도

– 연금제도상 가장 기본적인 것은 노령연금인데 일본의 연금제도에서는 원칙적으로 후생연금은 20년, 국민연금은 25년이라는 장기간 보험료를 불입하지 않으면 노령연금을 받을 수 없음.

– 이 문제 해결을 위해 통산 노령연금 제도를 도입.

– 이 제도에 의하면 수개 이상의 연금가입 기간의 합산을 인정하도록 되어있음.

　－ 국민연금과 타의 공적연금의 합산은 원칙적으로 25년 이상, 국민연금 이외의
　다른 공적연금간의 합산은 20년 이상으로 노령연금 수령이 가능토록 됨.

(별첨자료)[2]

=목차=

1. 영주권 취득 외국인에 대한 연금제도의 각국 예
2. 재일한국인에 적용하는 복지사회 보장 항목 전국 종합 통계표
3. 재일한국인에 대한 국민연금 적용에 관한 일본측 입장(중의원 답변 중심)
4. 재일한국인의 재류자격 현황

영주권 취득 외국인에 대한 연금제도의 각국 예

국명	연금가입 허용 여부 및 강제성 유무	불입 만기 이전에 영주귀국의 경우	2국간 협약 여부
미국	취업사증 소지자는 자의로 가입 가능	불입금 전액 및 이자포함 환급	
영국	영주권 소지자 및 Working Permit를 소지한 장단기 체류자도 강제 가입	연금의 수혜를 받지 못함	협약 대상으로 하고 있지 않음
불란서	노동허가증 소지자는 자동적으로 사회보장 제도 가입(의무적)	귀국시 5년이상 불란서에서 노동을 하고 55세 이상이 되어야 연금을 받을 수 있음.	교류가 많은 구주, 북구, 아프리카, 근동의 35개국 (아시아국은 없음)과 개별 협정으로 상호주의 적용
독일	외국국적 소지 취업자는 의무적으로 연금보험 가입	귀국 후 일정기간(2년: 아국 광부의 예)이 경과된 후 반제 신청할 수 있음.	2국간 협약 없음
카나다	영주권 취득 외국인은 사실상 강제적으로 가입	・퇴직연금은 2년이상 불입하면 불입한 액수 및 년한 수에 상응한 연금을	2국간 협약 없음

---

2) 이 중 목차2의 "재일한국인에 적용하는 복지사회 보장 항목 전국 종합 통계표"는 지면 관계상 생략

		지급받게 됨. · 노령연금은 영주귀국시 연금중지, 귀환하면 다시 받을 수 있음.	
이태리	노동허가 취득자 강제가입	· 중도해약 불가하며 불입금을 되돌려 받을 수 없음 · 귀환 시 종전 불입금 계속 유효	· 특별한 협약없음 · 다만, 협약국간 상호 노동자 취업 편의를 위한 EEC 및 OECD국과의 다자협약 및 스위스와의 협약에서 간접적으로 사회보장 제도의 공평한 수혜 규정
호주	· 10년 계속 거주자, 1년 이상 거주자 또는 그 미만자라도 정기 거주할 것으로 간주되는 자에게 해당되는 등 관대한 복지제도 채택 · 정부에서 예산 책정하므로 불입제도 없음.	해당없음	· 협정 불필요 · 영국과 뉴질랜드와의 특수관계로 복지제도에 대한 상호주의 적용, 협정 체결

(자료3)

재일한국인에 대한 국민연금 적용에 관한 일본측 입장

기구레	79.4.9	중의원
후생성		사회노동위
연금국장		원회 답변

1. 재일한국인의 역사적 배경은 잘 이해하고 있으나 국민연금은 일반적인 사회보장제도이므로 특정 국적인만 별도 취급할 수 없으며 외국인 일반의 문제로서 취급하지 않을 수 없다.

2. 외국인 일반의 문제로서 취급할 경우 국민연금은 25년간의 자격기간이 필요하며 25년간이라는 긴 자격기간을 채우지 못하면 외국인에게 연금이 적용되더라도 노령연금을 지급 받을 수 없게 되므로 외국인 일반에게 강제한다는 데는 문제가 있다.

3. 국민연금을 단순히 적용할 경우 이것이 반드시 연

			금권과 결부되는 것이 아니며 재일한국인의 복지에 연결되지 않는다는 문제가 있다.
			4. 재일한국인의 법적지위협정에 따라 생활보고, 국민건강보험, 의무교육 등 기본적이며 긴급한 생활의 필요에 대처하기 위한 사회보장제도의 혜택은 부여되고 있다.
하시모도 후생상	79.4.9	중의원 사회노동위 원회 답변	1. 국제 인권규약은 외국인을 포함하는 모든 사람에게 사회보장에 관한 권리를 인정한다고 규정하면서 그 실시는 점진적으로 한다는 규정을 두고 있다. 2. 국제인권규약은 점진적으로 실시해도 좋다는 규정이 있으므로 상대국에 거주하는 일본인의 권리 문제와 결부시켜 추진해 나가겠다.
기구레 후생성 연금국장	〃	〃	서전과 화란은 인권규약을 비준하고 있지만 일본의 국민연금에 해당하는 연금법의 국적조항을 삭제하지 않고 있다.
나가오 설명위원 (외무성)	79.4.26	중의원 외무위원회	1. 전 국민을 대상으로 하는 연금제도를 취하고 있는 서전은 국적요건을 원칙적으로 요구하고 사회보장협정을 체결하고 있는 국가에 한해서 그 외국인에게 적용하는 방식을 취하고 있다. 2. 일본도 외국인에게 적용할 경우에는 통산 등 그 국간의 문제를 검토해 나가는 것이 좋겠다.
노로 후생상	80.3.3	중의원 예산위원회	1. 국민연금은 사회보험 형식으로 운영되는 것으로서 연금 지급의 전제 조건으로 최저 25년간의 보험료 불입 의무가 지워져 있다. 2. 외국인에게 적용했을 경우 연금을 지급받지 못하게 되는 자에 대한 권리 보전문제를 고려하지 않으면 않되므로 외국인에 대한 일괄적용은 대단히 어려운 문제이다. 3. 또한 한국인에 대해서만 별도 취급할 수도 없는 문제이므로 현재로서는 국민연금을 외국인에게 즉시 적용할 방법이 없다. ("후생성은 2국간 협정방식을 생각하고 있는 것 같

은데 일·미 연금 통산협정에 대해서 어떻게 생각하고 있는가" 라는 질의에 대하여)

1) 본격적인 국제시대를 맞이해서 재외국인과의 인적교류가 빈번해짐에 따라 외국체재 일본인 및 일본체재 외국인에 대한 연금 취급문제가 연금 정책의 일대 과제가 되고 있다.

2) 이 배경하에서 작년7월 동경에서 개최된 일미 양국의 후생대신 회담시 금후 양국간 연금의 상호 통산조치에 관한 기술적인 검토를 개시할 것이 확인됐다.

3) 작년 10월 와싱톤에서 일미 연금 통산 검토회의가 개최되어 일미 연금 통산의 목적이 양국의 2중 적용을 해소하고 지급의 통산에 있다는데 대해 의견의 일치를 봤다.

2) 일·미 양국의 연금제도에 관해서 상호 이해를 심화시켜 나가면서, 적용 및 지급의 양면에 걸쳐서 통산에 있어서의 문제점이 논의되어 있으며, 앞으로도 계속 양국간에 있어서 이 기술적인 문제를 토의해 가면서 해결방안을 모색해갈 계획이다.

| 노로 후생상 | 80.3.5 | 중의원 예산위원회 제3분과회의 | 1. 국민연금의 경우에는 한국인이라고 해서 특별취급을 할 수 없으므로 한국인도 일반 외국인이라는 전제하에 2국간 협정방식으로 문제의 해결을 추구해 가는 방법 이외에는 없다.
2. 국민연금은 25년간 보험금을 계속 불입해야 한다는 조건이 있는데 도중 귀국하는 외국인이 있을 경우 그 권리 보전에 있어서의 기술적인 문제의 구체적인 방안이 문제점이 되고 있다.
3. 이 문제 해결을 위해서 2국간 협정방식으로 추진해서 일본의 국민연금제도 그 자체를 부정하지 않는 방향으로 협의가 된다면 이는 당연히 추진해야 할 것이라고 생각한다. |

기구레　　80.3.5　　중의원
후생성　　　　　　　예산위원회
연금국장　　　　　　제3분과 회의

1. 한국인의 역사적 배경은 나도 잘 알고 있다. 국민연금의 입장에서 고려할 때 재일외국인 중에서 한국인만을 특별히 취급할 수 없는 것이므로 일반 재일외국인의 문제로서 취급할 수 밖에 없다. 즉 일반적인 사회제도라는 입장에서 재일외국인 일반의 문제로서 취급하지 않을 수 없다.

2. 일본의 국민연금은 세계에서 유례가 없는 변형된 제도로서 25년간의 불입기간을 채우지 못않으면 연금을 지급할 수 없도록 되어있다.

3. 따라서 단순히 이를 적용하는 것으로는 권리보존의 면에서 큰 문제가 있으므로, 국제인권규약을 비준한 국가들 중에서도 2국간 협정으로 상호 연금제도의 통산수단을 모색하고 있음을 감안, 우리도 현실적으로 통산조건이 충족되는 2국간 협정의 형식으로 국제인권규약의 정신을 살려가고 싶다.

4. 그런데 양국간의 연금제도의 통산의 형식을 취하려고 하는 것이므로 2국간 협정의 전제조건으로 유사한 또는 같은 정도의 연금제도가 한국에도 마련되지 않으면 성립될 수 없을 것이다.

3. 국민연금의 자격기간 25년이나 필요로 하는 제도는 외국에 별로 없는 제도인데 예를 들어 10년이라고 한다면 외국인에게 적용되더라도 불입한 보험금의 포기금액이 대단히 많다거나 권리의 보존이 불가능하다는 문제가 발생치 않을 것이다.

4. 그러나 국민연금의 보험료가 매년 인상되고 있고 자격기간이 25년간이라는 세계에서 유례없는 장기간 인데도 연금의 장래가 불투명하며 좀 더 자격기간을 연장하지 않을 경우 연금다운 연금 수준의 유지가 우려되는 실정이다.

5. 외국의 예를 보면 일반 국민을 대상으로 할 때는 재원을 세금으로 충당하는 등 특수한 방법에 의존하고 있으나 일본의 경우에 가입자가 대부분 각종

업태의 저소득층이고 보험료 불입도 가입자가 자주적으로 불입하는 제도를 취하고 있으므로 외국인에게 적용함에는 극히 신중을 기해야 할 것이다.

기구레 후생성 연금국장	80.3.5	중의원 예산위원회 제3분과회의	1. 국민연금은 외국에 유례가 없는 특수한 제도로서 최소한 25년간 가입해서 보험료를 불입하지 않으면 연금을 지급받을 수 없게 되어 있는 제도이므로 일반 외국인이 반드시 25년간 일본에 재류하는 것이 아닌 상황 하에서 국민연금을 외국인에게 적용한다는 것은 권리보전의 면에서 도리어 문제가 있다. 5. 한국에는 공무원, 사립학교 교직원, 군인을 대상으로 한 연금제도는 있어도 일반국민을 대상으로 한 연금제도는 현재 없다. 일반 국민을 대상으로 한 연금법이 제정되었으나 시행이 연기되고 있는 상황이다.
노로 후생상	80.3.5	중의원 예산위원회 제3분과회의	1. 현재의 국민연금 제도하에서는 지금 즉시 이를 한국인에게 적용하는 것은 법규정상 불가능하다. 2. 2국간 협정을 통해 해결방법을 모색해 나가지 않으면 않된다. 그러나 구체적으로 말할 때 2국간 협정은, 한국에도 유사한 제도가 있고 적어도 현재 일·미간에 검토되고 있는 것과 같이 통산될 수 있는 조치가 취하여 질 것이 전제가 된다는 것은 후생성 측으로서는 당연하다.
기구레 후생성 연금국장	〃	〃	1. 국민연금 제도는 첫째 자격기간, 둘째 대상과 보험료의 불입제도에 있어서 세계적으로 유례없는 특수한 제도다. 2. 국민연금은 20세부터 60세까지 40년간 불입하게 되어 있으나 25년간 불입하면 일정 수준의 연금을 지급받을 수 있는 형식으로 되어있다. 3. 한일 지위협정 체결시에도 국민연금을 적용하는 문제에 관해서는 결론을 얻지 못했다. 4. 따라서 국민연금에 있어서 내외국민을 동일하게

취급하는 방향으로 노력하려고 하는데 자격권 기간이 25년이라고 하는 국제적으로 유례가 없는 제도이므로 외국인에게 적용했을 경우 권리보존의 문제가 발생한다.

5. 권리보존 문제해결 방법으로 2국간 협정을 체결, 서로 연금제도의 통산을 모색하는 것이 가장 적절하다. 인권규약을 비준한 선진국 중에서도 여사한 방법을 추구하는 국가들이 있음을 감안, 일본도 현재로서는 이 방향으로 노력하려고 한다.

6. 국제적 교류 증진에 따라 일면에서는 양국의 보험료를 불입해야 하는 2중 보험료 부담의 문제가 발생하고 또 다른 면에서는 2중으로 보험료를 부담하고도 양쪽의 연금을 모두 포기하게 되는 경우가 발생하므로 가능한한 조건이 갖추어 지는대로 2국간 협정을 체결, 통산이 가능하도록 노력하려고 한다. 현재 미국과의 교섭은 상당히 전진을 보고 있다.

7. 작년7월 동경에서의 일미 양국 후생장관 회담에서 양국간 적극적으로 심우한다는 기본방침에 합의했으며 한편, 양국 실무자는 양국 제도의 상이점등을 토의했다. 그후 10월 일본측은 연금국 심의관을 미국에 파견, 통산시의 문제점에 관해 협의했으며 미측은 이2차 협의를 기초로 해서 금후의 교섭 기초가 될 "메모"를 작성해 오도록 되어있다.

노로 후생상	80.3.7	후생성	(재일한국인 청년회 대표가 5만5천 여명의 서명부를 국민연금 적용 요청서와 같이 후생상에게 전달하고 면담하는 기회에)

1. 한국에서 아직 일본의 국민연금과 같은 제도가 시행되고 있지 않더라도 외국인이 국민연금에 가입하고 도중에 탈퇴했을 때의 권리보전 문제만 처리된다면 2국간 협정을 체결, 그 협정에 따라 가입을 인정할 수 있으며,

2. 이 2국간 협정체결을 위해서 자신이 방한해도 좋다.

사사기 후생성 연금국 연금국장	80.3.7	중의원 예산위원회 제1분과회의	1. 한국인에 대해서도 국민연금은 사회보장 제도로서 취급할 경우 외국인 일반의 문제로서 취급하지 않을 수 밖에 없다. 2. 국민연금은 25년간 보험료를 불입하지 않으면 연금을 지급받을 수 없는 제도이며 이 제도를 외국인에게 적용했을 경우의 권리보전 문제를 충분히 고려하면서 외국인에게도 적용하는 문제를 검토해야 한다.
오오기다 외상	80.4.7	외무성	(한일 외상회담에서 아측이 국민연금 문제를 포함한 재일교포의 복지증진 문제와 관련, 일 정부의 선처를 촉구하였던 바) 일 정부로서는 적극적으로 검토하겠다고 하고 가까운 장래에 실무자 협의를 갖는데 합의함
가와나베 후생성 연금과장 보좌	80.5.31	후생성	(재일한국 청년회 대표가 조속히 재일한국인에게 국민연금을 적용하기 위한 "실무자 협의 개최를 요청하는 후생상 앞 서한"을 전달하고 취지 설명했을 때) 1. 큰 정책적 흐름으로 대외국인 평등이 추진되고 있다. 2. 실무자협의 개최 시기에 관해서는 언제쯤이라고 말할 수 없다. 3. (특례법으로 재일한국인에의 지급이 가능하지 않으냐고 질문한데 대하여) 이 문제 해결은 2국간 협정으로 하는 것이 통상적이다.
가와나베 후생성 연금과장 보좌	80.6.2	후생성	("재일한국인, 조선인의 국민연금을 요구하는 회" 대표가 4,500인의 성명부를 전달하고 구체적인 조치를 요구했을 때) 1. 국민연금법의 국적조항은 국민연금법 제도의 성격상 철폐할 수 없다. 2. (국적조항이 장해가 되면 그 조항을 삭제하고 이로 인한 문제를 처리하는 방책을 강구하는 것이 가장 타당, 간명한 조치일 것이라고 이야기한데 대하여) 국민연금 제도의 논리에 따르면 2국간 협정에 의해

서 외국인의 가입을 인정하는 방법이 가장 타당하다.

3. (그러면 그것이 실현 가능한가라고 문의한데 대하여) 제도로서 그렇다고 말할 수 있을 뿐이며, 검토중이므로 전망까지 이야기할 수 없다.

4. 국적조항을 폐기하고 외국인을 가입시킬 경우, 25년간의 피보험자 기간 도중 귀국하는 사람이 나올 경우 동 권리의 보존 문제가 있으며 권리 보존문제 해결방법은 제도적으로는 2국간 협정 밖에 없다.

(후생성의 입장) 국민연금은 거출제 연금을 중심으로 하고 강제가입이 기본이 되어 있으므로 국민연금법의 성립에 관여할 리가 없는 외국인을 강제 가입의 대상으로 하기 위해서는 외교적으로 문제가 있다. 즉 도중 귀국자의 권리 보전에 관해서 당해 외국 정부의 양해가 필요하다. 당해 외국정부에 동종의 연금제도가 있어서 교량역할이 될 수 있으면 이상적이다.

(자료4)

재일한국인의 재류 자격 현황

구분	대상	재류 자격	재류 활동	재류기간	인원수
협정 영주권자	대일 평화조약의 효력이 발생함에 따라 일본국적을 상실한 자로서 하기에 해당하여 협정영주권을 획득한 자. 1. 45.8.15 이전부터 계속 일본에 거주하고 있는 자 및 그의 직계비속으로서 45.8.16-1971.1.16까지 일본에 출생, 계속 거주하고 있는 한국인 2. 협정영주권자의 자로서 71.1.17 이후 일본에서 출생한 한국인	없음	영주	영구	399,787

법126호 2조 6항 해당자	대일 평화조약의 효력이 발생함에 따라 일본국적을 상실한 자로서 협정영주권을 획득함이 없이 하기에 해당하는 자 1. 45.9.2 이전부터 52.4.28 (평화조약 발효일)까지 계속 일본에 재류하고 있는 자 2. 전항 해당자의 자료서 45.9.3 이후 52.4.28까지 일본에서 출생한 자	없음	영주	법률로 재류자격 및 재류기간이 정하여 질때까지 (재류자격 없이 재류 가능)	399,787
일반 영주권자	전후 입국자로서 출입국관리령(제4조 1항 14호 및 동령22조)에 의하여 영주가 허가된 자 *주로 일본인 또는 영주권자의 처자 등	4-1-14	영주	영구	4,143
특별재류 허가자	대부분 전후 입국자로서 출입국관리령 제4조1항16호 및 동령22조에 의해 재류허가 받은 자.(법무상이 특별히 재류를 인정한 자) * 주로 일본인의 부양친족, 영주자격자의 처자 등	4-1-16-3	기타	3년이내의 범위에서 개별적으로 지정	36,688

재일한국인 국민연금 가입을 위한 실무회의 문제점

1. 일측입장

　　가. 재일한국인의 역사적 특수성은 일정하나 국민연금제도는 일반적인 사회보장제도이므로 재일한국인만 별도 취급한다는 것은 형평의 원칙에 위배되므로 일반외국인과 같이 취급하지 않을 수 없음.

　　나. 일본의 국민연금법은 25년이라는 장기간의 보험지불이 필요하며, 일반외국인을 국민연금법 적용 대상으로 포함시킬 경우에는 만기 이전에 자국으로 영주 귀국하는 자들에 대한 권리보존에 문제가 있음.

　　다. 국민연금법은 사회복지제도로서 일본국민은 강제로 가입토록 규정되어 있는 바, 일반외국인을 강제 가입토록 규정하는 것은 무리일 것 같으며 이를 완화하여 임의 가입토록 할 시는 내국인에 대한 강제성과 외국인에 대한 임의성의 모순점이 있음.

　　라. 국민연금 등 사회보장 제도에 관한 외국인의 처우는 상호주의 원칙에 의거 양국간 협정을 체결하여 가입대상, 보험료 지불 기간 중 귀국자에 대한 처리, 보험료 통산 관계 등을 규정함이 가장 바람직함.

2. 아국입장(안)

　　가. 재일한국인은 역사적 특수성에 이하여 일본에 재류하게 되었으며, 일본에 영주할 의사로 영주권을 획득한 자가 대다수이므로 일반외국인과는 구별하여 특별 취급함이 당연함.

　　나. 재일한국인은 일본에서 세금을 납부하는 등 모든 의무를 이행하고 있으므로 국민연금 가입 혜택을 줌이 당연함.

　　다. 한·일 법적지위 협정 전문의 기본정신은 재일한국인에게 안정된 생활을 영위케 하려는 것으로써 재일한국인도 점차 노령화하여 국민연금 가입문제가 시급히 해결되어야 함.

　　라. 재일교포는 일본에 영주할 의사로 영주권을 취득한 자가 대다수(66만중 40만)이므로 국민연금 불입도중 영주귀국자수는 극소수에 불과할 것이므로 현행 국민연금법에 규정된 바에 따라 일본국민과 동일하게 취급하는 방안도 가능할 것임.

　　마. 재일한국인은 일본에 영주권을 획득한 사람이 대다수로서 노후에 대비하기 위하여는 일본국민과 동일하게 국민연금에 강제 가입토록 함도 좋을 것이나, 일반외국인과의 관계상 임의 가입토록 할 시는 가능한 대다수 재일교포가 가입토록 계몽할 예정임.

　　바. 카나다, 이태리 등 주로 선진국 대부분이 자국내에 거주하는 외국인 중에서 영주권을 받은 자들에게는 협정 체결없이 사회보장제도를 적용시키고 있으므로 일본도 동 예와 같이 재일한국인을 국민연금 가입대상자에 포함시켜야 함.

노로 일 후생상의 비공식 의견

1. 외국인에 대한 국민연금 적용 문제로 2국간 협정을 통한 방법 이외에는 해결 방법이 없다.
2. 2국간 협정은 연금가입 외국인이 도중에서 탈퇴, 귀국하게 되는 경우 권리보전 문제의 해결을 위한 것인데 한국에는 국민연금 제도가 확립되어 있지 않으므로 문제가 있다.

3. 따라서 한국에 국민연금 제도가 실시될 때까지 이 권리보전 문제에 관한 잠정적
   방안이 한·일 실무자 간에 검토되어야 할 것이다.
4. 실무 수준에서 이 문제에 관한 합의가 이루어지면 최종적으로 자기가 방한해서
   협정 체결 등을 통해 타결할 수도 있을 것이다.

재일 한국인 영주권자에 대한 국민연금 적용 문제에 관한 아측입장

1. 후생연금은 강제 가입토록 되어 있는 반면, 국민연금은 가입자격을 부여하지 않고
   있음. 국민연금의 자격기간이 세계에 유례없는 20년 간이라는 것을 거부 이유로
   들고 있으나 후생연금도 20년이나 되어 불과 2년차가 있을 뿐이다. 탈퇴일시금
   지불로 해결 가능하다고 본다. 추후 한국에서도 국민 복지연금법이 시행되면 통산
   문제를 협의, 해결해 나가면 될 것이다.
2. 영주권자에게 일본 사회보장제도에서 근간을 이루고 있는 연금가입자격을 인정하
   지 않는 것이 부당하다. 협정 전문에 규정한 안정된 생활의 영위가 불가능할 뿐더
   러 영주권의 확립이 불가능하다.
3. 일·미 연금 통산협정은 영주권자에 대한 것보다는 일시체류자를 위한 것으로
   보이며 이는 영주권을 가진 한국인의 경우와 상이하다.
4. 재일한국인에 대한 국민연금 문제는 일본 정부와 일본에 영주하는 한국인간의
   문제로서 타외국인과 일률적으로 취급하는 것은 적절치 않고 특별한 경우로서
   장기적 전망에 기해서 고려해야 한다. (일본과 한국과의 특수관계를 기초로 해서
   한·일 조약에 의한 협정영주권 취득자의 입장에서 주장)
5. 국제 인권규약 가입으로 일본은 사회복지, 사회보장 면에서 재일동포에 대한 차별
   을 철폐할 조약상의 의무를 부담하고 있다.

국민연금 적용 요구의 근거

1. 정착
   가. 1965년의 법적지위 협정에 의해서 협정영주권을 받아서 영주하고 있는 자들
      이며, 이들은 정착하고 있다.
   나. 2세3세의 세대교체기를 맞아 1세들의 조국의식으로부터 일본에서의 정주의
      식이 강화되고 있다.

2. 국제인권규약

   가. 국제인권규약(A규약) 9조 사회보장의 평등규정에 의거 내외국인 평등원칙이
      확인되었다.

   나. 일본에서 효력발생(1969.9월)

3. 법적지위협정

   가. 전문의 안정된 생활영위

   나. 협정4조에서 국민건강보험, 생활보호, 교육의 보장

   다. 협정체결 후 14년이 경과한 현재 일본의 경제성장에 따라 복지사회 보장제
      도가 확대되었고 이에 따라 동 조항의 확대 해석이 필요

42. 외무부 공문(착신전보)–난민조약의 가입문제에 관한 신문기사

외무부
번호 JAW-10615
일시 231015
발신 주일대사
수신 장관

   관련: JAW-10561
   연호 건과 연관하여 당지 아사히신문 조간은 제1면에서3단 기사로 "난민조약의
가입문제, 외상-후생상 내일 협의"라는 표제로서 다음과 같은 기사를 게재하였
기에 이를 보고함.

-다음-

국민연금의 적용 등이 "넥크"가 되어 암초에 부닥처 있는 유엔난민조약 가입문
제로 24일 이또 외상과 스노다 후생상이 타개책을 협의하기로 되었다. 이는 22일
외무성 국련국장과 후생성 연금국장과의 협의에서 난민에 대하여도 일본인과
같은 수준의 국민연금 등을 적용하여야만 된다는 외무성과 난민조약 가입에는
반대는 하지 않으나 국민연금의 적용은 유보하여야만 된다라는 후생성과 대립
이 아직도 풀려지지않어 외무성측의 요구에 의하여 양 대신간 □ 회담이 열리게
되는 것임. 동 조약에의 가입 승인안건을 다음 통상 국회에 제출할려는 외무성
으로선 외상시대에 동 조약 가입에 적극적이었던 스노다 후생대신의 수완에 기

대, 이를 결착시킬려고 전진하는 외양인 것 같지만 후생성 당국은 아직 사무레벨에서 더 이견 조정을 하여야만 된다라는 태도를 변경시키고 있지 않아서 이에 대한 결론이 나올지 아직도 미묘한 정세이다.

43. 외무부 공문(착신전보)−아사히신문 기사에 대한 해명

외무부
관리번호 80-1677
종별 지급
번호 JAW-10626
일시 231430
수신시간 80.10.23. 16:55
발신 주일대사
수신 외무부장관

    관련: JAW-10561, 10384, 10615
    1. 연호건과 연관하여 당관 조성찬 참사관은 금조 일 외무성 국련국 세끼 심의관과 접촉 JAW-10615로 이미 보고한 아사히신문 기사에 대한 확인을 요청한 바 세끼 심의관은 여사한 사실을 시인하였음을 보고함
    2. 따라서 이또-소노다 협의내용 결과를 살피기 위하여 조참사관은 세끼 심의관에게 면담을 요청 세끼 심의관과 27일 오전 만나기로 약속되어 동 면담 결과를 보고 위계임
    3. JAW-10561 보고 이후 조참사관은 그간 세끼 심의관과 또 한차례의 접촉을 갖고 일외무성이 본건 난민조약 가입, 비준문제를 어느정도 강력히 추진하고 있는가에 다한 강도를 떠본바 세끼 심의관을 일 외무성 수뇌진은 외무성과 후생성 톱 회담에서도 본 문제에 대한 양성간의 이견조정이 아니되는 경우 외상이 수상에게 진언하여 일본헌법에 규정된 총리대신 지휘권을 발동시켜서라도 11월 중에 본건을 각의의결하여 명년 통상국회에 상정 비준시킬 포석을 하고 있다고 말하였음 참고로 보고함 연이나 당관의 전망으로서는 일본정부는 난민조약이 비준통과되는경우 난민조약에 규정된 난민에게 국민연금을 적용시킬경우 재일 한국인 및 대만인들에게도 국민연금을 적용시켜야 될 입장에 빠져 들음으로서

막대한 재정부담이 발생되어 현재 와따나베 대장대신이 강력히 추진하고 있는 재정재건 정책과 상치됨으로써 세끼 심의관이 밝힌 일외무성의 정책방향이 순조로히 관철될지는 낙관을 불허함.

4. 한편 세끼 심의관은 조참사관과의 면담시 JAW-10384로 이미보고한 아세아국 와따나베 참사관이 조참사관과의 면담시 재일한국인에게 국민연금 적용시에는 조선적을 가진 재일한국인에게도 일본정부의 정책상 이를 적용하여야된다는 문제를 재론하기에 조참사관은 연호로 보고한 바와 같은 이의를 다시 제기하여 놓았지만 본 문제는 일본 외무성의 통일된 견해로 간주되는 바 27일 오전 세끼 심의관과 조참사관과의 면담시 이또-소노다 회담의 결과여하에 따라서는 구체적으로 일측에서 제기되어 거론될 수도 있으니 JAW-10384 제3항을 참조 이에 대한 본부의 방침을 지급 회시바람.

(일영-교일 아일)

44. 외무부 공문(착신전보)―신문에 게재된 이또―스노다 협의에 관한 기사 보고

외무부
번호 JAW-10680
일시 251010
수신시간 80.10.25. □:22
발신 주일대사
수신 장관

연: JAW-10626
1. 당지 아사히, 요미우리, 닛께이 등 일본 주요 각 신문은 24일자 석간 및 25일 조간에서 각각 제2면에서 1단 내지 2단 기사로 연호 이또-소노다 협의에 관한 기사를 다음과 같은 요지로 보도하였기에 이를 참고 바람.

-다음-

이또외상은 24일 각의후 국회내에서 소노다 후생성 대신과 만나 난민조약 비준에 □□후생성의 압력을 요청하였다. 이는 동조약을 비준한 이민난민에 대한 국민연금 가입□□□ 보장을 일본인과 같이 적용하는 문제가 희대의 난제로 되어있다. 후생성은 난민의 국민연금가입을 인정하려는 재일한국인의 조선인과 대만계 사람들에게도 이를 적용□려는 입장이 되기 때문에 난색을 표시해 왔다. 양 대신간 협의 역시 스노다 후생대신은 내외평등의 원칙에서 양성간 실무진 간에 사무레벨에서 더욱더 본 문제를 토의하여 이□ 될 것이라고 □□□ 외상도 이를 양승하였다. 연이나 다음 통상국회에서 동 조약 가입승인안건을 제출할 것을 지향할 것이라는 점에 대하여는 의견이 일치되어 11월말을 기한으로 양성 간에 더욱더 이견 조정작업을 서두를 전망이다.

2. 본건에 관하여는 금임 오전 당관 조성찬 참사관이 일외무성 아세아국 와따나 베 참사관과의 면담 시 이를 확인 일 외무성 동태를 살펴 추후 보고 위계임.(일 영-교일, 아일)

45. 외무부 공문(착신전보)–아세아국 와따나베 참사관과 조성찬 참사관 면담 보고

외무부
관리번호 80-1688
번호 jaw-10693
일시 251330
발신 주일대사
수신 장관

　연: JAW-10680
연호건과 연관 당관 조성찬 참사관은 금□ 아세아국 와따나베 참사관과 면담. 동 신문기사 사실에 관하여 문의한 바, 이를 대체로 시인하고 아직도 일본 후생 성의 실무진의 저항이 완강하여 10월 또는 11월 초에 외무-후생 양성 간의 동회 담을 예정하고 있다고 말하였음을 보고함.(일영-교일 아일)
예고: 일반문서로 재분류(80.12.31)

46. 협조문–재일한국인의 국민연금 적용범위에 관한 의견 회보

협조문

분류기호 및 문서번호 아일 700-205
발신일자 1980.10.28
발신명의 아주국장
수신 영사교민국장

> 대: 교일725-230
> 대호 재일한국인의 국민연금 적용범위에 관한 당국의 의견을 다음과 같이 회보합니다.

-다음-

1. 일본국민연금법의 재일한국인에 대한 적용문제 거론배경
    가. 정부의 외교적 교섭, 민단의 차별철폐운동 전개, 친한 단체의 대정부 건의 및 국제여론('79.12국제법률가 위원회 회의, 일본의 재일외국인 차별을 지적) 복합적으로 작용함.
    나. '79.6 일본정부의 국제인권규약 비준에 따라 재일외국인의 사회복지 등에 대한 인식이 고양되었으며, 선진국 정상회담('79.6)의 일본개최 등을 배경으로 한 제반여건이 여사한 문제에 대한 일본의 제도 등도 선진국 수준으로 향상되어야 한다는 국내분위기가 조성됨.
    ('79.11.28 전국 시정촌장 회의, 재일외국인에게 국민연금 제도 적용을 정부에 건의, 일본 국제법학자들의 재일외국인 특히 한국인에 대한 사회복지 적용법 배제는 국제인권규약 위반이라고 지적하는 논문 다수 발간)
    다. 일외무성은 일본의 국제적 지위를 고려, 난민의 지위에 관한 조약 가입(당사국 78개국)을 서두르고 있으며, 빠르면 '80.12 통상국회에 동 조약 가입안을 상정시킬 가능성도 있음. 따라서 사회보장상의 내외국민 등등 대우와 관련, 재일한국인의 연금법 적용문제를 해결하든지 또는 상기 24조를 유보할 것인가를 결정하여야 함.
    (최근 외무성, 재일외국인에 대한 국민연금법 적용시 소요예산을 비공식 위탁조사시킨 사실 있음.)
2. 한국적 소지자에게만 적용 주장시의 문제점
    가. 국민연금법의 재일외국인 적용검토 문제는 주로 일본의 국제적 지위향상과 인권규약, 난민조약 등의 인권적 측면을 고려하여 거론된 것으로서 이를 협정영주권자에게만 적용을 주장할 경우 주장근거가 박약하고 설득력이 없을 뿐 아니라 실현가능성이 거의 없음. 또한 한국적 소지자로서 협정영주권 미신청자가 현재10만으로 추산되는 바, 이들이 적용대상

에서 제외되게 됨.

나. 과거 재일한국인 법적지위에 관한 한·일 실무자회담에서 현안의 하나이었던 공단주택 입주 및 주택금융공고 융자대상을 일정부가 '80.4.1부터 협정영주권자, 일반영주권자 및 법126호 해당자에게도 확대 실시하였는 바, 이에 대해 아측으로서는 아무런 이의를 제기하지 않았음. 따라서 국민연금의 경우에만 이의를 제기하는 것은 일관성 결여와 편협성을 노정하는 결과가 됨

다. 현재 일본 시정촌(총 3,257)이 각종 사회보장 항목(총 197개) 중 부분적으로 적용하고 있는 사회보장 역시 체류자격을 기준으로 하고 있지 않음.

라. 성묘단 사업 등으로 중립계 및 조총련 교포 중 전향하는 교포가 늘어나고 있는 추세인 바 이들에 대한 적용의 길을 봉쇄할 우려 있음.
(전향 교포 중 대사관에 국민등록을 필한자라고 하더라도 한국적 신청을 하는 자는 소수인 것으로 알려지고 있음.)

마. 아국정부가 한국적 소지자에게만 국민연금법 적용을 주장할 경우, 이는 민단과 조총련 간의 극렬한 대립을 야기시킬 것이 예상되며, 일정부는 이를 이유로 난민조약 가입시 사회보장에 관한 내외국민 등 동 조항을 유보시켜 결국 모처럼의 국민연금 가입 기회를 일실할 우려가 있음

3. 결론

가. 재일한국인에 대한 국민연금법의 적용은 국민연금법 개정을 통한 입법조치로서가 아니라 지금까지의 여사한 조치와 마찬가지로 법의 확대해석 등을 통해서 이루어질 가능성이 큼.

나. 기본적으로는 한국적 소지자에게 적용시켜 나가는 것을 우선으로 하되 일정부가 이를 수락하지 않을 경우 법126조 해당자에게도 적용하는 것을 적극적으로 반대하지 않는다는 입장을 취하는 것이 바람직함.

다. 아울러 재일교포 전체에 대한 홍보면에서도 신중히 고려하여야 할 것인 바, 민단계나 조총련계가 다같이 국민연금법의 적용대상에 포함됨으로써 민단계 교포들로부터 불필요한 대정부 반발이나 오해를 불러일으키는 일이 없도록 해야 하는 한편, 타면으로는 동건은 체류자격에 상관없이 결국 민단계나 조총련 교포에게 적용될 공산이 크며, 또한 인도적인 면에서나 법적인 면에서 126조 해당자를 제외시킬 근거가 박약한 문제에 대해 아측의 주장만 내세움으로써 친북괴 세력에 의해 홍보면에서 기선을 제압당하는 일이 없도록 융통성 있게 대처해 나가야 할 것으로 사료됨. 끝.

47. 협조문—국민연금 실무자회의에 관련된 의견문의

협조문
분류기호 및 문서번호 교일725-234
발신일자 1980.10.28.
발신명의 영사교민국장
수신 아주국장
제목 국민연금 실무자회의에 관련된 의견문의

관련: JAW-10728
주일대사관은 관련호 보고와 같이 난민조약 가입에 관련된 외무·후생 양성 간의 이견이 조만간 타결될 움직임에 비추어 일본이 동 조약에 가입할 것이 확실시 되는 시점에서 국민연금에 관한 한일 실무자회의를 개최하는 것이 시기적으로 좋을 것으로 판단하여 이에 대한 본부의 방침을 청훈하여 왔는 바 동 청훈에 대한 귀견을 회보하여 주기시 바랍니다.끝

48. 협조문—재일한국인의 국민연금 적용에 관한 의견 문의

협조문
분류기호 및 문서번호 교일725-230
발신일자 1980.10.27.
발신명의 영사교민국장
수신 아주국장
제목 재일한국인의 국민연금 적용에 관한 의견 문의

관련: JAW-10626, 10384
1. 일본 정부가 재일한국인에게 국민연금 적용시 협정영주권자 이외에 조선적을 가진 재일한국인에게도 정책상 이를 적용하여야 한다는 문제를 제기하고 있는 것과 관련하여, 주일대사관은 동 적용대상자 문제에 대한 아측의 방침을 청훈하여 왔는 바, 이에 대한 귀견을 회보하여 주시기 바랍니다.
2. 일본정부는 일공단주택 입주권 및 주택금융공고 융자를 재일한국인에게

80.4.1부터 허용함에 있어 그 적용범위를 협정영주권자, 일반영주권자 및 법126호 해당자로 한 바 있음을 참고하시기 바랍니다. 끝.

49. 외무부 공문(착신전보)—재일한국인 국민연금 적용문제에 관한 한일 실무자회담 개최를 제의에 대한 일본 외무성의 의견

외무부
관리번호 80-1700
번호 JAW-10728
일시 278100
수신시간 80.10.27. 22:10
발신 주일대사
수신 장관
제목

대: WJA-10311 관련: JAW-10693 10626 10561

아세아국 와따나배 참사관(북동아과 사무관배석)을 방문하여 재일한국인 국민연금 적용문제에 관한 한일 실무자회담 개최를 제의하였던 바 와따나배 참사관은 일본 외무성은 지금 현재 난민조약 가입 비준과 동조약 중 난민에 대한 사회보장제드 적용(특히 국민연금)문제를 위요하고 양성 톱 회담이 진행중인 시점에서 동실무자회담을 개최한다는 것은 한국측에 득이 아니될 것이라는 의견을 개진(사견이라고 전재하고)하고 일정문제에 있어서도 아측이 제시하는 시일은 후생성 실무진이 국회에 계류중인 건강보험 및 년금법 개정안건 등 국회대책상 틈이 나지 않을 것으로 추정된다고 말하고 동 연금회담 개최는 난민조약 가입비준을 위한 양성 간의 이견조정이 된 후에 개최함이 바람직하다는 의견을 제시하여 왔음.

2. 이와 관련 조참사관은 와따나베 참사관과의 면담 후 일외무성 국련국 세끼 심의관과 면담하고 국련국의 입장을 떠본 바 동심의관은 아세아국 입장보다 더욱 강경한 의사를 표명하고 아측이 제안해 온 현시점에서의 금년 회담은 타이밍 상으로 전혀 적절하지 않으며 이 시점에서 후생성측에 회담을 제의하면 후생성은 내심으로 대환영할 것이며 이렇게 되면 이제껏 후생성이 주장해온 통산

방식에 의한 2국간 협정방식으로 동회담을 질질 끌며 몰고가(JAW-10561 제2항 요참조) 후생성의 계략에 아측이 말려들어갈 공산이 크다고 귀뜸해 주고 난민조약과 결부시켜 일본외무성이 본 문제를 일괄 타결 시킬려는 작전에는 아측이 어느정도 감정적으로 저항감을 느낄런지 모르지만 산에 오를라면 어떠한 루트로 가든지 산정에 오르면 목적이 달성되는 것이 아니냐고 말하고 조금만 참으면 타결의 전망이 보이는 이 시점에서 왜 회담을 시작할려는 것이냐고 극구 반대하고 있었음

　　3. 상기한 바와 같이 일본외무성의 반응과 난민조약 가입과 관련된 일본정부 내외무 후생 양성간의 이견이 조만간 타결될 최근의 움직임에 비추어 일본이 동조약에 가입할 것이 확실시 되는 시점에서 한일간 실무자회의를 개최하는 것이 시기적으로 좋을 것으로 판단되는 바 이에 대하여 검토지급 지시바람(일영-교일 아일)

50. 외무부 공문(착신전보)–국민연금 실무자회의 개최 건에 관한 보고

외무부
관리번호 80-1727
번호 JAW-10809
일시 301630
수신시간 80.10.30. 19:17
발신 주일대사
수신 장관

　　대: JAW-10311
　　연: JAW-10728
　　1. 국민연금 실무자회의 개최건과 연관 당관 조성찬 참사관은 29일 외무성 아세아국 와따나배 참사관과 접촉 대호 지시에 따라 현안의 한일 실무자회담에 관하여 귀하의 SUGGESTION을 참작 아측은 동실무자회담 개최를 당분간 연기하기로 결정하였다고 통보하였음. 동참사관은 현재 일본 중의원 외무위원회에 대신을 수행하여 계속 참석하고 있기 때문 금명간 면담할 시간이 없기 때문에 면담 통보가 곤난하기에 우선 조참사관은 전화로 상기와 같이 통보하고 금주말

경에 직접 만나 이에 관한 면담 합의를 갖일 예정임

　2. 한편 조참사관은 금30일 오전 일외무성으로 국련국 세끼 심의관을 방문하고 대호에 따른 아측 결정을 통보한 바 동심의관은 아측이 일외무성 국련국의 건의를 받아드려 일하기가 쉽게 되어 감사하다고 오히려 감사의 뜻을 표하고 금30일 오전에는 국련국 담당과장과 후생성 담당과장 사이에 난민 조약 중 사회보장조항관계로 협의가 진행되고 있고 이어서 오늘 오후에는 외무성 국련국장과 후생성 연금국장 사이에 또 한차례의 협의가 예정되고 있다고 밝혔음. 또한 동심의관은 여사한 실무진 선에서의 이견조정이 이루어지지 않을 경우 11월초에 또 한차례의 외무 후생 양상간 톱회담을 거쳐 그래도 여의치 않을 경우에는 총리대신의 정치적 재정으로 끝장지울수 밖에 없다고 말하고 외무성 국련국의 입장은 동문제에 관한한 더 이상 후퇴할 수 없는 입장에 서있다고 말하고 여하간에 11월 하순경까지는 결말을 볼 생각이라고 밝혔음. 이와 연관하여 조참사관은 세끼 심의관에게 동조약과 연관된 법무대장성의 입장과 동태에 관하여 문의한 바 동심의관은 법무성은 자기자신이 과거 외무성에서 법무성으로 출장근무(총무과장)한 적도 있고 해서 법무성 실무진에 대한 설득은 끝나 상호간 조정이 되어 있고 대장성은 자기생각으로는 그 정도의 재정부담(연간 추정 4내지 50억엔)은 외무성의 설득 여하에 따라서는 별로 커다란 문제로는 부상하지 않을 것이라는 의견을 개진하였음.

　3. 또한 조참사관은 동석상 홉-10789로 보고된 시오미 소송 사건에 관하여도 언급 재일외국인 특히 한국인에 대한 년금제도 비적용 문제로 야기되는 여사한 소송사건의 빈발은 일본에서 점점 사회화 문제화 되고 있음을 지적 이에 대한 일본정부 당국의 주의를 환기시킨 바 동심의관은 이러한 견지에서도 외무성은 난민조약을 하루속히 비준시켜서 모든 현안의 문제들을 일관 타결시킬려고 노력하고 있다고 답변하였음을 보고함

　4. 본관 조참사관과 와따나배 참사관과 면담후 다시 보고 위계임

　(일영-교일 아일)

51. 외무부 공문(착신전보)–국민연금 실무자회의 개최 건에 관한 보고

외무부
관리번호 80-1716

종별 지급
번호 JAW-10843
일시 311700
수신시간 80.10.31. 20:41
발신 주일대사
수신 장관

　　대: WJA-10384
　　연: JAW-10809, 10789, 10615
　　1. 대호 건에 관하여 당관 조성찬 참사관은 연호 보고에 이어서 금31일 오전
아세아국 +와따나베+ 참사관을 방문 아측 결정을 공식 통보한 바 동 참사관은
연호 제2항으로 보고한 국련국 세끼+심의관과 같은 요지의 아세아국 입장을
밝히고 아측이 외무성측 SUGGESTION을 받아드려 동 연금회담을 중지시켜준
데 대하여 감사의 뜻을 표한다고 밝혔음. 동 참사관은 이어서 외무, 후생 양성간
난민조약과 연관된 이견조정 작업에도 언급, 30일에는 국련국장과 연금국장 사
이의 협의(JAW-10809)가 있은 후 이에 따른 문제점등을 현재 외무성 아세아,
국련, 조약국 실무진들이 공동으로 연구, 검토하고 있는 중이며 동 결과를 갖이
고 또 한차례의 외무, 후생성 국장급 회담이 근간 열릴 것이라고 말하였음.
　　2. 본건과 연관 +와따나배+ 참사관은, 외무성으로서는 23일자 +아사히+ 조
간(JAW-10615)에 게재된 +이또-소노다+ 회담사실이 사전에 동 신문에 +스쿠-
프+되어, 후생성이 외무성측이 이를 +아사히+에 흘려주었나 해서 강한 반발을
이르켜 이를 트집잡아 한 때 외무, 후생양성간 협의 자체를 거부하고 나스는
바람에 혼났었다고 실토하고 아측도 난민조약과 연관된 재일한국인 국민연금
일괄 타결문제 등에 관한 양국간 교섭 상황 등이 신문등 +매스콤+에 오르고
내리지 않도록 협조해 달라고 당부하기에 조참사관은 이에 대한 이해를 표시하
고 여사 본국정부에 품신하겠다고 말하였음. 따라서 당관 의견으로서는 외무,
후생 양성 간의 이견조정이 끝나는 어느 시점까지는 본건 한일간 교섭 상황 등
에 관하여 서울에서 아측+매스콤+에 새어나가지 않도록 하는 것이 바람직하다
고 사료됨.
　　3. 또한 초잠사관은 이이미 연호로 보고된 대판에서 있었던 +시오미 소송+
사건에 대한 대판 지방재판소의 차별 재판에 대해서도 아측의 강한 관심을 표시
하고 특히 동재판소의 판결문 요지중 +사회보장면에서 국적에 의한 차별적 취
급을 철폐하는 국제적인 경향은 있지만 국적에 의한 차별을 불합리라고 할 정도

로 보편화되어 있다고 인정되지 않는다+는 재판장의 결론은 일본국이 1978.5.30일에 가입 서명, 79년6월에 국회비준을 거쳐서 효력이 발생한 규약 제9조에도 모순되는 판결일 뿐더러, 외무성이 비준을 서두르고 있는 난민조약 만 하드래도 지금 현재80여개국 이라는 많은 수자의 주요국가들이 가입하고 있 는 시점에서 이를 아직도 보편화되지 않은 경향이라고 판시한다는 것은 이해가 안간다고 이의를 신립한 바 동참사관은 사법부가 하는 일이니 행정부로서는 왈 부간 논할 성질은 아니지만 이러한 관점에서도 외무성으로서는 난민조약 가입 에 전력투구하고 있는 것이라고 JAW-10809 제3항에서 보고된 굴견국+세끼+심 의관과 같은 요지의 견해를 밝혔음. 이에 따라 조참사관은 동참사관에게 본 문 제에 관하여는 주일한국대사관에서 강한 관심 표명이 있었다는 점과 상기한 내 용의 입장 표명이 있었다는 점을 외무성 TAKE NOTE 해달라고 요청, +와따나 베+참사관은 이를 양승하였음을 보고함. 동 재판은 여사한 종류의 재판으로서 는 첫번째 1심 결판(민사)으로서 원고측은 이를 공소할 뜻을 비쳤음을 첨언함.

4. 본건과 연관하여 JAW-10384 제3항에서 검토 요청한 조총련계 재일조선 인 문제에 곤한 본부 입장이 검토 결정되었으면 일측과의 면담시 참고코저하니 회시바람. (일영-교일, 아일)

52. 외무부 공문(착신전보)–재일외국인 국민연금 가입과 관련한 신문기사 보고

외무부
번호 JAW-10850
일시 311817
수신시간 80.10.13. 20:47
발신 주일대사
수신 장관
제목

연: JAW-10843
1. 연호로 보고된 재일외국인 국민연금 가입과 연관하여 당지31일자 닛께이 석간은 다음과 같은 내용의 기사를 국민연금가입 재일외국인에게 인정 후생성 수뇌가 의향이라는 표제로 제1면에서 3단으로 다음과 같이 보도하였기에 이를

보고하오니 업무에 참고 바람. 다음 후생성 수뇌는 31일 국련의 난민조약을 비준하기 위하여 재일외국인의 국민연금 가입을 인정하는 방향으로 검토할 것을 밝혔다. 국민연금은 일본 국적을 갖인자만이 가입이 되기 때문에 약60만에 달하는 재일한국인 조선인이 가입할려고 해도 가입이 안되고 있고 또한 배트남 난민으로서 일본에 정주할 의사가 있는 자에게도 가입이 안된다. 이 때문에 내외국인 평등의 사회보장적용 등 조항이 들어 있는 국련의 난민조약을 비준할 수 없는 상태가 되어 있다.

2. 상기 기사는 당지 주요신문(아사히 요미우리 마이니찌)등에는 보도되지 않고 다만 닛께이에만 보도되었음을 첨언함.

3. 상기기사에 비추어 보건대 연호로 보고된 난민조약을 위요한 외무 후생성 간의 싸움은 외무성측에 기울어져 정치적으로 타결될 공산이 임박한 전망이어 앞으로 일측과의 교성상 필요하니 JAW-10384 제3항으로 청훈한 아측입장 지급 회시바람(일영 교일 아일)

53. 외무부 공문(착신전보)―장해복지연금 판결

외무부
번호 JAW-10851
일시 311831
수신시간 80.11.01. 00:22
발신 주일대사
수신 외무부장관
제목 장해복지연금 판결

대: WJA-10397
연: JAW-10843

1. 본 건에 관련된 전한국인 시오미 히네 여인은 1933년 오오사까시에서 한국인 부모사이에 출생되어 3세시 홍역으로 실명 1967년 일본인과 결혼 1970년 일본인으로 귀화한 자임.

2. 상기인은 국민년금법 81조를 근거로 1972년5월 오오사까부에 장해 복지년금을 신청하였으나 폐질(폐할폐 병질) 인정일(동인의 경우 1959.11.1)당시,

당시 일본인이 아닌 경우는 지급요건에 해당되지 않음이라는 동법56조1항 단서 규정에 의해 신청이 각하되었음. 이후 오오사까부 사회보험 심사관 및 사회보험 심사회에 재심사를 청구하였으나 기각되었음.

3. 이에 동인은 1973년11월 다음 이유를 들어 오오사까부의 각하 처분 취소 청구 소송을 제기하였음.

가. 일본인임에도 불구, 과거에 외국적이었던 이유로 적용대상에서 제외 차별하는 국민연금법의 규정은 헌법14조 1항(법아래에서의 평등) 25조 2항(국가의 사회적 사명)에 위반됨

나. 과거의 국적을 따지는 것은 전시 일본에 강제적으로 연행된 조선인의 특별입장을 부당히 무시하는 것임

다. 재일외국인에게 피보험자 자격을 인정하지 않는 국민년금법7조도 법 아래의 평등을 정한 헌법에 위반됨

4. 이에 대해 오오사까 지방재판소 민사2부는 80.10.29 다음과 같이 원고의 청구를 기각하는 판결을 내렸음.

가. 재원이 국고부담인 장해복지 년금을 국민년금 제도의 일부로서 거출제 년금의 불비점을 보충하는 방법적 시책으로 지급 대상을 한정하는 것은 순수히 입법정책의 문제임. 국가가 사회복지 등의 사명을 수행하기 위해 시행하는 구체적인 시책에 절대적인 기준은 없으며 입법부가 국민경제상황 국가의 재정상태 국민감정 등의 제사정과 시책전체의 조화를 고려 판단할 문제임 입법부의 판단이 명확히 합리성을 결하여 재량권의 현저한 남용이라고 인정되지 않는 한 헌법 25조2항에 위반되지 않음

나. 사회보장에 있어서 국적차별을 철폐하는 국제적 경향이 있으나 국적에 의한 차별을 불합리라고 하는 정도로 보편화되어 있다고는 인정할 수 없음, 따라서 국민년금법 56조 1항 단서에 의한 년금 지급제한은 헌법14조에 위반되지 않으며 각하 처분은 적법임

다. 재일한국조선인에 대한 보상을 어떠한 방법으로 시행할 것인지는 순수한 입법정척의 문제임

4. 동인은 상기 판결에 불복 항소할 방침으로 있다함(일영 교일)

54. 외무부 공문(착신전보)—장해복지연금

외무부

번호 OSW-1040
일시 311730
발신 주오오사카총영사
수신 장관
참조 주일대사
제목 장해복지연금

대: WOS-1025
대호 건 아래와 같이 보고함.
1. 소송 당사자인 "시오미히데"(46세)는 오사카에서 한국인2세로 출생, 3세대 질병으로 실명하였으며 1970년 일인과 결혼하여 일본인으로 귀화한자임
2. 동인은 귀화 후 오사카부에 복지장해 연금을 신청하였으나 1972.8월 오사카부에서 기각되어 1973년 11월 동건을 재판소에 제소함.
3. 동 소송 사건은 오사카부가 동인의 실명 시기가 국민연금 제정 이전이었으며 실명당시 국적이 한국인이였음을 기각사유로 내세웠기 때문에 국민연금법 국적조항의 위헌 여부가 동 소송사건의 쟁점이 됨
4. 80.10.29 오사카지방 법원이 국민연금법의 국적조항은 합헌적이라고 판결 등 제소를 기각 판결함.
"시오미 히데" 여인측은 오사카지법의 판결에 불복 공소하겠다고 밝힘
5. 그간 당관 및 당지 민단에서는 동 여인의 국적이 일본인이었으므로 재판진행 과정에 직접적인 지원 등은 하지 않았으나 동 재판의 쟁점이 국민연금법 국적조항의 위헌 여부로서 재판의 결과가 재일한국인의 복지 문제에 상당한 영향을 미칠수 있으므로 즉시 재판관계자료를 수집, 앞으로의 진행과정에 대해 깊은 관심을 가지고 관계기관과 접촉 검토를 추진하고 있음.
6. 판결문 등 관계자료는 차주 정파편에 송부 위계임.
(교일)

② 재일본 한국인 법적지위 및 복지향상 문제, 1980. 전2권(V.2 11-12월)

○ ● ○

기능명칭: 재일본 한국인 법적지위 및 복지향상 문제, 1980. 전2권(V.2 11-12월)

분류번호: 791.23

등록번호: 24477(15157)

생산과: 교민 1과

생산연도: 1980-1980

1. 외무부공문(착신전보)–재일한국인의 국민연금가입 후생상 검토 지시 등에 관한 신문보고

외무부
번호 JAW-11012
일시 011307
수신시간 80.11.01. 00:20
발신 주일대사
수신 장관

　　　　연: JAW-10850
　　　1. 당지 1일자 주요신문은 조간에서 난민조약비준과 연관하여 재일외국인의 국민연금가입, 후생상 검토를 지시(닛께이 2면 4단) 국민연금 등 외국인에게도 대우, 난민조약비준으로 후생상 의향(마이니찌1면4단), 국민연금 외국인적용 난민조약 가입문제 후생상이 검토를 지시(아사히 1면4단) 가입의 방향으로 검토 난민의 국민연금(요미우리2면1단) 등 표제로서 다음과 같은 요지로 크게 보도하였기에 이를 보고함

-다음-

　　　소노다 후생상은 31일 국련난민조약 가입문제를 타개하기 위하여 난민을 포함하는 모든 외국인에게 국민연금의 문호를 열어주는 방향으로 국민연금법의 개정을 검토하라고 후생성 사무당국에 지시하였다. 난민조약의 가입을 위요하고 무조건 조기비준을 주장하는 외무성과 난민에게도 일본국민과 동등한 사회보장을 적용하는 조항은 유보하여야만 된다고 주장하는 후생성이 대립을 계속해 왔었던 바 31일 소노다 후생상은 난민조약의 기본정신인 내외인 평등의 원칙을 받아드려 무조건 승인에 동의하는 의향을 굳혔다. 이에 따라 동조약은 이도 외상의 희망대로 다음 통상국회(2월 개최)에 제출될 전망이 밝아진 것 같다. 본 문제는 현재 국민연금의 가입 자격이 없는 재일한국인, 조선인 등 재일외국인에게도 일본국민과 동등한 대우를 인정하는 것으로 연결됨으로서 금후 관련 국내법의 개정이 검토되어야 하기 때문에 기술적으로 어려운 점도 있어 재일외국인이 가입하게 된다 하드래도 상당한 준비기간이 필요할 것 같다. 소노다 후생상은 동조약 가입을 주장하고 나선 장본인이 외상 당시의 자기 자신이었던 관계로 본 문제에 관하여는 상당히 전진적인 자세를 취하고 있다.
　　　2. 본건 추이에 관하여는 JAW-10043 보고에 이어서 다음주 외무성 국련국, 아세아국 등과 계속 접촉 동태를 파악 보고 위계임(일영-교일 아일)

2. 자료-일본귀화교포여인의 장해복지연금재판

日本歸化僑胞女人의 障害福祉年金裁判

1. 塩見月出女人의 人的事項
   - 1934.6.25 大阪에서(1927년경 渡日한 韓國人 兩親 사이에서)出生, 3才時 홍역
     으로 兩眼失明
   - 1967 兩眼失明인 日本人 塩見政吉과 結婚, 1970.12.16 日本에 歸化
   - 夫婦 맛사지師, 子女2人
2. 障害복지연금 支給 請求
   - 同女人은 日本國籍取得 1年半後인 1972.5 大阪府知事에 對하여 障害福祉年金
     (無據出制)支給의 裁定請求를 했던 바 同年 8.31字로 廢疾認定日(福祉年金制
     度 施行日인 59.11.1)에 日本人이 아니었다는 理由(國民年金法 56條)로 却下
     됨.
   - 上記 裁定에 不服, 大阪府 社會保險審査官 및 社會保險審査會에 審査 請求했
     으나 같은 理由로 棄却
3. 裁判提起(73.11 大阪 地裁)
   가. 同女人의 請求理由
      - 日本國籍者로서의 支給要件을 規定한 國民年金法 56條 1項 但書規定은
        日本帝國主義政策에 依해 强制的으로 日本에 連行되어 居住하게된 在日
        韓國人 및 子孫의 特別한 立場을 無視하는 것으로서 不當하며,
      - 적어도 歸化해서 日本國籍을 取得한 以後의 受給권을 否定하는 것은 不當
        하며 憲法 13條(個人의 尊重), 14條 1項(法 아래에서의 平等) 25條 2項(國
        家의 社會保障的 義務) 違反이다.
      - 따라서 同56條 1項 但書는 違憲無效다.
   나. 大阪地裁(民事2部)의 棄却裁判理由(80.10.29)
      - 財源이 國庫負擔인 障害福祉年金의 支給對象을 限定하는 것은 순전히 立
        法政策의 問題임
      - 社會保障에 이어서의 國籍差別을 撤廢하는 국제적 경향이 있으나 國籍差
        別이 不合理한 것이라고 할 정도로 普遍化되어 있지 않다.
      - 在日韓國人에 대한 보상 方法은 순수하게 立法政策의 問題다.
4. 塩見女人은 上記裁判에 不服, 控訴提起意思表明

3. 외무부공문(착신전보)–난민조약관계 신문보고

외무부
번호 JAW-11052
일시 041723
수신시간 80.11.04. 23:32
발신 주일대사
수신 장관
제목 난민조약관계 신문보고

　　　　당지 요미우리 신문은 4일자 조간에서 다음과 같은 요지의 사실을 외국인을
제외한 평등사회라는 제하로서 게재하였기에 이를 보고함.
다음
　　　　우리나라는 누구한테도 사회적인 기회의 균등이 보증되고 지위 및 신분에
의한 차별도 없는 평등한 원측의 나라라고 일컬어져 왔다. 그러나 이것은 정말
이라고는 말할 수 없다. 평등이라고 내세우는 이러한 문구는 적어도 이땅 섬나
라에서 태어나 자라난 일본인에 대하여야만 사실이라는 것이 요즈음 특히 분명
하여졌다. 작년9월에 국내에서 발효한 국제인권규약(A,B 2규약) 내지는 일본이
비준을 급히 서두르겠금된 국련 난민조약의 제규정을 우리나라의 실정에 비추
어 보면 이러한 사실이 확실히 부각되겠금 되는 것이다. 우리나라에는 과거 역
사의 희생자로서 정주하고 있는 재일한국인 조선인 등을 비롯하여 70여만명의
재일외국인이 있다. 이들 사람들은 일상 생활중이나 또는 진학 취직 결혼 등의
사회활동에서 그리고 이것보다도 더욱 근본적인 문제로서 사회보장면에서의 제
반 제도상 일본인과 명확히 차별되고 있다. 소나다 후생상은 지난 주말 국련
난민조약의 비준에 관하여 사회보장면에서 자국민과 같은 대우를 난민한테도
부여한다 라는 동조약의 규정을 받아드릴 의향을 표시했다. 이렇게 됨으로서
후생성은 무조건 조기비준을 지향하는 외무성측과 동일보조를 취하겠금 되었
다. 재일외국인의 인권과 사회보장이 일본인과 평등한 수준으로까지 진전할 커
다란 계기가 되어 우리들은 동후생상의 의향을 환영하고 이에 대한 실현을 강하
게 기대하여 마지 않는다…중략…재일한국인계는 소화41년 이후 한일기본조약
에 의거한 법적지위 협정에서 생활보호와 건강보험의 적용이 보장되어 있고 또
한 그 이전에도 한국인 및 조선인 등에게는 특별한 역사적 경과에 의거하여 여
사한 정도의 사회보장은 적용되어 왔다. 그러나 그렇다 하더라도 국민연금은

복지연금을 포함하여 그 적응이 제외되어 왔었다. 지난29일 대판지방재판소는 눈이 부자유스러운 시요미씨가 장해복지연금의 수급을 요청한 소송을 기각하여 눈이 부자유스럽게 된 것은 그녀가 한국국적을 갖이고 있을 때 일어난 일이기 때문에 수급자격이 없다라고 판결하였다(JAW-10843 제3항 요참조) 이 소송은 또한 재일한국인에 대한 사회보장의 철폐를 주장하기도 했었다. 하물며 재일외국인 전체에 대한 사회적 법적 차별이 얼마나 많은가에 대해서는 수로서 열거하기조차 곤난할 지경이다. 국제인권규약 발효후의 성과의 하나로서는 공단주택에도 일본에 정주하고 있는 외국인들이 입거할 수 있겠금 되었다는 예는 들을 수 있다. 따라서 소노다 후생상의 지시는 당면의 국민 연금 가입의 차별 철폐를 의도하고 있는 것으로 해석된다. 이러한 법이라든가 행정개혁의 쇄신 등을 쌓아 올림으로서 재일외국인들에게도 평등의 원측이 침투되겠금 되어야만 우리나라도 국제사회의 신뢰를 높이겠금 되게 되는것이다.(일영 교일 아일)

4. 외무부공문(착신전보)−재일한국인 국민연금 가입

외무부
관리번호 80-1764
번호 JAW-11136
일시 061636
수신시간 80.11.06. 00:55
발신 주일대사
수신 장관
제목 재일한국인 국민연금 가입

　　1. 11.5 당관 최상덕 서기관은 외무성 북동아과 나까모또 차석의 요청으로 표제건에 관하여 협의하였는 바 일측은 현재 차기 통상국회에 상정을 준비중에 있는 난민조약과 함께 재일한국인을 포함한 외국인에 대한 국민년금문제를 동시에 상정 처리코자 한다고 말하였음
　　2. 일측은 난민조약 비준과 관련 국민년금제도 적용문제가 후생성과의 협의에서 쟁점으로 되고 있으며 국민년금에서 외국인을 어느정도 대우할 것 인가에 대해 후생성과 협의 결정한 후에 상정하게 될 것이라고 설명하면서 동 후생성과

의 협의에서 대우문제가 결정되지 않을 경우 상정 자체가 어렵게 될 가능성이 있으므로 외무성으로서는 대우에 관한 어떠한 타협점을 모색하여서라도 차기국회에는 필히 상정시키고자 하고 있다고 설명 하였음

3. 이어 일측은 동대우문제에 관하여 여러가지 방안이 나오고 있으나 현 국민년금법상의 가입자격(20세 이상 35세까지) 이외의 자에 대한 처리가 문제로 되고 있다고 말하면서 36세 이상의 자는 국민년금법 적용대상에서 제외하고저 하는 방안이 거론되고 있으며 재일한국인의 경우 총66만 중 3할 정도인 약20만이 이에 해당된다고 보고 있다고 말하면서 이에 대한 아측 의견을 문의하였음.

4. 이에 대해 아측은 사회보장면에서 기본적으로 재일한국인에게 일본인과 동등하게 대우하여야 할 것이라고 전제한 후 국민년금법 실시 당시 경과조치로서 35세 이상의 국민에 대해 연령에 따라 5년 보험료 불입제도, 10년 불입제도 등을 실시한 점을 지적, 재일한국인에게도 여사한 경과조치가 주어져야 할 것이라고 설명하였음.

5. 이에 대해 일측은 년금제도가 발족된 지 20년이 경과된 현재 새로 가입되는 자에게 경과 조치를 시행한다면 오히려 일본인보다 외국인을 우대하는 결과가 되어 일본국민이 반발할 가능성이 있다고 설명하면서 예를 들어 현재 50세의 재일한국인이 경과조치로 10년간 보험료를 불입후 국민년금 혜택을 받는다면 동 년령의 일본인은 25년간 불입하였음에도 불구하고 10년 불입한 사람과 같은 혜택을 받게 되는 결과가 되어 반발할 것이라고 말하였음.

6. 이에 대해 아측은 과거 5년 및 10년의 경과조치에 의해 지급되는 금액이 25년간 불입한 후 지급되는 금액과 동일하지 않고 비례적으로 소액이라고 알고 있으며 재일한국인 중 후생년금 가입자가 상당수 있고 또한 약4만으로 추정되는 생활보호대상자가 국민년금 문제가 해결되면 상당수가 보호대상자에게 제외될 것임으로 경과 조치에 문제될 것이 없을 것이라고 설명한 후 일정부가 특히 외무성의 노력으로 국민년금 제도의 문호를 개방하려 한다면 완전한 개방이 되어야 할 것이며 만일 외국인에게 다소의 차별을 둔다면 문호개방의 효과가 반감될 가능성이 있다는 점을 지적하고 재일한국인의 1/3인 20만이 구제되지 않는다면 반발이 클 것이므로 일본인과 동등한 대우가 되어야 할 것이라는 점을 강조하였음.

7. 상기 협의내용에 비추어 보아 외무, 후생 양성협회에서 후생성은 36세 이상의 자 구제조치에 대해 강력히 반대하고 있는 것으로 보이며 외무성측은 재일한국인의 반발 가능성과 관련 어떤 방식으로 던지 절충하여 난민조약 비준안 자체가 불상정되는 사태는 피하려는 것으로 보이며 최악의 경우 후생성의 주장을 그대로 받아드릴 각오가 되어있는 것으로 보임

민단관계자 등과 협의 계속 교섭하겠음(일엉-교일 아일)

5. 외무부공문(착신전보)–국민연금 실무자회의

외무부
관리번호 80-1772
번호 JAW-11175
일시 071634
수신시간 80.11.07. 23:32
발신 주일대사
수신 장관
제목 재일한국인 실무자회의

대: WJA-1106
1. 대호 제1항 재일한국인에 대한 국민연금 적용시의 법개정문제는 일본이 난민조약을 비준하면 마땅히 국민연금법 중 제7조 국적조항은 개정되어야 되고 (일본국민 및 재일외국인 등 표현방식으로) 또한 동법 제4장 특례조항이나 기타 조항들과 아울러 동법과 연관된 법령 등도 부수되어 개정되어야 함으로 이는 곧 대호 제1항에서 지적된 듯이 국민연금법 개정이 아닌 현행법의 확대해석만으로서 이루어진다고 볼 수 없음
2. 또한 일측은 아직도 JAW-10384, 10626으로 이미 보고한(조성찬 참사관과 아세아국 와따나베 참사관 및 국련국 세끼 심의관 면담관계) 재일한국인과 조선인 동시 취급문제에 관하여는 종전의 입장 변경을 하지 않고 이에 대한 일관된 정책주장을 고수하고 있음에 비추어 일측과의 교섭시 대호 훈령 제3항에 따라 일측태도를 보아가며 단계적으로 아측 입장을 밝힘이 적절하다고 당관으로서는 판단됨
3. 이와 관련된 민단측 의견과 재일교포사회의 반응에 관하여는 민단측 의견과 이에 대한 각계의 반응을 종합 분석해 본다면 아측이 공공연히 조련계에 대한 국민연금 적용을 반대하고 나선다면 일측의 완강한 반대에 부딪쳐 아측계 교포들의 국민연금 가입 자체가 불능시 될 뿐더러 각종 집회시나 기타 공식문서 및 간행물들에서 공적으로 통칭하는 +60만 재일교포+라는 수적인 개념에도 모순되는 결과를 야기시켜 성묘단사업 등에 대한 대의명분의 결여 등 각종 부작용을 파생시킬 우려도 있음
본 문제에 대하여는 민단 중총측과도 의견을 교환한 바 대체로 상기한 입장을 표명하고 있으니 지금 현재로서는 별다른 문제가 없으리라고 사료 판단됨(일

영-교일 아일)

　　예고: 일반재분(80.12.31)

6. 신문자료-외국인을 제외한 평등사회

요미우리(80.11.10)　外国人を除外した平等社会

外国人を除外した"平等社会"

わが国は、だれにも、社会的な機会の均等が保証され、地位や身分による差別もない、平等の国だといわれてきた。しかし、それは本当とはいえない。平等のうたい文句は、少なくともこの島国に生まれ育った日本人に対してだけであることが、このごろ、とくにはっきりとしてきた。

昨年九月に国内で発効した国際人権規約（A、B二規約）、あるいは、いま批准が急がれている国連難民条約の諸規定を、わが国の実情と重ね合わせてみると、そのことが浮き彫りにされるのだ。

わが国には、歴史の犠牲者として定住している在日韓国人、朝鮮人をはじめ、七十余万人による在日外国人がいる。そ

7. 신문기사요약- 재일교포 국민연금 관계 신문기사 요약

재일교포 국민연금 관계 신문기사 요약

(80.11.14자 요미우리신문)

1. 기사제목: 난민에 "연금인가(認可)"…조약 비준의 장애(부제: 대신호포 「설마」와 후생성)
2. 내용
   가. "난민에게드 국민연금에의 가입을 인정하도록 검토하라"고 "소노다" 후상이 후생성의 사무당국에 지시하였으나, 사무당국으로서는 "인정한다면 어떤 문제가 일어날 것인지", 또는 "자는 귀에 물"(寢耳に水), "대신이 말씀하시는 대로는 될 수 없다"는 등의 반응을 보이고 있음.
   나. 후생성은 왜 난민의 국민연금 가입을 저지하려는가. 후생성이 내세우는 "다테마에"(建前)의
   제1은, 정주의 보증이 없는 난민에게 강제적으로 보험을 징수해도 좋을 것인가
   제2는, 난민구제라는 명목으로 연금적용의 경과조치를 두면, 1961년 연금제도 실시 이래 1973년까지 경과조치를 끝낸 일본 연금제도 체계는 붕괴하고 말것이다임.
   그러나, 실제 후생성의 "혼네"(本音)는 재일한국인, 조선인, 중국인을 중심으로 한 77만8천명에 달하는 재일외국인에 파급될 것 같은데 있음. 즉, "겨우 천명의 난민 때문에 왜 2,700만명의 연금가입자가 메이와꾸(迷惑)를 받지 않으면 안되는가"라는 것임.
   다. 후생상이 이런 사실을 모르고 있을 리가 없으나 "끝장을 보겠다고 발차"(見切り発車)한 것은 외상 당시 방위력 증강을 비판하고 "평화 외교만이 안전보장의 근간"이라는 지론에서 비롯된 것임. 그러나, 후생성 사무당국은 다음 통상국회에서 비준되어도 몇 년 후에 실시한다든가 하는 시기적 유보를 붙이지 않을 수 없을 것이라고 함.
   라. 외무성은 난공불락의 203고지에 대한 후생성의 주장이 전 외상이 후생상이 되었다 하지만, 돌연히 변한데 대해 "설마?" "정말인가"하고 놀래고 있음.
   물론, 외무성은 이번이야말로 결착을 보고싶으나 국제 무대에서 직접 난민조약에 가입하라고 추궁된 적은 없다고 함.
   그러나, 10월 중순 쥬네브에서 열린 국련 난민 고등변무관 사무소의 집행위원회 석상에서 "해드링" 변무관은 "현재 가입하지 않은 아시아의 유력한 나라도

곧 가입할 움직임이 있다”고 말했으며 이는 일본을 가르킴이 분명함.

동 난민 집행위원회에 일본은 79년도에 6,500만 달라를 지출했고, 80년도에 6,000만 달라를 지출 예정임.

그럼에도, “일본은 난민에 차겁다”는 소리가 사라지지 않는 것은 첫째, 난민조약에의 미가입과,

둘째, 국민 일반의 난민 문제에의 관심과 인식이 높아진것임.

8. 주일대사관 공문–재일교포 국민연금관계 신문기사

주일대사관
번호 일본(영)725-6017
일시 1980.11.14
발신 주일대사
수신 외무부장관
참조 영사교민국장, 아주국장
제목 재일교포 국민연금관계 신문기사

　　당지 11월4일자 “요미우리” 조간은 재일교포 국민연금 가입과 연관된 일본의 난민조약비준 문제를 다룬 장문의 해설기사를 게재하였기에 이를 유첨 송부하오니 업무에 참고바랍니다.
유첨: 동신문기사. 끝.

주일대사

8-1. 첨부-재일교프 국민연금 가입과 연관된 난민조약 비준문제

요미우리신문(80.11.14)

大臣号砲「まさか」と厚生省

年金体系崩壊だ　在日韓国人らは？

今度こそ決着
外務省ハッスル

難民に"年金認可"…条約批准へハードル

昨年八月、東京・有明ふ頭から沖縄・本部町の一時収容所「本部国際友好センター」に向かうベトナム難民たち

9. 보건사회부 공문-연금제도 해외출장 업무 협조

보건사회부
번호 연기1492-15619
일시 1980.11.19
발신 보건사회부장관
수신 외무부장관
참조 영사교민국장, 아주국장
제목 연금제도 해외출장 업무 협조

    1. 우리나라 국민복지 연금제도 실시준비 및 그 개선 보완을 위하여 당부 소속 아래 직원을 일본국, 자유중국의 연금제도 조사연구토록 별첨 계획서와 같이 해외 출장하오니 원활한 업무 수행토록 관계국 아국 공관으로 하여금 상대국 방문 예정 기관에 방문 예약등 필요한 조치를 취하도록 협조하여 주시기 바랍니다.

-아래-

소속	직급	성명
사회보험국 연금기획과	서기관	정용진
〃 　　수리조사과	사무관	이상우

별첨: 연금제도 조사연구 해외출장 계획 사본 1부

보건사회부장관

9-1. 별첨-연금제도 조사연구 해외출장 계획

年金制度 調査研究 海外出張 計劃

1. 出張目的: 우리나라 國民福祉年金制度 實施準備 및 改善補完을 위한 先進國
   의 年金制度 및 그 運營實態 調査 研究와 資料蒐集
2. 出張者

3. 出張對象國家: 日本國, 自由中國

所屬	職級	姓名
年金企劃課	書記官	丁容鎭
數理調査科	事務官	李相禹

4. 出張期間: 80.11.23~12.8(16日間)

5. 主要 調査硏究 活動計劃

國別	訪問豫定機關	主要 調査硏究 事項
日本 (11.24~12.2) 9일간	厚生省 社會保險廳 社會保險地方事務所 厚生年金, 國民年金基金 社會保障硏究所	가. 年金基金管理實態調査 나. 年金管理機構에 관한 調査 다. 年金業務管理 및 電算化實態 라. 年金數理에 관한 調査 마. 年金給與 實態 問題點 바. 其他 主要制度 一般에 관한 것
自由中國 12.3~12.7 (5일간)	內務省 (社會局, 保險局, 勞動局)	

6. 旅費: 弗3,386

10. 외무부 공문(착신전보)–재일한국인 국민연금 가입문제

외무부
번호 JAW-11462
일시 190956
수신시간 80.11.19. 11:24
발신 주일대사
수신 장관
제목 재일한국인 국민연금 가입문제

1. 당관 박종기 총영사는 11.18. 외무성 아세아국 와다나베 참사관을 방문 재일한국인의 염원인 국민연금가입의 혜택이 하루속히 이루어지기를 촉구하고 이 경우 반드시 경과조치가 취하여져서 국민연금에 가입할려고 하였으나 불가능하였던 35세 이상의 해당자에 대하여도 구제조치가 반드시 이루어져야할 것

이라고 강조하였음. 또한 여사한 35세 이상의 해당자가 약20만명으로 추산되고 있음을 지적하고 이들을 제외하는 경우에는 연금가입은 명분상에 불과하며 실질적인 내외국인 평등은 아니라고 덧붙였음

2. 이에 대해 동참사관은 소노다 후상이 난민조약 가입에 있어 유보조건 없이 비준되도록 전진적 입장에서 검토할 것을 실무진에 지시한 이후 외무, 후생 양성간의 실무자회담이 진행중인 바 후생성 사무당국은

가. 난민조약 비준과 관련 재일외국인에 대하여도 국민연금 가입을 인정하게 되는 경우 이를 위한 국민연금법 개정 및 이에 수반되는 각종 법률의 개정작업 등 수속 절차상 상당한 시일이 소요되며

나. 또한 동법 적용대상 결정문제와 관련 경과조치 설정의 필요성여부 및 경과조치 설정시의 구제대상 적용한도 등 대단한 어려운 문제점이 있음을 말하고 있다고 하였음.

3. 일본정부로서는 후생성의 입장이 강경하여 아직껏 재일외국인 국민연금 가입의 문호를 개방함에 따른 정책적 및 실무적인 면에 있어서 내부(외무, 후생 등)조정이 이루어지지 못하고 있는 듯하며 특히 현재 만36세 이상으로서 60세까지 실질적으로 25년간 보험료를 납부할 수 없는 자의 처리방안에 대하여 부심하고 있는 것으로 보임(일본영-교일)

예고 :일반재분(81.6.30)

11. 외무부 공문(발신전보)-연금제도 조사자료 수집에 관한 협조

외무부
번호 WJA-11296, WCH-1153
일시 201810
발신 주일대사, 주중대사
수신 장관
제목 연금제도 조사자료 수집에 관한 협조

아국의 국민복지 연금제도 실시 준비에 따른 주재국의 연금제도 조사차 보사부 관계관 2명이 다음과 같이 귀지에 출장 예정인 바, 동 관계관의 필요한 방문과 자료 수집에 협조하시기 바람.

1. 출장자

보사부 사회보험국 연금기획과 정용진 과장(서기관)
　　　 〃 　　　 〃 　　　 수리조사과 이상우 사무관
  2. 출장일정
    80.11.24-12.2　 일본
    12.3-12.7　　 자유중국
(교일, 교이)

12. 재일한국인에 대한 국민연금 적용 등 복지향상 문제에 관한 한일실무자회의

在日韓國人에 對한 國民年金 適用등 福祉向上 問題에 關한 韓日實務者會議
-領事僑民局-

1. 會議開催 緯律
   - 1980.4.18 韓日外相 會談時 國民年金加入 問題를 包含한 在日僑胞 福祉增進
     에 關한 實務協議開催에 合議, 我側은 同外相 會談以後 駐日 我國大使館 또는
     駐韓日本 大使館을 通해 日側에 同實務會議開崔를 繼續 促進
   - 1980.10.8 日 外務省이 80.10月末경 國民年金 實務者회의 開催를 檢討中임을
     我側에 非公式 傳言
   - 1980.11. 現在 國民年金加入과 關聯性이 있는 難民條約 加入에 關한 日外務省
     과 厚生省間의 異見이 調整되는대로 實務者會議가 開催될 수 있도록 交涉中
2. 今番 實務者會議의 特性
   - 在日韓國人의 國民年金加入이란 限定된 議題가 中心
   - 在日韓國人의 法的地位 및 待遇 全般에 關한 議題를 다루는 6次 韓日實務者
     會議가 本 年金會議와는 別途로 早速히 開催되어야 할 것임.
3. 實務者회의 議題(案)
   - 在日韓國人에 對한 日本國年金 適用問題(厚生年金 包含)
   - 在日韓國人에 對한 兒童手當 支給 問題
   - 其他(在日韓國人의 社會保障 一般)
4. 議題檢討
   가. 國民年金 適用(厚生年金 包含)
      1) 適用의 必要性

- 年金은 老齡, 障害, 死亡等의 事故로 因한 本人 또는 遺族의 生活을 安定시키기 위한 制度임
- 政府의 事業으로 管理하는 年金이 公的 年金인 바, 日本의 公的年金 制度는

> 被雇傭者 年金(厚生年金, 船員保險, 各種 공제組合)
> 國民年金(被雇傭者 年金에서 除外되는 20才 以上의 一般住民)으로 區分되어 있음.

- 厚生年金은 就業者에게 强制 適用되나 在日韓國人의 就業對象인 零細企業 및 써비스業 等이 適用 對象에서 除外되어 있고 또한 日本의 뿌리깊은 社會的 差別로 因해 加入이 制約되고 있는 實情임.
- 國民年金도 行政的, 法的 差別로 因해 國民年金適用對象에서 全的으로 除外되어 있음
- 商社 駐在員의 厚生年金 불입금을 本國歸任 發令時 還給받지 못하는 것은 是正되어야 함.

2) 適用對象者의 範圍에 關한 檢討
- 日政府의 在日韓國人에 對한 國民年金 適用은 國民年金法 改正 또는 現行法의 擴大解釋을 通해 이루어질 可能性이 있으며 그 어느 方法으로 解決될 境遇에도 我國이 朝鮮籍 所持者를 除外한 協定永住權者 또는 韓國籍 所持者에 대해서 適用해 줄 것을 要請하더라도 日側은 國內 政治的, 또는 社會保障制度 原理上의 理由를 들어 法126號 該當者 내지는 一般永住權者에게도 適用하게 될 可能性이 濃厚함.
- 또한, 我側이 協定 永住權者에게나 我國 國籍者에 對해서만의 適用을 主張할 境遇, 社會保障制度 原理上으로도 主張의 根據가 薄弱할 뿐만 아니라 一般 永住權자 및 法126號 該當者中 韓國籍所持者(省墓團 事業等으로 因한 轉向者 包含)까지도 適用對象에서 除外하는 結果가 됨.
- 我側이 公公然히 朝鮮系에 對한 國民年金適用을 反對하고 나선다면 日側의 頑强한 反對에 부딪쳐 我側系 僑胞들의 國民年金加入 自體가 不能視 될 뿐더러 各種 集會時나 其他 公式文書로서 通稱되는 "60萬 全 在日 僑胞"의 權益을 擁護하고 있다는 民團의 根本 趣旨에 違背될 뿐 아니라 省墓團을 通한 朝聯系 僑胞 包攝의 大義名分에도 違反되어 各種 副作用을 派生시킬 憂慮가 있음.

3) 日側立場
- 在日韓國人의 歷史的 背景은 잘 理解하고 있으나 國民年金은 法 規定

上(國籍條項)으로 適用 不可能
- 國民年金은 强制 加入토록 되어 있는 바, 外國人을 强制 加入시킬 境遇
  ・25年間의 불입 滿期期間 以前에 永住 歸國하는 者의 權利保全 問題
    가 있으며,
  ・同 保全問題 解決을 위한 韓國과의 2國間 協定 締結이 必要하나 韓
    國은 年金制度를 施行하지 않고 있으며
  ・强制性을 緩和할 境遇 內國人의 强制性과 外國人에 對한 任意性의
    矛盾이 있음.

4) 我側立場
- 在日韓國人은 自身의 意思에 反해 强制的으로 日本에 流入되었고 後
  孫이 4世代까지 이르며 生活의 基盤을 定着시켜 왔으므로 短期체재
  外國人과 區別 取扱 當然(全橋民의 85% 以上이 日本出生 30% 以上이
  日本人과 結婚)
- 韓日법적 地位協定의 根本精神 및 社會保障 論理에 附合되지 않음.
- 在日韓國人은 모든 納稅 義務를 다 履行하고 있음.
- 日本國民年金 制度가 先進諸國의 制度와 相異한 特性(加入期間, 資格
  요건 等)을 가지고 있어 互惠的 協定 締結에 難点 많음.
- 永住 歸國者 極少數(78年度 126名, 79年度 128名)
- 先進諸國도 協定締結없이 適用하는 例 多數(英國, 독일, 카나다 等)

5) 其他 關聯事項
- 日本은 1979.6月 國際人權 規約을 비준, 同年 9.21로써 發效되어 在日
  外國人에 對한 差別 待遇를 緩和하지 않을 수 없는 立場임.
- 難民條約은 다음 通常國會(80.12 開會)에 提出코저하나 24條 8項(社
  會保障의 內國民 待遇)의 留保問題는 外務省과 厚生省間에 異見을 調
  整中
- 在中 韓國人에 對한 國民年金 適用 및 兒童手當支給에 隨伴되는 日政
  府의 財政負擔은 約45億엥(國民年金만은 38億 2,000萬엥), 20年後라
  도 92億6千엥에 不過함
  (在日 韓國人의 年間 稅負擔額 1,500億엥)

6) 會議對策
- 在日韓國人의 法的地位 協定의 一環으로(必要하면 附隨的인 兩國間
  協定을 締結하여) 日本國民年金法의 改正, 擴大適用 또는 適切한 運營
  을 通해 實施 可能토록 推進하고, 日側의 年金 通算 協定과 같은 互惠

的 適用을 通한 解決方式에 反對하기로 함.

- 適用對象者의 範圍를 協定 永住權者, 一般永住權者 및 法126號 該當者 中 韓國的 所持者에 對해서만 適用해야 한다는 原則을 내세우되, 日 政府가 이 主張을 受諾하지 않을 境遇 韓國的 以外의 者(朝鮮籍 所持者)에 對해 適用하는 것을 積極的으로 反對하지 않도록 함
- 商社駐在員의 厚生年金 불입금을 返納 받을 수 있도록 强力히 要請할 것

나. 兒童手當 支給 問題

1) 現況

- 3,200 行政區域中 200余個 地域에서만 適用

2) 對策

- 日本政府 中央에서 行政指導等을 通해 全國的으로 施行하도록 要請할 것

다. 其他(一般的인 社會保障 適用問題)

1) 現況

- 法的 地位協定 4條에 規定된 것은 敎育, 生活保護와 國民建康保護의 3項目뿐임
- 實際 社會保障 197項目의 適用等 極히 低調
- 在日韓國人의 歷史性, 定着性等을 감안, 社會保障 擴大 必要

2) 對策

兒童手當과 同一

13. 재일한국인에 대한 국민연금 적용 등 복지향상 문제에 관한 한일 실무자 회의

재일한국인에 대한 국민연금 적용 등
복지향상 문제에 관한 한일 실무자 회의
1980.11

영사교민국

-목차-

1. 회의개최 경위

　　가. 1971.4월 및 10월 한일 실무자회의(제3차 및 제4차, 동경)에서 아측이 복지향
　　　　상 문제를 최초로 제기함.

　　나. 1976.11.24. 한일 실무자회의시(제5차, 동경) 아측이 제안한 국민연금 등 복
　　　　지 증진 문제에 대해 일측은 재일 한국인의 복지증진은 일본의 국가 이익에
　　　　도 도움이 된다는 것을 인정하나 일본의 법규정이나 정책적으로 일본 국민
　　　　만을 대상으로 하는 것이 적지 않으므로 개선키 곤란한 문제라는 입장을 표
　　　　명함.

　　다. 1977.11.28-30. 한일 비공식 실무자 협의(서울)시 재일한국인의 복지 증진에
　　　　관한 아측의 기본입장 설명.

　　라. 1980.4.17. 동경에서의 한일 외상 회담 시 아측이 국민연금 가입 문제를 포함

한 재일교포의 복지증진 문제에 대하여 일 정부의 협조를 촉구. 일측은 이에 대해 일정부로서 가능한한 적극적으로 검토하겠다고 하고 실무 협의 개최에 합의함.

마. 1980.10.8. 일 외무성은 국민연금 실무자 회의를 80.10월 마지막주에 개최할 것을 검토 중에 있으며 후생성과의 협의를 거쳐 공식으로 아측에 통보할 것이라고 주일대사관에 비공식 전언

바. 1980.11월 현재, 국민연금 가입의 전제가 되는 난민조약 가입의 의회 상정 처리에 관한 일

외무성과 후생성 간의 이견이 조정되는 대로 실무자회의가 개최될 수 있도록 교섭중임.

2. 금번 실무자 회의의 특성

가. 금번 한일 실무자회의는 67.8.23부터 5차에 걸쳐 개최해 왔던 그간의 재일 국민의 법적지위에 관한 한일 실무자회의와는 성격을 달리하고 있음. 즉, 종전의 한일 실무자회의는 재일 한국인의 법적 지위 문제 및 복지향상 문제등 재일한국인의 처우 전반에 관해 광범위한 의제를 다뤄왔으나 금번 실무자회의는 재일한국인의 일본 국민연금 가입이라는 한정적 의제가 중심이 되고 있음.

나. 재일한국인의 복지향상 문제 중 국민연금 다음으로 중요했던 공단주택 및 주택금융 공고의 융자 문제가 1980.4.1부터 해결되므로 국민연금 문제 타결은 재일한국인의 복지향상 면에서 더욱 중요한 의미를 지니게 되었음. 그 외에도 아동수당, 공무원 임용 등 미 해결사항을 타결키 위한 전제 조건으로 국민연금 가입 문제는 시급히 해결되어야 할 것임.

다. 금번 회의가 국민연금 등에 관한 한정적 회의라고 할지라도 재일한국인의 법적지위 및 대우문제 전반에 대해 토의해 온 그간의 5차에 걸친 한일 실무자회의의 일환임을 일측에 이해시키고 제6차 한일 실무자회의가 가급적 빠른 시일안에 개최되도록 해야할 것임.

3. 실무자 회의 의제(안)

가. 재일한국인에 대한 일본 국민연금 적용 문제(후생연금 포함)

나. 재일한국인에 대한일본 아동수당 지급 문제

다. 기타(재일한국인의 사회 보장 일반)

4. 의제에 관한 검토 자료

가. 국민연금 적용 문제(후생연금 포함)

1) 적용의 필요성

가) 연금이라고 하면 일반적으로 노령, 장해, 사망 등의 사고로 인하여
노동 또는 직무 수행이 전혀 불가능하게 되거나 그 능률이 저하하거
나 또는 사망했을 경우, 본인 또는 유족의 생활을 안정시키기 위한
제도임.

나) 이러한 의미의 연금 중 정부가 정부의 사업으로 법률에 의해서 관리
하고 있는 연금이 공적 연금임.

다) 일본의 공적 연금 제도는 후생연금, 선원 보험, 각종 공제조합(국가
공무원 공제 조합, 사립학교 직원 공제조합 등 5개)등 피고용자를
대상으로 하는 피고용자 연금과 피고용자 연금 가입 대상에서 제외
되는 20세 이상의 일반 주민을 대상으로 하는 국민연금으로 구분되
어 있음.

라) 피고용자 연금 중 가장 일반적인 후생연금 제도에는 동 연금 가입자
격과 재일한국인 취업 상황의 모순으로 인하여 재일한국인의 가입이
제약되고 가입자 수는 소수에 불과함.
(후생연금은 취업자에게 강제 적용되고 있으나 한국인의 취업 대상
인 영세기업 및 써비스업 등은 적용 대상에서 제외됨)

마) 일본의 국민연금은 동 연금제도 창설 당시의 공적 연금제도가 일정
조건을 구비한 피고용자를 대상으로 하는데 그치고 국민의 태반을
이루는 영세기업 등의 피고용자, 농림어업자, 상공업자 등의 자영업
자 등이 연금제도 적용대상에서 제외되어 있었으므로 이들 대다수
의 미적용자 구제책으로 마련된 제도임.

바) 따라서, 재일한국인은 후생연금을 비롯한 피고용자 연금에 대해서
법적으로는 가입이 허용되어 있으나, 일본의 뿌리깊은 사회적 차별
로 인하여 여사한 연금 적용 기업체 취업부터 극히 제약을 받아, 사
실상의 연금 혜택을 받을 수 있는 자는 극히 일부에 불과하며, 국민
연금에 대하여는 행정적, 법적 차별로 인하여 국민연금 적용 대상에
서 전적으로 제외되어 있는 실정임.

2) 적용 대상자 범위에 관한 검토

가) 일정부의 재일한국인에 대한 국민연금 적용은 국민연금법 개정 또는
현행법의 확대 해석을 통해 이루어질 가능성이 크며 특히 후자의 방
법으로 해결될 경우에는 아국이 협정영주권자 또는 한국적 소지자에
대해서만 적용해 줄 것을 요청하더라도 일측은 국내 정치적 또는 사
회보장 제도 원리상의 이유를 들어 법126호 해당자 내지는 일반영주

권자에게도 적용하게될 가능성이 농후함.

나) 또한 아측이 협정영주권자에게나 아국 국적자에 대해서만의 적용을
주장할 경우, 사회보장 제도 원리상으로도 주장의 근거가 박약할 뿐
만 아니라 일반영주권자 및 법126호 해당자중 한국적 소지자(성묘단
사업 등으로 인한 전향자 포함)까지도 적용 대상에서 제외하는 결과
가 됨.

다) 따라서, 금번 실무자 회의시 국민연금 적용 대상자의 범위는 협정영
주권자, 일반영주권자 및 법126호 해당자중 한국적 소지자에 대해서
만 적용해야 한다는 원칙을 내세우되, 일정부가 이를 수락하지 않을
경우 법126호 해당자 및 일반영주권 해당자중 한국적 이외의 자에
대해 적용하는 것을 적극적으로 반대하지 않도록 함.

3) 일측 입장

가) 재일한국인의 역사적 배경은 잘 이해하고 있으나 국민연금은 일반적
인 사회보장제도이므로 한국 국적자 또는 특정 국적자만 별도 취급
할 수 없음. 또한 현 국민연금 제도의 법규정상(국적조항)으로도 한
국인에 대한 적용이 불가능함.

나) 국민연금은 강제 가입토록 되어있는 바, 일반외국인을 강제 가입 대
상으로 포함시킬 경우에는,

- 25년간 이라는 불입 만기 기간 이전에 영주 귀국하는 자는 연금
을 지급받을 수 없어 권리 보전의 문제가 있으며,
- 권리 보전 문제 해결을 위해서는 양국 연금제도의 통산을 위한
2국간 협정체결이 필요하고 동 협정 체결의 전제 조건으로 일본
과 유사한 연금 제도가 한국에도 시행되고 있어야 하는데 한국에
는 아직 시행되지 않고 있으며,
- 강제성을 완화하여 임의 가입토록 할 경우에는 내국인에 대한 강
제성과 외국인에 대한 임의성의 모순점이 있음.

4) 아측 입장

가) 재일한국인은 일반 외국인과는 다른 역사적 특수성이 있음. 즉, 재일
한국인은 자신의 의사에 반하여 강제적으로 일본에 유입되었고 전후
30년간에 걸쳐 사회, 경제, 정치적으로 어려운 환경과 차등적인 차별
대우를 무릅쓰고 생활의 기반을 정착시켜 왔으며, 4세대까지 이른
이들의 후손은 언어와 생활 관습 등 모든 부문에서 일본 문화에 적응
되었을 뿐 만 아니라, 대부분의 재일 영주권자는 계속 일본에서 거주

하기를 희망하고 있는 자들로서 단기 체재 외국인과는 구별하여 특별 취급함이 타당함. (전 교민수의 85% 이상이 일본에서 출생, 최근 30% 이상이 일본인과 결혼)

나) 한일 법적지위 협정의 근본 정신은 협정 전문에서 규정한 바와 같이 "일본국의 사회 질서 하에서 안정한 생활을 영위하게 하기 위한…" 것을 목적으로 하기 때문에 일본의 사회보장 전반에 걸쳐서 적용되어야 함. 협정 제4조에 규정된 국민건강 보험이나 생활보호 부문에만 한정적으로 적용하는 것은 사회보장의 사회적 위험(social risks)을 기본적으로 보장하려는 사회보장 논리에 부합되지 않음.

다) 재일한국인은 일본에서 세금을 납부하는 등 모든 의무를 이행하고 있으므로 일반 사회보험 방식의 사회보장 제도인 국민연금 가입 혜택을 줌이 당연함.

라) 일본 국민을 위한 소득 보장 제도의 골격을 이루고 있는 국민연금 제도는 가입기간(25년). 자격요건(65세와 퇴직), 급여수준, 갹출방법 등이 선진 제국의 사회 보장 제도와 상이한 특성을 가지고 있기 때문에 국가 간의 호혜적인 협정 체결 방법으로 해결하려는 데에는 기술적으로 난점이 많음.

마) 재일한국인이 국민연금의 적용을 강력히 희망하는 이유는 그들의 후손을 위한 사회보장 요구가 증대되고 있으며 일본 영주를 목적으로 하는 1세대가 이미 노령화되고 있기 때문임. 따라서 현행 국민연금 제도 범위내에서 시혜된다면 가입기간이나 강제성의 문제가 제도 운영에 지장을 주지는 않을 것임.

바) 재일교포는 일본에 영주할 의사로 영주권을 취득한 자가 대다수(66만중 40만)이므로 국민연금 불입도중 영주귀국자 수는 극소수에 불과할 것이므로 현행 국민연금법에 규정된 바에 따라 일본 국민과 동일하게 취급하는 방안도 가능할 것임.

사) 카나다, 이태리 등 주요 선진국 대부분이 자국내에 거주하는 외국인 중에서 영주권을 받은 자들에게는 협정 체결없이 사회보장 제도를 적용시키고 있으므로 일본도 동 예와 같이 재일 한국인을 국민연금 가입 대상자에 포함시켜야 함. (별첨 자료 참조)

아) 현지 법인 기업체에 근무하는 아국상사 주재원이 강제로 후생연금에 가입되어 본국 귀임시 가입된 후생연금 불입금을 환급 받지 못하고 있는 바, 이는 별도의 차원에서 시정해야 할 것임.

5) 기타 관련 사항

　가) 일본은 1979년 6월 비준한 내외국인 평등을 지향하는 국제 인권규약
　　　이 동년9월21일로서 발효됨에 따라 재일외국인에 대한 차별 대우를
　　　완화하지 않을 수 없는 입장임.

　나) 일본이 선진국으로서 난민조약에 가입치 않고 있다는 비난을 면하기
　　　위하여 외무성이 동 난민조약 가입 비준을 다음 통상 국회(81.2월)에
　　　상정, 처리코저 하고 있으나 후생성이 사회보장의 내국민 대우를 규
　　　정한 24조 B항을 유보하고 비준할 것을 주장하여 양성 간에 이견을
　　　절충중임.

　다) 난민에게 국민연금, 아동수당 등의 사회보장제도를 적용한다면 장기
　　　간 일본에 재류하고 있는 재일한국인 등에게도 당연히 적용해야 하
　　　는데 그럴 경우 재정상 압박이 있을 것을 우려, 후생성이 반대함. (대
　　　장성측은 재정부담이 큰 문제가 아니라고 함)

　라) 재일한국인에 대한 국민연금 적용 및 아동수당 지급에 수반되는 일
　　　정부의 재정 부담은 1980년도 수준으로 한다면 약45억엥(국민연금
　　　만은 38억 2,000만엥), 20년 후에라도 92억 6,000만엥에 불과함. (재
　　　일한국인의 년간 세부담액1,500억엥)

　다) 재일교포 사회에서는 민단이 주동이 되어 1977년 이래 국민연금 제
　　　도의 아국 교포에 대한 적용 문제를 비롯한 제반 행정차별 철폐를
　　　위하여 일본의 관계기관에 대한 요구서 제출, 일본국회를 통한 대정
　　　부 질의, 국민연금 소송 제기, 서명운동 전개 등 적극적으로 추진해
　　　오고 있음.

6) 회의 대책

　가) 재일한국인의 법적지위 협정의 일환으로(필요하면 부수적인 양국간
　　　협정을 체결하여) 일본 국민연금법 등의 확대 적용 또는 적절한 운영
　　　을 통해 실시 가능토록 추진하고, 일본측의 연금 통산 협정과 같은
　　　흐혜적 적용을 통한 해결방식을 반대하기로 함.

　나) 개회사 시 재일한국인의 일반적인 사회보장제도의 적용에 관한 취지
　　　를 삽입토록 하여 장차 쟁점의 시발로 제기 거류민의 권익 확대에
　　　노력키로 함.

　다) 적용대상자는 기본적으로 협정영주권자 외에 일반영주권자 및 법
　　　126호 해당자중 한국적 소지자에 대해서만 우선적으로 적용되도록
　　　할 것.

나. 아동수당 지급 문제

  1) 현황

    일본의 3,200의 행정구역(市, 町, 村)중 약200여개 행정 구역에서만 재일
    한국인에게 적용됨.(작년에는 150여개 지역에서 적용했었음.)

  2) 지급 요청 이유

    재일한국인에 대한 적용 제외는 국민연금 부문에서 설명한 바와 같이 재
    일한국인의 특수성과 한일간의 법적지위 협정의 근본정신 및 사회보장의
    논리에 부합되지 않음.

  3) 대책

    일본 정부 중앙에서 통달 등의 조치로 적용토록 함.

다. 기타(일반적인 사회보장 적용 문제)

  1) 현황

    가) 한·일간 법적지위 협정상의 관계 규정

      - 전문

        ……대한민국 국민이 일본국의 사회질서 하에서 안정된 생활을
        영위할 수 있게 하는 것이 양국간 및 양국 국민의 우호관계 증진
        에 기여함을 인정하여…..

      - 제4조(a)항

        일본정부는 다음에 열거한 사항에 관하여 타당한 고려를 한 것으
        로 한다.

        (a) 제1조의 규정에 의거하여 일본국에서 영주가 허가되어 있는
        대한민국 국민에 대한 일본국에 있어서의 교육, 생활보호 및 국
        민 건강보험에 관한 사항

         * 일본의 사회보장 항목의 종류는 197종류에 달하고 있으나 법
           적지위 협정 4조에 의하면 교육, 생활보호와 국민 건강보험의
           3항목의 적용을 규정한데 불과함.

    나) 사회보장 제도 적용 실태

      - 일본에서는 국가 또는 공공단체 등의 공적기관에 의하여 국민연
        금, 아동수당 이외에도 사회보장 제도의 각 분야에 걸쳐서 외국
        인에 대하여 행정적 차별이 행해지고 있음.

      - 일본의 각종 사회보장 관계 법령에 외국인을 차별하는 국적조항
        을 두고 있는데 일본내의 외국인 77만 4,500여명이 한국인일 뿐
        만 아니라 15% 미만에 불과한 한국 이외의 국적자는 대부분 영주

하려는 자들이 아니고 일시적 체류자임에 비추어 이 행정차별의
대상은 주로 재일한국인임.

- 일본의 사회보장 항목의 종류 197종 중 국민연금을 제외하고는
부분적 또는 지역적으로나마 재일한국인에게 적용되고 있으나
그 적용율은 극히 저조함. (재일한국인에 적용하는 복지, 사회보
장 항목 전국 종합통계표 참조)
- 한일간 법적지위 협정에 대한 합의의사록에 의해 동 협정 제4조
규정의 "생활보호에 대하여는 당분간 종전과 같이" 하기로 양해
되었음.
- 일본의 생활보호법 규정은 재일한국인을 포함한 외국인에 대하여
일본인에 준해서 적용토록 되어 있음. 따라서 권리로서 인정되어
있는 것이 아니기 때문에 실시기관의 조치에 대하여 불복 신립을
인정치 않고 있음.

2) 재일한국인의 일본 거주 경위 및 정착성

가) 재일한국인은 대부분 2차대전 전에 일본의 한국에 대한 식민지 지배
하에서 일본의 노동력 부족을 보충하기 위해 강제적 또는 불가피하
게 일본으로 건너가게 된 사람들과 그들의 자손임.

나) 이들 재일한국인은 당초 생활기반을 한국에 둔 채 일정한 기일 경과
후 귀국할 예정으로 대게 남성만이 일본에 건너갔던 것이나 시일이
경과됨에 따라 처를 데려가거나 현지의 일본인과 결혼하게 되고 2,3
세가 출생하여 일시적이었던 것이 서서히 정착적인 것으로 변형되어
갔음.

다) 재일한국인은 85% 이상이 일본에서 출생, 일본에서 교육을 받고 대
부분이 일본어 밖에 모르며 일본의 풍습, 습관에 따라 일상생활을
하고 있는 실정임

라) 종전이 되자 당시210만명의 재일한국인 중 160만명이 불과 5년간에
귀국하고 1950년부터 귀국이 중단되어 그 이후 현재까지 또 30년이
경과했는데 이는 현 재일한국인은 일본에 대한 정착성이 강하여 간
단히 귀국할 수 없는 자들인 것으로 판단됨.

마) 이들은 지금에 와서 어디에도 갈 수 없는 자들이며 대다수가 일본의
영주권을 취득, 정착 의사를 명백히 했음.

3) 아측 주장 방향

가) 일본은 사회보장 제도 적용에 있어서 재일한국인을 일시적으로 재류

하고 있는 일반외국인들과 동일하게 취급하려는 경향을 볼 수 있는데 재일한국인이 일본에 거주하게 된 역사적 경위와 정착성을 충분히 존중하여 사회보장 전반에 걸쳐서 일본인과 동등한 대우를 해 줌이 타당함.

　　나) 재일한국인의 생존권 보장은 일본 정부나 일본인의 책임임.

　　다) 사회보장 제도에 있어서 외국인에 대해 내국인 대우를 해주는 것은 국제적인 추세이며 선진국인 일본으로서 마땅히 취해야할 조치임.

5. 대표단에 대한 훈령(한)

　가. 국민연금 적용 문제(후생연금 포함)

　　1) 재일한국인의 법적지위 협정의 일환으로(필요하면 부수적인 양국간 협정을 체결하여) 일본 국민연금법의 개정, 확대적용 또는 적절한 운영을 통해 실시 가능토록 추진하고, 일본측의 연금 통산 협정과 같은 호혜적 적용을 통한 해결방식을 반대하기로 함.

　　2) 적용대상자는 기본적으로 협정영주권자 외에 일반영주권자 및 법126호 해당자중 한국적 소지자에 대해서만 우선적으로 적용되도록 할 것. 만일 일측이 이를 수락하지 않을 경우, 법126호 해당자 및 일반영주권자 중 한국적 이외의 자에 대하여 국민연금을 적용하는데 적극적으로 반대하지 않음.

　　3) 상사 주재원의 후생연금 불입금을 반납받을 수 있도록 강력히 요청할 것.

　나. 아동수당 지급 문제

　　일본정부 중앙에서 행정지도 등을 통해 전국적으로 시행될 수 있도록 해줄 것을 요청할 것.

　다. 기타(일반적인 사회보장 적용 문제)

　　아동수당과 동일

14. 신문자료–난민에 대한 국민연금적용 다음달 중에 정식 합의

마이니치 신문(80.11.26) 難民への国民年金適用　来月中にも正式合意－厚生省と外務省

15. 외무부 공문(발신전보)–국민연금 실무자회의

외무부
관리번호 80-537
종별 지급
번호 WJA-11393
일자 281430
발신 장관
수신 주일대사
제목 국민연금 실무자 회의

    대: JAW-10728

    연: WJA-10384, 10311

    1. "스즈끼" 일 수상의 김대중 사건에 관한 발언과 관련하여, 국내외 여론이 비등하고 있으며 이에 따라 본국에서는 재일교포의 일본 사회 내에서의 사회적, 경제적, 법적지위 향상 문제와 차별대우 시정에 대한 관심이 그 어느때보다 고조되어 있음.

2. 상기와 같은 점을 감안하여, 연호 국민연금 회의를 조속한 시일내에 개최
하도록 일측에 강력히 요청하고 지급 보고바람.
　　　(교일)

16. 주호대사관 공문–자료송부

주호대사관
번호　호주(정)700-470
일자　80.11.28
발신　주호대사
수신　장관
참조　영사교민국장
제목　자료송부

　　　1. 주재국 이민정책 및 사회보장제도에 관한 별첨 자료를 송부하오니 참고하
시기 바랍니다.
　　　2. 본건 자료에 의거 교원에 대한 계몽을 실시중에 있음.
유첨: 동자료. 끝.

주호대사

16-1. 첨부–이민정책 및 사회보장제도에 관한 자료

사회보장성안내

사회보장성은 국민에게 주어진 광범위한 수당, 연금 및 기타 복지분야의 권익을 보
장하고 증진하는 호주 연방정부의 한 기관입니다.
대부분의 국민이 일생을 살아가는 동안 한번쯤은 도움을 받아야할 경우가 있습니다.
이러한 경우 사회보장성을 찾아 도움을 구하십시요.

이 책자는 국민이 어떻게 연금, 수당 및 기타 원조를 받을 수 있는가를 간단히 설명해 주고 있습니다. (이 책자는 1979년 1월 현재 시행되고 있는 제도를 설명하고 있음.)

더 상세한 내용을 알고 싶으시면 이 책자 뒷부분에 있는 "쿠폰"을 잘라 사회보장성으로 직접 우송하거나, 근처에 있는 사회보장성 지역사무실을 방문 또는 전화로 문의해도 됩니다.

사회보장성 지역사무실 주소와 전화번호는 전화번호부 "연방정부" 난에 기입되어 있읍니다.

연금종류

양노연금
이 연금은 65세 이상의 남자와 60세 이상의 여자에게 지급됩니다.
불구자연금
16세 이상의 신체불구자 및 시력상실자로서 생활능력이 없는 자에게 지급되는 연금입니다.
미망인 연금
미망인, 이혼한 여자, 남편으로부터 버림을 당한 부인, 복역중인 남편의 부인, 정신병원에 수용된 남편의 부인에게 지급되는 연금입니다.
내연의 처로서 내연의 남편이 사망하기 직전 3년간 그 남편과 살았던 여자도 "미망인"에 포함됩니다.
자녀양육 홀부모수당
16세 미만의 자녀를 양육하거나 혹은 16세 이상 25세 이하의 정규학생 자녀를 가진 홀어머니나 홀아버지에게 지급되는 연금입니다.
이혼자로서 혹은 별거중인 자로서 위와 같은 자녀를 가진 경우에도 수당을 받을 수 있읍니다.
부인연금
아무 연금도 받지 못하는 부인으로서, 남편이 양노연금이나 불구자연금 수령자일 경우에는 이 연금을 받을 수 있읍니다.
이 부인연금은 결혼 부부에게 지급되는 연금의 부인몫과 같읍니다.
참고사항
위에서 설명한 연금이나 수당은 호주에서 몇 년간 살았으며(부인연금의 경우 거주연한에 구애없이 지불됨) 수입이 어느정도 되느냐(70세 이상의 노인에게 지급되는 기본연금의 경우나 맹인의 경우 제외)에 따라 지급 여부와 지급 액수가 결정됩니다. 이상의 연금이나 수당을 받아온 자가 잠시 또는 영구적으로 호주를 떠나 외국에서 살 경우에도 그 연금이나 수당을 받을 수 있습니다.

연금이나 수당을 받는 자가 방세를 내거나, 다른 수입이 극히 적거나 없을 경우, 추가 보조를 받을 수 있습니다.

수당종류

실업수당
실업수당은 아래 조건을 구비한 16세 이상 65세 이하의 남자와 16세 이상 60세 이하의 여자에게 지급됩니다.
구비조건
· 실업상태에 있을 것
· 일할 능력과 의사가 있을 것
· 직장을 구하기 위해 스스로 노력할 것
· 연방정부 직업소개소에 구직신청을 했을 것
· 기타 필요조건을 구비했을 것
병자수당
일시적인 질환이나 사고로 인하여 일 할 수 없어 수입이 없어진 남자(16세 이상 65세 이하)와 여자(16세 이상 60세 이하)에게 지급되는 수당입니다.
특별수당
연금이나 수당을 받지못하는 자로서 어떠한 이유로든지 그 자신과 가족을 부양할 만치 충분한 수입이 없는 자에게 지급되는 수당입니다.

참고사항

실업수당, 병자수당, 특별수당은 수입의 정도에 따라 지급 여부와 지급액수가 결정됩니다. 이러한 수당을 받는 자로서 부인이나 자녀를 부양하고 있을 경우 추가수당을 받을 수 있습니다.
또한 6주 이상 계속 병자수당을 받아온 자로서 방세를 내고 있을 경우, 추가수당을 받을 수 있습니다.

기타금전지급

가족수당

호주에 살고 있는 자로서 아래의 조건을 구비했을 경우 가족수당을 받을 수 있습니다.
구비조건
・16세 이하의 자녀를 보호 양육하는 자 또는
・16세 이상 25세 이하의 정규학생을 양육하는 자 또는
・외국에 있는 자녀를 부양하는 자
가족수당은 수입의 고하를 막론하고 지급됩니다.
고아수당
고아수당은 부모가 모두 사망하였거나, 한쪽 부모가 죽고 다른 쪽 부모가 행방불명
이 되었거나 장기복역 중이거나 또는 정신병원 환자일 경우 그 자녀의 보호자에게
지급되는 수당입니다. 자녀의 양부모가 이런 불행을 당했을 경우에도 고아수당이
지급됩니다.
심신박약자 근무수당
심신박약자를 위해 특별히 마련된 취업장에서 근무하는 심신박약자에게는 불구자
연금 대신 심신박약자 근무수당이 지급됩니다.
이 수당액수는 불구자수당과 같으나 근무독려수당을 추가로 받을 수 있습니다. 이
근무독려수당은 수입 고하를 막론하고 지급됩니다.
심신장애아수당
심신장애아(16세 이상 25세 이하의 정규학생도 포함)를 부양하는데 필요한 초과 경
비를 충당키 위해 심신장애아의 보호자나 부모에게 지급되는 수당입니다. 이 수당은
불구자 연금을 받는 자에게는 지급되지 않습니다.
장례비수당
연금수령자가 사망시 그 장례비용을 충당하기 위해 지급되는 수당입니다.

연방정부 재활사업

사회보장성은 연방정수 재활사업계획에 따라 호주 전국에 산재한 재활원을 운영하
고 있습니다.
이 재활원에는 의사, 간호사, 사회사업가, 교사, 물리요법사 및 기타요법사와 재활상
담원 등 경험있는 사람들이 배속되어 있어, 부상 또는 심신질환으로 불구가 된 사람
들을 치료하고 있습니다.
많은 사람들이 현재 심신박약자 취업장에서 또는 일반직장에서 정상적으로 일 할
수 있도록 훈련을 받고 있습니다. 그 외 사람들에게는 일반사회에서 독립생활을 영
위할 수 있도록 훈련과 용기를 심어주고 있습니다.

대개의 재활 비용은 사회보장성이 지불하고 있읍니다.

사회복지단체 보조

심신장애자 보조계획
비영리 공인기관이 심신장애자를 치료하고 훈련시키며 또 수공기술을 가르치기 위해서 또는 숙소를 제공하기 위해서 건물을 구입, 임대 혹은 신축할 경우 연방정부로부터 보조금을 받을 수 있읍니다.
또 필요한 장비를 구입하고 건물을 수리하는데 소요되는 비용도 보조 받을 수 있읍니다.
그 외 심신장애자 재활에 부수적으로 필요한 오락시설, 휴양지 숙소 및 기타 재활장비를 구입하려고 할 경우에도 보조를 받을 수 있으며 재활에 필요한 직원을 채용했을 경우 직원 봉급의 1/2을 대체로 보조 받을 수 있읍니다.
양노원보조금
공인 양노기관이 연로자나 불구자를 수용하기 위해 아파트나 요양소를 건축 또는 확장했을 경우 그 경비의 일부를 보조 받을 수 있읍니다.
개별보호 보조금
연로 허약자나 불구자를 특별히 수용보호하는 공인자선단체는 이 보조금을 받을 수 있읍니다.

아동보호국

아동복지사업
아동복지사업은 사회보장성에 속한 아동보호국이 호주 전역에 걸쳐 실시하고 있는 사업입니다.
이 사업계획에 따라 호주연방정부는 탁아소를 운영하거나 기타 방법으로 아이 있는 집을 도우는 단체에 보조금을 주고 있읍니다.
이민온 자나 호주원주민의 자녀 또는 심신장애아나 기타 불우한 처지에 있는 아이들의 가정을 도우는 사업에 우선적으로 보조금을 주고 있읍니다.
또한 부모가 모두 직장을 갖고 있을 경우, 학교 방학기간과 학교 수업 후 아동들을 돌보아주는 아동보호소가 운영되고 있읍니다.
가내탁아사업
이 사업은 지역단체, 종교단체, 지방정부 또는 공인탁아소가 적격 가정주부를 선정,

그들로 하여금 자기집에서 몇 명의 아이들을 돌보게 하는 사업입니다. 이들 가정주부는 딴 집 아이들을 돌봐주는 대가를 받습니다. 돈이 없어 곤란을 겪는 부모들이 자기 아이를 맡겼을 경우 그 비용의 일부를 면제받을 수 있습니다.

임시보호와 긴급보호

직장에 나가지 않는 가정주부가 시장에 나가거나 병원에 가기 위해 또는 누구를 만나기 위해 나가야할 경우 자기 아이들을 염가로 맡길 수 있습니다.

또 가정주부가 긴급히 병원에 가야할 경우라든지 기타 긴급할 경우에도 자기아이를 맡길 수 있습니다.

양노보조금

주정부와 지방정부가 경노당을 건설 또는 증축했을 경우 또 주정부가 공인 양노사업에 경비를 지출했을 경우 연방정부로부터 보조금을 받을 수 있으며 경노당의 복지담당관 봉급의 일부도 보조받을 수 있습니다.

식사배달보조금

연로 허약자를 위해서 집으로 식사를 배달하는 공인 복지기관을 연방정부로부터 보조금을 받을 수 있습니다.

주거불확정자 보호금

공인 비영리 복지기관이나 지방정부가 주거불확정자에게 임시 숙소나 식사 기타편의를 제공했을 경우에는 주거불확정자 보호법에 따라 보조금을 받을 수 있습니다.

주거불확정자 합숙소를 마련하기 위해 건물을 구입, 개선 혹은 임대한 유자격자선단체는 보조금을 받을 수 있습니다.

또 합숙소에 필요한 기구 및 기타 설비를 구입했을 경우에도 보조를 받을 수 있습니다. 유자격자선단체가 유능한 사회복지 담당관을 고용했을 때에는 그 담당관 봉급의 1/2를 환불 받을 수 있습니다.

이러한 기관에서 주거불확정자에게 숙박편의와 식사를 제공할 경우에도 보조금을 받을 수 있습니다.

심신장애아보조금

16세 이하의 심신장애아를 수용하는 자선단체나 종교단체, 기타 유사단체는 이 보조금을 받을 수 있습니다.

유치원

학교에 다니지않는 만3세 이상의 어린이들은 아동복지사업계획에 의해 원조를 받는 유치원에서 시간을 보낼 수 있습니다.

개별봉사

대개의 사회보장성 지역사무실에는 사회사업가나 복지담당관이 배속되어 있어 국민이 어떠한 혜택을 받을 수 있는가를 설명해 주고 있읍니다.

개인 신상문제가 있을 때에는 근처에 있는 사회보장성 사무실에 가서 사회사업가나 복지담당관을 찾으십시오.

무료상담

이 책자에서 설명한 연금, 수당 및 기타 원조에 대해 더 알고 싶으신 분을 위해 사회보장성에서는 무료상담에 응하고 있읍니다.

더 이상 문의하고 싶지 않을 경우에는 이 책자 끝에 마련된 신청용지나 사회보장성 사무실에 마련된 신청용지에 기입해서 금전원조를 요청할 수 있읍니다. 사회보장성은 이 신청용지를 심사, 지급유무를 결정, 통지합니다.

재심요구권

여러분의 신청이 거절당했거나 기타 불만이 있을 경우 재심을 요구할 수 있읍니다.

재심을 요구하기 위해서는 먼저 사회보장성 지역사무실이나 주사무실의 고급관리인 재심관을 찾으십시오.

재심관은 즉시 재심요구내용을 심사, 필요시에는 사회보장성의 결정을 변경할 수 있읍니다. 만약 재심관의 결정에도 불만이 있을 경우에는 사회보장문제 재심기관에 상소할 수 있읍니다.

각주 수도에 설치된 이 재심기관은 비공무원2명과 사회보장성 전문가1명으로 구성되어 있읍니다.

이 재심기관은 사회보장성으로부터 독립된 기관으로 재심요구신청을 검토, 그 타당성 여부를 사회보장성에 건의합니다.

재심요구신청은 사회보장성 각 지역사무실에 마련된 신청용지에 기입, 신청해야 합니다.

대개의 경우 재심기관은 신청자와 면담을 하지 않고 결정을 내립니다.

면담을 할 경우에는 일반재판소의 엄격한 절차를 따르지 않고 자유로운 분위기에서 면담을 합니다.

신병을 이유로 한 재심요구는 신청용지를 통해서만 할 수 있읍니다.

이러한 재심신청서는 사회보장성 주책임자 앞으로 보내야 합니다.

주책임자는 이 신청서의 의료국장에게 의뢰합니다.

* (매주) 지급 액수 일람표

-1978년11월2일 현재-

연금(모든 연금 및 자녀부양 홀부모수당)

·단신	$53.20	예: 연금수령 부부가 2명의 자녀를 부양할 경우
·부부	$88.70	$103.70(88.70+15.00)까지 매주 탈 수 있으며
·부양자녀 매인당	$ 7.50	방세보조를 받으면 매주 $108.70까지 받을
·방세보조	$ 5.50	수 있음

실업수당, 병자수당 및 특별수당

·18세이하 단신	$36.00	예: 2명의 자녀를 부양하는 병자수당 수령부부
·18세이상 단신	$51.45	가 추가수당을 받게되면 매주 $108.70까지
·부부	$88.70	받을 수 있음.
·부양자녀 매인강	$ 7.50	
·추가수당	$ 5.00	

고아수당

$11.00

심신장애아 수당

$15.00

가족수당

·첫 아이	$ 3.50	예: 3명의 자녀를 부양할 경우 매주 $14.50(3.50
·둘째 아이	$ 5.00	+5.00+6.00)을 받음
·셋째 아이	$ 6.00	
·넷째 아이	$ 6.00	
·다섯째 이상 아이	$ 7.00	

(1인당)

NUMAS

NUMERICAL MULTI-FACTOR ASSESSMENT SYSTEM

Until the 1970's, Australia's approach to the selection of migrants was unstructured. Within a defined assessed through interviews after which the interviewing officers recorded the information they considered appropriate for each case. As a result, there was wide variability in the bases on which assessments were made, and in the matters covered in assessment reports.

In the late 1960's and early 1970's, there was growing concern at the incidence of migrant settlement problenms and the rate of departure from Australia of former settlers. In response to this, after a study of counselling and selection procedures, a new structured approach to migrant settlement was developed. This was introduced in 1973 as the Structured Selection Assessment System(S.S.A.S), and operated until 31 December 1978.

At the request of the Minister for Immigration and Ethnic Affairs, the Social Studies Committee of the Australian Population and Immigration Council directed a Departmental study of S.S.A.S., the principal findings of which included:

(a) a tendency amongst interviewing officers to concentrate attention on the more critial selection factors to the neglect of other, less significant but nonetheless important factors;

(b) a tendency to allow the assessment of one factor or group of factors to influence assessment of other factors;

(c) a tendency for different interviewing officers to place differing emphasis or particular factors as indicators of the probability of successful settlement;

(d) inconsistency between the assessment of individual factors on the one hand, and final decisions on cases on the other;

(e) a tendency for interviewing officers to be more lenient in the rating of certain factors for particular types of cases;

(f) a failure to record ratings for particular factors.

In the light of these findings, a departmental working party was established to develop a selection assessment system which would overcome the problems listed above, as well as other shortcomings observed in the operational use of S.S.A.S. overseas, and in the training of officers in its use.

The working party developed a system which is based on the satisfactory elements of S.S.A.S., incorporating most of the same assessment factors, but including numerical weightings which reflect the relative importance attributed to the respective factors. The system has been refined, and developed further in a series of testing exercises in Canberra and overseas, in discussions at a senior level within the Department and with the Minister. The system is called NUMAS(numerical multi-factor assessment system).

NUMAS has been designed to meet the following goals:

(a) to improve the consistency of migrant selection;

(b) to ensure that migrant selection is non-discriminatory;

(c) to provide a screening system which is fair and selective;

(d) to ensure that the selection system accurately reflects applicants' prospects of successful settlement;

(e) to assist in the review of those cases where

(f) to improve supervision of the selection process;

(g) to ensure that assessments are based on all factors relevant to settlement success.

Generally, each applicant, and if a family is involved, each member of the family over 16 years, is required to score a minimum number of points to be accepted for migration.

NUMAS uses two sets of factors to assess potential migrants. One set covers economic and employment aspects and the other covers personal and settlement characteristics.

The assessment factors and points available for allocation under each factor are as follows:

PART A - Economic Factors

	Maximum Points
A1: SKILLS Recognised in Australia	6
A2: Occupational Demand	14
A3: Pre-arranged Employment	5
A4: Age	4
A5: Competence in English	3
A6: Ability to Communicate in Proposed Employment	2
A7: Other Occupational Attributes	5

A8: Transferable Assets to Assist in Settlement   6

A9: Economic Viability   5

    Total   50

PART B - Personal and Settlement Factors

B1:	Education	4
B2:	Literacy	4
B3:	Competence in English	5
B4:	Preparedness for Migration	6
B5:	Responsiveness	5
B6:	Initiative, Self-Reliance and Independence	6
B7:	Presentation	5
B8:	Adaptability	6
B9:	Family Unity	3
B10:	Sponsored or Nominated	6
	Total	50

Knowledge of English is included in both the economic and personal assessments, as surveys have shown it to play a major role in both employment, and in the broader aspects of successful settlement. Survey data show that ability to speak English is a vital factor in obtaining employment, securing recognition of qualifications, industrial safety, access to community services and facilities, and educational progress. However, it is recognized that some people will not require fluency in English in their occupations, and this is given due weight in measuring applicants' ability to communicate in the field of employment that it is proposed to follow in Australia. The minimum points for acceptance have been set at different levels for each category of migrant applicant.

All applicants for migrant entry, with effect from 1. January 1979, are being assessed under NUMAS, although

Spouses, dependent children and aged parents of people resident in Australia will not be required to reach a minimum number of points in either the economic or the personal and settlement factors. Refugees will also be exempt from that requirement.

Other relatives of Australian residents who are eligible under special family reunion policy are generally not required to attain a minimum pass score on the economic factors, although they are required to satisfy officers that they will not become a charge on public funds if admitted to Australia. They are required to reach a minimum score of 25 points on Part B, personal and settlement factors.

Independent applicants, including those who are nominated by Australian employers, are required to score a minimum of 30 points on each of the two sets of factors. Applicants who fail marginally on one set of factors may be accepted if they attain a substantially more than a "pass" score on the other set.

Finaces of Australian residents and applicants eligible as patrials, entrepreneurs or self-supporting retirees are not required to attain a minimum score on the economic factors, but must score 30 or more points on personal and settlement factors.

The operation of NUMAS will be kept under constant review, especially during the early days of its implementation. Surveys are being planned to test its efficiency, and adjustments will be made are necessary.

17. 외무부 공문(착신전보)-재일한국인 국민연금 가입 문제

외무부
번호 JAW-12109
일시 041720
수신시간 80.12.04. 22:50
발신 주일대사
수신 장관
제목 재일한국인 국민연금 가입 문제

　　　　대: WJA-11393

연: JAW-11462

1. 당관 박종기 총영사는 12.3외무성 아세아국+와따나베+참사관(북동아과+오자와+과장배석)을 방문 연호 양성간의 협의의 진전 사항 및 대호 실무자회담 개최에 대한 의견을 타진하였음.

2. 이에 대하여 동 참사관은

가. 차기 국회에서 난민조약의 비준 및 재일외국인 연금가입을 위하여 상호 조치토록 후생성과 협의가 이루어졌으며

나. 실무자회담 개최에 대하여는 동회담을 개최하여도 한국측의 이득될 것이 없을뿐 만 아니라 현 시점에서 회담의 개최는 어려운 입장이라고 하였음.

3. 본건 상세한 내용은 정파편으로 보고위계이나 대외 보안에 철저를 기하여 주시기 바람.

(일본영-교일, 아일)

18. 주일대사관 공문–재일한국인 국민연금 가입 문제

주일대사관
관리번호 80-546
번호 일본(영)790-629
일시 1980.12.4.
발신 주일대사
수신 장관
참조 영사교민국장, 아주국장
제목 재일한국인 국민연금 가입 문제

연: JAW-12109 및 11462

연호 외무성 아세아국 "와다나베" 참사관과의 재일한국인 국민연금 가입문제에 대한 상세한 면담 내용을 다음과 같이 추가 보고합니다.

-다음-

1. 양성간의 조정 내용:

차기 국회에서 난민조약의 비준 및 재일한국인을 포함한 재일외국인에 대한 연금 가입 및 아동수당 지급등을 위하여 상호 조치토록 함.

가. 여사한- 결론에 이르게 된 배경으로서

　외무성:

　　1) 현안문제인 난민조약 비준을 지상목표로 하여 재일외국인 전부에
　　게 사회보장 제도가 일본인과 동등하게 적용되도록 하는 동시

　　2) 연호에서 보고한 바와 같이 특히 대다수를 점하고 있는 재일한국
　　인의 35세 이상의 해당자에 대한 구제조치(경과조치)가 반영되도
　　록 조치할 것을 희망하는 입장이었으며

　후생성:

　　1) "소노다" 후상의 강력한 지시(동인은 강력한 지도력, 재일한국인에
　　대한 깊은 이해, 외상 재직시 난민조약 추진 경험 등이 배경에서
　　작용되었음을 지적하였음)에 따라 동조약의 비준을 위한 조치는
　　취하도록 하되

　　2) 특정 외국인(재일한국인)에 대한 경과조치 등에 의한 구제조치는
　　절대로 있을 수 없다는 입장이었다고 하며

나. 특히 외무성의 경과조치 설정의 2,3회에 걸친 주장에 대하여 후생성은,

　1) 그러한 경우 차기 국회에서의 난민조약 비준은 사실상 불가능하며,

　2) 난민조약의 사회보장 제도 적용조항(제24조)의 유보조건, 또는 난민
　만에 대한 문제인 경우에는 검토가 가능하다고 하며

　3) 국민연금법은 법으로서 일본인만을 위한 것으로서 19년전인 1961년
　부터 실시되어 왔는 바, 그 당시 해당되지 않았던 대상자까지 소급하
　여 다시 적용시키도록 한다는 것은 마치 시행착오를 자인하여 시정
　하는 것 같은 것이라고 주장하는 동시

　4) 1965 한·일 국교정상화 당시도 동 문제는 일본인만을 위한 것으로
　이해되어 거론조차 되지도 않았던 것이라고 지적하였다고 함.

다. 동인에 의하면, 외무성은 난민조약 비준문제와 관련 재일한국인의 국민
　연금 가입문제에 대하여도 "기우찌" 아세아국장은 물론 전임국장인 "야
　나기야" 관방장까지도 비상한 관심을 갖고 후생성과의 진전사항을 검토
　한 바 있었으나,

　1) 난민조약의 차기 국회 비준 우선목표 및

　2) 재일한국인의 염원인 국민연금 가입의 문호 개방, 아동수당의 지급
　가능 등 혜택을 감안하여 35세 이상의 구제조치는 불가능하여 한국
　측으로서는 만족한 상태가 아니라는 것은 알고있지만

　3) 후생성과 실무적인 면에서 합의에 이르게 되었다 함.

2. 앞으로의 전망 :

　가. 외무성은 난민조약 비준을 위하여 차기 국회에 안건을 상정하게 될 것
　　이며

　나. 후생성은 이에 따라 국민연금법의 국적조항을 위시한 관련 법규 개정
　　및 재일외국인의 국민연금 가입 및 아동수당 지급에 따르는 예산조치
　　등을 국회에 상정하게 될 것이나

　다. 정책적인 면에서 자민당과 사전협의가 이루어져 의견의 일치를 보아야
　　할 것이라는 바 자민당내 특히 여지껏 난민조약의 비준을 반대하는 입
　　장을 취하여 왔던 역대 후생성 대신들의 반발을 무마함이 필요하다는
　　것임.

　라. 동인은 아직껏 일본정부 내에서도 동 문제가 표면화 되지 않고 있는 현
　　시점에서 만일 상술한 내용이 외부로 누설되어 보도라도 되는 경우에는
　　후생성의 입장을 경직시켜 다시 원점으로 돌아갈 가능성이 있으며 또한
　　외무성의 입장과 양인간의 신의에도 문제됨을 지적하고 철저한 보안조
　　치를 요망하고 있아오니 이점 각별 유의 바람.

3. 실무자회담 개최 문제 "

　가. 상술한 바와 같은 상황에서 실무자회담을 개최하여도 한국측에 이득(경
　　과조치 설정 등) 될 것이 없을 뿐 만 아니라

　나. 난민조약의 유보 없는 비준을 겨우 설득하게 된 현시점에서 외무성이
　　결실이 없을 것이 명백한 양국간 실무자회담을 개최하여 후생성을 다시
　　자극시키는 것은 피하고저 하는 입장이라고 하였음.

4. 관찰 및 건의

　가. 외무성의 입장은 현안문제인 난민조약이

　　1) "소노다" 후상의 결단으로 여지껏 후생성 실무진의 강력한 반대로 지
　　　연되어온 동 조약의 유보조건 없는 비준이 차기 국회에서의 통과가
　　　엿보이며

　　2) 이로서 한국측에 대하여도 여지껏 강력히 요망하여 온 바 있는
　　　가) 차별철폐의 일환인 국민연금 가입의 문호개방 및 아동수당 지급
　　　　이 가능하게 되며
　　　나) 35세 이상의 구제조치는 불가능하다 하드라도 동 대상자가 약20
　　　　만이라고 하는 경우 재일한국인(조선인 포함)의 30%에도 미만
　　　　이므로 70% 이상의 사람들이 혜택을 받게 되며
　　　다) 또한 전술한 35세 이상의 대상자 중 후생연금에 가입하고 있는

자는 자동적으로 국연금과 연결되어 다소는 구제될 수 있으므로
　　라) 결과적으로는 현재의 무에서 유를 생산하게 된다는 점 등
　3) 그간의 후생성과의 협의(총10여시간 이라고 함) 과정에서 차기 국회
　　에 경과조치에 관한 사항까지를 포함시켜 상정시키고저 하는 경우에
　　는 사회보장제도 자체에 대한 재검토 및 국민연금법 자체가 근본적
　　으로 흔들리게 된다는 후생성의 주장에 동조하게 된듯 하였으며
　　(예: 1) 최근 월남에서 귀국한 일본인 여자(나이또)가 35세 이상으로
　　　　서 동인에 대하여도 국민연금 가입을 검토한 바 있으나 불가능하
　　　　였으며
　2) "기우찌" 아세아국장의 부인이 해외근무로 인하여 60세까지 25년간
　　국민연금 불이 불가능하게 되어 연금의 혜택을 받을 수 없게 되었다
　　는 사실 등)
　4) 따라서 현상태에서 한국측의 전적인 환영은 못받지만 전술한 혜택
　　등은 있으므로 잡음없이 순조로히 통과되기를 희망하고 있으며 또한
　　이러한 노력을 한국측이 이해하고 또한 평가하여 주기까지 희망하고
　　있음.
　5) 협정영주권을 소유한 재일한국인만의 적용문제에 대하여는 논리상
　　불가능함도 지적하였음.
나. 상술한 일본측의 현황을 감안
　1) 우선35세 이하의 국민연금 가입 및 아동수당 지급등이라도 보장되는
　　난민조약이 차기 국회에서 비준될 때까지는 현시점에서 거의 불가능
　　시 되는 경과 조치의 설정 등을 요구하게 될 실무자 회담 개최 등
　　일측에 대한 자극을 피하고 동조약이 비준된 후 동 문제 및 기타 사
　　회보장에 관한 사항 등을 다시 제기토록 함이 좋을 것으로 사료됨.
　2) 참고로, 난민조약 비준 후 경과조치 설정 등을 위한 양국간 실무자
　　회담 개최에 대한 보장을 요망한데 대하여, 동인은 현시점에서는 이
　　를 보장할 수는 없는 문제라고 하였음.
5. 본건, 사안의 중요성을 감안, 향후 추이 및 국련국(현재 "세끼" 심의관 유엔문
　제로 뉴욕에 출장중이며 12.12. 귀국 예정이라고 함)과도 접촉 위계이나 본건
　에 관한 새로운 지시사항 있으시면 회보 바랍니다. 끝.

주일대사

19. 신문자료-난민조약 비준 난항, 국민연금 적용을 둘러싼 후생, 외무 대립

요미우리 신문(80.12.7)
難民条約の批准難航、国民年金適用めぐり厚生・外務が対立

20. 외무부 공문(착신전보)-국민연금 관계 신문보도

외무부
번호 JAW-12218
일시 081535
수신시간 80.12.08. 16:16
발신 주일대사
수신 장관
제목 국민연금 관계 신문보도

　　연: JAW-12109
　　12.7일자 요미우리 신문은 난민조약 비준 난항-국민연금 적용을 둘러싸고 후생

외무가 대립이라는 제목으로 12.6 까지의 후생 외무양성의 절충 결과 연금법의 국적 조항을 개정키로 방침이 결정됐으나 적용의 범위문제 즉 35세 이상에 대한 특별 경과 조치 실정에 관하여 후생성은 특별 조치를 인정하지 않는 방침으로 있고 외무성은 연금 제도 실시 이전부터 일본에 거주하고 있는 외국인에게는 특별 조치를 취하여 주어야 한다고 주장하고 있어 양성간 절충이 난항하고 있다고 보도하였음. 상세는 12.8 정파편 송부하겠음.

21. 주일대사관 공문—국민년금 관계 신문 보도

주일대사관
번호 일본(영)725-6449
일자 1980.12.8
발신 주일대사
수신 장관
참조 영사교민국장
제목 국민년금 관계 신문 보도

      연: JAW-12218
      연호 12.7.자 요미우리 신문기사를 별첨과 같이 송부하니 참고하시기 바랍니다.
첨부: 동신문기사 사보 1부. 끝.

주일대사

요미우리 신문(80.12.7)
難民条約の批准難航、国民年金適用めぐり厚生・外務が対立

22. 외무부 공문(착신전보)-국민연금 관계 신문 보도

외무부
번호 JAW-12289
일시 111301
수신시간 80.12.11. 12:52
발신 주일대사
수신 장관
제목 국민연금 관계 신문 보도

　　연: 일본영 790-629(80.12.4)

1. 금 12.11자 아사히신문은 "난민조약 통상국회에-외국인에게 국민연금-국적
요건 철폐에 법 개정" 안건을 차기 통상국회에 제출하기로 방침을 정했으며 외
무, 후생 양성이 다음과 같은 기본적인 양해에 달했다고 보도하였음.
    가. 후생성은 국민연금법, 아동수당법 등의 국적요건을 철폐하는 개정안을
       제출함.
    나. 외무성은 동 조약가입승인 안건을 사회보장 관계규정에 대해 유보하지
       않고 제출
    다. 외국인에 대한 사회보장관계 문호개방에 따라 필요한 예산을 양성이 협
       력하여 대정성에 요구함.
2. 동 기사 금일 파편 송부함.
(일영-교일, 다일)

23. 외무부 공문(착신전보)―재일한국인문제 고위실무자회담에 관한 건

외무부
번호 JAW-12308
일시 112327
수신시간 80.12.12. 01:53
발신 주일대사
수신 장관

    연: JAW-28080
    1. 금 80.12.11(목) 오후 외무성의 기우찌 아시아국장은 연호2항의 재일한국
       인문제 고위실무회담와 관련하여 한국측이 제의한 의도에 대하여는 외무
       성으로서도 충분히 이해를 하고 가능하면 정책적인 차원에서 동회의 개
       최가능성을 검토한 결과라고 전제하고 현재 난민조약의 가입비준을 둘러
       싸고 외무성과 후생성 간에 DELICATE한 관계(외무성은 경제대국 일본의
       대외적인 체면을 위해서라도 예산조치상 약간의 무리가 있더라도 이번에
       반드시 동조약에 가입해야 한다고 강력히 주장하고 있는 반면 후생성은
       예산조치 기타를 이유로 매우 RELUCTANT한 자세가 있어 이제 겨우 후
       생성이 동 조약에 가입하는 방향으로 작업을 추진중에 있는 현 단계에서

국민년금 문제 등을 협의하는 양국간 회의를 개최하게 되면 후생성이 이에 반발하여 동 조약 가입에도 영향을 미칠 우려가 있다는 결론을 내리고 동문제는 동 조약 가입이 확정될 때까지 당분간 미루는 것이 양국을 위하여 좋을 것으로 본다는 반응을 당관 이상진 공사에게 전화로 알려 왔음.

2. 동국장은 한편 국민연금 문제등으로 회의목적을 SPECIFY하지 않고 일반적인 양국간 문제협의 성격의 실무회담을 개최하는 가능성에 대하여는 외무성이 적극적으로 고려할 수도 있다는 자세를 보이면서 그러나 그 경우에는 한국측이 제의한 원래의 의도와는 별개의 의미를 갖게 되지 않겠느냐는 반응이었으므로 이 문제는 추후 다시 협의키로 하였음(일정 아일)

예고: 일반재분류(80.12.31)

24. 외무부 공문(착신전보)–보사부장관 일본 소노다 후상 예방 일본의 난민조약가입 및 보험제도에 관한 의견 교환

외무부

번호 JAW-12309

일시 112327

수신시간 80.12.12. 01:58

발신 주일대사

수신 장관

제목

    1. 대통령특사로서 아프리카를 순방 후 귀국 도중 당지에 기착한 천명기 보사부장관(박종기 총영사 수행)은 금 12.11.일 13:15시 주재국 소노다 후상을 예방 일본의 난민조약가입 및 보험제도 후생행정문제 등에 관하여 의견을 교환하였음.

    2. 특히 천장관은 난민조약 가입과 관련

    가. 소노다후상의 결단에 의거 일본이 난민조약에 가입하게 되므로서 재일한국인에 대하여도 국민연금 가입의 기회가 도래하게 되었음을 감사하게 생각한다고 말하고

    나. 또한 35세 이상의 대상자에 대하여도 구제조치가 이루어지기를 요망하

였음.

3. 소노다 후상은 이에 대하여

가. 대외적 명목상으로는 난민조약가입이다 하지만 실은 자기의 의사에 반하여 이곳에서 일본국민과 동일한 의무를 다하며 장기간 살아온 재일한국인에 대하여 국민연금 가입의 혜택이 없음을 늘 불만스럽게 생각하여온 바 금번 이를 시정하게 되었음을 말하고

나. 35세 이상의 대상자에 대하여는 현재 일본국민도 이의 구제가 불가능한 상태라고 말하였음.(일본영 교일) 예고: 일반재분류(81.6.30)

25. 주일대사관 공문─국민년금 관계 신문 보도

주일대사관
번호 일본(영)790-6540
일자 1980.12.11
발신 주일대사
수신 장관
제목 국민년금 관계 신문 보도

　　연: JAW-12289
　　연호 12.11. 자 아사히 신문기사를 별첨과 같이 송부합니다.
　첨부: 동 신문기사 사본 1부. 끝

주일대사

「難民条約」通常国会へ政府が提出方針、外国人に国民年金　国籍要件撤廃へ法改正

26. 외무부 공문(착신전보)—국민연금 관계 신문 보도

외무부
번호 JAW-12473
일시 191800
수신시간 80.12.19. 00:15
발신 주일대사
수신 장관
제목 국민연금 관계 신문 보도

　　1. 금12.19자 요미우리 신문은 국민년금 57년 적용 이란 제목으로 요지 다음과 같이 보도하였음.
　　가. 후생 외무 양성은 12.18.까지 국련난민조약 가입승인안건을 이달하순 소집되는 통상국회에 제출키로 합의하였는 바 내달 외상 후생상 장상 법무상 등 관계각료가 회담 국회제출을 정식 결정할 방침이며 자민단 사회부회의 간부에게도 설명하여 대체로 양해를 받았음.
　　나. 이에 따라 재일한국인 등 재일한국인도 국민년금에 가입되게 되었으며 아동수당 아동부양수당 특별아동부양수당 복지수당 등이 지급되게 되나 후생성은 홍보기간 및 사무처리상의 문제로 인해 금번 통상국회에서 관계법 개정안이 성립되더라도 1982.1.1.부터 실시할 방침으로 있음.
　　다. 다만 국민년금 적용방법 즉 35세 이상에 대한 특별구제조치에 대해서는 상금 양성의 주장이 평행선을 긋고 있음.
　　2. 한편 12.19.자 통일일보는 국민년금 전면 개방을 시사라는 제목으로 소노다 후생상이 12.18.재일한국 조선인의 국민년금을 요구하는 회 등 일본시민단체 대표의 진정에 대해 다음과 같이 발언하였다고 보도하였음.
　　가. 일본에 있는 외국인 특히 한국인은 전전에 일본에 끌려온 사람들임으로 국민년금을 포함 사회보장제도가 적용되어야 한다고 생각함
　　나. 국민년금 가입의 실제검토를 시작해본 바 여러가지 문제가 있는 것 같음. 그러나 우선 기본적인 것을 고치고 하나하나 문제를 해결해 나아가고져 생각함.
　　내외국인 평등을 도모해 나아갈 방침임.
　　다. 동 후생상은 차기 통사국회에서 35세 이상 문제를 어떻게 처리할 것인지에 대해서는 언급을 회피하였음.
　　(일영 아일 교일)

27. 재일한국인 국민년금 가입 문제

在日韓國人 國民年金加入問題

(外務省 亞世亞國 "渡辺" 參事官과의 面談內容)

1. 外務省, 厚生 兩省間의 調査내용
   - 難民條約의 次期國會 批准을 優先目標로 하되
   - 在日韓國人의 國民年金加入의 門戶開放(단, 35才 以上者에 對한 救濟措置는 不可能). 兒童手當의 支給等 惠澤을 주기로 實務的인 面에서 合意에 이르게 되었다 함.
2. 展望
   - 難民條約 批准, 國民年金의 國籍條項을 비롯한 關聯 法規 改正 및 이에 따른 豫算措置等을 次期 國會에 上程할 것임.
   - 政策的인 面에서 自民党과 事前協議가 이루어져야 하며, 특히 難民條約의 批准을 反對하는 立場을 취해왔던 歷代厚生省 大臣들의 反撥을 撫摩함이 必要함.
   - 兩省 間의 合意內容에 恪別 保安조치 要望
3. 實務者會談 開催
   - 現 狀況에서 會談을 開催해도 韓國側에 利得(經過措置 設定 等)될 것이 없으며
   - 難民條約의 留保 없는 批准을 겨우 說得하게 된 現 時点에서 外務省이 結實이 없을 것이 明白한 兩國間 實務者 會談을 開催하여 厚生省을 다시 刺戟시키는 것은 피하고져 하는 立場임.
4. 現況分析
   - 日側의 努力을 韓國側이 理解하고 評價해 주기를 希望하고 있으며,
   - 協定永住權을 所持한 在日韓國人만의 適用問題는 倫理上 不可能함을 指摘
   - 難民條約 批准 後 經過措置設定 等을 爲한 兩國間 實務者會談 開催에 對한 保障은 할 수 없는 問題라고 함.
5. 駐日大使館 建議事項
   - 難民條約 批准 後 國民年金 經過措置 問題 및 其他 社會保障에 關한 事項 等을 다시 提起토록 함이 좋을 것임.
6. 本部의 要措置 事項
   - 駐日大使館 建議대로 難民條約 批准 推移를 當分間 觀望토록 함

28. 외무부 공문(착신전보)–난민조약가입과 관련 재일한국인 국민연금 가입문제

외무부
관리번호 80-1044
번호 JAW-12456
일시 191332
수신시간 80.12.19. 16:19
발신 주일대사
수신 장관

연: JAW-12109

1. 당관 박종기 총영사는 12.18. 외무성 아세아국 와다나베 참사관과 면담시 일본의 난민조약가입과 관련 재일한국인의 국민연금 가입문제의 현재까지의 진전사항을 타진하였던 바 동인은 연호로 보고한 바와 같이 금번 국회에 난민조약가입 및 국민연금 가입을 위한 법률개정안을 상정함에 있어서 후생성과 사무적으로의 완전한 합의에 도달한 상태라고 말하였음.

2. 또한 35세 이상에 대한 경과 조치가 설정되느냐의 문의에 대하여 동인은 금번 국회에는 동 경과조치 문제는 포함되지 않는다고 하였음.

3. 박총영사는 거반 천명기 보사부장관의 소노다 후상 예방시 동 후상은 단계적으로 해결해 나갈 것이라고 하였음을 상기시켰던 바 동인은 금조 후생성 연금국장과 협의시 동 소노다 후상의 발언을 지적하였던 바 연금국장은 후상의 단계적 조치는 경과 조치를 의미하는 것이 아니고 여타 사회보장제도의 적용을 단계적으로 확대해 나가는 것을 의미하는 것이라고 답변하였다고 함.

4. 본건 경과조치 설정문제는 계속 추구해 나갈 것이나 금차 국회에서 해결되지는 못함을 참고로 첨언함(일본영-아일 교일)

29. 외무부 공문(발신전보)–난민조약가입

외무부
종별 지급
번호 WJA-12213

일시 201230
발신 주일대사
수신 장관
제목 난민조약가입

　　　대: JAW-12447, 12456
　　1. 대호 난민조약 가입 및 재일한국인 국민연금 가입을 위한 법률개정안 상정과
　　　관련 자민당 정조회내 사회부등 사무직 간부들과 접촉, 동 건에 대한 아측의
　　　입장을 설명함과 동시에 자민당의 상기 조약 및 법률개정안에 대한 입장을
　　　타진, 보고바람.
　　2. 출입국관리령 개정안에 대한 대호 귀 공관 의견에 첨가한 의견이 있으면 수
　　　시 보고바라며, 본부에서 본건 검토 후 내주초 안으로 개괄적인 아측 입장
　　　내지 검토 방향만이라도 우선 지시 위계임.

29-1. 자료-재일한국인 국민연금 가입 문제

재일한국인 국민연금 가입 문제

1. 일측의 재일한국인 문제에 대한 기본 태도
　　- 일본은 한·일 양국간의 기본협정 및 재일한국인의 법적 지위에 관한 협정에
　　도 불구하고 재일한국인의 법적, 사회적 지위 향상 및 복지향상 문제에 적극
　　적인 자세로 임하지 않고 국내법을 들어 소극적, 회피적 자세를 견지해 오고
　　있음.
　　- 재일한국인 문제와 관련한 한일 실무자회담에서 아측이 요구했던 사항(공단
　　주택 입주, 주택금융공고 융자)이 일부 받아들여지긴 했으나 이는 일측이 아
　　측의 요구사항을 적극적으로 검토한 결과라기 보다는 국제사회의 여론과 일
　　본의 인권 규약 가입 등에 따른 부수적인 조치에 의한 것이었음.
2. 재일한국인 국민연금 가입 문제
　　- 5차에 걸친 실무회담 및 기타 외교채널을 통해 기회 있을 때마다 아측은 일본
　　국민연금법을 재일한국인에게도 적용할 것을 주장했으나 일측은 국적조항을
　　이유로 냉담한 반응을 보여 왔음.

- 최근 인지 난민문제가 클로즈엎 되고 일본의 난민조약 비가입에 대한 국제적 비난이 점증하자 일 외무성 등이 난민조약 가입을 적극 추진하게 되었음. 난민조약 가입과 관련 문제점으로 나타난 것은 사회보장에 있어 내외인 동등대우 규정(제24조)임
- 후생성측은 24조를 유보하는 조건으로 난민조약에 가입할 것을 주장한데 대해 외무성측은 유보할 경우 조약가입 의의 약화, 국제적 비난 등이 초래될 것임을 지적하는 등 양성의 입장이 팽팽히 맞서다가 소노다 전외상의 후생상 취임과 동시에 소노다 후생상이 10.31. 후생성 연금국에 적극 검토를 지시, 결국 난민조약에 유보없이 가입하는 방향으로 굳어졌음.
- 한일 양국간에 오랜 현안의 하나이었던 국민연금 문제가 일본의 난민조약 가입, 비준에 따라 결정되게 되었음.

3. 앞으로의 전망
- 일본의 난민조약 가입은 늦어도 1-2년내에 실현될 가능성이 크다고 보여지며 이에 따라 국민연금법의 국적조항도 수정되어 재일한국인도 동 연금에 가입하는 길이 트일것임.
- 그러나 외무, 후생 양국 당자는 재일한국인에게 국민연금 가입을 인정하는 경우에 있어서도 약20만에 달하는 35세 이상의 교포는 배제키로 하는 방침을 세우고 있음.(국민연금 불입기간이 25년간이기 때문에 25세 이상의 교포에 대해 인정하 수 없다는 일본측의 태도는 일견 타당한 것처럼 보이나 국민연금법 실시 당시 경과 조치를 인정한 선례 등을 볼 때 반드시 타당한 것은 아님. 오히려 1945년을 기점으로 일본내 출생자가 아닌자는 인정할 수 없다는 정치적 고려가 작용한 것이 아닌가 하는 느낌이 강함.)
- 일본측은 35세 이상의 재일교포를 위해 경과 조치를 취할 수 없음을 말하는 한편, 난민조약 가입시까지 실무자회담을 개최하지 않는 것이 바람직하다고 함.

4. 대책
- 외무성측은 아측이 재일교포의 국민연금 문제를 포함한 실무자회의 개최를 고집할 경우 후생성측의 입장을 경직시켜 국민연금 가입 문제가 원점으로 돌아갈 뿐 아니라 한국측으로서도 실이익이 없다는 주장이며 일대사관측도 같은 의견임.
- 그러나 실무자회담 개최 여부가 일본의 난민조약 가입 문제에 직결되어 있다고 보기는 어렵고 실무회담에 상관없이 난민조약은 향후 1-2년내에 비준될 것이며 동시에 후생성측이 제출할 국민연금법 수정안도 통과될 것이 분명함.

이렇게 될 경우 아측으로서는 35세 이상의 재일교포에 대해 경과조치 실시 주장도 제대로 한번 하지못하고 재일교포 국민연금 문제가 아측의 교섭에 의해서가 아니라 일본 정부가 선심을 썼다는 인상을 재일교포들에게 주면서 끝나버릴 가능성이 있음.

- 따라서 12.1 김차관께서 소노베대사에게 정식 제의한 바 있는 국민연금 문제를 포함한 교포문제 전반에 관한 고위 실무자회담을 적극 추진하고 후생성이 국민연금 수정 법안을 제출하는 단계에서 아측의 주장이 어느 정도 반영되도록 교섭해 나가야 할 것이 바람직함.

- 상기 회담 추진에 앞서 법률126호 해당자 및 동 직계비속(조총련 대부분)에 대한 아측의 포괄적이고도 근본적인 정책 결정이 선행되어야 할 것임.
  (일본정부가 126호 해당자에게 국민연금 수급권 및 영주권을 부여하려고 할 경우 아측의 대응책 등)

재일한국인의 국민연금 가입 문제

1. 일정부 방침
   일본의 외무성, 후생성간에 한국인을 포함한 외국인에게도 국민연금이 적용되도록 관계법령 개정키로 합의

2. 국민연금 제도의 골자
   20세부터 60세까지 25년이상 보험료를 불입해야 65세부터 노령연금 지급

3. 문제점
   60세까지 25년간 보험료를 불입해야 하므로 현재35세 이상인 자(재일한국인66만 중 약20만)는 국민연금 가입이 불가능. 가입하더라도 25년의 불입기간을 채우지 못하게 되어 노령연금 수령 자격 취득 불가.

5. 외국인 고령자 구제에 대한 일 후생성의 입장
   - 현재 일본인이라도 35세 이후에 외국에서 돌아올 경우 적용에서 제외
   - 국민연금제도 시행 당시와 같은 경과조치의 혜택을 한국인에게 줄 경우 한국인을 우대하는 결과가 되므로 불가능
     예) 1961년 당시 25세의 일본인은 현재19년 불입했으므로 앞으로 6년을 더 불입해야 하며 이는 25년 불입하게 되는데 한국인의 경우 현재44세로서 11년간으로 불입기간이 단축되므로 일본인보다 우대의 결과 초래.
   - 아측의 노령자 구제조치를 고집할 경우, 동 법의 한국인에 대한 적용 불가능.

4. 과거 일본 정부의 고령자에 대한 불입기간 단축 조치

   가. 일본정부는 1961년 국민연금 제도 실시 당시, 불입기간을 단축시켜 주므로써
      적용이 제외되는 고령자 구제

      31세-49세   불입기간은 24-10년간으로 단축(강제)

      50세-54세   10년으로 단축(임의)

      55세 이상   전액 국고부담에 의한 노령복지연금 지급(70세부터)

   나. 5년 연금 실시(1969)

      1961년 당시 50세-54세였던 자로서 임의 가입되어 있지 않은 자에 대하여
      불입기간은 5년으로 단축 조치

   다. 재개5년 연금 실시(1973)

      1961년 당시 50세-54세였던 자로서 미가입자 구제 조치

재일한국인의 일 국민연금 적용대상자 연령별 분석

-1979년말 현재-

연령	인구수	비고
0-4	64,813	* 재일한국인 총수: 662,561
5-9	58,860	* 특별재류자: 36,688
10-14	54,936	* 연금대상자(협정영주권자, 126호
15-19	67,688	해당자 및 일반영주자): 625,873
20-24	67,211	
25-29	63,764	* 연령별 분석
30-34	53,955	— 20-35세 184,930 (30%)
35-39	42,183	— 35-60세 152,054 (24%)
40-44	31,391	— 60- 45,602 (7%)
45-49	30,411	
50-54	23,544	
55-59	24,525	
60-64	18,639	
65-69	13,734	
70-74	6,867	
75-79	3,924	
80-	2,438	
계	625,873	

경과 조치를 통한 고령자 불입 기간 단축 조치

1. 1961 국민연금 제도 개시시
   31세-49세　　25년의 불입기간을 24-10년으로 단축(강제)
   50새-54세　　10년으로 단축(임의)
   55세 이상　　전액 국고부담에 의한 노령복지연금 지급(70세부터)
2. 1969년 5년 연금 실시
   1961년 당시
   50세-54세　　불입기간 10년을 5년으로 재단축
3. 1973년 재개 5년연금 실시
   50세-54세　　미가입자에 대한 5년연금 재차 실시

주) 35세 이상인 자의 구제를 위한 경과 규정을 두지 않은 경우
   1. 적용되는 자:　　　　　　　20-35세　　184,930명 (30%)
   2. 장차 적용될 자:　　　　　　20세 미만　　243,287명 (39%)
   3. 연령초과로 적용되지 않는 자:　35세 이상　　197,656명 (31%)

30. 외무부 공문(발신전보)–재일한국인 국민연금 가입 문제

외무부
번호 WJA-12233
일시 231900
발신 장관
수신 주일대사

　　　재일한국인 국민연금 가입 문제
　　대: JAW-12456, 일본(영)790-629
　　1. 재일한국인의 국민연금 가입시 35세 이상자에 대한 경과 규정 설정을 일
본정부가 반대하고 있는 것은 현재 35세 이상의 재일한국인이 해방이전에 자신
의 의사에 반해 일본에 거주하게 되었다는 역사적 배경을 무시한 주장으로 이들
에 대해서는 일본정부가 도의적 견지에서도 마땅히 구제조치를 취해야 할 것

임.(일본거주 배경 등으로 보아 오히려 이들의 복지향상 문제가 더욱 중요함.)

2. 35세 미만자의 경우 실제 연금 혜택은 30년 뒤부터 라야 가능하므로 현재 약20만명에 달하는 35세 이상자에 대한 구제를 하지 않을 경우, 일본정부는 재일동포의 가장 중요한 복지향상 문제의 하나인 국민연금 문제를 향후 30년간 그대로 방치하겠다는 의도로 볼 수도 있다는 점에 유의할 필요가 있음.

3. 또한, 외국인에 대해 자국민과 동일하게 각종 사회복지 혜택을 주고 있는 선진 각국의 예(미국, 영국, 서독, 카나다, 이태리 등)를 보더라도, 연금혜택을 받지못하게될 35세 이상자에 대해 실질적으로 도움이 될 수 있는 조치를 취하는 것이 선진국인 일본으로서의 도리이며, 이는 인권규약 비준에 이어 난민조약도 비준하여 국제사회에서 경제선진국 일본으로서의 대의명분에도 부합되는 것임.

4. 상기 내용을 감안, 80.12.1 차관, 스노베대사 회담시 아측이 제의한 재일교포 법적지위 및 대우 전반에 관한 고위 실무회담의 성취를 위해서도 일본정부가 35세 이상자에 대한 구제조치를 취해줄 것을 요청할 필요가 있다고 사료되니, 동 구제 조치에 대한 아측 입장을 일본 관계당국에 강력히 주장하고, 동 반응 보고 바람.

(교일, 아일)

30-1. 신문자료

서울신문(80.12.23)　在日교포 年金혜택 35세 이상도 주도록

서울신문 80.12.23

80.12.23

在日교포 年金혜택
35세 이상도 주도록

民團 權益옹호위서 촉구

【도오꾜22일申興植특파원】 在日居留民團중앙본부(단장 張聰明)는 22일하오 제3회 在日韓國人權益옹호위원회의 모임을갖고 在日僑胞의 국민연금가입문제와 관련, 긴급대책을 토의했다。

朴秉錫부단장, 尹致夏권익옹호위원장등 25명이 참석한 이날의 모임에선 최근 日本정부가 在日僑胞등 외국인에게도 국민연금제도의 문호를 개방한다는 논의에서 35세이상엔 不適用한다는 움직임에 강력히 반대하자는데 의견을 모으고 전면개방을 관철한다는 투쟁방침을 재확인했다。

이날의 모임에서는 ①해방전부터 갖은 고난을 겪어온 교포1世를 국민연금에서 제외하는 것은 교포단결의 정신과 감정에 위배된다②국제인권규약, 유엔난민조약의 內外國人평등의 정신에 위배된다③日本국민에게는 3차례에 걸쳐 特例와 경과조치등의 구제조치가 취해졌는데 在日韓國人에게 처음으로 문호를 개방하는 마당에서 35세이상배제는 언어도단이라고 지적하고 "民團으로서는 즉각 國會와 대모든 집회를 통해 전면개방을 강력하게 요구해야된다는 의견이 지배적이었다。

<관련기사 5면에>

서울신문 (80.12.23)

日「年金法해석」새로운 불씨로

못버리는 根性
在日韓國人 차별

유엔難民조약 加入 추진따라「國籍요건」철폐
韓國人受惠 못막게되자「數줄이기」에 안간힘
"生活보장" 韓日條約에 정면 위배

"25년간 加入해야 資格" 支給못받게 얄은꾀
在日교포 절반이상

한국일보(80.12.23) 國民年金 가입자격 35歲 이하 制限 반대, 在日民團 權益옹호委 진정 示威계획

國民年金 가입자격
35歲이하制限 반대
在日民團 權益옹호委 진정·示威계획

한국일보(80.12.23) 강제徵用된 1世조차 혜택없다. 日, 在日동포 國民年金가입 制限

31. 주일대사관 공문—국민년금 관계 신문기사 송부

주일대사관
번호 일본(영)725-6807
일시 1980.12.19
발신 주일대사
수신 장관
참조 아주국장, 영사교민국장
제목 국민년금 관계 신문기사 송부

　　　연: JAW-12473
　　　연호 신문기사를 별첨과 같이 송부합니다.
　　첨부: 80.12.19.자 요미우리 및 통일일보 기사 각1부.　끝.

주일대사

요미우리신문(80.12.19) 国民年金57年適用　難民条約加入案次国会へ

昭和55年（1980年）12月19日

国民年金57年適用

難民　条約加入案次国会へ

「在日韓国・朝鮮人の国民年金を求める会」代表らに、国民年金全面開放の方針を示唆した園田・日本厚相（左）＝18日、厚生相執務室で＝

国民年金

全面開放を示唆

園田日厚相　市民団体代表に

1980.12.25 日本의 在日同胞 差別待遇 撤廢를 촉구한다(社說)

1980년12월25일(목요일) 【2】

社說

日本의 在日同胞 差別待遇 撤廢를 촉구한다

「難民지위條約」상정 계기로 본다

韓國人 착취 法制化한 日本

강제徵用…國籍박탈…이젠 難民취급

80.12.24 조선일보

年金에도 나이 差別

35세制限…22萬명예전 "돈만내다 죽어라"

한해 千5백억 納稅…社會보장거의 全無

65년 韓-日조약후 약속도 헌신짝처럼

조선일보(80.12.26) 소리 없는 追放운동, 日本의 在日同胞 차별 속셈

1980年 12月 26日　　金曜日　　11版　(2)

社說

在日同胞, 難民 아니다

—日政府, 年金 연령제한 철폐해야—

③ 재일본 한국인 법적지위 향상 문제, 1981

기능명칭: 재일본 한국인 법적지위 향상 문제, 1981

분류번호: 791.23

등록번호: 19563

생산과: 아주/동북아1과

생산연도: 1981-1981

1. 연구회

일시: 81.2.19
장소: 백충현 교수 댁
참석자: 권병현, 김석우, 최승호, 서현섭
요약
- Imigration and Inernational Law 서적
- 문명 선진국가에서는 내외국민 평등주의+국제법상의 보호 부여
- 재외국민 보호에 있어 양자간 또는 다자간 조약과 국제법상의 제규정 고려해
  야 함
    · 일본-타선진국간 조약 검토
    · 불이익 항목 제외(네거티브 시스템 인용)
- 미국내의 소수민족 보호 현상
    · 스페인 위한 영어프로
    · 동화 지원
- 인권 규약에서 본 재일한국인 문제 검토
- 국제법=인권 규약=국내법
- 민단에 공을 돌려줌
    · 국제 청원 운동 전개(일정부, 한국정부 및 국제기구)
    · 사회 문제화

□斎日報(1981.1.30) 同胞にも公務員の道を、国籍条項に問題　朴牧師公開質問状を提出へ

서울신문(1981.3.29) 在日교포 敎職員 채용 검토, 田中文部相 衆議院 증언

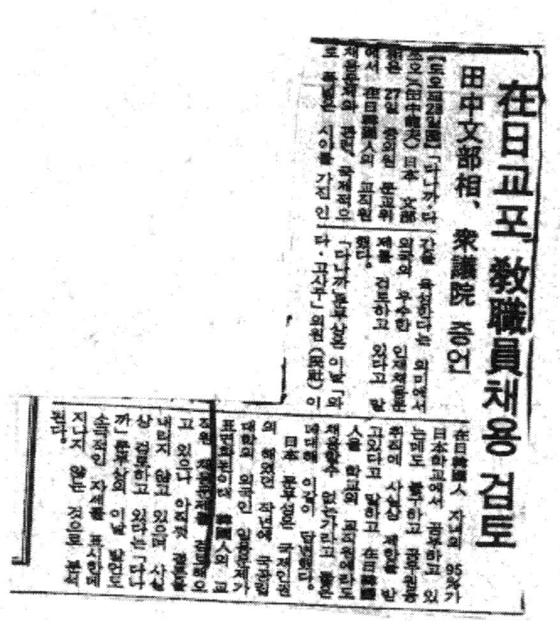

3. 외무부공문(발신전보)–재일한국인 교직원 채용

외무부
번호 WJA-03352
일시 311000
발신 장관
수신 주일대사
제목 재일한국인 교직원 채용

  81.3.27. 중원 문교위에서 다나카 문부상이 재일한국인의 교직원 채용 문제
와 관련 외국인의 우수한 인재등용 문제를 검토하고 있다고 답변했다고 하는
바, 중의원 속기록을 조속 입수, 송부바람. (아일-)

통일일보(81.4.4) 韓国人教師また誕生、三重の韓さん"本名で教壇に立つ"

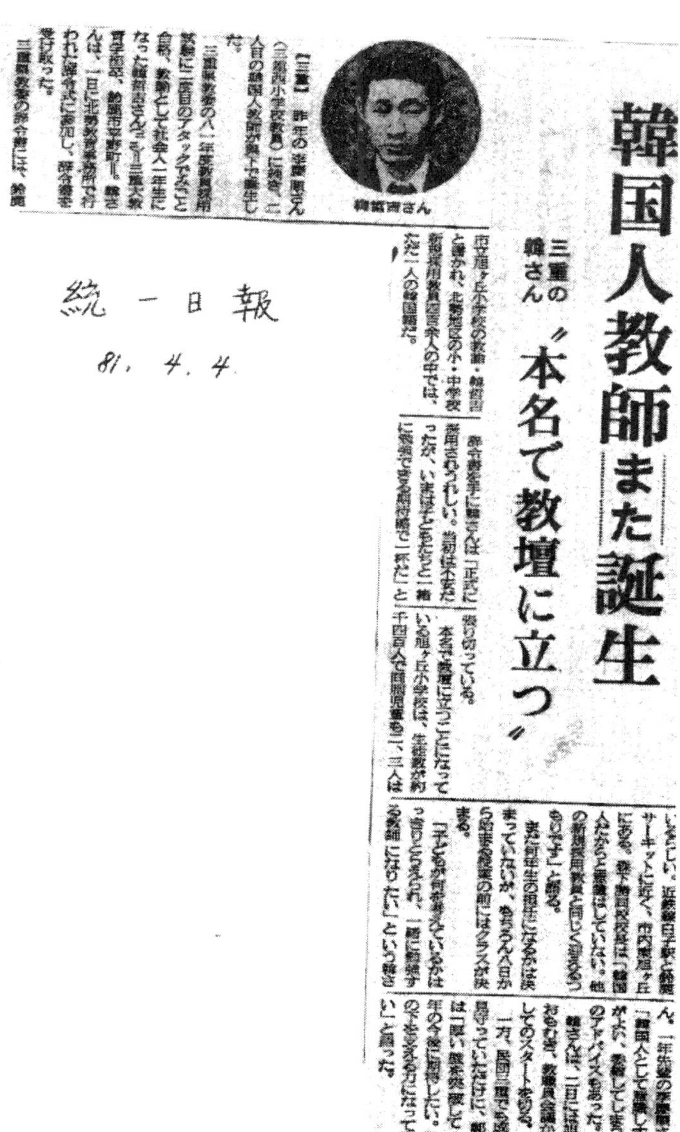

5. 주코오베 총영사관 공문–법적지위 향상

주코오베 총영사관
번호 코총영725-560
일시 1981.4.6.
발신 주일대사
수신 장관
참조 영사교민국장
제목 법적지위 향상

　　　당관내 효고현(兵庫県) 교육위원회는 4..3자로 교원채용시험의 응모자격에 "일본국적을 가진 자"로 규정된 국적제한 조항을 철폐함으로써 오는 7월 실시예정인 1982년도 교원채용시험부터 재일동포가 응시, 채용될 수 있도록 되었음을 보고합니다. 끝.

주코오베총영사대리

통일일보(81.4.14) ”教員不採用は差別” 「考える会」名古屋弁護士会に訴え

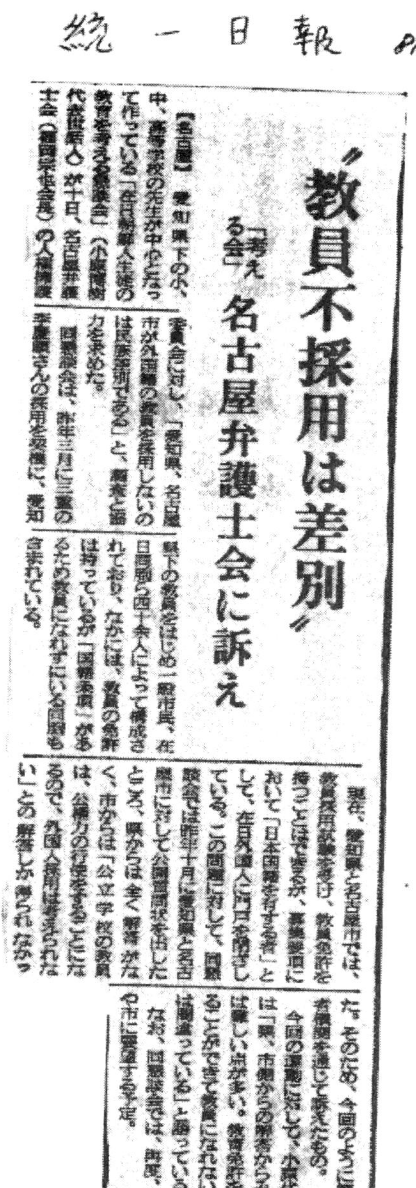

統一日報　81.4.14.

”教員不採用は差別”
「考える会」名古屋弁護士会に訴え

【名古屋】愛知県下の小、中、高等学校の先生が中心となって作っている「在日朝鮮人生徒の教育を考える会」（小島博敏代表世話人）が十日、名古屋弁護士会（原田宗佐会長）の人権擁護委員会に対し、「愛知県、名古屋県下の教員をはじめ一般市民、在日朝鮮人らによって構成されており、なかには、教員の免許は持っているが「国籍条項」なるもので教員になれずにいる園児も含まれている。

同弁護会は、昨年三月に三重の李康憲さんの採用を契機に、愛知

現在、愛知県と名古屋市では、教員採用試験を受け、教員免許を持つことはできるが、嘱員要項において「日本国籍を有する者」として、在日外国人に門戸を閉じているこの問題に対して、同弁護会では昨年十月に愛知県と名古屋市に対して公開質問状を出したところ、県からは全く回答がなく、市からは「公立学校の教員は、公権力の行使をすることは間違っている」なるもので、外国人採用はできない」との解答しか得られなかった。

そのため、今回のように第三者機関を通じて訴えたもの。小島代表は「県、市側からの解答からは解しい点が多い。教員になれないのは間違っている」と語っている。なお、同弁護会では、同県、同市に要望する予定。

統　一　日　報　（THE

神戸市も門戸開放

教員採用 国籍条項を撤廃

定住外国人児童らへの

教育指針の確立を

「教員懇」、神戸市に質問状

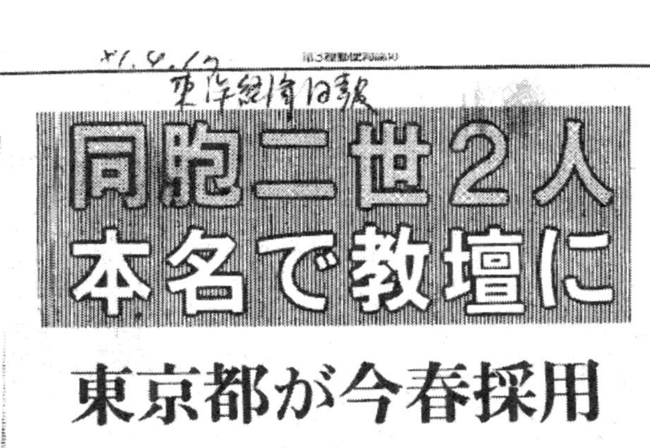

東洋経済日報
同胞二世2人
本名で教壇に
東京都が今春採用
朴元鎮さん
李由美さん

7. 일본 중의원 문교위 속기록 요지

일본 중의원 문교위 속기록 요지(81.3.27)

질문(와다 고사꾸의원)
- 대학 조교수 이하의 직을 재일한국인, 대만인에게도 문호개방 시기가 도래하였음.
- 공무원, 특히 교육관계의 공무원에 재일한국인 등이 채용될 수 있는 방안을 검토해야 함
답변(타나카 타쓰오 문교대신)
- 국립대학의 외국인강사 채용 및 동제도의 충실화에는 인사원규칙 등의 제약이 있으나, 이 같은 문제는 해결되지 않으면 안된다고 생각함.
- 특히 국공립 대학에 외국인이 임용될 수 있는 방안도 강구되어야 한다는 개방적 자세, 즉 보다 넓은 국제적 시야를 가지고 문교정책을 펴나고자 함.

8. 주일대사관 공문-중원 문교위 속기록 송부

주일대사관
번호 일본(정)700-2246
일자 1981.4.13.
발신 주일대사
수신 장관
참조 아주국장
제목 중원 문교위 속기록 송부

    대: WJA-03352
    대호 재일한국인 교직원 채용 문제 관련, 중원 문교위 속기록을 별첨 송부합니다.
    첨부: 동 속기록 1부[1]. 끝

    주일대사

---

1) 194회 국회 중의원 문교위원회의록 제7호(昭和56.3.27.)은 지면 관계상 생략

9. 재일한국인의 법적지위 및 복지문제

在日韓國人의 法的地位 및 福祉問題

1981.5.12

亞洲局

1. 在日한국인 現況

在留韓國人의 資格別 現況(80.6.30 現在)
  - 外國人 登錄者: 663,631(在日外國人 總數의 86%)
  - 協定 永住者: 349,964
  - 一般 永住者: 2,964
  - 法律126號 該當者: 137,282
  - 126號 該當者의 子女: 139,219
  - 其他: 34,202

2. 主要懸案

가. 法的地位 問題

  - 協定永住權 再設定 問題
    ○ 我側: 協定永住 申請期間(1966.1.17~71.1.16) 中 協定永住申請者 및 最近 轉向者(約 10萬名 推算) 救濟措置 必要
    ○ 日側: 協定改正 또는 新協定締結이 없는 한 不可能, 現下 日本國內 與件上 協定改正 또는 新協定締結은 가까운 將來에는 現實 不可能

  - 一般 永住 附與
    ○ 今次 國會에 上程된 出入國管理令 改正案 通過時 約20萬名의 朝總聯系同胞와 約6萬名의 民團系同胞가 一般永住를 申請可能케 됨
    ○ 我側: 協定永住權 再設定期會가 別途로 附與되어야 한다는 前提下에 入管令 改正에 反對하지 않았음. 단 協定永住權 再申請機會가 있을 때까지 韓國系 一般永住者에 對해서는 法運用 過程에서 協定永住者에 準하는 取扱要望(日側도 前向的 姿勢 示唆)
    ○ 民團系反応: 在日韓國人의 全般的 地位向上 措置로서 歡迎
    ○ 朝總聯: 公式反應 없으나 從來의 在留權確保 主張과 類似함으로 默認 態度 堅持
    ○ 同措置로 我側의 協定永住 再設定 主張 論理 相對的 弱化 招來

- 協定永住者 中 犯法者(7年以上 懲役 또는 禁錮)의 强制 送還
    ○ 1978~1980年 사이에 約9名의 協定永住者에 對한 强制送還이 있었음.
    ○ 我側: 二重處罰의 非人道的 處事임을 指摘, 不引受 主張(81.2.25)
    ○ 日側: 協定規定 事項임을 主張, 引受를 强力 要請

나. 福祉 및 待遇向上 問題
  - 國民年金 門戶開放(단 35歲 以上 外國人 除外)
    ○ 國民年金(老齡年金, 兒童手當)에 있어서의 國籍조항 撤廢
    ○ 단 老齡年金의 境遇 35歲 以上의 外國人(在日韓國人 約20萬名)에 對한 經過 措置를 取하지 않음.
      (日政府는 國民연금법 施行〈1961.4〉 以後 3차례〈1951, 1969, 1973〉에 걸쳐 拂入期間 短縮조치 等의 經過措置 取함
    ※ 國民年金(高齡年金): 20~60歲 사이에 25年間 拂入後 65歲부터 年金 受領
    ○ 我側: 35歲 以上者의 特殊한 生活 經緯 指摘, 日本人과 같은 經過措置 要求
    ○ 日側: 制度 發足後 20年이 經過한 現在 經過 措置 實施할 境遇 年金制度 根幹이 흔들리며 日本人中 約100萬의 無年金者와 不均衡 招來
  - 在日韓國人學校 卒業者의 日本上級學校에의 進學問題
    ○ 韓國學校 2個校(東京 韓國學校, 建國學校, 大阪韓國學校, 京都韓國學校) 中 建國學校 卒業者 만이 日本上級學校 進學可能
      (其他는 所謂 各種學校로 取扱되어 日本 上級學校 進學 不可能)
  - 韓國 信用組合에 對한 政府系 金融機關의 代理業務 認可
    ○ 38個 韓國系 信用組合中 一部 組合만이 代理業務 認可
    ○ 我側: 代理業務認可 審査基準을 日本組合과 同等 取扱 要望
    ○ 日側: 韓國側要請에 副應, 漸進的으로 措置

다. 社會的, 人道的 問題
  - 社會參與 擴大
    ○ 地方公務員 採用擴大(一部 地方自治團體 實施中)
    ○ 國公立大學 韓國人 採用
  - 治安 對象化 是正
    ○ 14歲부터 外國人登錄 更新時(每3年)마다 指紋 採取
    ○ 指紋採取 拒否時 檢察에 告發
    ○ 我側: 指紋採取 年齡을 올리고 1回에 限定시킬 것 要望
    ○ 日側: 檢討 約束

- 社會的 差別 是正
  - 初中高校 教科書 內容中 否定的 또는 歪曲된 內容 修正 必要
  - 就業 門戶開放 必要

3. 兩國 高位實務會議 開催

가. 背景
  - 國民年金法 改正案, 入管法改正案 今次 國會 上程 움직임(80.11末 我側에 通報)
  - 外務次官의 對日 3個項要求(80.12.1 當時 須之部大使 面談時)
    〈在日韓國人 法的地位 및 福祉向上, 在日反韓團體 活動規制, 日本言論의 偏向報道 是正〉

나. 開催日時, 場所: 81.1.29~31, 東京

다. 兩側代表團: 首席代表…兩側 外務部 亞洲局長

라. 結果
  - 協定永住權 再設定問題, 協定永住者 强制送還問題에 관해서는 對立된 立場 再確認에 그침
  - 老齡年金問題 除外한 其他 福祉問題, 社會的, 人道的 問題에 관하여는 漸次的 改善努力 約束
  - 高位實務者會議 1年以內 서울開催諒解

4. 問題點

가. 協定永住權 再設定 問題
  - 法的地位 協定 改正 않는 限 妥結 不可能
  - 協定改定 問題와 分離論議, 實益無

나. 强制退去 問題
  - 協定 有效한 이상 無條件 不引受 立場은 論理的 矛盾, 入管當局 反撥 招來

5. 今後 交涉 對策

가. 基本方向
  - 兩國間 基本的 善隣友好關係 定立 위한 不可缺한 問題로 擧論
  - 在日韓國人이 不當한 待遇를 받고 있다는 意識 있는 限 兩國간 眞情한 友好深化에 重大한 障碍要因으로 存續

나. 日側의 漸進的 改善努力을 評價

다. 協定永住權 再設定問題, 强制送還問題는 協定改正要求로 對處(法運用 過程에서 實際的 待遇 改善方案 摸索 並行)

라. 老齡年金問題: 經濟措置設定 繼續 促求

마. 高位實務者會議의 制度化

통일일보(1981.5.28)　　日本公立学校の在日同胞教員採用「国籍条項」撤廃で明暗

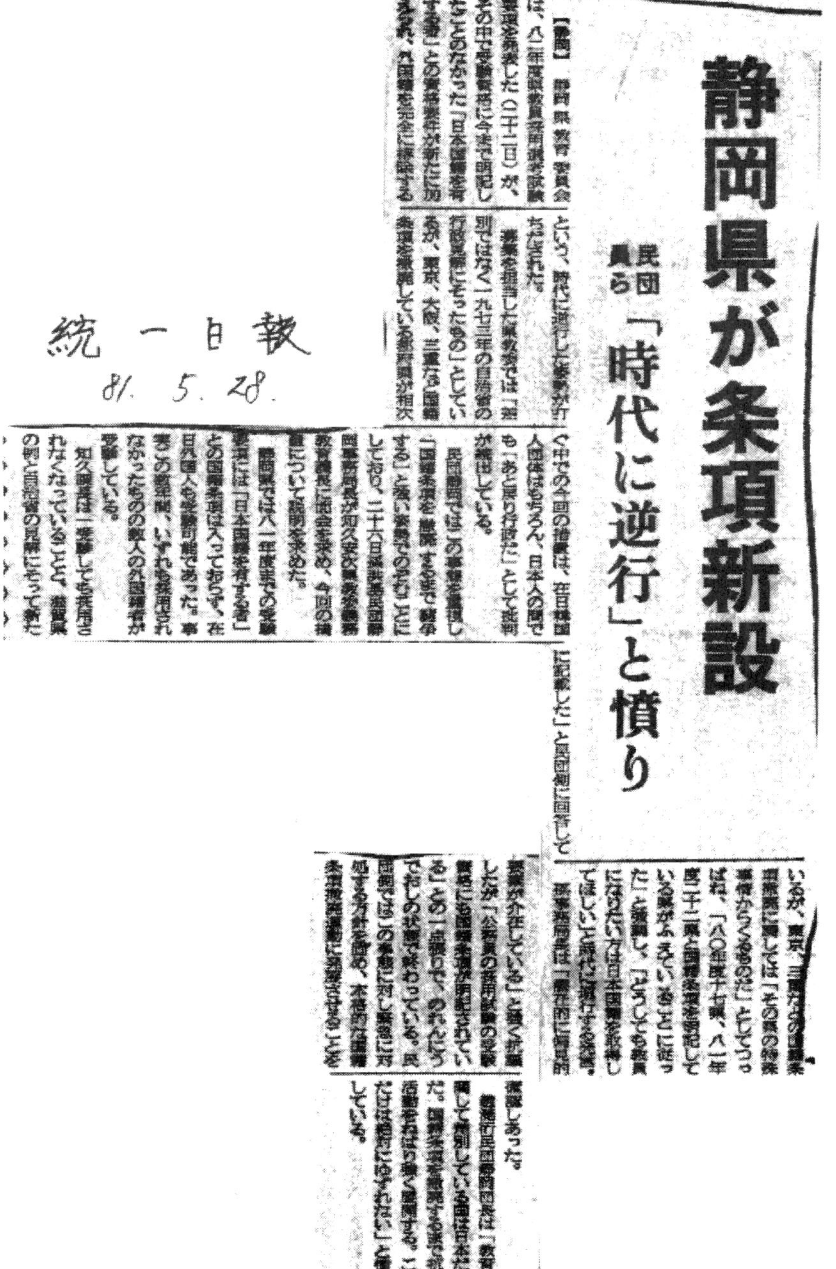

静岡県が条項新設
民団員ら「時代に逆行」と憤り
統一日報
81. 5. 28.

11. 주일대사관 공문—신문기사 송부(외국인 교원 채용 문제)

주일대사관
번호 일본(영)725-5117
일시 1981.7.6.
발신 주일대사
수신 장관
참조 영사교민국장
제목 신문기사 송부(외국인 교원 채용 문제)

　　채용문제와 관련한 금7.6자 아사히 신문 기사를 별첨 송부하오니 참고하시
기 바랍니다.
　　첨부: 동기사 1부.　끝.

주일대사

아사히신문(81.7.6) 外人先生に狭き門、公立校 国籍条項、新たに13県

朝 日 新 聞　　'81. 7. 6

公立校

外人先生に狭き門

国籍条項、新たに13県

통일일보(81.7.10)　教員採用　国籍条項の撤廃を、民団愛知が県に要望書

統　一　日　報　　81. 7. 10.

教員採用

国籍条項の撤廃を
民団愛知が県に要望書

【名古屋】民団愛知本部傘下市で「国籍条項」をかかげているのは愛知県だけである。名古屋市では、教育正岡憲治郎氏ら六人は八日、愛知県と名古屋市の各教育委員会の徐相萬副議長をはじめ議長正岡憲治郎氏らは知事あてに「教員採用に関し「国籍条項撤廃」の要望書を提出した。

これに対して、加藤県教育長は「確かに、教員は公権力を行使するものと考え、前例のようなものと考え、前例のような結果となった」と答えた。

これを受けて民団側は「大阪などでは、公権力の行使には該当しないとしている。あわせて要い根拠で見るのはよくない」と指摘すると、馬淵手長は「これまでの方針」（公権力を行使しない職場）か「国籍条項」について、教員は①公権力の行使をする②国家意思の形成に参画する——という公務員に候当するとの理由から「国籍条項」をかかげている。しかし六大都針（公権力を行使しない職場）かるかに任されているのが現状だ。

木、石川、福岡、香川、茨城、栃木、宮崎、鹿児島、沖縄がある。

この「国籍条項」を撤廃するかどうかは「公立学校教員が「公権力の行使または公の意思形成に参画する」という七三年の日本自治省行政実例を、どう各自治体が解決するかに任されているのが現状だ。

13. 주나고야 총영사관 공문—교원채용 차별

주나고야 총영사관
번호 나총영725-530
일시 1981.7.16
발신 주나고야 총영사
수신 장관(사본: 주일대사)
참조 영사교민국장, 아주국장
제목 교원채용 차별

　　“아이찌”현의 외국적 소지자에대한 교원채용 차별 현황 및 대책을 다음과
같이 보고합니다.

-다음-

1. 교원채용 차별현황 및 경과
　　가. 현황: 아이찌현은 현재 교원채용에 있어 국적조항을 들어 공립학교 교원
　　　　은 “공권력 행사 또는 공(公)의 의지형성에 참여한다”는 1973년 일본 자
　　　　치성 행정 실례에 따라 외국적 소지자에 대한 교원채용 시험 응시거부를
　　　　해오고 있음.
　　나. 민단조치 및 경과
　　　　(1) 민단 아이찌현 본부는 재일거류민 권익옹호 운동의 일환으로 국민연
　　　　　　금 및 행정차별 철폐(국적조항 등)를 위하여 각계 요로에 호소중에
　　　　　　있었으나 상기와 같이 아이찌현에서는 아국민에 대하여 공립학교
　　　　　　교원채용의 문호를 개방하지 않고 있어 81.7.10 아이찌현 지사 및
　　　　　　아이찌 교육위원회 위원장에게 교원채용 국적조항 철폐 요망서를
　　　　　　제출한 바 있음.
　　　　(2) 아이찌현 교육위원회는 81.7.21-22 금년도 교원채용시험을 실시함
　　　　　　에 있어 외국적 소지자의 응시를 거부하고 있으므로 81.1.11 조선적
　　　　　　소지자 김성수 외 1인은 아이찌현을 상대로 “외국적의 교원을 채용
　　　　　　하지 않는 것은 국적차별로 직업선택의 자유를 빼앗는 것이다”라고
　　　　　　나고야 지방재판소에 응시자격 보전 가처분 신청을 제기하였음.
　　　　(3) 81.7.11 10:30-10:50 나고야 테레비는 나고야 한국학교 학생 중 교원
　　　　　　채용 응시대상자 4명과 상기 김성수 및 아이찌현 교육위원회 교원
　　　　　　과장, 오사카시립 나가노 소학교 한국인선생 등을 취재하여 방영하

였음.

2. 당관 및 민단의 향후 대책 및 참고 사항

   가. 81.7.15. 민단 아이찌현 본부는 아이찌 교육위원회를 방문, 국적조항 철폐를 요구하는 간담회를 가졌음. 동 간담회에는 아이찌현 교육위원회 교육장, 학교교육부장, 담당실무자 등 7명이 참석하였으며, 민단측에서는 권익옹호위원회 부위원장 서해식을 중심으로 8명이 동석하여 약1시간 간담하였으나 교육위원회측은 아이찌현이 결정하는 데로 따르겠다는 의사만 표명하고, 현재 재판 계류중에 있는 사항이기 때문에 구체적인 답변은 회피하였음.

   나. 민단 아이찌현 본부는 8.3 나고야시와 8.12 아이찌현과 동 문제 해결을 위한 간담회를 가질 예정임.

   다. 79.4월 지방 교직원이 공권력행사 또는 의사형성에 참여하는 지방공무원으로 간주하는지 여부는 지방자치단체장의 판단에 맡긴다(내각총리의 대 "우에다" 사회당의원 답변)는 취지에 따라, 일본 전국 47개 도도부현 중 도쿄, 미에현, 시가현, 효고현, 나라, 오사카, 교도, 가나가와현 등 8개현은 이미 외국적 소지자에 대하여 교원채용의 문호를 개방한 바 있음.

   라. 당관으로서는 상기 나고야 지방재판소에 제기된 금년도 교원채용 시험에 외국인의 응시를 거부한 문제의 심의 결과를 보고, 관내 미해결 아이찌, 후꾸이, 기후 3개현 지사 및 현 교육위원장과 접촉 동문제를 년내에 타결, 적어도 내년도 교원채용 시험에는 아국 교민이 응시할 수 있는 길이 열리도록 추진 위계임.

첨부: 관련기사 4점. 끝.

주나고야총영사

통일일보(81.7.10) 教員採用 国籍条項の撤廃を＿民団愛知が県に要望書

統 一 日 報 （81. 7. 10）

教員採用

国籍条項の撤廃を

民団愛知が県に要望書

【名古屋】民団愛知本部県理事は、名古屋市で「国籍」をめぐり正田宣伝部長ら六人は八日、愛知県と名古屋市の各教育委員会に対し、教員採用に関し「国籍条項撤廃」要望書を手渡した。

その席で宗副委員長は、徐相国県民ら一行はまず愛知県西庁舎に向和重主査に、黒知事、教育委員長あての要望書を提出した。

教員採用について、教員は公権力の行使をする国家公務員の職務に該当するとの理由から「国籍条項」を設けているとしている。しかし六大都市で「国籍」を設けているのは……

毎　日　新　聞　　　　1981年(昭和56年)　7月

教員採用、国籍条項がカベ

愛知県は受験させよ

２朝鮮人が仮処分申請

「愛知県が外国人に教員採用の門を閉ざしているのは基本的人権の保障を認めた憲法に違反する」。応募資格の国籍条項のために、愛知県の今年度教員採用試験への応募を断られた在日朝鮮人の学生ら二人が十一日、国を相手取り、応募資格を名古屋地裁に提出した。全国では教員採用試験でこの国籍条項を撤廃するところがあるが、公立学校の教員と国籍との関係を問う裁判が起こされるのは全国初の裁判をしたのは同県春日井市朝宮町、金貞秀さん（×）＝東京福区石神井町、李清錫さん＝の二人。李さんは二年前、大学を卒業、中学の社会科免許を、李さんは中学の英語科免許に

教育庁は「公権力の行使、公の意思形成への参画に携わる公務員は日本国籍が必要だ」と全面的に争う構えだ。

教員免許は国籍を問わず、取得できるのに愛知県などでは公立校教員採用の段階で外国人を締め出している。

今年度の愛知県の試験には七人、名古屋市には三人の計十人が応募したが、いずれも国籍を理由に受験を断られたという。

朝日新聞　（81. 7、11　朝刊）

「愛知県の外国籍拒否は不当」

教員試験、法廷へ

在日朝鮮人学生ら二人　きょう仮処分申請

訴えを起こす李貴陽さん―10日午後3時30分、名古屋地裁で

同胞青年が初の訴訟

愛知県相手に仮処分申請

仮処分を訴えた金相秀さん（右）と李貴陽さん

「東京などで受験できるのに」

教員採用問題の経過

14. 외무부 공문(착신전보)-아국관계 기사보고

외무부
번호 FUW-0721
일시 210905
수신시간 81.07.21. 10:44
발신 주후쿠오카 총영사
수신 장관(사본: 주일대사)
제목 아국관계 기사보고

1. 7.19. 니시니혼 신문(조간)
가. 제목: 재일한국인 등 수형자 강제퇴거 다시 고찰
나. 내용요약: 법무성은 전전부터 계속, 일본에 거주하면서 일본국적을 이탈한 재일한국인 등 외국인과 그 자손 등 원일본 국적자에 대하여 행하여 온 강제퇴거문제를 인도적 입장에서 관계 법령의 개정을 검토하고 있음. 재일한국인이 일본에 거주하게 된 역사적 경위나 강제퇴거 대상자가 일본에서의 생활밖에 모르고 생활 기반이 전혀 없는 한국에 강제퇴거 당하는 것에 대해 강한 비판이 있었음.

법무성은 난민조약에 관련한 배정된 출입국 관리령이 내년 1.1. 시행됨으로 늦어도 11월까지 조치코저 하며 대상자 전원의 특별체류허가 또는 기준설정으로 개별사정을 고려, 특별체류 허가를 주는 등 수개안을 이미 검토하기 시작했다 함.

2. 7.19 니시니혼 신문의 2개신문
가. 제목: 자위대 통합연습 관계기사
나. 내용요약: 연습기간은 7.20-27간이며, 20-22간은 동경에서 도상연습, 24-27간은 구주 각지로부터 대마도에 증강부대 약11,000명, 탱크 등 차량260량, 함정 9척, 항공기120대 참가 실동연습을 하게 됨

3. 이번 대마도를 선택한 것은 한반도 등 극동지역의 유사시에 즘하여 대마도가 전략상 극히 중요한 지점으로 소련 태평양 함대가 태평양, 인도양에 진출함에 있어 7, 8할이 대마도 해협을 통하고 있고 대마도는 소련함정의 감시 동태 및 유사시에 해협의 봉쇄 등 전략 거점에 있으며, 반면 소련의 제일 공격목표가 되고있는 점에 있음. 유사사태의 내용은 비밀로 되어있으나 소련과 북괴의 움직임을 염두에 두고 있는 것 같음. 자위대는 작년3월 대마도 주둔부대를 중대단위

(200명)에서 대대단위(약 400명)로 강화하였음.

　　4. 관계기사 파편 송부하겠음.

(아일, 영사, 정일)

15. 외무부 공문(발신전보)-강제송환 기사

외무부
번호
일자
발신 주 후쿠오카 총영사
수신 장관
제목 강제송환 기사

　　대: FUW-0721
　　대호 재일한국인의 강제송환 검토에 관한 기사 전문 송부 바람. (아일)

16. 외무부 공문(발신전보)-강제송환 기사

외무부
번호
일자
발신 주 후쿠오카 총영사
수신 장관
제목 강제송환 기사

　　대: FUW-0721
　　대호 재일한국인의 강제송환 검토에 관한 기사 전문 송부 바람. (아일-)

17. 주일대사관 공문–국적법 개정안에 관한 기사 송부

주일대사관
번호 일본(영)725-5876
일시 1981.8.18
발신 주일대사
수신 장관
참조 영사교민국장, 아주국장
제목

　　　국제결혼으로 태어난 자녀에게, 부모 중 어느 쪽이든 한쪽이 일본인이면,
일본국적을 인정하는 국적법 개정을 준비하여 온 법무성은, 오는 10월말 법제심
의회의 자문을 거쳐 1983년 통상국회에 국적법 개정안을 제출할 방침이라는
바, 이와 관련한 금 8.17자 아사히 신문기사를 별첨 송부합니다.
첨부: 동 기사1부. 끝.

주일대사

아사히신문(81.8.7) 10月に法改正諮問__法務省、国籍の父母両系主義

18. 외무부 공문(착신전보)—불란서 불법체류 외국인 법적지위 부여 정책에 관한 건

외무부
번호 FRW-08123
일시 191740
수신시간 81.08.20. 10;43
발신 주불대사
수신 장관

제목

　　　대: WFR-0842

　　　연: FRW-08119

　　1. 연호 불정부의 불법 체류 외국인에 대한 합법적인 법적 지위 부여 정책은 대외적으로 특히 알제리아 등 구부령 식민국가들에 대하여 인도주의정책 표방의 정치적 효과를 거두고 대내적으로 향후 이들 국가들로부터의 유입을 강력 통제하여 점증하는 불란서내의 실업증가와 각종 사회범죄의 사전 예방을 촉진하는 이중 효과를 염두에 둔 조치임.

　　2. 또한 상기 법적지위 부여정책 배경에는 불란서와의 역사적 특수성에 의해 과거 수년간 불란서내에 유입 체류하고 있는 구식민지 출신 체류자들을 긍정적으로 불란서 국민속에 동질화(ASSIMILATION)시켜 이들의 통제를 보다 강화함과 동시 인종문제로 인한 정치 사회적 혼란을 극소화시키려는 미테랑 대통령의 정기적 정치철학이 내포되어 있음.

　　3. 저기 불정부의 불법체류 외국인 대우 정책은 우리의 재일동포 법적 지위 (특히 강제송환부문) 교섭에도 참고가 될 것으로 사료됨.

　　　　(교일, 아일, 구서)

19. 재일한국인의 법적, 사회적 지위 향상에 관하여

(法的地位)

1981.5.16-17. "의련 총회시"

<u>재일한국인의 법적, 사회적지위 향상에 관하여</u>

국회의원 趙一濟

1. 序論

　지난 79年5月 東京에서 개최되였던 韓日議員聯盟總會에서 本問題에 關한 特別

委員會가 構成되여 그동안 많은 日本側議員들이 이 問題와 正面으로 씨름을 하여 주셔서 住宅入住差別 金融差別의 全面撤廢가 이루워지고 또 國民年金이나 兒童三法 國籍條項의 撤廢 등 劃期的인 成果를 거두어 주시고 아울러 行政簡素化라는 側面에 서라도 外國人登錄法 및 出入國管理令의 一部改正 乃至 緩和를 成就하여 주셔서 在日韓國人의 法的地位面에서의 相當한 改善乃至 向上이 있은 점에 대하여 敬意를 表하는 바입니다.

새삼 말씀드릴 것 없이 在日韓國人問題가 擧論되고 있는 理由는 그들의 生存權과 人權의 保障이 韓日間의 眞情한 友好親善을 위하여 必要不可缺의 要件일 뿐 아니라 日本國憲法前文에도 明示되고 있듯이 國際社會의 一員으로서의 名譽로운 寄與乃至 日本民主主義의 眞價를 세계에 묻는 重要課題인 것입니다.

그것은먼저 在日韓國人社會의 오늘이 있기까지의 歷史的 經緯와 背景을 想起하면 쉽게 理解가 될 것입니다. 그들의 大部分은 過去 日本帝國主義의 直接 犧牲者이요 遺産인 것입니다. 그들은 日本自體의 必要에 依하여 日本人으로(日本國籍所有)의 온갖 義務를 다하다가 어느날 갑자기 또 一方的으로 國籍을 박탈當하여 所謂 國籍條項이란 장벽으로 因하여 差別을 强要當하고 있는 것입니다. 이 論理는 現在에도 日本憲法의 納稅義務(全30條)에는 國民으로서 取扱當하고 同憲法14條의 平等權에서는 國籍條項이란 장벽으로 除外되는 奇妙한 理解가 橫行되고 있었던 것입니다.

둘째 日本政府도 近來에 와서 內外人平等의 原則이 구가되고 있는 國際人權規約 乃至 難民條約에의 加入을 實現시켰습니다. 뿐만 아니라, 65年 체결되었던 在日韓國人의 法的地位協定의 前文에도 日本國의 社會秩序 아래 安定된 生活을 營爲할 수 있도록 約束을 한 以上 在日韓人에게 加해지고 있는 法的 社會的 差別은 當然히 除去되여야 할 것입니다.

셋째는 在日韓國人의 定住性입니다. 지난78년 廣島地區의 일본高校에서 공부하고 있는 재일한국인 생도에 대한 의식조사에 의하면 해답자 131名中 장래生活의 場所로서 歸國을 希望한 者가 全無였다는 事實은 그들의 定住性을 端的으로 나타내고 있습니다. 더구나 歲月의 흐름에 따라 在日同胞社會의 2世化 3世化傾向이 깊어지고 解放後 日本胎生의 同胞數는 벌써 85%에 달하고 있으며 그들은 모국어를 모르고 모국에 그 生活根據를 喪失하고 일본社會를 구성하는 주민으로서의 역할이 점차 커지고 있다고 볼 때 그들에 대한 差別은 보다 不當하다고 할 수 있습니다. 이말은 韓日協定以后 在日韓國人社會의 永住性이 보다 深化되고 있다는 의미에서 差別문제에 대한 視点을 달리해야 할 必要性이 要求되는 것이라 하겠습니다.

以上 差別이 撤廢되어야할 大前提밑에서 相當한 改善을 認定하면서도 보다 根源的이고 確固한 基盤위에서의 制度的(法的) 社會的(意識的) 差別의 撤廢內容을 몇가

지 要求하는 것입니다.

1. 外國人登錄法에 關하여

外國人登錄法中 몇가지 條項에 對하여 改定및 緩和가 이룩된 点은 認定합니다. 그러나 貴 國會에서의 論議에서도 明白했듯이 이것은 臨時處方으로서의 行政簡素라는 問題意識外에 進一步된 점을 發見할 수 없음을 遺憾이라 아니할 수 없습니다. 저희들의 所見으로서는 協定永住權者를 비롯한 앞서 지적한 바와 같은 定住性이 강한 在日韓國人에게 短期一般旅行者와 같은 각종 규제가 부당하는 것입니다. 또 日本이 批准署名을 한 國際人權規約에 明示된 內外人平等의 原則의 보다 充實한 適用이라는 意味에서 보다 根幹이 되는 問題가 解決되기를 希望합니다.

그것은 外國人登錄證의 常時携帶와 提示義務가 在日韓國人에게 있어서 얼마나 不當한 것인가에 대하여는 이 登錄法違反으로 告發되고 있는 者가 年間1萬件을 突破하고 있는 實情으로도 可히 알 수 있습니다.

뿐만 아니라 登錄法違反 例를 들면 沐浴湯에 갈 때 登錄證을 不所持했다는 理由로 언제든지 一年以下의 懲役刑이 加해질 수 있다는 것은 아무리 理解하려해도 納得이 가지를 않습니다. 또 在日韓國人은 모두가 14才만 되면 登錄을 해야하는데 다같이 指紋을 採取해야 하고 또 3年마다 確認을 해야 하는 것은 刑法分野에서도 指紋채취는 人權侵害行爲로서 令狀主義와 더불어 禁忌되고 있는데 在日韓國人이라는 理由로 當해야 하는가에 대하여 또한번 呼訴하는 바입니다.

2. 出入國管理令에 關하여

本問題에 關해서도 若干의 改正乃至緩和措置가 이룩된 것을 歡迎합니다. 그러나 外國人登錄法과 같이 그 根幹에 關한 問題解決에는 未洽하다고 指摘안 할 수 없읍니다. 그것은

첫째 出入國管理自體가 그制定經緯로 미루어 短期旅行者를 對象으로 하고 있고 戰前부터 居住하고 永住가 許可되고 있는 定住韓國人 實情과는 거리가 멀다는 것입니다.

둘째 永住許可者에 對한 强制退去의 不當性입니다. 永住라는 用語가 條約上이나 國內法上 使用되고 있으면서 한편 日本政府로 하여금 强制 退去權이 留保되고 있다면 眞實한 永住權이 될 수 없는 것은 自明한 理致입니다. 이 点에는 韓國政府側도 그 一端의 責任이 없지 않습니다마는 强制退去該當者가 日本側의 刑期를 마치고 또 하나의 刑罰로서의 强制退去라는 二重刑罰의 形態를 負할수없읍니다. 특히 앞서 말씀드린바와 같이 永住許可者의 强制退去란 좀 無理가 있는 것으로 韓日兩議員들의 良識에 呼訴코저 합니다.

이문제와 關聯 최근 카나다政府가 한 永住韓國人이 本國에서의 犯罪로 因하여 逮捕되었을 적에 그 殘留家族의 生活補助를 自請하였다는 消息과 지난 77년 7월 福岡에서 男便과 死別하여 生活保護를 受給하다가 强制退去令을 받았던 어떤 在日韓國人母子6名의 事件을 비교하여 永住權이 갖는 意味가 이렇게 다를 수가 있겠읍니까.

셋째는 協定永住權 申請의 期間再說置問題입니다. 아시다시피 지난66년1월17일부터 71년1월16일까지 사이의 永住權申請期間 동안에는 朝總聯系의 악랄한 妨害工作과 申請該當者들의 認識不足 등으로 未申請者가 多數存在하고 있는 實情이며 또 그 이후 省墓團事業으로 소위 朝鮮籍으로부터 韓國籍移轉者가 늘어 현재 우리가 推算하기로는 約10萬名에 가까운 該當者가 申請期間의 再設定을 期待하고 있습니다. 이 문제에 관하여는 韓日兩政府 사이에는 몇차례 論議가 있었고 日本側으로는 國內事情을 理由로 難色을 表示하고 있읍니다마는 韓日關係의 再定立이라는 새로운 時代的 要請과 韓日兩國間의 共同價値觀의 再確認이라는 의미에서도 日本측 議員님들의 再考와 關心을 促求하는 바입니다.

넷째는 所謂潛在居住者에 대한 處遇問題입니다. 勿論潛在居住者의 潛在動機의 不法性을 辯護할 생각은 갖고 있지 않습니다.

그러나 個中에는 人道的問題로 對處해야할 케이스가 許多한 것도 事實입니다. 이미 家庭을 가지고 扶養家族을 거느리고 日本에 生活基盤을 갖이면서 어두운 그늘에서만 전전긍긍 생활을 영위하고 있는 이들 多數의 사람들에게 特別한 配慮있기를 부탁드립니다. 이와 동일한 外國의 例가운데 美國에서의 멕시코系 密航者에 대한 陽性措置도 있읍니다. 이 問題도 日本과 韓國이 地理的으로 너무나도 가까운 이웃이기 때문에 생긴 宿命的 課題로서 결코 善處가 不可能한 일은 아닐것으로 믿습니다.

3. 公務員採用에 關하여

在日韓國人에 對한 公務員採用의 問題는 國際人權規約에서도 明示되고 있는 바 當然한 權利일 것입니다. 日本의 國家公務員法 地方公務員法에도 在日韓國人이 公務員으로 就任하는데 아무런 法的制限이 없는 것은 다 알려진 事實이고 1979年4月 13日附 內閣衆質 87第 13號의 內閣總理大臣의 答辯書에도 그 趣旨는 再確認되고 있습니다.

現在 在日韓國人의 境遇 每年大學卒業生이 約2千名, 高校卒業生이 約8千名에 달하는데 이들 젊은이들이 日本社會의 就職差別속에서 태반이 半失業狀態에 빠져들어가고 있는것은 決코 健全한 것은 아니고 憂慮할만한 日本의 社會問題라고 볼 수 있읍니다. 公務員으로 採用된다는 그 自體도 重要한 것이지만 보다 重要한 것은 日本政府 및 地方自治團體가 在日韓國人을 採用함으로서 民間私企業의 就職差別의 口實이 없어진다는 点입니다.

또 日本의 小, 口, 高校에 在學중인 在日韓國人生徒는 40,528個校에 89,223名에 達하고 있는 現實에 비추어 이에 알맞은 在日韓國人의 敎員採用도 多民族國家에서의 世界的趨勢인 二重文化敎育의 必要性이란 点에서 當然한 일로 생각됩니다.

이問題는 旣히 29個 都道府縣에서 敎員採用을 認定하였기 때문에 이의 全國的인 實施에 對하여 協調해 주실 것을 당부하는것입니다.

그리고 이미 많은 論議를 거친 國公立大學의 敎授任用問題가 있읍니다마는 이 問題야말로 本來 유니버살할 大學의 性質과 協定永住의 眞價를 理解하기 위해서도 公權力의 行事등 구차한 유벌을 버리고 當然히 門戶가 開放되여야 한다고 믿는것입니다.

地方自治團體에서도 벌써 94의 自治團體가 在日韓國人採用을 決定하였읍니다. 自治團體야말로 在日韓國人의 適性에 맞는 業種이 許多한 곳으로 看做됩니다. 外國人登錄系 民生 福祉部門등은 直接在日韓國人住民과의 業務上 보다 積極的인 採用이 必要한 部分이며 韓日兩民族이 先入觀을 버리고 交際할 수 있는 길이라 믿습니다.

4. 社會團體의 全面適用에 關하여

日本政府는 그동안 社會保障은 一般的으로 國家구성원 即 國民에 限하는 것으로 認識해 왔읍니다. 그러나 本來 社會保障이란 어느 一定區域에 居住하는 生活共同에 對해 그 社會에 一定한 貢獻을 하고있거나 共同貢獻者에 대해 當該 社會로부터 最低基準의 還元(生活保障)을 하는 것이 社會保障의 基本이라 하겠읍니다. 여기에서 內國人이냐 外國人이냐 하는 問題는 二次問題이며 따라서 아무리 內國人이라 할찌라도 生活領域이 外國에 있을 때는 當該社會에서 社會保障을 받을 수가 없는 것입니다. 이러한 論理와 觀点에서 在日韓國人은 日本社會의 共同生活者이며 그러기 때문에 全面的인 社會保障의 權利가 있다고 우리는 보는 것입니다.

日前에 問題의 國民年金에도 國籍條項이 撤廢된 것은 높이 評價합니다. 其實 그 背景이 日本의 難民條約의 署名批准과 關聯하여 難民에게도 社會保障의 履行을 條約上義務로서 約束한 以上 解放前부터의 居住者이며 永住權을 許可한 在日韓國人에게 그 適用을 拒否할 口實을 잃었던 結果로서의 適用이라고 보더라도 우리가 長期間 要求해 왔던 것이 實現된 것은 기쁜 일이 아닐 수 없읍니다. 그러나 35세 以上에 對한 經過措置가 考慮되지 않는 점은 그들이야 말로 解放前의 直接被害者이라는 特殊事情을 考慮되여야 한다는 점을 指摘하며 260個 項目에 달하는 各種 社會保障 福祉條項도 一般的인 施惠가 아니라 그 全面的 適用이 되도록 格別한 協調를 당부하는 바입니다.

5. 사할린 억류韓人 문제에 관해서

現在 소련령 사할린에는 주지하다시피 約4萬名의 韓人들이 억류상태에 있읍니다. 이들이야 말로 금세기 인류가 안고있는 最大의 悲劇의 主人公이 아닌가 합니다.

또한 韓·日 兩國間에 戰後處理에 있어서 未解決의 章이기도 합니다.

本人은 韓日議員聯盟會員 여러분이 앞으로 最大의 力点을 두어 解決해야할 課題가 바로 사할린 抑留韓人問題解決에 있다는 것을 强調해 두고자 합니다.

따라서 日本政府가 難民保護條約의 加入에 따라서 최우선적으로 손을 써야할 分野도 바로 이 사할린 抑留韓人問題라는 것을 指摘해 두고자 합니다.

6. 韓國語講座 制定 問題에 關해서

日本「NHK」의 外國語講座에「韓國語」강좌 신설에 名稱問題가 論議되고 있는 것으로 알고 있습니다.

이 名稱에 있어서「朝鮮語」강좌라는 用語에는 두가지 意味에서 止揚되어야 하겠습니다.

그 첫째는「朝鮮」이라는 단어가 아직은 日本社會에서 差別語라는 事實입니다.

또 하나는「이데올로기적」用語라를 点입니다.

따라서 韓國民과 在日韓國人의 感情을 誘發시키는 「朝鮮」이라는 문구를 굳이 使用할 必要는 없다고 봅니다.

結語

韓·日兩國의 國際的 地位 向上과 繁榮을 위해서는 무엇보다도 양국간의 善隣友好가 매우 긴요한 課題라고 본인은 확신합니다.

그동안 양국간의 마찰의 대상이 되어온 在日65萬 韓國人이 日本社會에서 安定된 生活을 영위할 수 없다면, 이는 紛糾의 불씨로 남는 것은 자명한 일입니다. 부언하자면 韓國과 日本, 그리고 在日韓國人의 三角關係가 그 하나도 不便하게 된다면, 진정한 양국이 友好增大는 기대할 수가 없다는 것입니다.

그러기 때문에 우리의 當面課題로서는 在日韓國人問題를 根源的으로 解決해야 한다는 것입니다. 그것은 在日韓國人이 참된 한 市民으로서 生活을 영위하는데 아무런 制約이나 偏見, 差別이 뒤따라서는 안되겠다는 것입니다.

그러기 위해서 本人은 日本國이 國制人權規約과 難民條約에 加入한 이 時点을 在日韓國人의 法的地位協定의 改正을 위한 靑信號로 받아드리자는 것을 提議합니다. 韓日兩國은 同協定締結時에는 미처 생각치 못했던 國際人權의 思潮가 一般化 되었으며 또 日本의 경제적 번영은 260個의 各種 社會保障과 福祉制度의 擴充을 보았습니다. 아울러 바야흐로 韓日兩國은 새로운 次元에서 善隣友好의 기틀을 다져야 할 때입니다. 이때를 期하여 同協定의 改正(現實化)은 진실로 在日韓國人이 日本의 法秩序 아래 安定된 生活을 保障할 것이며 또 그들의 安定된 生活은 日本社會에의 貢獻뿐만 아니라 韓日 兩國間의 진정한 信賴回復에 기여할 것을 確信하는 것입니다.

④ 재일본 한국인 인권 등 처우문제, 1981

○ ○ ○

기능명칭: 재일본 한국인 인권 등 처우문제, 1981

분류번호: 791.23

등록번호: 19562

생산과: 일본담당관실/교민1과/국제법규과

생산연도: 1981-1981

1. 국제인권규약과 재일교포의 인권

국제인권규약과 재일교포의 인권

1981.1.5.

국제법규과

1. 배경
   - 일본은 1979.6.21. "경제적, 사회적 및 문화적 권리에 관한 국제규약"(이하A규약)과 "시민적 및 정치적 권리에 관한 국제규약"(이하B규약)을 비준하였음.
   - 재일교포에 대한 차별철폐 추진과 관련 동 규약의 기본정신 및 개별규정 중 관련 조항을 발췌 검토코자 함.
2. A, B 두 규약의 구성
   가. A 규약
   제1장 제1조(모든 이들(all peoples)은 자결권을 가짐)
   제2장 제2조(당사국의 협약준수 의무)
   　　　제3조(남, 녀 차별금지)
   　　　제4조(제한의 제약)
   　　　제5조(협약의 예시성)
   제3장 제6조에서 제15조에 걸쳐 당사국들이 보호해야할 기본적 인권을 나열
   제4장 제16조에서 제25조에 걸쳐 당사국, 유엔 관련 기구, 경제사회 이사회 등의 보고서 제출 의무 및 규약 이행을 위한 국제적 협력 방안을 규정
   제5장 최종 조항
   나. B규약
   제1장 제1조(모든 이들(all peoples)은 자결권을 가짐)
   제2장 제2조(당사국의 협약준수 의무)
   　　　제3조(남, 녀 차별의 금지)
   　　　제4조(제한의 제약)
   　　　제5조(협약의 예시성)
   제3장 제6조에서 제27조에 걸쳐 당사국들이 보호해야할 기본적 인권을 나열
   제4장 인권위원회(Human Right Committee)의 구성, 당사국의 보고서 제출 의무 등 규약이행을 위한 국제적 협력 방안을 규정
   제5장 제46조(유엔헌장 등과의 관계)
   　　　제47조(모든 이들의 자결권)

제6장 최종조항

다. A, B 규약의 기본구조 분석

  (1) 2개의 국제인권규약은 모두 제1장 및 제2장에서 인권보호의 기본원칙을 규정하고, 제3장에서 개별적 인권을 나열하며, 제4장에서 이상과 같은 인권들을 보호하기 위한 제도적 장치에 관한 사항을 규정하고 있음.

  (2) 따라서, 국제인권규약 제2장에 규정된 사항은 제3장의 개별적 인권을 적용하는데 있어서의 기본이 되는 중요한 규정인 바, A, B 규약이 모두 그 첫머리에서 당사국들이 "종족, 피부색, 성, 언어, 종교, 사상, 민족적 또는 사회적 근원, 재산, 사회적 지위"등을 이유로 한 차별을 행함이 없이 규약에 따르는 의무를 준수할 것을 규정함으로서 "차별금지"는 국제인권규약의 가장 기본적인 원칙중의 하나가 되어 있음.(A 규약 제2항, B규약 제2조 제1항)

3. A, B 규약상의 개별적 인권

  가. A 규약

  (1) 제6조 및 제7조

    • 제6조는 근로권을, 제7조는 근로에 따르는 임금, 근로기준 등을 규정하고 있음.

    • 재일교포들의 경우, 근로의 기회 자체를 차별적으로 제한 받음으로써 제6조에 따르는 권리가 제한되고 취업이 되는 경우에도 승진의 기회가 거의 없어 제7조(c)항에 따르는 권리를 보장받지 못하고 있음.

  (2) 제9조

    • 제9조는 모든 이들이 사회보장을 받을 권리를 규정하고 있음.

    • 일본이 35세 이상의 재일교포들의 국민복지연금 가입을 제한하는 것은 재일교포들에 대한 차별로서 동조 규정 위반

  (3) 제10조

    • 제10조는 사회의 가장 기본적 단위인 가족을 보호하기 위해 당사국들이 the widest possible protection and assistance를 제공할 것을 규정하고 있음.

    • 동 규정은 B 규약 제13호(외국인의 추방 제한) 및 제23조(가족의 보호)와 더불어 일본이 재일교포 추방시에 반드시 고려해야할 조항임.

  (4) 제12조

    • 제12조는 의료보호를 규정하고 있음.

    • 재일교포 중 자영업이나, 5인 미만 소규모업체에 근무하는 이들은

특수지역 이외에는 의료보험의 혜택을 받지못하는 차별대우를 받고
있음.
나. B규약
(1) 제13호
 · 제13조는 외국인 추방에 많은 제한을 가하고 있음.
 · 재일교포들은 그들이 일본에 외국인으로서 거주하게 된 특수한 사정
에도 불구하고, 7년 이상 형을 받으면 일본으로부터 추방되는 등 거주
권의 심각한 제한을 받고 있음.
(2) 제20조
 · 제20조는 차별, 적대행위, 폭력 등을 야기하게 될 민족적 증오심을 조
장하는 행위는 법률로 금지할 것을 규정하고 있음.
 · "임현일"군 사건 등에서 보여진 일본교육계, 한국문제보도에 있어서의
일본언론계, 한일관계를 연구, 선전하는 일본학계 등의 태도는 동 제
20조와 관련, 많은 문제성을 안고 있음.

국제인권 A 규약

제1장
  제1조 (모든 이들의 자결권)
제2장
  제2조, 제3조 (회원국의 협약준수 의무 특히, 차별금지)
  제4조 (제한의 제약)
  제5조 (협약의 예시성)
제3장
  제6조 (근로권)
  제7조 (근로조건)
  제8조 (근로자들의 단체행동권)
  제9조 (사회보장에의 참여권)
  제10조 (가족, 임부, 년소자의 보호 의무)
  제11조 (적당한 의, 식, 주 향유권)
  제12조 (건강을 보호받을 권리)
  제13조 (교육권)
  제14조 (초등교육 무상실시 의무)

국제인권B 규약

제10조 (혐의자, 수형자의 인권)

제11조 (민사를 이유로 한 형사처벌 금지)

제12조 (거주, 이전의 자유)

제13조 (외국인 추방 제한)

제14조 (공정한 재판을 받을 권리)

제15조 (불리법 소급적용의 금지)

제16조 (법에 의한 보호를 받을 권리)

제17조 (사생활, 주거, 명예 등의 불가침

제18조 (사상, 양심, 종교의 자유)

제19조 (표현의 자유)

제20조 (호전성, 민족적 또는 종교적 증오심을 조장하는 행위 금지)

제21조 (평화적 집회권)

제22조 (결사권)

제23조 (가족의 보호(social 제10조))

제24조 (어린이 보호)

   * Every child has the right to acquive a nationality

제25조 (시민의 참정권)

제26조 (법 앞의 평등)

제27조 (소수민족의 독자성 보호)

제4장

제28조 (Human Rights Committee 설치)

제29조, 제30조, 제31조 (Committee 위원 선출 방법)

제32조 (위원의 임기(4년))

제33조, 제34조 (위원유고시 처리방법)

제35조 (위원의 보수)

제36조 (위원회의 직원과 설비)

제37조 (위원회의 회합시기 및 장소)

제38조 (위원의 선서)

제39조 (위원회 의사규칙)

제40조 (당사국의 보고서 제출 의무)

제41조 (참여하는 당사국간에 문제점을 지적해 주기 위한 Communication 제도)

제42조 (Communication에 따른 분쟁해결을 위한 ad hoc Conciliation Commission 설치)

난민협약(1951)

제44조 (탈퇴)

제45조 (개정)

제46조 (기탁자, UN 사무총장)

난민의정서(1967)

제1조 (일반조항: 협약2조-34조를 51년 이후 난민에게 적용함)

제2조 (UNHCR과의 협력, 제35조)

제3조 (관련 국내법에 대한 보고, 제36조)

제4조 (분쟁해결, ICJ, 제38조)

제5조 (가입, UN사무총장에게 가입서 기탁, 제39호)

제6조 (연방국가어의 적용, 제41조)

제7조 (유보 및 선언, 제40조, 제42조)

제8조 (발효, 제43조)

제9조 (탈퇴, 제44조)

제10조 (기탁자, UN사무총장, 제46조)

제11조 (기탁)

2. 재일교포 법적지위문에게 관한 강연회 보고

재일교포 법적지위문에게 관한 강연회 보고

1981.1.22.

국제법규과

1. 일시: 81.1.2. 14:30-16:20

2. 장소: 외무부 회의실

3. 강연자: 서울대 법대 배재식 교수

4. 참석자

아주국	영교국	조약국
국장	심의관	국제법규 과장

심의관   교민1과장   안호영 사무관
일본과장   박승무 사무관
최승호 서기관
서현섭 사무관
김상근 사무관

5. 강연요지 :
가. 재일교포문제에 대한 일본의 기본입장
  · 재일교포들이 일본에 안정적으로 거주할 근거를 박탈하고, "동화"와 "추방"
    을 병행함으로써 강력한 소수민족집단의 형성을 억제하는 것
  · "법적지위협정" 체결 당시 일측은 "모든 한국인이 대한민국 국민임을 확인
    한다"의 삽입을 강력히 반대했는 바, 그 이유는 공산계열에 대한 추파 이외
    에 소수민족 집단형성을 억제하려는 데 있음.
나. 재일교포들의 국적박탈문제
  · 일반국제법상, 영토주권의 변경에 따르는 주민의 국적선택은 인간의 기본
    적 권리에 속함.
    − 국적문제의 대가인 O'Connell의 입장
    − 대 이태리 강화조약의 경우, 이태리에 거주하는 이태리인조차 국적선
      택권을 가졌음
  · 상항조약은 국적선택 조항을 두지 않는 등 매우 이완된 것인 바, 그 이유는
    상항조약이 단순한 강화조약이 아니고 안보부담을 일본에 맡기려는 미국
    의 대동북아 정책에 기초한 "화해조약"의 성격을 가졌기 때문임
  · 재일교포의 국적문제는 상항조약에 의해 해결된 것이 아님.
    − (에가와 교수) 이 규정(상항조약 제2조a항)은 재일교포의 국적에 대하
      여 언급한 것이 아님.
    − 국제관행도 조사하지 않고 재일교포들의 일본국적을 박탈한 것은 경솔
      한 일이었음.
    − 영토고권과 대인고권은 그 근거가 다른것임.
    − "국적"은 법적인 개념이고, "민족"은 문화적인 개념임.
    − SCAP의 "외국인 등록법"도 "앞으로 일본에 입국하는" 외국인을 등록하
      도록 한 것임.
다. 강박조약의 성격과 효력
  · (당시 상황으로 "강박" 주장 곤란)
  · 36년간 법적상황은 인정해야 할 것

- 기본협정 제2조만 가지고는 한일 합방조약의 무효주장 곤란

라. 재일교포문제에 대한 기본정책
- 협정체결 당시 양국정부나 발언권 있는 교민 유지(자칭 민족주의자 군)들이 "국적선택" 문제에 묘한 의견일치를 보아, "국적선택"이 논의로 되었던 것이나, 현재 젊은 층은 이에 대해 긍정적
- 현재, 민단계 자녀 98% 이상이 일본학교에 취학중
- 이런 상홍에서, 북괴처럼 억지 민족주의를 강요하지 말고, 이들의 개인적 권리를 최대한 신장시킬 수 있는 정책을 취해 이들의 지위문제를 해결해 나가는 것이 자유민주주의를 표방하는 우리의 정책방향이 되어야 함.

마. 입관령 개정문제에 대한 입장
- 문제의 시각을 넓혀서, 제2의 법적지위협상을 제기하는 것이 바람직
  - 사실, 대한민국 국민인 재일교포에게는 입관령이 적용될 수 없고, 협정 영주권 추가신청이 있어야 함.
  - 일본의 인권협약 가입, ICJ Review의 제3자적 법률가들의 재일교포 인권문제 지적 등으로 볼 때 이러한 협상 제의는 시의 적절

바. 그간 한일간에 재일교포의 법적지위에 관한 연구가 거의 없었는데 최근 동경대학 오누마 교수가 "재일한국인의 법적지위에 관한 일 고찰"이란 논문을 발표함.
- 종래, 재일교포의 법적지위문제가 그 자체로 취급된 바 없었음.
- "재일교포는 외국인"이라는 검증되지 않은 결론위에서 재일교포문제가 다뤄지고 있음.
  - 대일강화조약 제2조 a항의 해석도 검증되지 않은 채 당연한 것으로 통용되고 있음.
- 이렇게 외국인으로 취급되는 재일교포들의 인간다운 생활을 보장하려던 법적지위협정과 현실은 많은 괴리를 노정하고 있음.
- 사실상 일본내의 주민에 대한 보호가 되어야 할 것이 법문상은 일본국민에 대한 보호라고 규정되어 있어, 재일교포들이 이의 혜택을 받지 못하고 있으므로, 일본인의 복지가 증진되면 될수록 재일교포들과의 생활의 격차가 확대되고 있음.
- 재일교포들은 3대, 4대가 될수록 그 지위가 더욱 강화되어야 함에도 불구하고, 오히려 더 약해지고 있음.
- 재일교도의 문제는 인권이라는 각도에서 봐야지 영주권이라는 관점에서는 이해될 수 없는 것임. 이는 일본의 "사회문제, 치안문제"에 그치는 것이 아니고, 한일간의 국가관계에 관한 근본적인 것임.

3. 주일대사관 공문–지문날인 관한 법령 송부

주일대사관
번호 일본(영)725-329
일시 1981.1.16.
발신 주일대사
수신 장관
참조 영사교민국장
제목 자료송부

    연: JAW-01288
    연호 지문 압날에 관한 법령을 별첨과 같이 송부합니다.
   첨부: 외국인 등록법의 지문에 관한 정령 및 외국인 지문압날 규칙1부. 끝.

주일대사

3-1. 첨부–외국인 등록법의 지문에 관한 정령 및 외국인 지문압날 규칙

別記第十六号樣式(第六条、第七条、第十条関係)

外国人登録法施行規則 （樣式） 2

登録証明書交付報告書		報告書作成 市区町村名	
国　籍	氏　　　名	性別	生　年　月　日	登録証明書発行市区町村名
韓国・朝鮮 中国・米国		男 女	年 月　　日	

登　録　番　号	申　請　年　月　日	事　由	確　認　の　日	交　付　年　月　日
旧 ◯	昭和　　　　年	第　　条	昭和　　　　年	昭和　　　　年
新 ◯	月　　日	第 1 項	月　　日	月　　日

備考欄

○　外国人登録法の指紋に関する政令

(昭和三十年三月五日

政令第二十六号)

最近改正　昭和五五年七月九日政令第二〇〇号

　　内閣は、外国人登録法(昭和二十七年法律第百二十五号)第十四条の規定に基き、
この政令を制定する。
　　(この政令の趣旨)
第一条　この政令は、外国人登録法(以下「法」という。)第十四条第六項の規定に基
　　き、同条第一項又は第三項の規定による指紋に関して必要な事項を定めるもの
　　とする。
　　(指紋の押し方)
第二条　指紋は、市町村(東京都の特別区のある区域及び地方自治法(昭和二十二年
　　法律第六十七号)第二百五十二条の十九第一項の指定都市にあつては、区。以下
　　同じ。)の事務所に備えつける用具を用い、手指の第一関節を含む指頭掌側面
　　で、指頭を回転しながら押さなければならない。
　　(指紋の押直し)
第三条　この政令の規定により指紋を押した場合において、市町村の長がその場で
　　その押された指紋が鮮明でないと認めてその旨を指摘したときは、その場でそ
　　の指紋を押直さなければならない。
　　(押すべき指紋)
第四条　法第十四条第一項又は第三項の規定により押すべき指紋は、左手のひとさ
　　し指の指紋とする。ただし、左手にひとさし指がないため、若しくはその他の
　　理由により左手のひとさし指の指紋を押すことができないとき、又は市町村の
　　長において、疾病、負傷その他の理由により左手のひとさし指の指紋を押すこ
　　とが適当でないと認めるときは、次の各号に揚げる順序による左手のひとさし
　　指以外の指の指紋(以下「変則指紋」という。)とする。
　　一　右手のひとさし指
　　二　左手のなか指
　　三　右手のなか指
　　四　左手のくすり指
　　五　右手のくすり指

　　　六　左手のこ指

　　　七　右手のこ指

　　　八　左手のおや指

　　　九　右手のおや指

2　変則指紋を押した外国人が、その後はじめて前項の規定による指紋を押すべきときは、その外国人は、同項の規定による指紋のほか、指紋原紙の所定の欄に、当該変則指紋を押した指と同じ指の指紋(以下「補助指紋」という。)を押さなければならない。ただし、同項の規定による指紋が当該変則指紋をおした指と同じ指によつて押されるべきときは、この限りでない。

　(指紋を押すべき時期の特例)

第五条　前條第一高の規定による指紋を押すべき場合において、疾病その他身体の故障により市町村の事務所に出頭することが出来ないため、又は指紋を押すことができる指が一本もないため、指紋を押すことができないときは、当該指紋は、当該疾病その他身体の故障がなくなつた後又はいずれかの指の指紋を押すことができるに至つた後直ちに押せば足りる。

2　前条第一項の規定による指紋を押すべき場合において、市町村の長において、疾病その他身体の故障により市町村の事務所に出頭することが適当でないと認め、法務省令の定めるところにより期間を指定したときは、当該指紋は、その期間の経過後直ちに押せば足りる。市町村の長において、その事務所に出頭した外国人につき、疾病、負傷その他の理由により指紋を押すことが適当でないと認め、法務省令の定めるところにより期間を指定したときも、同様とする。

第六条　第四条第二項の規定による補助指紋を押すべき場合において、疾病その他身体の故障により市町村の事務所に出頭することができないため、又はその指の指紋を押すことができないため、補助指紋を押すことができないときは、当該補助指紋は、当該疾病その他身体の故障がなくなつた後又はその指の指紋を押すことができるに至つた後直ちに押せば足りる。

2　第四条二項の規定よる補助指紋を押すべき場合において、市町村の長において、疾病その他身体の故障により市町村の事務所に出頭することが適当でないと認め、法務省令の定めるところにより期間を指定したときは、当該補助指紋は、その期間の経過後直ちに押せば足りる。市町村の長において、その事務所に出頭した外国人につき、疾病、負傷その他の理由により補助指紋を押すことが適当でないと認め、法務省令の定めるところにより期間を指定したときも、同様とする。

(法第九条第一項申請をする場合の指紋に関する特例)

第七条　法第十四条第三項の規定により指紋を押すべき場合において、法第九条第三項において準用する第八条第三項の規定により提出する登録証明書に指紋が押されているときは、法第十四条第三項に規定する登録原票その他の種類のうち、登録原票及び登録証明書には指紋を押すことを要しない。

(指紋を押す義務が重複する場合の調整)

第八条　指紋を押すべき原因となる申請をなし、その申請に係る登録証明書を受領した後、その指紋を押すべき時期が到来する前に、さらに指紋を押すべき原因となる他の申請に係る登録証明書の申請に関する指紋については、次の各号に定めるところによる。

一　第四条第一項の規定による指紋は、これを押すべき時期が到来した場合においても、押すことを要しない。

二　第四条第二項の規定による補助指紋は、後に受領した登録証明書の申請に関する指紋が同条第一項ただし書の規定によりその補助指紋を押すべき指によつて押されたときに限り、これを押すべき時期が到来した場合においても、押すことを要しない。

(省令への委任)

第九条　この政令に定めるもののほか、法第十四条の規定による指紋に関して必要な事項は、法務省令で定める。

　　　　　附則

この政令は、昭和三十年四月二十七日から施行する。

　　　　附則(昭和三一年六月二日政令第一六二号)

この政令は、昭和三十一年八月一日から施行する。

　　　　附則(昭和三三年四月二五日政令第八八号)

この政令は、昭和三十三年八月十日から施行する。

　　　　附則(昭和三八年三月一九日政令第四六号)

この政令は、公布の日から施行する。

　　　　附則(昭和四六年五月七日政令第一四四六号)

この政令は、昭和四十六年八月一日から施行する。

　　　　附則(昭和五五年七月二九日政令第二〇〇号)

この政令は、昭和五十五年十月一日から施行する。

〇外国人指紋押捺規則

(昭和三十年三月五日
法務省令第四十六号)

最近改正　昭和五五年二月二五日法務省令第一四号

　外国人登録法の指紋に関する政令(昭和三十年政令第二十六号)を実施するため、外国人指紋押捺規則を次のように定める。

第一条　外国人登録法の指紋に関する政令(以下「令」という。)第二条の規定区域及び地方自治法(昭和二十二年法律第六十七号)第二百五十二条の十九第一項の指定都市にあつては、区。以下同じ。)の事務所に備えつける用具は、指紋用インキ及び指紋押捺器とする。

第二条　指紋原紙は、別記第一号様式のとおりとする。

第三条　令第四条第一項ただし書に規定する左手のひとさし指の指紋を押すことができないときは、左手のひとさし指がないときのほか、おおむね次のとおりとする。

　一　生まれつき指紋がないとき。

　二　負傷等により指紋がない状態にあるとき。

　三　指の畸型により指紋を押すことができないとき。

　四　指の疾病、負傷等により指紋を押すことができないとき。

　五　前各号のほか、これらに類する理由があつて指紋を押すことができないとき。

2　令第四条第一項ただし書に規定する左手のひとさし指の指紋を押すことが適当でないときとは、おおむね次のとおりとする。

　一　指に丹毒、瘭疽その他化膿菌による疾患があるとき。

　二　指に疥癬、とびひ等の皮膚病があるとき。

　三　指に関節淡、骨髄炎その他骨又は神経系統の疾患があるとき。

　四　指に凍傷又は火傷その他の負傷があつて、指紋を押すことを妨げるとき。

　五　指に骨折、関節の捻挫、脱臼等骨の負傷があるとき。

　六　指の畸型により指紋を押すことを妨げるとき。

　七　指紋がすりへり又は荒れて明らかでないとき。

　八　指紋を押すことについて著しい障害となる程度の手又は腕の疾病又は負傷が

あるとき。

　九　前各号のほか、これらに類する理由があつて指紋を押すことを妨げるとき。

第四条　令第五条第二項前段又は第六条第二項前段に規定する市町村の事務所に出頭することが適当でないときとは、おおむね次のとおりとする。

　一　癩患者であるとき。

　二　法定伝染病患者であるとき。

　三　精神病者であるとき。

　四　前各号のほか、出頭することによつて著しい身体上の障害を生ずる虞があると認められるとき。

2　令第五条第二項後段又は第六条第二項後段に規定する指紋を押すことが適当でないときとは、前条第二項各号に揚げる理由があるときをいう。

3　市町村の長は、令第五条第二項又は第六条第二項の規定により市町村の事務所に出頭すること又は指紋を押すことが適当でないと認めるについて、必要があるときは、当該外国人にその事実を証するに足りる文書の提出を求めることができる。

第五条　市町村の長が令第五条第二項又は第六条第二項の規定により指定する期間は、前条第一項又は第二項に揚げる理由がなくなるまでの見込の期間とする。

2　前項の場合において、市町村の長は、二月をこえる継続する期間を指定しようとするときは、あらかじめ、都道府県知事の承認を受けなければならない。

3　市町村の長は、前二項の規定により期間を指定したときは、指紋押捺期間指定書を当該外国人に交付しなければならない。指紋押捺期間指定書は、別記第二号様式のとおりとする。

第六条　市町村の長は、外国人が指紋原紙に指紋を押したときは、速やかにこれを都道府県知事を経由して法務大臣に送付しなければならない。

　　　　　附則

この省令は、昭和三十年四月二十七日から施行する。

　　　　附則(昭和三一年六月二六日法務省令第三六号)(抄)

1　この省令は、昭和三十一年八月一日から施行する。

　　　　附則(昭和三三年五月一〇日法務省令第二一号)

この省令は、公布の日から施行する。

　　　　附則(昭和三四年五月三〇法務省令第三二号)(抄)

1　この省令は、昭和三十四年八月一日から施行する。

　　　　附則(昭和三八年三月一九日法務省令第二二号)

　この省令は、公布の日から施行する。

　　　　附則(昭和四六年五月七日法務省令第三〇号)

　この省令は、昭和四十六年八月一日から施行する。

　　　　附則(昭和五五年二月二五日法務省令第一四号)

1　この省令は、昭和五十五年八月一日から施行する。

2　外国人登録法施行規則の一部を改正する省令(昭和五十五年法務省令第十三号)による改正前の外国人登録法施行規則(昭和三十一年法務省令第三十五号)別記第十六号様式甲の指紋原紙及びこの省令による改正前の外国人指紋押捺規則別記様式の指紋押捺期間指定書は、それぞれこの省令による改正後の外国人指紋押捺規則別記第一号様式の指紋原紙及び別記第二号様式の指紋押捺期間指定書とみなす。

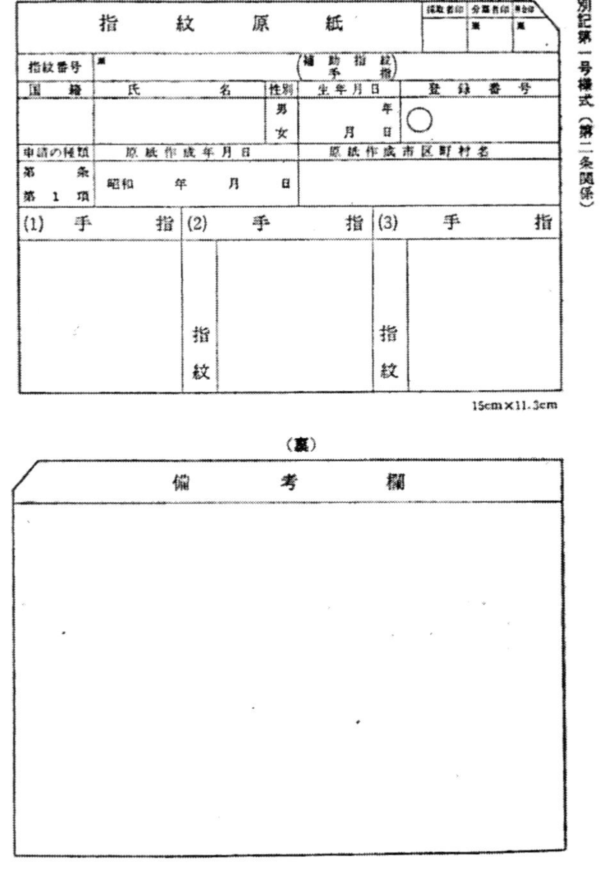

(表)

指紋押なつ期間指定書

　　　　殿

あなたは、外国人登録法第14条に規定により、昭和　　年　　月　　日指紋補助指紋(
手　　指)を押すべきところ、外国人登録法の指紋に関する政令第　　条第　　項に該当
する事由があるため、昭和　　年　　月　　日まで指紋を押すこと(提出すること)が適当
でないと認めますから、　　月　　日から　　月　　日までの3日間のうちに当事務所に出
頭して指紋を押さなければなりません。
　　市区町村長　　　　　　　　　　　　　　　　　　　　　　職印

Nocification of the Date of Fingerprinting

To:

While you should have fingerprint special fingertaken on　　　,　　　print(
hand, finger)　　　inaccordance with the provision of Article 14 of the Alien
Resistration Law, it has been determined that you fall under Article　　　,
paragraph　　　of the Cabinet Order concerning fingerprints under the Alien
Registration Law and the taking of your fingerprint(s)(your appearance) has
been found impracticable until　　　,　　　and therefore you are hereby required
to appear at this office to have your fingerprint taken during 3 days from to,
　　.

Mayor of City
Head of Word Town or Village

(裏)

注意　1. 期間内に病気によつて出頭できないときは、その前日までに医師の診断書
　　　　を添え、詳しい事情を書いた書類を代理人又は郵便により提出して下さ
　　　　い。
　　　2. 病気でもないのに期間中に出頭しない場合は、外国人登録法違反として
　　　　処罰されまるからご注意下さい。

Note :

1. In case you cannot appear during the designated period because of illness,
   you are requested to submit through your proxy or by post, not later
   than the previous day, a document containing a detailed statement of the
   circumstances accompanied by a medical certificate.

2. If you fail to appear during the designated period although you are not
   ill, you will be punished for violating the Alien Registration Law.

통일일보(1981.3.6) 「2年後」の約束出たが…―指紋押なつ義務の軽減―＿“早く検討を進めて”＿“在日同胞、日本国会議論を注視

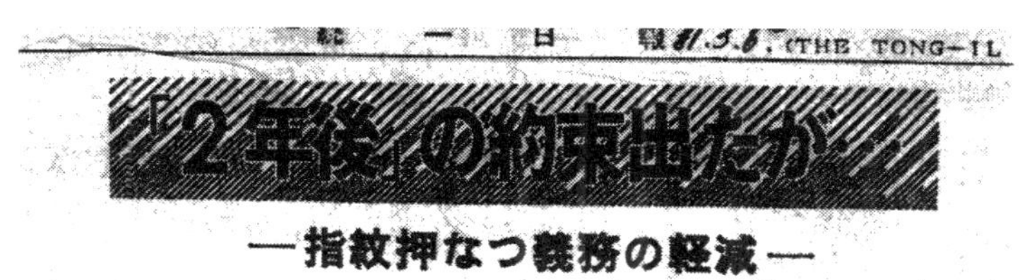

4. 외무부 공문(발신전보)—구 화란 식민지 주민의 국적선택권

외무부
종별 지급
번호 WHO-0115
일시 261730
발신 장관
수신 주화란대사
제목 구 화란 식민지 주민의 국적선택권

　　재일교포의 법적지위문제 연구에 참고코저 하니 하기 사항 지급 파악 보고바라
며, 관련자료는 입수되는 대로 별도 송부바람.
　　가. 구 화란령이었던 수리남(남미)이 75.11.25 독립할 당시, 화란정부는 화란거
주 수리남인에게 화란국적 선택권을 부여하고, 수리남에 거주하는 수리남인들
에게까지 화란국적 선택권을 부여하였으며, 그 신청마감일이 80.9월이었다 하
는 바, 동 사실의 확인
　　나. 45.8.17 화란령으로부터 독립한 인도네시아에 대하여는 상기 국적선택권에
관하여 어떻게 처리하였는지 확인 (조법, 아일)

5. 외무부 공문(착신전보)—구 화란 식민지 주민의 국적선택권

외무부
종별 지급
번호 HOW-0135
일시 271730
수신시간 81.1.27. □:34
발신 주 화란대사 대리
수신 장관
제목 구 화란 식민지 주민의 국적 선택권

　　대: WHO-0115

대호건 아래와 같이 보고하며 상세자료는 입수되는 데로 추후 송부 위계임. 수리남 독립전까지 수리남 거주인은 모두 화란국적 이었으며 75.11.25 독립시 다음과 같이 분류되어 국적이 부여되었음.
1. 독립당시 수리남지역에 거주하고 있던 수리남 출생자는 모두 자동적으로 수리남국적이 부여되었고 수리남지역 이외 출생자는 수리남 국적과 화란국적 중 선택할 수 있었음.
2. 독립당시 수리남 지역 이외에 거주하고 있던 자는 국적변동에 아무런 변동이 없었고(따라서 화란국적을 계속 가지게 됨) 단, 본인이 수리남 국적을 취득하는 경우에는 1986 1.1전까지 수리남에 2년 이상 거주하여 수리남 국적 취득을 신청하여야 함.
(조법, 아일)

6. 외무부 공문(발신전보)—구 화란 식민지 주민의 국적선택권

외무부
종별 지급
번호 WHO-0118
일시 271750
발신 장관
수신 주화란대사
제목 구 화란 식딘지 주민의 국적 선택권

　　연: WHO-0115
　　가능한 사항만 우선 파악하여 1.28. 09:00까지 필히 보고바람. (조법)

7. 외무부 공문(착신전보)—구 화란 식민지 주민의 국적선택권

외무부
번호 HOW-0137

일시 281730
수신시간 81.1.29. 11:29
발신 주 화란대사
수신 장관
제목 구 화란 식민지 주민의 국적 선택권

　　연: HOW-0135, 대: WHO-0115
　　연호 보고에 이어 1945년 인니가 화란으로부터 독립 동시 국적선택권 처리 사
항 요지는 다음과 같음.
　　1. 인니거주 인니인(인니 ORIGIN)에게는 자동적으로 인니국적 부여
　　2. 인니 거주 화란인(화란 ORIGIN)에게는 1949-51년간 인니국적이나 화란국적
중 선택권을 부여
　　3. 화란거주 인니인(인니 ORIGIN)에게는 인니 국적 부여.
　　(조법, 아일)

8. 외무부 공문(발신전보)—구 화란 식민지 주민의 국적선택권

외무부
종별 써비스
번호 SUC-01377
일시 301230
발신 국제법규과 안호영
수신 주일 국제법규 과장

　　　　화란의 식민지 국적 선택권 부여에 관한 추가 보고 사항은 아래와 같습니다.
　　1. 인니거주 인니인에게는 인니국적 부여
　　2 인니거주 화란인에게는 49-51년간 국적 선택권 부여
　　3. 화란거주 인니인에게는 인니국적 부여

　　국제법규과 안호영

9. 주화란대사관 공문—구화란식민지 주민의 국적선택권

주화란대사관
번호 주화란700-43
일시 1981.1.31.
발신 주화란대사
수신 장관
참조 조약국장
제목 구화란식민지 주민의 국적선택권

　　대: WHO-0115　　연: HOW-0135
　　1. 연호 보고와 관련 화란과 수리남간의 국적권에 관한 협정서(1975년도)를
별첨 송부합니다.
　　2. 주재국은 영문 텍스트를 발행하지 않아 불가피 화란어 텍스트를 동봉하오
니 양해하여 주시기 바랍니다.　　끝.
첨부: 상기 텍스트 1부[1)]

　　주화란대사

10. 외무부 공문(착신전보)—국련 관련 신문보도

외무부
번호 JAW-03106
일시 061800
수신시간 81.3.7.　10:26
발신 주일대사
수신 장관
제목 신문보도

---

1) 화란과 수리님 간의 국적권에 관한 협정서는 지면 관계상 생략

금 3.6자 마이니찌 신문은 국련 인권위 토의에 일본도 대상 재일한국인 문제로 라는 제목으로 지난2.25부터 제네바에서 개최되고 있는 국련 인권위원회는 일본 동독을 포함한 16개국에 있어서의 인권 침해상황을 비공개로 토의하고 있는 바 일본에 대해서는 재일한국인 취급 문제를 토의하고 있는 것 같다고 제네바발 통신을 인용 간단히 보도하였음.
(일영-교일, 아일, 국이)

11. 외무부 공문(착신전보)-아국관계 기사보고

외무부
번호 FUW-03066
일시 071155
수신시간 81.09.07. 12:□
발신 주후쿠오카 총영사
수신 장관
제목 아국관계 기사보고

　　　1. 3.6자 매일신문은 국련인권위 토의에서 일본도 대상으로-재일한국인 문제로-의 제목으로 제네바 발 공동통신발로 UN인권위원회 비공개회에서 재일한국인에 대한 처우문제가 처음으로 토의되고 있는 것 같다고 함. 2. 동회의에 북구주시 거주 최창화목사(고꾸라 한인교회 목사, 야하다 대학강사)와 후쿠오카시 체류 미국 연합장로교회 및 미국 남장로교회 파견 선교사 강은홍 목사가 참석하고 있으니 참고바람. (아일, 국연, 교일) CFM: FUW-0306 071158)

12. 외무부 공문(발신전보)-재일한국인 문제 토의내용 조사 요청

외무부
번호
일시

발신 외무부장관

수신 주유엔대사(사본: 주일대사)

　　　재일한국인 문제 토의내용 조사

　　대: JAW-03106

　　1. 3.6일자 일본 마이니찌 신문 보도에 의하면 국련 인권위 비공개 회의에서 재일한국인에 대한 처우 문제가 토의되고 있다고 하는 바, 동 토의내용을 가능한한 입수 보그바람.

　　2. 동 회의에는 일본 북구주시 거주 최창화 목사(고꾸라 한인교회 목사겸 야하다 대학강사)와 후꾸오까시 체류 강은홍목사(미국 연합 장로교회 및 미국 남장로교회 파견 선교사)가 참석하고 있음을 참고바람.

　　(교일)

13. 외무부 공문(발신전보)−재일한국인 문제 토의내용 조사 요청

외무부

번호

일시

발신 장관

수신 주유엔대사(사본: 주일대사)

　　　재일한국인 문제 토의내용 조사

　　대: JAW-C3106

　　1. 3.6일자 일본 마이니찌 신문 보도에 의하면 국련 인권위 비공개 회의에서 재일한국인에 대한 처우 문제가 토의되고 있다고 하는 바, 동 토의내용을 가능한한 입수 보고바람.

　　2. 동 회의에는 일본 북구주시 거주 최창화 목사(고꾸라 한인교회 목사겸 야하다 대학강사)와 후꾸오까시 체류 강은홍목사(미국 연합 장로교회 및 미국 남장로교회 다견 선교사)가 참석하고 있음을 참고바람.

　　(교일)

14. 외무부 공문(발신전보)-재일한국인 자료

외무부
번호 WFU-0304
일시 181930
발신 주후쿠오카 총영사
수신 장관
제목 재일한국인 자료

　　　연: WFU-0302
　　　연호 귀지 한인교회 최창화 목사등이 제37차 유엔 인권위에서 Koreans in
Japan이란 영문책자 2종류를 배포했는바, 동책자 각10부씩 입수, 지급 송부
바람.
　　　(아일-　　)

15. 외무부 공문(발신전보)-재일한국인 자료 송부 요청

외무부
번호 WFU-0308
일시 261500
발신 장관
수신 주후쿠오카 총영사
제목

　　　연: WFU-0304
　　　연호 자료 지급 송부바람. (아일-　　)

16. 주후쿠오카 총영사관 공문-자료송부

주후쿠오카 총영사관

번호 후쿠오카 제474호
일시 81.3.27.
발신 주후쿠오카 총영사
수신 장관
제목 자료 송부

　　　대: WFU-0304, WFU-0308
대호건 최창화 목사가 제네바회의 참석 후 미국을 거쳐 3.20, 북구주에 돌아왔
기 때문에 "Koreans in Japan" 자료 입수가 다소 지연되었으니 양지바라며, 자
료는 별첨 송부합니다. 한권으로 되어있는 Volume A.B는 품절되어 2부만 입수
하였으니 참고바랍니다.
첨부: 1. Koreans in Japan (1979.10.24) 2부
　　　2.　　　　　〃　　　　(1979.10　　) 9부
　　　3.　　　　　〃　　　　(1981. 2.15) 9부

주후쿠오카 총영사

16-1. 첨부-일본속의 한국

KOREANS IN JAPAN

(Ethnic Minority Problem)

Presented to

The Commission on Human Rights of the United Nations

October 1979

By

Association of Fighting for Aquision of Human Rights for Koreans in Japna

1-6-7 Shiragane, Kokura Kita-ku, Kitakyushu, Japan

Tel. (093) 921-8756

CONTENT

HISTORICAL BACKGROUND OF THE KOREANS IN JAPAN

At present, in Japan, about 660,000 Koreans are residing, but without considering the historical background how they have come to reside in Japan, we cannot discuss the problems of their legal status.

The question is, why the "Korean in Japan" are residing in Japan today.

In 1876, Japanese militarism and colonial policy forced Korea to open its ports from their seclusion policy with the incident of firing at Unyogo, the Japanese war whip, which had invaded the territorial water of Korea. In 1905, after winning the war against Russia, Japan forced Korea to sign the Korean-Japan Security Treaty under the threat of Japanese armed military personnel, which laid the foundation of Japanese colonial policy in Korea ND IN 1910, Korea became colony of Japan completely through the Japan-Korea Annexation Treaty.

Japanese business men and usurers, using Japanese military pressures, purchased the farming lands cheaply and gradually deprived the farmers of their lands. Thus Japanese land owners appeared in Korea. The imperial Japan used the system of "nationalization of land" under the threat of state power in order to deprive Koreans of their land. Especially, there was an operation called, "Land Investigation Enterprise", which needs our attention here. The aim of this investigation was to confiscate all the lands owned by the previous Korean Lee Dynasty and its government offices including the lands, of which the ownership was not clearly known and to "incorporate them into State possession" in order to protect and foster Japanese land owners.

This investigation was carried out through a "system of declaration" and all the lands owned by those who were ignorant and illiterate including the lands not reported in order to evade taxes, uncultivated lands. Mountains and forests, became state possession. The farmers lost their lands and then had no choice but to work as hire laborers on a cheap wage scale, in the farms owned by the new Japanese land owners. The rice produced in these farms by the cheap laborers were then exported to Japan. Along with the exporting rice to Japan, the farmers who were deprived of their farming lands had no choice but to migrate again as cheap laborers to Japan.

This was the result of colonial policy of Japanese imperialism. Again the Japanese government plundered farmers of rice in the name of "quota delivery", a compulsive means, according to their needs in order to provide food for their military need. And the farmers were also drafted and brought to Japan by coercive measure and were put to work as laborers at the Japanese monopolized enterprises and at factories producing war materials. Through these political and economic background, the "Koreans in Japan" have come to live in Japan.

The following division of five stages may be viewed as a process of migration to Japan.

First stage- before 1910

We do not know how many Koreans lived in Japan in this period, but according to the record in 1909, 790 Koreans lived in Japan. Therefore it is proper to say that mass migration of Korean into Japan occurred since 1910, the Japanese Annexation of Korea.

Second stage- 1910-1919

Korean population in Japan counted 28,272 in 1919 and it was still increasing.

<u>Third stage- 1920-1925</u>

In 1919, the police issued travel certificate to those who entered Japan, but this system of travel certificate was abolished and the restriction of entry was lifted in 1922. In 1923, the Japanese society saw an economic depression, accordingly unemployment became a serious problem, and the first victims of unemployment were the Korean laborers. An event on September 1, 1923, we must remember, was the Kanto great earthquake, at which time, thousands of Koreans were killed by Japanese people because of the fact that "they were Koreans." Korean population in 1925 showed 133,710

<u>Forth stage- 1926-1938</u>

During this period, each year had an increase of 50,000 Koreans and totally, there was an increase of 660,000 Koreans. Thus the Korean population in 1938 was 799,865.

<u>Fifth stage- 1939-1945(August)</u>

This was the period of labor draft. Laborers were forced to come to Japan to work at mines, factories to produce war materials, construction of airfields etc. In this period, about 1,100,000 Koreans were brought to Japan and put to work in every part of the country.

On August 15, 1945, at Japanese defeat of the war, Korean population was listed at about 2.1 million. Within two or three years after the end of war, about 1.5 million Koreans went back to Korea but about six hundred thousand, who felt rooted in Japan have remained to reside in Japan.

According to the statestics of the Ministry of Justice(Japan) at the end of 1978, Korean in Japan, who were recorded in the foreigner's registration, were 659,026.

-by Choe, Changhwa

GUARANTEEING THE HUMAN RIGHTS OF MINORITY PEOPLES
— The Struggle of the Korean residents in Japan to Regain their Rights to Political Participation

- by CHOE CHANG HWA
- translated by David Coates

On 1st. September, 1975

Almost three years ago an enquiry paper on fundamental human rights of the Korean residents in Japan, including that of the right to political participation, was presented to the Mayor of Kita Kyushu. (North Kyushu). It is now almost thirty years since the rights to political participation of the Koreans resident in Japan were forcibly taken away and at last for the first time the "recovery of rights to political participation" has been projected as the central goal in a concrete struggle for human rights. When one uses the expression "fundamental human rights" the most important feature is the right to participation in politics. When one talks of one's ability to protect one's human rights, one means in effect the legal right to participate in politics, which controls all spheres of an individual's life. When we talk of protecting human rights, we do not mean here a protection by words nor by one's own physical power, but rather that rights should be guaranteed by a system-that is a legal system set up specifically for the guaranteeing of human rights- and that to enforce the making of such a legal system for the guaranteeing of human rights, we must directly participate in politics. Until now, when the rights of Koreans resident in Japan have been violated, we have turned to our friends, beseeching them and occasionally finding a solution through recourse to money. In these cases, the situation is inevitably one of having to appeal to Japanese people. Until now we have not been in a position to protest or to struggle in various ways against the violation of our human rights. But let us examine the present realities. We are here to stay in Japan, in the future there is no alternative to living in Japan. This being an undeniable reality and a major force shaping our lives we must regain our human rights and the rights to political participation that have been stripped away from us in this place called Japan. To have various obligations imposed upon Japan cannot be called anything but "Twenty-first Century Slaves". To liberate ourselves from this slavery and gain recognition as human beings, each and every one of us must arouse a consciousness of our rights and work together.

I <u>The Rights to Political Participation are the Foundation of a Democratic</u>
<u>System</u>

Montesquieu in his work "The Spirit of the Law" (L'Esprit de Loi) states that, "In a democratic state, the people are in some aspects the rulers; in other aspects they are the ruled. It is only through the voted that the people can maintain their sovereignty. The will of a sovereign people is itself sovereign. Therefore, that law that establishes the right to vote is the fundamental law of such a system. Therefore, it is essential that the law specify in what way the right to vote shall be granted, to whom and by whom. Democratic government fundamentally rests on the right of the people, and only the people, to determine the law."

As stated here the fundamental principle of democracy is that the people themselves hold the power and that the vote is their will. Therefore, to be disqualified from political participation is to be exclude from the process of government. It should be obvious that the Koreans resident in Japan are an integral element of Japanese society and a segment contributing to the common good.

During the war, large numbers of Koreans were, against their own will, forcibly brought to and settled in Japan as corvée labour. They were forced to work in such high risk occupations as construction of dams, railways and roads, and coal mining. The number of lives lost during this work was high, yet the labourers gained no rewards for their endeavours. They were placed in the very lowest stratum of Japanese society as labourers.

After Japan's defeat in the Second World War, Koreans continued to reside in Japan as a productive segment of society. They remained in the lowest stratum of the working class. And while of course, they worked to support themselves, their labour also largely contributed to Japan's ensuing development. Yet even today they have no guarantee of enjoying the fruits of their labour, no actual material recompense. There is no way to characterise this situation except as "slavery". Why is it that the Koreans resident in Japan, though a contributing segment of the collective interest, are not able to enjoy the full rights of membership in that body? A Korean, as fully human as a

Japanese, born in Japan, educated in the same schools, living and working in Japan, dying and being buried in Japan, is not granted the full enjoyment of his sovereign rights. Why is this so? In this sense we are forced to say such things as "We declare that Koreans are human beings." It is said that human beings are social animals. We are called human because within person-to-person relations we seek to maintain a certain "humanity" or "humaneness". This "humaneness" in relations is itself the "fundamental human right" for which recognition is demanded. The question is whether this kind of "humaneness" is being fostered in relations is between Japanese and Koreans. There have been exceptions, of course, in which individuals have displayed this "humaneness" in such relations. But usually this has been out of sympathy or even out of a sense of condescending magnanimity, rather than from recognition of the Korean people's ethnic integrity and autonomy.

It is in the recognition of each Korea as a fully-fledged member of the Korean race and treatment of Koreans as full equals in all areas, that the Japanese themselves will find their own "humaneness". Systems of law and politics are the concrete crystalisations of these emotional issues. Japan's political system concretely and directly controls and regulates the lives of Korean resident in Japan are held within the grip of Japan's legal system. Unfortunately, the will of the Koreans themselves, was not reflected in the formulation of the laws that govern their lives. The fundamental principle of democracy is, as Montesquieu puts it, "The right to make laws rests with the people and only with the people." It goes without saying that we are under no obligation to subject ourselves to laws which in no way reflect our own will. Yet, in fact, we are bound by many laws that go against our will. For instance, there are the Alien Registration Laws. Under this law we must be fingerprinted, be issued a registration card with a photograph, and carry that registration card upon our persons at all times. This has to be renewed every three years, and failure to comply invites prosecution, fines and worse. The fact is, more obligations are imposed upon us than the Japanese.

Considering these factors, it is imperative that we have guarantees that we can enjoy the same rights as the Japanese, and our civil rights and voting rights(rights to political participation)must be guaranteed. This, then, will mean full recognition as a human being belonging to the Korean race. The guarantees we seek must be affirmed by the law.

II Political Rights in the Pre-War Period

Election laws of the prewar period are found in the Japanese Imperial Constitution Provisions 33 and 35, the Privy Council Ordinances and the Diet Election Law(1889 Feb.11th, Law no.3). The Diet was chosen by general election, voting rights being given to individuals with the following qualifications; male, over 25 years of age, resident of Japan proper. In addition, voter qualification was only granted to those who had payed a certain sum or above in taxes. This was for direct national taxes. In 1890 the sum was set as above 15 yen; in 1902, above 10 yen; in 1920, above 3 yen. In 1928 there were no restrictions as to payment of taxes, with voting restricted to males over 30 years of age. Until February 1928, when the first General Election was held, not a single Korean resident of Japan had ever paid income taxes. Accordingly, no Koreans held the right to vote. In 1929, Hwang Sung Won, 36 years of age, the manager of Korean workers in a textile factory, ran for the City Council in Sakai City, losing by 204 votes. In June 1931, Na Chong Mun, a construction contractor, failed by 49 votes to realise his bid for a seat on the Fuchu District Council in Tokyo Prefecture. In September, 1931, Ham In Kyong, 30 years old, unemployed, ran for a seat in the prefectural Legislature, losing by 177 votes.

However, in February 1932, Pak Chung Gum, a mine foreman, 41 years old, ran for the Diet form Ward 4 in Tokyo, winning by 6,966 votes. In May of the same year, Pak Pyon In, 32 years old, a scribe, was elected to the Amagasaki City Council, winning by 103 votes.

The Tokyo Edition of the Asahi Shimbun(Asahi Newspaper) reported during the 18th. General Election of 1932 that,

"In Tokyo Prefecture, according to our investigations, 4,350 Koreans are registered as qualified voters. Among these voters are some who would submit their ballots in the Koran alphabet(Hangul). Responding to this, the Prefectural Administration drew up ballots written in the Korean syllabary and sent them out to all polling stations. Local officials were seen to be frantically studying to memorise the syllabary." (Tokyo Asahi, February 3rd.)

The election of Korean candidates to the Diet and City Councils greatly stimulated interest in politics among the Korean residents. Korean candidates spoke out on such issues as housing, immigration and the removal of discriminatory treatment. They successfully grasped the issues crucial to the Korean residents in Japan, deepening the political awareness of the qualified voters among the Koreans. At the same time, some Japanese candidates made faint gestures toward the Korean voters, distributing campaign pamphlets in Hangul and appointing Koreans to their campaign committees. The following are the statistics from 1931 to 1942.

BODY	Korean Candidates	Elected	Defeated
Diet	11	2	9
Prefectural Legislature	9	0	9
City Council	178	30	139
Ward Council	69	2	66
District Council	46	22	6
Village Council	18	12	6
others	26	13	13
TOTAL	240	43	190

(Discrepancies in the figures are due to withdrawals by candidates in mid-campaign.)

CANDIDATES FOR THE DIET IN 1942

Pak Chung Gum	53 years old	Mining Industry	Tokyo
I Yong Gae	37 years old	Lawyer	Tokyo
I Ka Sil	49 years old	Factory Owner	Tokyo
I Son Hong	49 years old	Pharmaceutical Merchant	Osaka
Shim Tae Ok	44 years old	Lawyer	Osaka
Im Yong	46 years old	Newspaper Editor	Aichi

(The six candidates noted above all lost, but if a single Korean had run in Osaka or Tokyo, they might have won). The youngest Korean candidate recorded was Hwang Bong Suk, 26 years old, a cook, who ran for village council in Muko on May 30th, 1942, under two names, his Korean name and a Japanese-style name which incorporated his family name characters, Kiyama Tetsumune. Korean candidates in their twenties' numbered 9, of which 5 were elected. Three persons, aged 32, were elected to City Councils. We can see from these foregoing examples that young Koreans in their twenties and thirties were active in politics on behalf of their people's future. Furthermore, until 1939, Korean candidates represented themselves with three character names, in the Korean manner. Most likely, Koreans read the characters by the Korean readings, while the Japanese read them in the Japanese way. However, from 1940 onwards, many candidates altered their names to four character names in the Japanese manner. Many ballots appeared in 1942 with two names, Korean and Japanese(that is, one 3-character and one 4-character names). And yet, candidates for the Diet were represented with 3-character names.

Ⅲ <u>Korean forcibly stripped of their Rights</u>

On December 17, 1945, Bill No.4 was passed, which stated that "That voting and candidacy rights of persons for whom the Census Laws do not apply shall be indefinitely suspended." At the 89th. Session of the Diet, Minister of the Interior Horikiri explained as follows;

"As an extraordinary measure, this bill's provisions shall apply to 2 or 3 special issues. First of all, we have suspended the voting and candidacy rights for persons to whom the Potsdam Declaration, Korea and Taiwan are separated from the Empire. Therefore, as rule, Koreans and Taiwanese can be considered to have lost their citizenship in the Empire. Accordingly, it is not appropriate for such persons to participate in the electoral process as they could before as subjects of the Empire. Further, since these persons were considered subjects of the Empire until the ratification of the PEACE Treaty, they were granted rights to political participation. However, until their citizenship is affirmed by international law, we have taken the step of suspending these rights."

On May 2nd, 1947, the Alien Registration Act was enacted. Its 11th, provision states that, "Taiwanese so designated by the Ministry of the Interior and Koreans shall, upon this Act's implementation, be regarded as foreigners". The

Government in these cases, sought to legitimize the exclusion of Taiwanese and Koreans from public life by citing international law. The Local Government Act of April 17th 1948 and the Public Office Election Act of April 15th 1950 both contain clauses ecluding "persons for whom the Census Laws do not apply". A top priority Communication(No.43) from the Chief of the Bureau of Civil Affairs, entitled,

"Concerning Citizenship and Census Management after the Peace Treaty" states that, "From the day of the Treaty's publication, Korea and Taiwan have been separated from Japan's territory. In accordance with this, all Koreans and Taiwanese, including those living within Japan proper, have lost their Japanese citizenship." With this Communication(Administrative Order) from the Civil Affairs Bureau Chief, Koreans and Taiwanese were collectively and forcefully deprived of their Japanese citizenship. At the same time their rights to political participation were also removed. Considered from the viewpoint of international law, these acts are unquestionably illegal.

IV The Struggle to Regain the Rights to Political Participation

The struggle for the rights to political participation was begun on September 9th 1975, with the submission of an enquiry paper to the Mayor of Kita Kyushu City. The Governor of Fukuoka Prefecture was also presented with the written enquiry paper on September 1st the following year. Our very first question to the City and Prefectural officials was, "Do you know what this day is?" This was a question directed to all Japanese people. What answers we received form both City and Prefectural offices were mostly such as "I don't know" or "Is it Fire Prevention Day?" In 1923 on this day, at the time of the Great Kanto Earthquake, 6,000 persons were killed simply because they were Koreans. And it is this discrimination that is killing the Korean people. This fact must be acknowledged before we start anything. On August 25th. 1975, after many discussions, a consensus was reached at a meeting in the sanctuary of a Kokura Church. The representatives of 16 organisations signed the written enquiry paper, and it was decided to officially submit the inquiry on September 1st, the anniversary of the slaughter of Koreans during the Great Kanto Earthquake. Our actions were widely reported on August 27th in the Asahi, Yomiuri, Mainichi and Nishi Nippon newspapers as well as on radio and television. The Hanguk Ilbo newspaper in South Korea reported on the movement, their main headline reading, " Korean comrades in Japan struggle for the rights to political participation", On September 1st, 80 persons, including members of Kokura and Orio Churches ordinary Koreans, Japanese Ministers and their congregations, college students and workers. Squeezed into a City Hall. Later, on October 4th, nearly 100 Koreans and Japanese, an increase in numbers, gathered together. The Japanese, feeling their responsibility, produced a separate pater in support of the original enquiry paper. It was signed by Onose Chikara, representing the Kita Kyushu Christian Urban Industrial Mission; Yamammoto Shigeo, Chairman of the Kita Kyushu Christian Council on Human Rights; Murata Kano, head of the Japanese section of the Committee to promote the Court Case of one, Kim Chong Gap. The reply given by Kita Kyushu City stated that "As to voting rights in local elections, according to the Public Office Elections Law, this is only granted to Japanese nationals. There is nothing we can do about it." This written reply was rejected on the grounds that it was not really a reply at all. On November 21st, during direct negotiations, the Mayor stated that "The right to political participation is an issue on the level of national policy. There is nothing the city can do."

During negotiations on June 24th, we demanded that "The City Council inform the National Government of these demands for rights to political participation and insist upon receiving a statement of the government's position." On August 20th, during negotiations with Kita Kyusyu City, we "pointed out the unjust policies of the Japanese Government with regard to the rights of political participation." On August 24th, the representatives of all the groups concerned met in Kokura Church and a decision was reached to submit a written enquiry to the Governor of Fukuoka Prefecture. On August 25th, Ministers Choe Chang Hwa, Kim Yong Sik and Kim Tok Sam visited the Governor's Secretariat and discussed the presentation of the enquiry paper and requested the Governor's attendance. On August 26th, the morning editions of the Nishi Nihon and Mainichi newspapers, then the Asahi news on the 28th gave primary headlines to the movement, saying "Korean Residents Demand the

Right to Political Participation; Written Enquiry paper presented to Governor of Fukuoka Prefecture; Breakthrough made for Regaining of Citizenship", and gave a detailed report.

<u>Text of the Enquiry Paper</u>

To His Excellency, the Governor of Fukuoka Prefecture.

We are Koreans residing in Fukuoka Prefecture. We are second and third generation Korean residents, have resided here for 40 to 50 years, and have made up our minds to live permanently in Japan. Due to our long period of residence, we have deep ties to the region. We pay the same national and prefectural taxes as Japanese and suffer the same environmental pollution. During the 31 years since the end of the war, Japan has developed as a democratic state, ensuring to its utmost the individual's basic human rights. We are convinced also that the same concern exists for guaranteeing the basic human rights of the Koreans living within the same boundaries. Until the present day, the basic human rights of Korean residents in Japan have not been recognized. In view of this situation, we submit this written enquiry paper.

1. In view of the historical course of events that led to the presence of Korean residents in Japan, responsibility both as Japanese and as the Prefectural Authorities should be taken.

Please make your position clear as to the guaranteeing of the basic human rights of the Koreans resident in Japan.

2. In cities such as Tokyo and Yokohama, child allowances are given to Koreans. When will the Prefectural Administration provide leadership for the realization of this goal in all the cities, towns and villages of this Prefecture?

3. In Tokyo, Yokohama and other cities, access to public housing for Koreans has been acknowledged. When will this be implemented in this Prefecture?

4. Are you prepared to enter into negotiations on making Koreans eligible for loans from the National Loan Fund?

5. We feel that the ultimate method of insuring our basic human rights is to gain the right to political participation. Therefore, we think that this right should be recognized. In Particular, we think that voting and candidacy rights should

be given for the Prefectural Legislature elections. Please make your position clear on this point.

September 1st, 1976

Choe Chang Hwa	Minister, Kokura Church for Korean Residents in Japan.
Kim Yong Sik	Minister, Orio Church of Korean residents in Japan.
Kim Tok sam	The Committee for Promoting the Korean reading of Koreans' names(presently suing Japanese national NHK television).
Chong Chong Ja	Representative, Church of Korean residents' in Japan. West Japan Branch Women's Council
Chon Jin Bae	Representative of the Committee to Protect the Rights of Korean in Japan.

The evening issue of the Asahi newspaper reported in detail and printed in large type, "Grant the Rights to Political Participation!" Other papers also carried the story. On September 18th, the "Christian News" featured an article entitled "The Deprivation of Rights".

In it, the newspaper demanded guarantees for the basic human rights of Koreans resident in Japan, and reported on the demands made the ministers of Koreans residents to Fukuoka Prefecture and the solidarity shown by Japanese Christians. The affair was given large bold print headlines and feature article status.

On December 22nd, during the course of the 17th. round of negotiations with the City, the City Authorities yielded to the demands for access to public housing for Koreans. The City's reply was as follows; —

1. Entrance into public housing by Koreans will be allowed within the year 1977. The City Council will be asked to revise the housing ordinance accordingly.

2. We will ask the National Government to acknowledge the dispensing of child allowance to Koreans, but we are incapable of independent action as a City.

3. We have contacted the Fukuoka branch of the Public Loan Fund about the possibility of loans to Koreans.

4. The rights to voting and candidacy in City Council elections is a matter of national policy which we as a local government are unable to take independent action upon.

In response to this, the Rev. Choe Chang Hwa Advocated the following; —

1. You have said that we can have access to public housing within the year 1977. May we understand that to mean from April 1977?

2. With regard to child allowances, it is said that this will require funds of 35 millions yen. This is but a paltry sum compared to the total City budget. Please make provision for these allowances as soon as possible.

3. With regard to the rights for political participation, all sectors of the City Administration and, indeed, all Japanese, must learn how these rights were taken away from the Koreans resident in Japan and strive to do something about this issue.

We are neither Japanese, nor are we what the Japanese Government calls "aliens". As a minority in Japan, namely as members of the Korean people in which we take pride, we seek the natural rights of humanity and the rights accorded to minorities as recognized by international society.

About this time, in the Okinawa, Yamaguchi and Kyushu regions, Koreans had won access to public housing. This was reported widely in the press and on both radio and television. The fourth round of negotiations with Prefectural officials was held on May 17, 1977. (If unofficial sessions are counted, then this would be the seventh round). At this time we presented the following list of demands; —

To His Excellency, the Governor of Fukuoka Prefecture.

We ask that your office pledge support for the following and make a sincere effort to deal with the contents of the written enquiry paper submitted on September 9th, 1976. In the past, since the Meiji period, Japan carried out a many imperialistic policies. Japanese aggression put Korea under colonial rule for the long period of 36 years. As a result, the Korea people were deprived of their rice and lands and experienced great suffering. Many Koreans had no choice but to cross over to Japan. Moreover, during the war, the Japanese forcefully brought Korean workers to bolster up Japan's war efforts, putting them to work in projects such as mining and the construction of dams, roads and railways and airports. Many lives were lost during this period of high risk labour. Cruel mistreatment and deaths reached their highest levels in the Kita Kyusyu and Chikuo districts. In the 32 years since the end of the war, these persons have had, culturally and economically, no choice but to live in Japan. However, both the Government and people of Japan, showing no feeling of guilt over the past mistreatment, continue politically and socially to discriminate against the Koreans, as well as protection to human rights in a universal sense, the basic rights of Koreans resident in Japan must be ensured to the same extent as the rights of Japanese nationals themselves. The City of Kita Kyushu has openly taken a progressive stance on the issue of public housing. We applaud this. However, we ask City officials to show from now onwards an even stronger progressive attitude.

May 17th, 1977

Shigetomi Katsuhiko	Representative, Kita Kyushu Christian Urban Industrial Mission
Yamamoto Shigeo	Chairman, Kita Kyushu Christian Council on Human Rights.
Kanezaki	Representative, Committee to Support the Court Case of Kim Chong Gap.

This round of negotiations lasted for two and a half hours, with nine persons representing the prefectural. Government and 16 persons representing our side. Negotiations were held on (1) personal attendance by the Governor, (2) opening of public housing, (3) child allowances, (4) rights to political participation. It was agreed to resume negotiations on August 10th, by which time a comprehensive agreement on public housing can be abticipated.

Conclusion

The struggle for political and human rights in Kita Kyushu City has spread and gained strength. We have gained the right to regular, official negotiations. Within the scope of the movement is also a lawsuit against the National Broadcasting System (NHK), demanding that in the interest of human dignity

Korean names be read on the air by their Korean(phonetic) readings (rather than the present practise of rendering them in Japanese pronunciations). At the 38th, Annual Convention of the Mindan (the pro-South Korean group of Koreans resident in Japan), held on March 31st, 1976, the wording of a proclamation on the rights of Koreans in Japan was altered. The original document read, "With the exception of the rights to political participation, Korean citizens must receive treatment equal to that of Japanese nationals in social, economic and political matters." In the new version, the phrase, "With the exception of the rights to political participation" was deleted. This within the Korean community in Japan demanding the rights to political participation, and a new flexibility of attitude towards the issue.

A panel discussion of Asahi newspaper journalists was held on April 25th, upon the conclusion of a series of articles entitled, "The 650,000 people". One journalist stated, "There is arising demand that Koreans should enjoy rights equal to the Japanese, since they are obliged to pay taxes. The granting of the right to political participation to persons who are bot naturalized citizens is out o the question., but perhaps some retroactive recompensatory measures could be taken concerning the taxes. "This is an infuriating statement, coming from the mouth of one who should have, as a journalist, a social conscience, and who had just finished investigative reporting on the issue. We do not want "recompensation" for taxes. What we seek is the right to live as full human beings.

On August 16th, the author presented a lecture to a session of the Mindan Osaka Seinen Kai(Mindan Osaka Youth Branch). The lecture was entitled, "Human rights and political participation tights for Koreans resident in Japan". Young people of the second and third generation, their eyes shining, listened earnestly, not wishing to miss a single word. Moved by the content of the lecture, they gave hearty applause. That applause, an enthusiastic response to the call for human dignity while retaining ethnic autonomy, was greatly encouraging. Moreover, an article in the January 7th, 1977, issue of the "Oriental Economic News" entitled "Achievements over the past year of the movements to protect human rights" noted that out of six participants, three touched upon the issue of rights to political participation. On January 27th of the same year, the Mindan Central Head-quarters sponsored a "Conference on the Removal of Administrative Discrimination". Most notable on that day were the many statements concerning rights to political participation. Kim Chong Ju, Vice-Chairman of the Mindan, stated that "the Mindan has reached the step of reconsidering our position towards the struggle to gain the rights to political participation from regional governments. "Many participants stated that "National policy apart, local governments should be pressured to grant rights to political participation to Korean residents." However, at this time, 70% of the policies which govern our lives are promulgated at the National level, while only 30% are decided at the level of regional administration. While such crucial matters are decided at the national level, it is hard to see how national policy can be considered "apart". In fact, to look at the problem of political participation rights in terms of two separate spheres, "local" and "national". Is nonsense.

In our movement in Kita Kyushu we seek first to raise the Korean community's consciousness at the city and prefectural level and from there expand the scope of the movement. Political participation rights are not a problem of either national or local politics, but rather a question of the right to full participation in all levels of social life. Moreover, as a distillation of the issues of housing and political participation rights. It is time to focus on the problem of gaining full citizenship. The points listed below are proposed as a means towards gaining full political participation rights. The author presented these proposals to a joint meeting of Kita Kyushu groups concerned with Korean rights held on December 5th, 1976, in particular stressing the point that a distillation of the struggle to housing, political and other rights, is to be found in the securement of Japanese citizenship. At the same time we opposed the present practices of naturalization and assimilation, as well as rejected the old concept of the state as a racial unit. Using this thinking as a foundation, the author then presented the proposals below at a meeting held in Tokyo on February 2ne, 1977 on the theme of "A history of the movement of Koreans in Japan and its future" and again at a meeting on April 29th, 1977 on the theme "The legal status of Koreans in Japan and the future outlook."

1. The securing of Japanese citizenship is the ultimate key to gaining recognition of the rights to housing and political participation.

2. Korean names should be read in the Korean manner. Names on the Census Registers should be listed in three ways; in Hangul, Chinese characters. And Japanese katakana syllabary.

3. Those persons who have a strong aversion to adopting Japanese citizenship Should be entitled to the rights to housing and political participation, upon their expression of a desire to live permanently in Japan. This would be a temporary provision, for a period of say 15 years.

The thinking of our movement is summed up in the above three points, in which lie the ultimate keys ensuring the rights of Koreans resident in Japan. Eventually we will submit a similar written enquiry paper to the national government. We will debate the issues thoroughly through repeated negotiations and denounce the principles and practices that have served to rationalize the discriminatory administrative policies of the Government. Furthermore, the contents of our grievances shall also be aired before the international community, making these issues a matter of conscience for all the peoples of the world. The Koreans resident in Japan, descendants of those who were forcefully brought over to Japan during the war, today have no choice but to live the rest of their lives here. In so-called democratic Japan, the fact of the forced deprivation of all rights to these Koreans is a reality that cannot escape the notice of people of good conscience throughout the world. How will Japanese of good conscience respond to the concerned voices of these people? Herein lies the challenge for the Japanese. Today, the human rights of the Yamamoto race alone are ensured, while those of the Korean residents are stamped upon. If this is Japanese society's concept of human rights, then it is nothing more than an expression of the thinking of a racially chauvinistic people who are as yet strangers to universal concepts of human rights. The total protection of the rights of other races, of minority races, is itself the human rights concept of universal human society. In order to realize this hope of reverence for human rights, let us from solidarity among ourselves and step forward together.

September 1st, 1975   September 1st, 1976

GUARNATEEING THE FUNDAMENTAL HUMAN RIGHTS OF THE KOREANS RESIDENT IN JAPAN

-by CHOE CHANG HWA

Translated by Ebisutani Hatsue and Ikeguchi Chikako

On the 1st. September 1975, we Koreans resident in Japan presented a written enquiry paper of five items to the Mayor of Kita Kyushu(North Kyushu) about the problems of the Koreans resident in Japan. Firstly we asked that he be present at a meeting for negotiations to be held on September 1st. and October 4th. After several consultation the request was finally granted on November 21st, but only 13 of all the Koreans' representatives were permitted to hear the Mayor's direct opinion. Firstly, it must be stressed that the Mayor of Kita Kyushu has never seriously considered the problems of the Koreans resident in Japan. This was abundantly clear from the answers which the Mayor made on October 4th; a simple perfunctory issuing of written opinions and answers that merely belied a bureaucratic mentality. It was also learnt that it had only been one week before the October 4th. meeting that the issue had been entrusted to the General Affairs Department. The point is, how could the

Department have prepared answers to those five serious items within the short space of only one week? The questions should only have been answered after a full discussion of the problems' details. That this was not the case indicated that they had not understood the essence of the problems at all. This was the reason why we refused to accept the answers and returned the written answer papers to the Department in order to have a further answer at the next session.

We hope to continue these negotiations and hope that the Mayor himself will also give consideration to hearing the people's opinions directly.

There are about 640,000 Koreans living in Japan now, 85% of whom are second and third generation Koreans who have lived here in Japan for more than 30 or 40 years and whose bones will be laid to rest in Japan in the future when they die.

Among the same human beings born in Japan, there are those who are entitled to child allowances, have the right to public housing, are able to find employment with ease and will get the right to vote after becoming 20 years of age. On the other hand, there are those who will not find employment, will have no rights to political participation and are not qualified for such services as public loans. The same human being should not be discriminated against in such ways. Every person has the inalienable right to live his regular life as a human being from birth. This means that Korean residents in Japan, too, have fundamental human rights.

We cannot admit of the justifications for racial discrimination which Japanese society makes through its many Administrative Orders, regulations and laws. We, as equal human beings, insist upon a system of guaranteeing and securing our fundamental human rights. We moreover must regard this situation from the angle of the past history between Korea and Japan. We, the Koreans, have in the past trusted the Japanese; it never occurred to us that we would be discriminated against. But a glance at the history of the Treaties between the two countries of Japan and Korea over the last 100 years is instructive. The Kangwha-do Treaty of 1876 states that Korea has equal rights as an independent nation to those of Japan. But a mere 30 years later on November 17th, 1905, the Koreans were forced by Japanese military power to sign the Protectorate Treaty and on August 22nd, 1910, the Treaty of Annexation. The former "independent" country became a Protectorate and within a short five years a colony. The 640,000 Korean residents in Japan were at that time brought forcefully to Japan, as persons possessing Japanese citizenship, and were forced to work in the coal mines of Chikuho IN Kita Kyushu as little more than beasts. These acts never became an "international" problem because the Koreans were then considered as " Japanese".

Within normal human relations, should those who have worked for the house for a long time be treated as human beings, or should they be kicked out when they are no longer required? What is the true human attitude? Until now the Koreans resident in Japan have not been treated as human beings. On September 1st, 1923, when the Great Kanto Earthquake took place, 6,000 Koreans were killed with no other reason other than that they were Koreans. This was about 50 years ago, but still today the Koreans are still being killed, the time by unequal and discriminatory laws. Mayor Tani (of Kita Kyushu) too is lending his own hand to this killing of the Koreans by refusing to give us our fundamental rights. Fifty years ago at the time of the Great Kanto Earthquake, Koreans were killed directly with hatchets' and spears, but now their basic human rights are not recognized. We Koreans resident in Japan have lost all hope of living as human beings, some turning to crime out of desperation. This discrimination is killing the Koreans. Finally, 30 years after the war, we came to realise that we cannot trust Japanese society and its people any more, both through regarding past history as well as through our experiences in Japan, and we determined to protect our own rights ourselves.

Over the 30 years since the end of the war the so-called democratic Japan has taken no responsibility for the Korean residents who were forcefully brought to work here. Instead those Koreans have been deprived of their Japanese citizenship duly awarded according to the principles of international law; the Korean residents have been made into aliens and been forced to take out Alien Registration Cards; by administrative orders from the Head of the Civil Affairs Bureau their unconditional rights to public housing and their rights to residence and political participation were forcefully removed, as was their Japanese citizenship. Immigration and emigrations proceedures were adopted which forced many of them to leave Japan and should they wish to take out permanent residence in Japan, they are forced to become "naturalized" and assimilated, a policy which is but a mere extension of Imperial Japan's policy of "kominkan" ("transformation into imperial subjects").

Within these realities, we Korean residents must declare that we take pride in being a member of the "white-robed people". As human beings, as one people, we must declare that those human rights of which we have been robbed must be restored; and that Koreans must be liberated from being treated as mere objects. The same obligations are imposed upon us as upon the Yamato race, the Japanese themselves. We pay national taxes, citizens' taxes and prefectural taxes. We do not now came as beggars to beseech and request rights to child allowances, public housing, public loans and political participation, but rather we duly demand them as human beings as rights due to human beings. In the last resort the problems of the Korean residents in Japan are the problems of the Japanese themselves; that is the problem of whether the Japanese will become respected as human beings by others in the world or not. It is the problem of the conscience of the Japanese. The Mayor of Kita Kyushu has a slogan, " Jinken c mamoru shakai ni akarui egau" ("The brightly smiling face of a society which protects human rights"). Human rights are not merely the prerogative of the Japanese; that the Korean residents in Japan are also entitled to human rights, must be concretely realized. Mr. Mayor, today's realities derive from a long and dark history; from now on let us write a new history, a history in which it is hoped that you, as a humanistic mayor, will participate in the making.

November 21. 1975.

Post-war Japan being charged by a Korean:

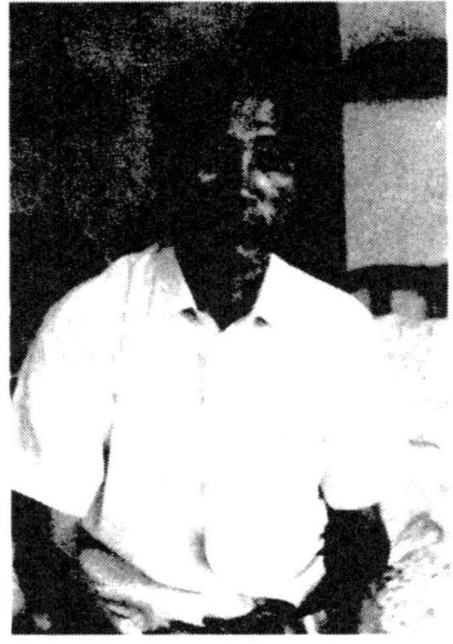

"They have stolen my citizenship"

Korean residents in Japan:
Deported already before the war—
forced labor during the war—
and after the war————?

Report by Sato, Fumiaki in "The hito to Nippon" Aug/ 1979.

Transltion Ulrich Schafer

<u>WHEN THOSE SMALL CLOUDS APPEAR, IT'S CONG TO RAIN AT ONCE!</u>
<u>I HATE THIS TOWN!</u>

How should a nation atone for a sin she has committed herself? Even if it is a nation-she has no right to take light-this very nation is supported by every single individual.

August 15, 1979. Again this year in each region there are all kinds of ceremonies remembering the end of the war. "For your country"-under this patriotic slogan they made lightly of one man's fate and life in those dark times. It has been 34 years since we woke up from this nightmare. Everybody now talks about "Human Rights"-just as though nobody had anything to do with the sins this nation committed.

But what is the reality? Although she has not yet come to terms with the reality of August 15th and the war crimes, this country piles up new sins on top of the old noes, while yet the words "Human Rights" are fresh from her mouth. Even now, 34 years after the war, the nightmare is still continuing, and there are people who suffer and struggle under it.

While the veil of secrecy, the post war history was kept under, is gradually lifted, we begin to feel acutely the necessity to not only indict the crimes of the war, but also those of the post war era, because again it was a history of trampling on and depriving people of their rights.

To indict the crimes of the war is a relatively easy task, because it does not concern oneself. It ends with the mere act of handing down a verdict on others and on the past.

On the other hand, indicting the post war era means to pass a judgement on each and every person that shaped this country's post war era and is shaping it in the present. We have to question ourselves who are building and forming the present state of this country and the base on which we stand-we who are trying to forget about the war, who want to believe and hate to doubt that we are living in a peaceful and humane country.

This is the voice of one who indicts this very base.

WRITTEN COMPLAINT

Plaintiff	Mr. Kim Jong Gup(Kitakyushu-City, Mofi-district Moji Invalid-Workers' -Hospital Room 407)
Defendant	The Japanese State(Tokyo-city, Chiyoda-district Kasumigaseki-building)

Suit demanding the confirmation of my Japanese citizenship

 Damage   30 million Yen

 Cost of procedure 152 900 Yen

Aim of this complaint:

1. Confirmation of the validity of my Japanese citizenship.

2. Payment of 30 million Yen from defendant to plaintiff plus additional payment of 5% interest of above sum for the period from the day after filing of this complaint until the day of complete payment of above sum.

3. The defendant cay the cost of the court case.

I demand a juridical decision of above demands and a temporary enforcement of article 2 of this complaint.

This is the so called "Suit for confirmation of Japanese citizenship", filed on the 11th of August 1975 at the Fukuoka District Court.

The morning papers on this day reported: " 'Confirm my Japanese citizenship!' A Korean living in Moji demands consolation money"(Asahi Shimbun). "Atone for the sins of the deportation!-A Korean living in Kitakyushu-City demands his Japanese citizenship back and consolation money from the State."

The evening paper "Fukunighi" depicted the filing of the suit on this day: "Mr. Kim who came to the Fukuoka District Court at 10:10 o'clock this morning saw with surprise the great number of reporters beleaguering him. As a result of a stroke his legs are partly disabled and he walks slowly step by step into the courtbuilding leaning on his crutch. Additionally he is guided and supported by Rev. Choe and others, but even in this way he can barely walk. Showing a grim face throughout he hands his complaint over at 10:25 o'clock."

Since this day full 4 years have passed and the news about this court case have decreased remarkably. The formerly lively support movement can be hardly seen anymore. Has this court-case been buried by the newspapers after having appeared once in one corner? Are people trying to forget about this case? The cause Mr. Kim took up and put to the test in this lawsuit is no small one and may by no means be forgotten.

The defendants in this ongoing lawsuit are all of us who closed our eyes to this problem, and we shall have to observe keenly in which way this country intends to atone for the crime it committed against Mr. Kim.

After you get off the "Shinkansen"(Bullet-train) at Kokura in Kitakyushu-City it is 40 minutes by streetcar on the Nishitetsu line. Where the island of Kyushu approaches the main island of Honshu in a peninsula is the place where Mr. Kim once lived and worked. Jinjai-bridge. I wanted to get somewhat acquainted with Mr. Kim's life and walked in the drizzling rain near Jinjai-bridge. "When those small clouds appear, it's going to rain at rain at once. I hate this town!" And when it rained he couldn't work and didn't get any money. His words reflect the feeling of one who lives day by day. Both days I was rained out just the way he had described it, and had to quickly grab my folding-umbrella and pull it out from the bottom of my travel bag.

If you step into the main street with its many new buildings you still get a strong impression of the old port town of Moji; Trading houses built of brick stone and stained with soot. Dark storehouses, so large and dark you cannot make out what is stored in them. On the streets wheat bags are stacked in mountains. Fat rats are running through the gutters alongside the streets. Freight trains don't seem to pass here, but if you cross the rusty side-tracks the strong smell of seawater hits you. Here and there in the different parts of the port small barges are crammed side by side swaying in the rain.

"In Kitakyusyu-City there are a lot of Koreans. Anyway, in a port town like Moji the people who work as labourers gather in great numbers. Their life is insecure, you know. They are hit directly by the waves of the market-fluctuations, you can bet." That was what I heard at the city-hall in Moji.

Mr. Kim, aged and with a disabled body, is sure not to return to this port. Mr. Kim has reached the last stop of his life in this port. "Do you know Mr. Kim who has filed a lawsuit to have his citizenship confirmed', the writer of this article asked everybody he met. Yet, the employees of the city hall, of course, but even the Korean operating the restaurant in front of the Moji train station did not know Mr. Kim-nobody did.

The elegant western-style building of the Moji train station could make a picture postcard. Right next to it the simple cafeteria, barely clinging to the shore, halfway hanging over the sea-in a position as insecure as though it may fall down any moment. At it's feet the waves are washing away at the shore with law abiding regularity as if to move this country.

"Don't touch it!-Drugs and Smuggling." This is written in big letters at the entrance of the office of the water-police.

The "Kanmon-Steamship" Mr. Kim has boarded so often-to and fro. I go aboard to cross over on this ferry to Shimonoseki on the tip of the main island. "Before the Kanmon-tunnel was finished the ferry flourished. There were also many Koreans.-Yes, going to the immigration office in Shimonoseki. There is a branch office in Moji, too, but-I don't know why-they have to go to Shimonoseki for the immigration procedures." The ticket collector on this ship just happens to be a Korean. Hearing that the number of ships crossing over per day has been sharply reduced I am astonished how small the number of passengers is.

On the right side there is the Kanmon-bridge, left hand in the distance the Genkai Sea. Just across this Genkai Sea the Korean peninsula protrudes. The Kanmon Strait opens itself actually toward Korea rather than toward mainland Japan-this was my rediscovery while 1 rode the ship.

****

When Japan was victorious in the Russo-Japanese War in December 1905 the Japanese forced on the Korean the status of a "Protectorate" in a treaty and from then on dominated the economy and foreign relations of Korea. December of the same year Hirobumi Itoh took office as "Resident-General" of Korea. When in October 1909 Itoh was assassinated at the Harbin railroad station by Ahn Chung-goon this was used as a pretext for the annexation of Korea on the 22nd of August the following year, 1910.
The name of the country was changed into "Chosen" and the drive to transform it into a full colony began.

From this day on-disregarding the sill of the people themselves-the Japanese citizenship was forced upon the Korean people, and thus the situation became the same as with the people of Taiwan who were allotted to Japan in the treaty of Shimonoseki in 1895-with the exception that in the case of the treaty of Shimonoseki there was a clause annexed with the possibility for the Taiwanese to choose Chinese citizenship if they left Taiwan within a period of two years.

The Japanese government ordered for their Korean colony the use of

Japanese as everyday language and prohibited the use of Korean. Japanese dress was promoted, names were changed into Japanese style names. The aim of this policy was the extinguishing of national and cultural identity and total cultural assimilation. But while slogans like "impartial brotherhood" and "Japan and Korea are one" were generously spread, the term "imperialistic constitution "even does not really apply, since actually Korea was treated as an "area with different legal standards". The Japanese law for census and family registration for instance was not extended to the Koreans but-in parallel to the 8th ordinance of the Government General of Taiwan- the family registration und the family relations in Korea were supervised according to a special law. Exactly from this fact Mr. Kim's line of argument in his lawsuit derives.

August 1945 the Potsdam Declaration saw signed. The Japanese government had to give up Korea and Taiwan. At this moment the "Japanese" living in Korea and Taiwan again became Korean respectively Chinese citizens. However, to say this doesn't necessarily mean that the people of Korean or Chinese origin living in Japan also return to a Korean resp. Chinese citizenship, for they are legally Japanese living in Japan.

Yet the Japanese government-by signing the San Francisco Peace Treaty in April 1952-at the same time took the Japanese citizenship away from these people. The citizenship was decided according to the place the family of the person was registered. Disregarding the discrepancy between the living condition of this person und his family registration, giving the person himself no freedom of choice and without any arrangement or treaty with the countries concerned the citizenship of these persons was taken away. This blunt act of abandoning citizens has been followed through without any self-examination until this day. That is the starting point of Mi. Kim's lawsuit.

IF THEY HADN'T DRAGGED ME OVER HERE, I'D BE LIVING IN KOREA NOW WITH WIFE AND CHILDREN

The hospital Mr. Kim is staying in is situated about in the middle of this port city of Moji. Under the umbrella of the Labour Department it is a general hospital with 200 and some beds, which is relatively big for the Moji district.

Right in front of the hospital the Nishitetsu streetcar is passing by and rambling. Mr.Kim is hospitalized on the uppermost floor in room 407 labouring with the left side of his body not obeying his command. A room for six persons. Five beds. One person has been discharged, so there is one empty bed. In the bed at the window Mr. Kim sleeps and gets up. Near the bed a small-size rod TV, the wheel chair, a small round chair for visitors, a small TV-stand with a drawer. That is all the furniture to be seen. Stradding the bed there is a supplementary table made of iron pipe and having wheels, so that it can be moved over the bed. Mr. Kim takes almost all his meals at this table I hear.

On the table a big empty can for an ashtray. Put on top of it a water glass. These are Mr. Kim's household goods in a set. I guess the reader will gradually have understood that Mr. Kim has no place to live other than this bed. In other words: What I have introduced now are all his belongings-the result of a life of 60 or so years of life stuffed into 1, 8m.

"This TV, you know, I got from the pastors and the other people to support me, you see. About a year ago, you see, I would get into the wheelchair and somehow take a "walk", you know, but that's over-yes. It hurts, you know, and I'm not that strong any more. Now, what I'm doing, well-sitting on this bed and watching TV, That's it." While he talks, Mr. Kim subs and massages his paralyzed left hand continuously. His pain is attacking him without pause. If he doesn't massage it becomes unbearable.

A two day old beard and a worn out shirt. Because of his paralysis his face also is slightly distorted. As I write this down I feel, that he surely must have felt pain, but when I talked to him he did not let me feel this pain. He doesn't try to force a smile, yet he surely doesn't try to elicit pity either. Always sticking to his own pace. In the middle of wise and detached sounding words suddenly spitting out startling things.

"This sickness is beyond healing, you know. With this pain every day-when the night comes I think: You'll die! It's sure hard to live in a hospital, believe me!"

****

Number of Koreans naturalized according to figure from Min. of Justice.			
year	people	year	People
1952	232	1963	3558
53	1326	64	4632
54	2435	65	3438
55	2434	66	3816
56	2290	67	3391
57	2310	68	3194
58	2246	69	1889
59	2737	70	4646
60	3763	71	2874
61	2710	72	4983
62	3222	73	5769

August 23, 1972 Mr. Kim entered this hospital. It was one day in December 1971, when Mi. Kim went after his work as a longshoreman as usual. Carrying more than all others. He had confidence in his strength. But those many years of life at the rock bottom had bit by bit eaten away at his physical strength, and about by this time he had reached the limit. There carrying heavy loads. Additionally a slight numbness had developed in his left leg, and when he went to work he ended up dragging his feet. The days he couldn't go for work became frecuent and out of this feeling of "I can't help it" and his upset about this helplessness his consumption of alcohol began to go up. Those days Mr. Kim's only friend was the alcohol.

After half a day of working he ate his lunch at a cafeteria near Jinjai-bridge. Suddenly his head hurt and his vision blurred. "That's serious! How about having this looked after at the hospital?" These words of the old woman in the kitchen were the last thing he heard before loosing his consciousness. It was a stroke. He was brought to the Asao Clinic by an ambulance. Mr. Kim has no remembrance of what treatment he received there. Was it because he was living on welfare or why else?- but he was treated there as a nuisance. He could bot stand the loneliness of never having a visitor, and when his consciousness came back he started drinking again. It got to the point where they almost sent him to the Tanoura mental hospital. Since they are after the subsidies from the state it is no problem to find a mental institution to take a person. Mr. Kim tried desperately to avoid that and somehow or other he managed to be transferred to the Invalid Workers' Hospital in Moji in August 1972

A man's style of living doesn't change in a day or two. Much more the heart of a man which has become crooked through many years of a life of oppression-it cannot be changed by mere beautiful words. Mr. Kim had become accustomed to be surrounded by people he had to view as his enemies. To expect of him to become accustomed quickly to the cool and polite manners of the bourgeois society was kind of beside the mark. What I mean is: even after he was transferred to the Invalid Workers' Hospital he wasn't exactly what you would call a perfect patient. Mr. Akira Kanezaki, who was his doctor in charge since right after his arrival in the hospital says it in this way:" He didn't comply with what is considered the discipline of a hospital. Before you knew it he had left the hospital and was drinking or so, started a row with the patients in his room. Brousque and blunt he doesn't get along with the nurses. Well, just like one who never has lived in our "normal" society."

When I happened to visit him he was eating his meal, the upper part of his body naked. He isn't exactly popular with the other patients in his room or their guests. Now, that his sickness has stabilized, but without hope for betterment through further treatment the call of "discharge the patient" can be heard frequently from the side of the hospital. "After you discharge him-where would you recommend he should go?" says Dr. Kanezaki who is one of those who want to silence these voices by all means.

"One night he took what little welfare money he: gets once a month and left the hospital. Being drunk he fell and hurt his head. I was called from my home and angry. "We have to run around after you, and you-what are you doing? Getting drunk!" I shouted at him and before I knew it I had hit him on the cheek. What did he do? Under tears he argued back: "Sorry to have caused you trouble. But think about it this way If they hadn't dragged me over here, I'd be living in Korea now with wife und children-and not living in a hospital with no place else to go." And there was nothing I could have answered.

In any case-what Mr. Kim wanted wasn't alcohol in the first place. Was it not a friend, a person he could fully trust? Because Mr. Kim, who seemed to love alcohol so much, has given up drinking suddenly. That he has become older may be one reason, but starting with Dr. Kanezaki he has slowly found some people he can trust, and this fact has-step by step-changed the outlook on life of Mr. Kim who is over 60 years now.

"Listen, this doctor is o. k., you'll agree, won't you? As for me- I've given pr drinking, you see, for, Mr. Kanezaki is worried-and so⋯My only pleasure is cigarettes now.

And, believe me, he and some others buy me some. "cause from the welfare money you can't buy much, you know."

They say he smokes 60 in a day-without interruption, and his fingertips are stained with yellow tar. "Hey, I'll give you one, smoke it!" He takes a brand-new package from the drawer of the TV-stand. This 'unsociable' Mr. Kim shares his only pleasure with me! With 2,000Yen(less than 10 dollars) pocket money a month one package of cigarettes has quite some weight. I had to respond positively to a gesture so full of thoughtfulness.

On top of the TV-stand there is a letter he shows me with seeming pleasure. It is unopened. Mr. Kim cannot read Japanese. "Letters like this are coming.-Well, after I came to this hospital, too, I have lost conscience at times. My blood pressure is high, that's why. It's a wonder I've lived 'till now. But you know what? I can't write and don't understand the language too well-but I have gone to court. We've talked everything through, and then I did it, you know. I'm glad I did it. All kinds of people come here, you see. I'm very glad, really."

Mr. Kim let a quick smile slip over his face. Then he changes over into his wheelchair in a labourious ceremony, "It's alright. I can do it by myself."

He says he is going to the toilet. A heavy walking stick had been leaning near his pillow. The grip is all wrapped with cloth. Stemming the stick against the linoleum floor he turns the wheelchair skillfully, yet with one side of his body paralyzed it looked to me like hard lavour. This is Mr. Kim who carries his disabled body to Fukuoka and went to court to have his Japanese citizenship confirmed. All the way from Moji to the District Court in Fukuoka it must be painful like hell but Mr. Kim doesn't regret. For the first time in his life he has experienced what a relation of trust meas. Has given up his running away from a hated society, has turned around for a counter-attack. To understand the depth of the question he poses with his we have to look at his life-story.

"To explain the reason why I-to have my Japanese citizenship confirmed-forced the Japanese State to become the defendant in this lawsuit, I have to first tell my personal history. To say it in short: I did bot want to become a Japanese Citizen at all, and I did not choose to live in Japan either. Against my will I was forcibly deported by the Japanese State."(From the documents submitted to the court by the plaintiff, number I).

This is how the personal history of Mi. Kim beings in his recollection, and it is certainly not told fluently and lightly. He could not read and write and had not the time even to look back during the life hi led. Anyway, half of it was

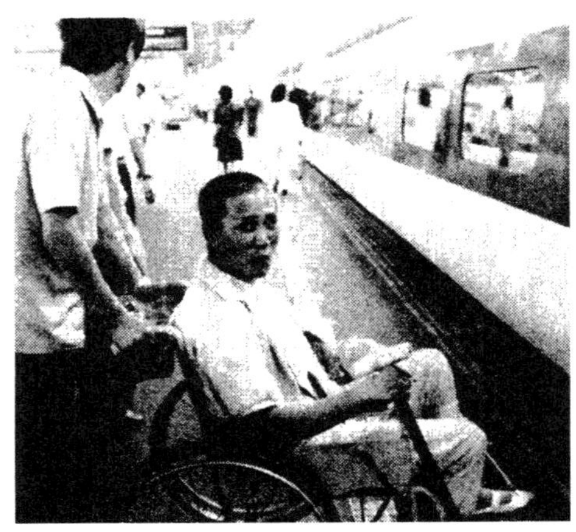

Mr. Kim at the train station on his way to the district court in Fukuoka

a series of imprisonments, where he had no possibility to even look at a calendar. Tracing scetchy memories step by step, putting together his piecemeal sentences like a puzzle-that is how his personal history was written down. Therefore there may be incorrect points, as Mr. Kim himself concedes. Let me trace his history-now and then filling in from history from what the Japanese government committed during those times.

THE TIME I WAS "ENLISTED" FOR DEPORTATION MUST HAVE BEEN TOWARD THE END OF 1941

Kim Jong Gup saw born on the 25소 of December 1920, north of Pusan in the KimChung district of the Kyoung sana Puk Do.

"That's so long ago, I don't remember even the name of the village, you must understand." Here his memory heaves him. Anyway, 1918 the rice-riots, the independence movement the next year, 1919(Sam-il-March First). It was the time when Japan, shaking and stumbling under the "democracy" of the Taisho-period, tried to divert the attention of it's people from it's selfcontradictions through the oppression and exploitation of the Korean peninsula. The plan to increase the rice production, which was forced upon Korea, impoverished the agriculture of Korea at a fast pace.

During this period the life of Mr. Kim's family also was hard. Being unable to pay their Texas with the rice of their own production, they had to buy rice from other and lived themselves on soup made of dried beans and radish-leaves. Since it was impossible to make a living just from farming, the whole family had to weave straw mats and so on, and there was no time to even think of going to school.

"I haven't even seen a pencil at that time" says Mr. Kim, and therefore he not only did not receive the enforced education in spoken Japanese but also cannot write. When ha was 17 he moved into a farming household in the same village and was able to go out and work.

In April 1938 the Japanese government declared the general mobilization and in June created according to the same law the "plan to mobilize the work force", a plot to bolster the insufficient working force in Japan with Koreans. The begin of this program was in October 1939. Beining with "Hokutan Yubari Coalmine" the Korean workers who were "enlisted" for deportation reached the number of 85000 at that time.

What was called "enlistment" then was in reality a deportation by brutal force-a fact which has been made clear through the testimonies of many persons, who were subjected to this kind of treatment. Let me introduce the testimony of one Japanese person who was engaged in this kind of deportation.

"Through enlistment by persuasion it was quite impossible to reach the allotted number of persons to be enlisted. Therefore the people in charge of the working force in a district or village would intrude suddenly into houses, where male workers were living, in the middle of the night or the early morning when people were peacefully sleeping. Or they would-without any explanation-load people into a truck right from the fields where they had been working. In this way and with these people they put together their groups and send them away into the coal mines in Hokkaido or Kyushu and had-in this reckless way-fulfilled their obligation."(Ichiro Kanedazawa, "Chosen Shinwa"). Only in minor details was Mr. Kim's experience different from above account.

"The time I was "enlisted" for deportation must have been toward the end of 1941, this fact I remember clearly, because it was a year so important for may life, I'll never forget it."(From material His father resisted by saying: "If this boy goes away, there will be nobody left to work and do the farming", but

the man who brought the message hit him with his big stick as to mean "shut
up you fool!". On the other hand he cannot forget the enticing promise of "If
you work for us, you'll get 20-30Yen per day." At that time there were hardly
people in the village who would employ anybody, and if one was employed
one would get less than 0, 30 Yen. "At least you'll be able to eat and get your
stomach full", I cheered myself up and obeyed the deportation notice. It was
just the time I had refused a marriage arrangement that had come up. Then
I saw forced onto the truck."

"Rich people, you know, gave them money and would get around being
"enlisted", but people like me didn't have that much money, you see. That's
awful, really. You couldn't do anything but go." From the same village his
cousin, the son of his father's eldest brother, one year younger than Mi. Kim
Jong-gup, was deported together with him.

From the Kim Chun district to Pusan, boarding a ship for the first time in
his life. All the time having hands and feet bound. In 1941 "enlistment" saw
no joke. "When you get to Japan you'll be treated the hard way." "Those who
go to Japan don't return alive" This and other hearsay of this kind was
spreading. People who tried to escape were never heard of again. The
serveilance system had that much become merciless during deportation. In
Pusan there seemed to be about 20000 comrades all of whom had been
deported the same way. In exchange for their family registration they were
handed a paper permitting to go over by ship. After this procedure one night
in a guarded inn.

Next morning "destination Japan", that was all they were told when put on
the ferry from Pusan to Shimonoseki. They were really loaded like baggage and
shipped over the Genkai Sea: 3 people bound together into one bundle-8 hours
by ship.

In the same way immediately put into a fraight train and straight to
Hokkaido. 10 watchmen per wagon each one carrying a big stick in his hand
guardung them, letting them hardly go to the toilet. To keep them from escaping
three watchmen went with each one who went to the toile. Hands bound all
the time they could not even close the door and there was no choice but let
everything just go under them, somehow.

"Those who have come by train were all pushed into a ship. In the storeroom of the ship you don't know what's up and where you are going, but it was one of the island of the Chishima group(Kurile Islands). Arctic night, you know. In summer that means only three hours night. Suddenly you find yourself in a place like that. Kind of surprise, believe me."

Of course, they are not told any name. A small island with a hill of about 10m in it's center. There seemed nobody to have lived there before. They were made to do construction work.

According to the claim of the government side, Mr. Kim bas been there as a labourer for half a year from June through December 1943 at the airport of Chishima. (Kuriles)

HOW MISERABLY I HAD BEEN TREATED-AT LEAST THAT MUCH I WANTED TO TELL FOR ONCE

"In Chishima(The Kuriles) about 100 Japanese (the Sugawara company) were living, further about 30 army prostitutes(Japanese assigned to the Sugawara company) and finally the deported Koreans from Pusan. First of all we had to build the barracks to live in a construction of about 100m length our whole group was crammed into.

The watchmen of the Sugawara company all carried pistols, guns and swords, and being hit and kicked was our day to day experience. No talking, of course, and we weren't even allowed to urinate-but use in the roughest way for the construction of the airport. We used to call our barracks "sardine tin"('cause you aren't put into a can for getting out alive, are you?). Anybody who resisted was beaten with a big stick from a cherry tree, literally 'till it broke, and in the end often people had their bones broken. "You idiot, think this kind of work is got the good of Japan?" they would shout and hit us mercylessly with a stick that had nails driven in. Everybody was quiet, no complaining. I was scared, too, believe me. We were happy of we could just survive."

Even though, one day his cousin, who had come with the same transport, asked the Sugawara company once about the salary. When he was hit until his heel was broken and Mr. Kim intervened, saying: "Don.t hit him!", he also was number of foreigners in Japan

land	number	%	
Korea	651,348	86.4	Figure is at
China	47,174	6.3	December
England	4,085	2.8	1976 source:
Philippines	3,083	0.5	statistics of
Germany(W)	2,594	0.4	the Bureou
Indai	1,676	0.4	of civil
Canada	1,533	0.2	Affairs, Min
France	1,523	0.2	of justice
Brazil	1,319	0.2	
Indonesia	1,139	0.2	
others	18,050	2.2	

beaten until two of his ribs were broken. At that time they were to receive 2, 5 Yen salary, but Mr. Kim and the others did bot receive any payment after all during their whole time of forced labour. Their rationings of cigarettes also went fully to the headquarters of the Sugawara company and they passed them on to the army prostitutes.

They lived "according to the sun", which means that the arctic night was used fully. The meals consisted of noodles which had already become black or soop from rotten beans and pickled radish… Even water they were not allowed to drink sufficiently. Under these circumstances quite a number of people died. One day he suddenly heard from a coworker: "Your cousin has died." He tried and asked, but "they didn't even let me see his corpse." "If I think of it now, I think I would go even if they killed me-but at that time I was just scared."

According to Mr. Kim his cousin's heel was broken and hi could not walk very well any more. He has heard from others that his cousin tried to run for cover from an American bomb attack but was too slow and died. The Japanese government as a defendant takes cover behind history and maintains that at that time there were no attacks of American planes and therefore calls this a made up story, but there are points where the "history" made public by the Imperial Headquarters does not report the situation of the war around Chishima correctly.

When they ran out of food, whips were sent from Chishima to Shiogama(near Sendal in Northe Japan). They were crammed into the storeroom of the ship and the fog was very thick, but the Koreans noticed that the ship stopped many times quite unnaturally and they whispered to each other: "American soldiers!"

After all, Chishima(the Kuriles)is not far from the Aleutian Islands, and it is doubtful whether and Japanese really were all that much in command of the air.

****

(the stations of Mr. Kim's life since his deportation)

The transfer from Hokkaido was by train. In Murokawa or Takikawa we were put together with anther group of Korean workers, food and other stuff was loaded and we were put on the Hakodate-Aomory ferry including our train. In Takagi near Shigogama we were again forced to do construction work at the airport. The watchmen were the Sugawara company just as before. There was no reason for the treatment to improve, but this time we were together with Japanese workers, and therefore the working hours were much shorter. It gave us an easy feeling.

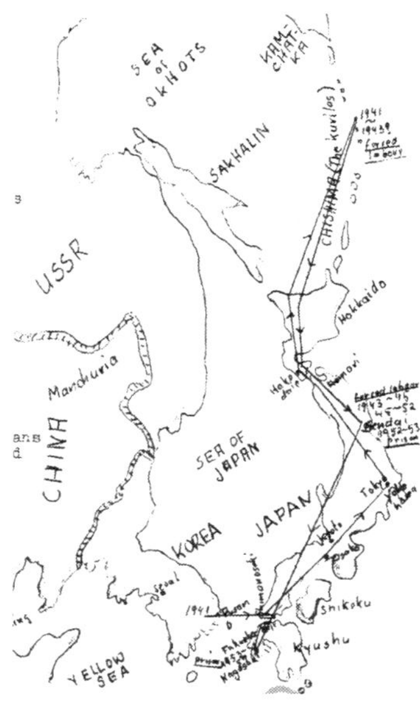

In the huts near the shore we were packed together like sardins. "I thought I'd die here!" says Mr.Kim.

In 1944 there was the big explosion at the Shiogama gunpowder factory. The huts of the Japanese workers living in the vicinity were blasted away in this tragic accident. "It was just terrible. Nobody knows how many thousand people have died. A huge amount of gunpowder is lost. Maybe Japan will loose the war." This kind of rumors went around in the barracks of the Sugawara company. At the same time the Japanese soldiers on Saipan were completely annihilated and the bomb attacks against mainland Japan began.

"If Japan should ever loose the war, we'll be sure to kill this Sugawara gang." Everybody hated them from the depth of their hearts and so they secretely made these plans. But the leaders of the "gang" step by step became fewer-and before we knew it only the Koreans were left. This was the Japanese defeat and meant freedom for Mr. Kim and the others.

"Treat those of Chinese origin from Taiwan and of Korean citizens" was the order Mc Arthur received on the 3rd of November 1945 from the United States.

Normally the history of deportation and forced labour would end here.

August 15th(Pal-Il-O) was "Liberation Day"(Hoe-Ban-Uinal) and the Koreans who greeted it with wild joy were numerous. "The deported Koreans who had already resigned themselves to the thought that only by death they could be liberated from their toil, had been freed overnight from their cruel plight at each working place. The excitement of the deported increased day by day, some people demanded to be brought home to Korea immediately, some called for revenge. It was whirlpool of excitement and confusion." (Kim Chang-Chon, ed. ; Testimonies:The deportation of Koreans).

According to the statistics of the Ministry of the Interior at the end of that year there were 2,360,000 Koreans in Japan, among them 1,120,000 deported labourers(Korean Economic Statistical Survey). I doubt, however, that many among this great number really could indulge in the joy of liberation from the bottom of their hearts. Were not people like Mr. Kim in the majority-those who had no land, no house, no work and no money-abandoned in a burned our land and without means to return to their own country.

Mr. Kim went to the Mitsubishi-Hosokawa Coalmine to ask for employment, but they told him: "we don't employ Koreans any more. We have sent them all home." He was at a completeloss. Somehow he found a small Korean cafeteria and managed to survive from day to day. With no relatives and hardly able to speak-there he was. People try to close their eyes to the problems of the Korean and Taiwanese residents in Japan by saying: "We Japanese had a rough time, too, during those days", but one cannot settle the Problem of those who suffered away from their home country with these words.

It was already 1947 when Mr. Kim could really believe the fact that "Japan has lost the war." Under the arrangements of the "Federation of Korean Residents in Japan", which took care of those who wanted to return to Korea, his colleagues went home one after another. This was the situation then. But Mr. Kim did no even have the money for the train going to the port the whip for Korea was leaving from. And there was one more problem…"The cousin who had come with me had died and I felt very bad about going back alone, you see. I felt guilty that I hadn't even been there when he died. That made it very hard for me…" And while hi hesitated the means to return were gone. There were many people in those days who-out of one reason or other-could not return even though they wanted to. The responsibility, of course, lies with the Japanese government who deported them.

I hear this very often: People blame the atrocities all on the war. Hearing of Mr. Kim's desperate struggle after the war, they say: "You are a victim of the war, and I am sorry for you. It was the fault of Japanese imperialism. But that's over now, let us be friends now!" But this argument is a trick. And you cannot explain Mr. Kim's life after the war in these terms. If the Japanese really had reformed themselves, Mr. Kim's tragedy surely would not have been that sad. But even now the Japanese are continuing to squeeze the throttle of the Korean and Taiwanese residents in Japan.

Mr. Kim's August 15 was no "liberation of August 15" and the liberation has not been achieved up to this day. "Well, look at this body! If I get the Japanese citizenship back, now it may not do me any good any more. But, you know, how miserably I had been treated-at least that much I wanted to tell for once-before I die."

The lawsuit to have his Japanese citizenship confirmed is Mr. Kim's quest for his day of liberation.

TO TRY AND TALK ABOUT THE PAST NOW DOESN'T HELP ANYTHING, YOU KNOW, 'CAUSE EVERYTHING IS ALL MESSED UP

"Those among the Korean residents in Japan who refuse to be repatriated under the evacuation plan of the General Headquarters into their own country, shall be treated as persons who retain the Japanese citizenship until a legal Korean government has been established and acknowledged them as Korean citizens. (Dec. 12, 1946-instruction of the General Headquarters' liaison office concerning the position and treatment of Koreans). The GHQ treated the Korean residents again as Japanese citizens. Therefore-already aiming at the San Francisco Treaty-the GHQ during its efforts to speedily adjust the legal system separated on the 1st of Nov. 1951 one part from the ordinance of registration of foreigners, and when establishing the of ordinance on administration of emigration und immigration, it was not applied to the Korean and Taiwanese residents in Japan.

"It is an established fact, that the policy of the Allied Forces General Headquarter at that time saw to leave it entirely to the free will of the individual Korean whether to return or stay in Japan."(Publication of the Japanese Red Cross: "The facts about the problem of the Korean residents in Japan.") Even Japanese government officials right after the war took the attitude to solve this problem from a humanistic point of view and leave the choice of citizenship to the will of the individual.

From left: Dr. Kanezaki, Mr. Kim, Rev. Choe, Mr. Arimo

But with the outbreak of the Korean war in June 1950 the policy of the Japanese officials made a complete turnabout. In the lawsuit against Mr. Son Dong Hoe, who was accused of violation of the registration law for foreigners, the witness of the defendant, Professor Hiroshi Tanaka of the Ehime District University, gave the following evidence :

Question: The Shimoyama case and other cases in relation with the Korean residents-does this turn of attitude stem from the fact that prime minister Yoshida has pointed out to Mr. Dulles his intention to drive the Koreans out of Japan?

Answer: That is right. If you treat them as people without citizenship, then you can-under the name of national sovereignty-reserve the right to expel persons, and that was what the government at that time was trying to achieve. In this way the Japanese government officials wrangled continuously with the GHQ about the treatment of the aforementioned ordinance concerning the administration of immigration. The Japanese government "Sees it's interest in getting rid of the troublesome Koreans."(Red Cross, publication, see above). That was the reason-and they did not care, whether this violated international law, human rights or even the Japanese constitution.

Of course, Mr. Kim could not know that his fats was decided on these high levels. Mr. Kim just tried with all his energy to survive day by day.

In Hosokura there was a Japanese style inn managed by a Japanese. Mr. Kim stayed here with 40 other Koreans and earned his living as a black market peddler. One To(18kg) of rice was 200 Yen. If one carried that to Tokyo it brought 1000Yen. The train fare was 900 Yen, so if you didn't carry about 5 To(90kg) it didn't pay.

Before long he knew how to bribe the station personell and to transport the rice by having it checked as baggage. He showed that he had the robust strength needed to survive. But there were times also, when he was discovered and 12000 Yen worth of rice were lost by confiscation. Who wants to blame those who led a life then of eluding the law, especially in a case like that of Mr. Kim who had no other means to make a living.

He left the inn and started living in a barrack. Borrowing starting money from a Japanese he earned living by making crude alcohol and sweets-sweets in a time when there was no sugar. "You take been-sprouts and wheat for raw material, you see. When the sprouts come out you nip them off and dry them until they get hard, You knee them and grind them to power in a mortar. Then mix it with cooked rice and let it just ferment. But I blundered all the time-it got like paste."

Yet there was one time when Mr. Kim was really happy, and when he talks about this he smiles bashfully. "I don't know exactly how it started, but it was a young girl of 17 or 18 years, coming from a poor family. She started to look after me. At first she only brought the rice for the sweets, then I showed her how to make them and had her sell them. Her house was close to where she was more often in my room than at home. We even spent 20000 Yen to get the necessary household goods together."

Alltogether those 2 or 3 yaers were the only experience for Mr.Kim living together with a woman. But he wouln't ssay now that this was a happy time. "In the end I made her become miserable, you know, and she had even got pregnant, you see."

Exactly those 2 or 3 years Mr. Kim lived like husband and wife were the time, when for the fate of the Koreans and Taiwanese residents in japan there occurred the important change, and the misery of the girl, too, cannot be side to be unrelated to this fact.

On the 25th of April 1952 the San Francisco Peace Treaty was signed. It's article 2, paragraph I reads as follows: "Japan recognizes the independence of Korea and gives up all rights, interests and claims against it, including the islands of Che-joo, Ko-moon and Ool-oong."

Even before this treaty was signed, on the 19th of April, there was issued(on the ground of the registration law for foreigners)the ordinance "Civil A, Nr. 438" of the Bureau of Civil Affairs, regulation the treatment of Foreigners for the time after the signing of the Peace Treaty. "With the signing of the Peace Treaty Korea and Taiwan become entities separate from the Japanese territory, and therefore the Korean and Taiwanese people, including those living on Japanese territory, all loose their Japanese citizenship.

The effect of this was that the Korean and Taiwanese residents in Japan-without even being asked for their opinion-were by one piece of written ordinance deprived of their citizenship. Those who are victims of forcible deportation to Japan, by the hand of the very same Japanese government were suddenly treated like normal foreign tourists, subjected to the law controlling immigration und emigration and threatened By deportation once more-this time deportation out of Japan.

****

It was the 10th of August 1952. Mr. Kim had been drinking some crude alcohol at a stand, when he met Genchan, a friend he had met first at the Hosokawa Mine. He pulled a wooden cart full of scarp iron and it seemed very heavy. "Come on, help me and push till we get to your place." Without much thinking about it Mr. Kim agreed, having not the slightest idea this might be stolen goods. This way they came to Mr. Kim's barrack when they were met by a policeman Mr. Kim knew by sight. "These are stolen goods. It's late now. Leave the cart there and go home!"

As he was told he left everything where it was, went home and slept. The next morning police came in and arrested him. Interestingly enough Genchan was not arrested. "Let me talk with him". He demands, but no answer. During the trial, too, Genchan is treated as nonexistent. One must know: Genchan was a Japanese. And one more fact: The place, where Mr.Kim was living in his barrack, at that time was eyed by Mitsubishi-Hosokawa Mine for building apartment houses. They had offered him 10000 Yen if he moved out, and when Mr. Kim refused, the header of the neighbourhood organization and even the police had continuously tried to convince him. This smells strongly of a plot. To think of it! Everything comes together too well: They meet right in front of Mr. Kim's house-isn't it strange? Genghan and the policeman were both the bait to catch Mr. Kim. It is a natural conclusion.

Anyway-the court case beings, and although Mr. Kim denies constantly, he is given-together with a sentence for trespassing into somebody's home, which had happened shortly before-a sentence of one year and two month by the Tsukushi-date Summary Court. The friend who was to come and bail him out(he stood surety for him)didn't come. He had taken the 15000 Yen Mr. Kim had handed to min and disappeared. The prosecutor and the lawyer both told him: "It is better for you if you do not appeal but serve your sentence. This way you get out more quickly." Betrayed by his friend, too, Mr. Kim refused to appeal. From the 7th of November 1952 until the 11th of November 1953 he served his sentence in the Miyagi prison.

During this time Mr. Kim hears the rumor that the previously mentioned girl has aborted the child she was pregnant with and started working at a bar.

When his sentence was over and he stepped outside into the chilly air of northern Japan-there were 2 or 3 cars waiting and Mr. Kim was surrounded by over ten men: officials of the immigration office. He was pushed into a car and off they went to the Omura detention camp in Kyusyu.

The ordinance of immigration and emigration No. 214, art. 4,40 reads: "After this government ordinance is issued, all persons who have been sentenced to imprisonment or containment of mor than one year can be forcible deported. "This ordinance was applied also in Mr. Kim's case. "to be sent to Korea."

Mr. Kim heard of these facts for the first time then. The prosecutor and the lawyer both had said no word, given no hint of this when they told him not to appeal. If in an appeal this frame-up had been uncovered… But as though shaking off the regrets about the past Mr. Kim says: "To try and talk about the past doesn't help anything, you know, ' cause everything is all messed up."

"The average Japanese citizen does not even know of it's existence, much less about it's meaning and content-but the Detention Camp in Omura indicates exactly, of what kind the 'permission to settle permanently' of the Korean resident in Japan is, it's intricate relation to the problem of citizenship-this all is symbolically visible in this detention camp."(from

Omura Detention Camp

the material for the court case on the side of the plaintiff, No.2)

The Detention Camp in Omura was started after the conclusion of the San Francisco Peace Treaty in 1952 by using and repairing the old barracks of the former marine airport in Omura, Nagasaki district. The detention camp can accommodate one thousand and some hundred Koreans and is the base for deporting them. "From all four sides enclosed by a high concrete wall, and the four watchtowers at the four corners-an ut- most impressive sight."(Kyusy Koron, 1978, May edition. Seiji Oka: "The detention camp in Omura inside myself")

"A place where people can wait for a while until their deportation." - This description the government gives, disagrees almost on all counts with the facts, because it is "a typical prison" and by some called the "Auschwitz of Japan".(The Japanese word meaning "detention camp" is the same as the translation into Japanese of "concentration camp"-transl.)

Even in case the "theft" had been no frame up-by serving his term Mr. Kim had born the consequences and thus his "case" should have been closed, but he saw put in cufflinks and under escort sent to Omura and put into this detention camp.

"Getting up at seven in the morning. Lights are put out at ten at night. Morning and evening roll call and three meals. That was mostly rice mixed with barley and the portions were small. In the beginning I was so hungry I could hardly stand it. The side dishes were even worse than in prison. "Recreational facilities"?-Well, the music coming out of the Watchman's room, maybe. Different from the real prison there was no time for physical exercise. To pull a rag of a blanket over you and sleep-that's all you could do there, you know, and from noon on everybody did, really. And there were quite a lot of university students among them, believe me."

There is also no vocational training. Nor do the inmates know when they will be deported, how long they will stay in the detention camp. With all this completely unknown the inmates can do nothing than catch flee from morning till eve. That is a really cruel punishment. Everybody has his own room, but since men and women live intermixed in the same track, pregnant women were frequent. To get rid of them like of a nuisance and deport them-the former Korean president is said to have been very puset about this kind of treatment. Under these circumstances people will dig tunnels and try to escape. They refuse to be deported and commit suicide. It was just perfect hell.

"There is constantly the call for reform of the treatment, each tract planned all kinds of struggles against those in charge. The one I can remember most clearly was a four or five day hunger strike."(materials.. Plaintiff, No.2)

The result was that those in charge mobilized policemen from all over Kyushu. Those who were on hunger strike were forced to receive artificial feeding. The central persons of suppressed everything by sheer force.

Person who returned to	S-Korea	N-Korea
5/1945~3/1946	940 438	
4/1946~12/1946	82 900	
1947	8 392	351
1948	2 882	
1949	3 482	
1950	2 294	
1959~1967		88 360
Since1971		~3 000
Additionally about 400000 persons returned unregistered		

The Japanese government argues against this complaint as follows: "The plaintiff was accommodated at the Omura Detention Camp from the 22nd of November 1953 until hi was temporarily 3 1/2 years. Additionally, the life in the detention camp the plaintiff describes as real, he has not only almost completely taken from idle complaints of other people or even just hearsay about such complaints, but the life he describes itself can⋯ hardly be taken as a credible account. ; and from what just one plaintiff claims as real experience in respective detention camp, one cannot say that the reality has been described."(from the material of the defendant, No.2)

Is this believable? In the book ""O year history of the Detention Camp for Immigrants in Omura" which is issued by the "Ministry of Justice, Omura Detention Camp for Immigrants" there are listed the frequency of escapes, suicides, attempted suicides, injuries, violence, hunger strikes, occupation of buildings by inmates and so on. Let us just pick up the data of suicides and attempted suicides.

1955/8/30 An Song-nam trac 4 room 9, suicide by strangulation

1956/3/13 Yun Soo-kil 2 times attempt to strangle himself

1957/2/13 Lee Tok-yun swallows 11 needles All of this occurred during Mr. Kim's period of detention. The counterarguments of the government are all too transparent and make us enraged. "The Omura Detention Camp is in reality a 'prison without limitation of term'⋯ Among the persons who suffer detention here those, who are living in Japan since pre war times, those who are born in Japan and educated here are numerous. These persons have been inflicted punishment by the Japanese government and after that⋯ are to be deported forcibly. But until deportation they are detained. That is a double punishment and is a situation which cannot be overlooked. "This is part of a report issued after inspection by the "Group investigating the Detention Camp for Koreans at Omura", a group of 14 paplamentarians, lawyers, scientists and others under the leadership of Mr. Tokuji Kameda, Mr. Kim has been detained here for full 3 1/2 years.

Well, how did Mr. Kim get temporary release and could leave the detention camp? "I asked them to let me go back to Hosokawa I was used to live, you know. There might be even a house to live in. But they said "No!", you see, 'cause there was nobody to go bail for me, they said⋯"

How could there be anybody? The deportation to Japan, then the frame up, then the detention? The deportation to Japan, then the frame up, then the detention had deprived him of all persons who might do so. For him, who had no place to go, no friend, even provisional release seemed impossible. At this moment an inmate and comrade, who had left the camp earlier, introduced a man to Mr. Kim who operated a construction firm in Moji. With this man as a surety he left for Moji. Mr. Kim does not say anything bad about this man, but it seems his business was specialized in getting Koreans with no other place to go out of Omura on provisional release and use them as cheap labor he could treat roughly. Including Mr. Kim there were 7 or 8 former inmates at this place-and if he quits providing surety you are in trouble. Moreover, in Mr. Kim's case the provisional release was issued under the condition that he live in Moji and he was not allowed to leave Moji-City; therefore he could not freely move around and look for a more decent place to work.

If he trespassed against the stipulation to stay in Moji or failed to register once a month at the immigration office in Shimonoseki for renewal of his permission he had to straight back to Omura-and be deported. That is the reality of this countries immigration registration system.

Working as a stevedore for To-Kai-Un(a transportation business), load and unload coal, iron ore. When there was no other work he dug tunnels and wells and tided over in this way-always doing quite dangerous construction work, His salary was around 500 Yen per day. And even though-if he could work for three days, the fourth day there was no work, and Mr. Kim hated the sky of Moji that lets it rain so often. The temporary living quarters for the workers cost 200 Yen including 3meals, which means the pay was completely used up for paying the quarters.

It was the time when the 10000 Yen bills were issued and Japanese business experienced a frenetic boom. Most Japanese were just about to forget all about the war.

It must have been 5 or 6 years that he lived at these quarters, but then the prices were too high to pay for him and Mr. Kim moved to the barracks which were jammed near Jinjai-bridge and slept there. But these barracks had been built without permission and were torn down after about one year. At this point he found a room on the second floor of the Kanmon Cafeteria nearby, which was run by Mr. Chon, a Korean. This is the room he lived in until he had his stroke and was carried to the Asao Clinic.

"After coming out of the Detention Camp in Omura I've been living by myself. I couldn't even think of getting married. Of course, I didn't speak the language too well, and Japanese women wouldn't have taken me for serious. I just lived for the day with no hope or plans, and if I had some money left I spent it on alcohol and cigarettes. After I had moved to the Kanmon Cafeteria I started quarrelling when I had drunken some, and if I was without a job I went to the park and gambled with the little money I had left. For this I was taken into custody by the police about 7 or 8 times and had to pay from 5000 to 10000 Yen fine."(Materials of the plaintiff, No.3)

I repeat, who can blame him for this behavior under those circumstances? Mr. Kim had to go over to the immigration office in Shimonoseki once a month to undergo this bureaucratic procedure he didn't even understand the reason for. The ferry from Moji over to Shimonoseki cost 150 Yen round trip. The fee for forms and paper work saw 50 Yen. Thinking of the fact that he had sacrificed his day's payment to get here, he couldn't afford the bus fare any more form the port to the immigration office. He walked all the way through hilly Shimonoseki. One says lightly "formalities", but for him these formalities were quite something, especially after his left foot became numb. There was always some reason to be summoned once more like "illegal stay" or "enforcement of evacuation". Being caught in the net of the immigration system he struggled without knowing why and how. In the middle of all of this Mr. Kim collapsed.

<u>WHEN THEY WANT TO USE ME THEY COME AND GET ME HERE-AND NOW THEY TELL ME: GET GOING!</u>

There he suddenly was in the Invalid Workers' Hospital, and, of course, he didn't know where he had put his registration card for foreign residents or anything. What was the most lucky event for him was the fact that by chance his doctor in charge was Dr. Kanezaki, who happened to be somebody who had thought about the problem of the immigration system in his student days. "I thought at first, well, first of all we have to find his registration card anyway, or we are in trouble. And once you get into this you are swallowed by this problem."

The one who says this with a bright smile and brushes the problem seemingly away is actually a very self-sacrificing person, who has been quite busy on behalf and in place of Mr. Kim.

The immigration officer came to visit the hospital: "For Mr. Kim the order of forcible evacuation has been issued. He is only on temporary release. So please, stop the treatment and he is meant to be stationed in the Omura Detention Camp" was the massage. The problem Mr. Kanezaki had still had some doubts about until then had been thrust at him in all it's urgency right here and now.

"As much as this is a problem of the Korean resident in Japan, this situation is also a problem of us Japanese who in the first place have created it. Mr. Kim's struggle has made me want to rediscover and rethink my own country Japan." Through Dr. Kanezaki's activities former colleagues and friends came together and gathered once a week for talking things through. This became the cernel of the present "group to support Mr. Kim Jong Gup's court case". "At least his forcible evacuation we have to have repealed by all means", somebody shouted when they succeded to have Mr. Kim's registration renewed, and everybody thought the same way.

On the 5th of August 1974 they submitted an "Appeal to reconsider and revoke the forcible evacuation" to the Minister of Justice. On the 6th of November the appeal was accented. Mr. Kim received a "Special Residence Permit".

Let us here dwell shortly on the qualifications the Koreans and Taiwanese have to meet to be able to stay in Japan. First there is the "126-2-6" qualification, which means law No. 126(the one which altered the immigration ordinance in part and was issued together with the San Francisco Peace Treaty). Paragraph 6 of the 2nd article of this law states "According to the peace treaty with Japan and from the day of its coming into force those persons who are, according to the treaty, stripped of their Japanese citizenship and have lived continuously in this country from the 2nd of August 1945 until the establishment of this law(including their children who have been born between the 3rd of August 1845 and the establishment of this la)···can-until a separately established law decides the qualifications and the duration of their stay-continue to live in Japan without possession of a separately established law decides the qualifications and the duration of their stay-continue to live in Japan without possession of a special qualification." This is the basis for the text pf the regulations. Mr. Kim, who has lived in Japan since before the war and also since the time of the singing of the peace treaty is one of those to whom this applies. The special law has never been issued and accordingly there is no decision about qualifications and time limit. Of course, to say that by way of an immigration ordinance and based on that a forcible deportation can be ordered and the right of staying is lost-this is a strange attitude.

That to follow the immigration ordinance is one condition for staying-this also has not been decreed.

"Specified residence permit" is the permit given to the children of those to whom the "126-2-6" qualification applies, but who are born after the peace treaty came into force. Their period of stay is three years and the permit has to be renewed every three years. If one forgets to have it renewed, the stay becomes an "illegal stay" and one is "forcibly evacuated".

The "Social Residence Permit", next, can be granted only specially by the Minister of Justice, which means it is left to the free judgement of the minister to issue it or not, and it's time limit is usually 1 year. This is the one Mr. Kim has received. Further it is said that there are plans, to solve the problem of residence for the children of those with "Specified Residence Permit" by way of the "Special Residence Permit".

Further there is the possibility for those elite-foreigners, whose conduct is good and who have sufficient financial means or ability and whose permanent settlement is seen as complying with Japan's interest, to receive a "General Right to settle permanently", and those persons, who under the Korean-Japanese treaty had their nationality changed to South-Korean nationality, and further qualify for "126-2-6" conditions-they together with their descendants can apply for and be granted a "Permanent Settlement Right by Agreement".

Of course, even "permanent settlement" means that you are just the same watched according to the immigration ordinance and threatened by "forcible evacuation", so that it is hardly possible to speak of areal "Right to settle permanently".

Finally there are shoes, who have been sent a written order of forcible deportation and have been sent to the Detention Camp in Omura, but whose deportation is "delayed". They can be issued a "Temporary Release Permission" and released from the camp without vaving the qualifications for staying in Japan. And those, who from some outward reasons cannot be deported and are released form the camp receive a "Special Release Permit". In both cases the renewal procedure is necessary every month. I they trespass against the regional limitation camp at any time. When Mr. Kim was working in Moji, he was on Temporary Release Permit".

This means, that those people who once were Japanese citizens like all others now are divided up and classified in such a detailed manner, supervised and live deprived of many rights.

At their first "meeting" they discussed whether to throw back at him the "Special Residence Permit", which the Minister of Justice only gives as an "act of charity" and try to win back his "right to live in Japan" which Mr. Kim should naturally possess. "When they want to use e, they come and get me here-and now they tell me: Get going! What's that?" "I'm so fed up of having to depend on those immigration officers!" Those words Mr. Kim spits out with a tone of utter disgust hit us with all their weight.

For the meeting on the 19th of October 1974 we asked the minister of the Korean church in Kokura, Mr. Choe Chang Hwa, who is engaged in the human rights problem of the Korean residents in Japan, to lecture to us. (He is the person, who in February 1968, when in the Shizuoka-prefecture a hostage was taken, hastened from Kyushu to the "Fujimi Hotel" where Mr. Kim Hi Ro had shut himself up and convinced him to surrender.)

When Mr. Choe met with Mr. Kim, he suggested to go to court to have Mr. Kim's Japanese citizenship confirmed.(This is the same claim as in the lawsuit of Mr. Son Do-Hoe in Kyoto, which began on the 23rd of October 1969). Our meeting became very turbulent. "Who would think of receiving the Japanese citizenship from them! Doesn't that mean to sell our pride as Koreans out to the Japanese government?" "Who needs a nationality or citizenship? What is really important is not a citizenship but to build a society where people can not live in equality/" "Isn't it necessary, instead, to found a movement to achieve that forcible deportation isn't used any more against those qualified under the "126-2-6" law?" A clashing of widely differing opinions and we could not reach any conclusion. At that moment Mr. Son from Kyoto arrived. For Mr. Son, who is about the same age, Mr. Kim felt immediate sympathy and mutual understanding. Putting his full trust in him he decided: "I'll have my citizenship confirmed, too!"

At long last the court case opened, but in order to avoid having to divided to accept the "Special Residence Permit."

"It seemed so pointless at first, but those discussion at that time were an utterly essential question posed to us Japanese. To be proud of one's country and people is certainly important, but citizenship and nation doesn't necessarily mean the same. That is one thing I have learned from Mr. Choe's speech. Among the Korean residents in Japan there are certainly many who believe they do not need or want the Japanese citizenship. Having been forced to become Japanese citizens in the past and under this pretext been forcibly deported or made to fight for Japan as soldiers, for them this is a very natural reaction. Yet out of this reason to say they are a different people or race or nation and rob them of their citizenship cannot be tolerated. To fight with the nationalism and racism of my own country and ask what it means to be a Japanese, that is also my own struggle."

This is the way Dr. Kanezaki pleads: To respect Mr. Kim as one member of the Korean people-but still treat him as a Japanese citizen, that is the way the Japanese government should choose to act after committing the great crime of forcible deporting him. But this claim is not understood-not by the Japanese, which does not surprise-but not even by the Korean residents.

<u>"ASSUMED KOREA HAD NOT BEEN ANNEXED BY JAPAN"-THIS ARGUMENT IS NO MORE THAN SOPHISTRY ON THE SIDE OF THE JAPANESE</u>

The fact that the Japanese government has-by way of the San Francisco Peace Treaty-onesidely stripped the Korean and Taiwanese residents of Japan of their Japanese citizenship is now criticized in the court case from two angles. One is

Korean residents born in Japan			
year	Overall number of Korean resid.	Korean residents born in Japan	% of resident born in Japan
1959	607 533	390 098	64.2%
1964	598 572	395 907	68.4%
1969	603 712	437 216	72.4%
1974	638 806	484 185	75.65
(from; "Register. of aliens "No.207			

the criticism on grounds of the International Covenant on Human Rights and international conventions. The other is the criticism on grounds of the interpretation of the Japanese constitution and internal laws.

Through the aforementioned ordinance of the Bureau of Civil Affairs Japan has formerly taken away the(Korean or Taiwanese) citizenship of persons who did not have a place of registration in mainland Japan(like all Japanese must have). But under the premise of the imperialism of that time they forced their assimilation programs on those Koreans and Taiwanese, while at the same time discriminating against them by not allowing them the same status regarding "place of registration", but instead treating them in this regard as an "area with different legal standards, not allowing the transfer of place of registration to Japan(or from Japan to the colonies). This fact the government is now-under the new constitution-again using skillfully. In other words, in complete disregard of people's conditions of living and their feelings they treat "citizenship" and "place of registration" as one and the same thing. This means, there is no freedom of choice regarding one's citizenship, although this has become a customary right according to international treaties. Moreover, that the citizenship under the new constitution has been decided again according to the old prewar and wartime law re "place of registration"(which means it has again been decided on grounds of the notorious 'household-system') is a hardly tolerable mistake. For in this system "place of registration"-"blood lineage"-"race ethic entity"-"nation" are seen as one unity and connected in a way that smells of the nationalism so peculiar to Japanese imperialism. Postwar Japan has not parted from this system.

Mr. Choe Chang Hwa, who has been researching the problem of citizenship and international law for quite some time, says: "Citizenship means the actual ties of those who live in a certain territory together. "This territory country is nothing somebody can "give" or "take away". "People who are bound to a territory and bound together, people who have ties make a country. As a member of the Korean people Mr. Kim has, of course, every right to inherit the Korean culture, but no matter what people or race he belongs to-as one who has ties with the territory country called Japan-and he cannot help but have them-there is no reason in taking away one-sidedly the Japanese citizenship from him."

Mr. Son Do-Hoe continues in this way: "What does it mean the "Ainu" and there must have been quite a number of Koreans among their ancestors-and now try and find a Japanese who hasn't blood of these in his veins! The 'mono-racial' nation is nothing but a fabrication, really. Just like the Koreans of previous times <u>we also have been already incorporated, already are part of</u> this country. After all that-don.t let them talk any more about our blood being different and us being foreigners therefore."

By the way-the Second World War, which was also a hypertrophic struggle of clashing national sovereignties, has been accompanied by a great many cases of deprivation of citizenships. Italy, the Soviet Union, Austria, Germany have had this problem. But according to the book "Citizenship and Human Rights" by Mr. Choe Chang-Hwa each of these countries had to revoke those deprivations after the war under the pressure of strong international opinion. Yet out of all countries Japan has produced such deprivation of citizenship even after the end of the war and even now is not willing to reform itself.

Further, if occupied territory is given back, it is quite natural that those who live in this territory change citizenship(although there is the interpretation that they, too, have the right to choose their citizenship). However, those who live outside the occupied territory are not forced to change citizenship. If it is changed, the right of choice has to be granted according to the interpretation which has become set down in international treaties. Even the Japanese government has acknowledged this princible in the sixth session of the Korean-Japanese Talks:

<u>Japanese side</u>: The section responsible for treaties in the Foreigns Office thinks, that the Korean residents in Japan should be treated as a special case, since they lost their citizenship not out of their own sill but automatically under the

Peace Treaty.

<u>Korean side</u>: According to international conventions there is the attitude to acknowledge the right to choose one's citizenship, and therefore there should nct be too many conditions attached to naturalization. <u>Japanese side</u>: I am of the same opinion.(Informal meeting 1961/11/15)

Demonstration in front of the District court, Rev Choe speaking

<u>Korean side</u>: It is common international convention, that people who are in a position like the Korean residents in Japan-when they can take the citizenship of their homeland-that they are granted at the same time to right to choose their citizenship."

<u>Japanese side</u>: The choice of Citizenship is a problem which should have been decided right at the start, and we have already missed the right moment. (dto 1962/2/20)

<u>Japanese side</u>: We should have granted the Korean residents in Japan the right to choose their citizenship at the time of the conclusion of the Peace Treaty, but as a matter of fact we were not able to do so. Therefore we want to give them the possibility to become naturalized-which actually has the same result. (2nd meeting about the legal position, 1962/10/11).

The focus has changed toward naturalization, but you will have understood the indirect acknowledgement, that the deprivation of the citizenship saw a fault-or was this only an expression of politeness? A trick to evade being further pressed by the Korean government?

The first paper presented to the court by the defendant maintains: "Article 2, paragraph a) is interpreted as having the intention to renounce the sovereignty over the Koreans(who had ceased to exist, according to the annexation, as Korean citizens)and restore to Korea it's territory and people. Therefore it is only logical, that not only the Koreans living on Korean territory at that time, but also those who, assumed the annexation had not taken place, would have continued to live there and retained their citizenship, and those who receive the Korean citizenship a new-that all of these persons -as those who form the Korean nation-at that time all lost their Japanese citizenship."

This is the same logic which robbed Mr. Kim and others 27 years ago of their citizenship. "If the annexation of Korea had not taken place, there should not be 600000 Koreans living in Japan now! You cannot return those people from their present condition to one, where the annexation has not taken place!

Number of Koreans in Japan			
year	persons	year	persons
1911	3 171	1929	275 206
2	3 635	1930	298 091
3	3 542	1	311 247
4	3 917	2	390 553
5	3 989	3	456 217
6	5 624	4	537 695
7	14 502	5	625 678
8	22 411	6	690 501
9	26 605	7	735 689
1920	30 189	8	796 878
1	38 651	9	961 591
2	59 722	1940	1190 444
3	80 415	1	1469 230
4	118 152	2	1625 054
5	129 870	3	1882 456
6	143 798	4	1936 846
7	165 286	1945	2365 263
Figures at the end of the year			

The 3rd paper submitted by the defendant is even more shameless: "Moreover, whether Japan had the obligation to grant these people the possibility to retain their Japanese citizenship, which means to grant them the right to choose their citizenship, was something, the victorious Allies should have decided. Japan had not only no right to grant this, but Japan was not even in a position to demand from the Allied Nations the right for the Koreans and Taiwanese to choose their citizenship. This should be kept in mind." Thus they maintain. It seems, Japan had no responsibility at all.

Let us here once more look at the testimony of Mr. Hiroshi Tanaka in the court case of Mr. Son Do-Hoe.

Question: The understanding is, that on the side of the Allies they were of the opinion, that the problem of citizenship is solely a problem between Japan and Korea, and that the GHQ did not even utter their opinion regarding this problem?

Answer: Yes.

Qu: This was the opinion of the Allied partner at the conclusion of the Peace Treaty?

Answer: Yes.

Qu: May I conclude then, that it was according to the one-sided will of the

Japanese government, that nevertheless the citizenship was taken away?

<u>Answer</u>: Yes. I have asked the members of the that time GHQ many questions, but the people who were involved in drafting the treaty all say unanimously, they would not have dreamed of it, that article 2 paragraph a) would become the basis for changing the citizenship-says Mr. Onuma.

Professor Yasuaki Onuma, who at present writes a series of articles on "Considerations about the legal position of the Korea residents in Japan" in the magazine "Hogaku Kyokai"(Society for Jurisprudence) says :"As much as you try and explain the interpretation of the Japanese government abroad-you find no understanding. It is an astonishing measure, unparalleled in the world. And they are doing this kind of out-rageous thing in the basis of article 2, paragraph a)! Just to explain this and get it understood is quite something." He stresses in this way that the ordinance of the Bureau of Civil Affairs simply does not pass on the international scene. And he judges: "The deprivation of the citizen ship is fully and solely a scheme of Japanese government officials. The GHQ were doing some studies about this, but they did not interfere and were completely taken "back by the Japanese toing ahead independently."

But the government is never short of sophistic arguments. About the freedom of choosing one's citizenship, which has become international convention, they say: " Japan has not joined any of these covenants and treaties", and about the "Universal Declaration of Human Rights: "When this was signed, we were no member of the United Nations" and "We cannot interpret those declarations as having legally binding force." And so on. They are escaping all the time. As if they wanted to proclaim they have chosen the role of the heretic of the international community and of the one who destroys human rights.

Even after this lawsuit got under way they are unconcerned. Trying to find out, whether he is willing to change his previous point of view or not, we inquired for the opinion of the Minister of the Minister of Justice and were said by the Secretary of the Minister's office: "I do not want to doubt the competence only the head of the department in charge…"Which means, without the recommendation of the department head a change of opinion cannot take place. Well, the "man in charge", the head of the 5th civil department of the Ministry of Justice, Mr. Tanaka,, tells us: At present a revision of reconsideration of our interpretation does not seem necessary to me. The present interpretation has been decided at that time(conclusion of the San Francisco Treaty) and in that political situation on a higher political level. It is a mere ordinance, but it involves high-level political problems and therefore has to be thought through on the level of the Prime Minister and the Ministry of Justice. It is no problem to be taken up at the level of the department office. Therefore I cannot say anything."

Both sides take it easy, and even a person who would be responsible for a recommendation cannot be made out. The only answer: "Well, the department head is interested in the article of Professor Onuma."(see above. Scheduled to continue through March 1980). This is a mere excuse.

But the oppositional Socialist Party's department for citizens' movements is just as easygoing. "Well, we have not got around yet to study such problem like the San Francisco Treaty" they say.

This is Japan-30 years after the war she lost

****

IF YOU SAID "YES" TO WHATEVER THEY TOLD YOU, YOU COULD GET BY WITHOUT BEING TOO AWFULLY

"I believe this is also a struggle demanding the awakening of the Japanese people. A struggle for acceptance of each other with their respective wary of living and for building a really democratic spirit. To confirm the citizenship is, in other words, to confirm the human rights of one Korean person honestly."

Mr. Choe, who is speaking in this way, is also the person who is opposing the fact, that the NHK (the public radio station)is reading the names of the Koreans(and Chinese) with the Japanese pronunciation of the Chinese characters-and is taking the NHK to court for it. Guided by Mr. Choe I went to the charnel house of the Shiroyama Graveyard. Here-like in other places-the bones of forcibly deported Koreans who have died in the coal mines are deposited. In Moji is 23 dead persons whom nobody takes over to care for. Here, too, the war is not yet over.

"The harbor of Moji is hit by the depression. Until the Japanese-Chinese trade will enliven this port again it will take some time. Aren't the ones who are most hit by the depression of course the Korean residents?"(Registration office at the city office in Moji)

Next to the entrance of the city office a huge banner flaps lonely in the wind, reading: "For the speedy ratification of the International Human Rights Covenant as a protection of the freedom and equality of mankind."

On the 5th of October 1977 President Carter has signed the Human Rights Covenant. Among the advanced countries only France and Japan have not yet signed it. However, the reason that France has not ratified it lies in the fact "that the level of this treaty is lower than the level of our national laws. " The reason why Japan cannot sign are the Koreans in Japan-we hear.

"it looks like from now on during the discussions of the General Assembly of the UN Japan shall be attacked and criticized very severely."(Asahi Shimbun, 1977/10/6)

One of the concrete appearances of this criticism seems to have been the condemnation which erupted against Japan in relation to the Vietnam refugees. In March this year former prime minister Fukuda sent a personal letter to president Carter, accusing him that with his foreign policy stressing human rights hi has been hurting "rather the countries of the free world". A rather bad style. It means to ask: please close your eyes to the fact that the powerful nation of Japan disregards human rights.

"That the plaintiff is not only indicting the Japanese government for the administrative measures it has taken against him, but for those, it has taken against all Korean residents would be-maybe-understandable, it the plaintiff could speak with justification as a representative of those Korean residents, but lacking this competence he is simply not qualified to sue us on these points."(papers of the defendant no.3)

In this impertinent way the government is talking to Mr. Kim. If we would pay back with the same coin: Mr. Fukuda, who takes on the air of representing the "free world" and accuses President Carter in a personal letter, simply lacks the competence to do so. If he at least could call a spade a spade: Who feels hurt by Mr. Carter's human rights policy is Japan, since the one who turns his back to the strengthening human rights movement in the world is this very

Japan.

"One could say that until 2 or 3 years ago it was still taboo, to discuss the way of living and the reality of the Korean residents in Japan <u>under the premise that they are living in Japan</u>. These days this taboo has been gradually broken."

This is the thesis at the beginning of the article "The broken Taboo" by Mr. Katsumi Sato in the August 1977 issue of "Chosen Kenkyu"(Korean Studies). This magazine carries in the same issue a special article "Thinking about the 'trend toward permanent residence'". And the July August number features a special article "Thinking about naturalization". South Korea and North Korea have until now both maintained the principle that the Korean residents in Japan will some day "return" to their "home country". That the Korean-Japanese treaty recognizes the "Permanent Residence by Agreement" was a first step toward abandoning this principle, but to demand "permanent residence" and thereby collaborate with the Japanese plans to destroy the Korean culture and assimilate it was severely criticized. The possibility to base one's thinking on the premise of the <u>Koreans living in Japan-without moving toward naturalization</u> is here also put under taboo.

In reality the Japanese government maintains even now: "If you want to become a Japanese citizen, become naturalized!" Behind this demand lies the plan to extinguish the culture of the Korean people. The "Chosa geppo"(Research Monthly) of the government's research office puts it this way in it's July 1966 issue: "The fact that alien groups retain their character as a different people forever, clearly poses-as a kind of our society. For the sake of their and our mutual stability of life and happiness in the future, the programs for their assimilation are being stressed. This means we want them very much to become naturalized···As a far reaching policy for the next 100 years of our nation and as a problem of public peace and order we have to accept this naturalization; for the stabilization of their livelihood it is necessary to take resolute measures and policies from a broader point of view."

Under these circumstances it is natural for South and North Korea to be sensitive against naturalization. That even people with good sense criticize Mr. Kim's struggle, saying: "Doesn't it mean giving up your pride as a Korean to receive the Japanese citizenship from them?" stems from this sensitivity. "But, you see, look at the reality as it is. Third generation Korean residents··· they increase by leaps and bounds. In this way their pride is lost and gone, you see. No-I think better than this method it is to get your citizenship and then in a self-confident manner stress your different culture" says Mr. Son Do-Hoe. That's right. Naturalization and confirmation of citizenship resemble each other at face value only, but on a deeper level they are quite different. In the case of naturalization the Koreans are handpicked one by one. They have to bow their head before the Japanese government and admitted to be added to the Japanese society at the lowest level of the hierarchy.

On the other hand, if they have their Japanese citizenship confirmed, they earn the right to join the Japanese people as a group and as a people of their own. It means to be recognized by the Japanese government as a minority group. It means to be able to demand their art to be performed at public theaters and the right to choose their own language in public education. In the 73 years since 1925 the number of naturalized Korean residents amounts to an overall 67 895 persons. This reality before our eyes, Mr. Kim's lawsuit to have his citizenship confirmed becomes unexpectedly important. The aforementioned thesis of Mr. Sato says: "Concerning the problem of qualification for residence, there is Mr. Choe Chang-Hwa's claim of getting the citizenship, of living as an ethnic group with pride in the individual character of this group. There is the theory of Mr. So Yon-Dal that everybody who is born as a child of a foreigner in Japan should in principle receive the Japanese citizenship. "Without giving any further comment he touches here on Mr. Kim's suit.

You can hardly call it a taboo anymore-the time when South Korea and North Korea, too, shall realize this may come sooner than expected. In this case the Japanese government will get the full impact of international criticism and be forced to really clean up the post war problems. A society where "Kimono" and "Chogori" appear side by side and nobody feels strange about it is not strange at all.

Let me here introduce in advance the conclusion Mr. Onuma reaches in his thesis(which the department head of the 5th civil department of the Ministry of Justice is said to be watching with interest) :

"To make the 'place of registration' the basis for the citizenship and by this reason to deprive on the 19th of April 1952 people of their citizenship through the ordinance No. 438 of the office of Civil Affairs is against the constitution and can therefore not be regarded as valid. That those who lived on the Korean peninsula loose their Japanese citizenship is natural, but for those who lived in Japan the character of their citizenship is also determined by the will of the individual himself. This is not even a problem of an institutionalized 'right to choose one's citizenship', but a more natural thing. At least from those who maintain they did not loose their citizenship you cannot take it by force. In case of taking it, there would be at least necessary a legal foundation that surpasses this right of the individual-for instance an unanimous legal agreement about the citizenship between North and South Korea and the whole body of residents in Japan. This problem cannot justly be solved by the internal law of just one country. Mr. Kim's case we have to think of as-even under the present circumstances-a situation of double citizenship."

This means that Mr. Kim has not lost his citizenship. Actually the same conclusion was reached in 1968 by Professor Bae Je-Sik of the law department of Seoul University in his thesis "Thoughts about the legal status of the residents from Sachalin and the Korean residents in Japan". But we do not have to wait until the theories of the legal experts throughout the world have piled up like a mountain, to know that the position of the Japanese government is the one that is strange.

Yet, I do not think that anyone can win these law suits. Neither do Mr. Kim or Mr. Kanezaki, and with Mr. Choe and Mr. Son Do-Hoe it is the same. They all know the real character of the Japanese government all too well. Even though and in the face of this Mr. Choe, exposing thereby the real character of the government, is fighting back and building up a new movement: He tries to appeal to the international opinion. He has contacted the Christian churches of North American, and impressed by these suits leaders of the North American churches have so far come to Japan for three times and have sent one minister as coworker last year.

With this fullhearted support Mr. Choe will go to the UN this hear and appeal to the Human Rights Commission. The preparations and the fund raising is already under way.

"I do not believe that we can win this law suit. But I want to go all the way to the Supreme Court, want to put this question to the international community. If during this course the Korean residents in Japan themselves have their eyes opened, if our fellow Japanese countrymen awake, this society will have become a much better one than it is now. Even if it seems like a dream now, I want to stake my life on the pursuit of this cause."

Could not we Japanese close this chapter of our own post war history with our own effort? Do we again have to rely on the efforts of foreign countries? If so,

Kim has no place to live
other than this bed

this is surely something we Japanese have to face straight forwardly as our absurd reality.

"If I look back on my life, I have not the slightest doubt that ethnically I am a Korean and I am wholeheartedly proud of this. But with the same assurance I believe that I do have the Japanese citizenship. (from the petition in his lawsuit to have his citizenship confirmed.)

He has lives half of his life in Japan. He still is not used fully to the Japanese language, and in an environment full of hostility it was often like a reflex to say "Yes". "If you said 'yes' to whatever they told you, you got by without being treated too awfully." It was no snakingly vervile attitude, it was the difficult art of survival. And the result? Has he been allowed to live like a human being in dignity?

With this court case Mr. Kim has given up this "Yes". For the first time he has shown his will to fight back. Now Mr. Kim started moving around this court which is going on for exactly four years now since that 11th of August 1975.

Since He has been forcibly deported 38 years have passed. "I don't want to have anything to do any more with those immigration officers!"

When will this plea of Mr. Kim be granted?

****

Human Rights Violation in Japan

The Situation of the Korean residents in Japan

A brief look at MR. KIM JONG-GUP'S LAWSUIT
TO HAVE HIS JAPANESE CITIZENSHIP CONFIRMED

This lawsuit was opened on the 11th of August 1975 at the Fukuoka District Court. Mr. Kim Jong-Gup, the plaintiff, demands from the defendant, the Japanese State, "Confirm my Japanese citizenship!"

Mr. Kim is one of the Korean residents in Japan. As a result of the Japanese occupation of Korea and the fact that the Japanese forced the Japanese citizenship on the Koreans, Mr. Kim was born as the first son of a Korean father with Japanese citizenship in 1920.

During the Second World War Japan recruited the working power of the Korean people, forcibly deported 1 500 000 Koreans to Japan and let them do forced labour. Mr. Kim was deported in 1941. On the Chishima Islands(the Kuriles)and in northeast Japan he had to do forced labour as a construction worker at military bases as one of "The heroic people of the Emperor" under unbearable conditions.

Through the defeat of Japan in August 1945 Korea was freed from the rule of Japan, and the Koreans who had been doing forced labour in Japan could finally see their day of liberation.

But is was a liberation only in name. The Koreans who were just left alone and neglected without any money and having only the clothes they wore, did not receive any support form the Japanese. But this was not all.

In 1952 the San Francisco Peace Treaty was concluded, and the Koreans, whose rights had just been restored, were suddenly robbed at their Japanese citizenship by a mere bureaucratic ordinance. As a result the Korean residents in Japan were treated as foreigners, lost their political rights and their rights in many matters of everyday life.

In 1953 Mr. Kim was given a notice of forcible evacuation and was brought to the Detention Camp for Koreans in Omura. At long last he received a "Temporary Release Permit" and could leave the Detention Camp. But even though he was caught therafter in the net of the Japanese immigration system, which is especially designed to be a tool of oppressive supervision for the Korean residents in Japan.

As result Mr. Kim was threatened with forcible deportation, given temporary release from the Camp(to be renewed every month!), finally given a "Special Residence Permit"(which can be revoked at any time)-in short: he was at the whim of the Japanese.

Under these circumstance, where his right of residence was not even assured, there was no way of living decently and his whole life was ruined by the Japanese.

At this point-having even lost his health-Mr. Kim decided to start to fight back and went to court against the Japanese State.

These are his words at the court: "Ethically I am a Korea and I am proud of this fact. But I have been deported by the Japanese since before the war and am living in Japan since that time. Therefore I believe that my Japanese citizenship is still valid. That Japan took my Japanese citizenship from me is against the law. Therefore I demand that my citizenship be confirmed and that the Japanese State atone for the loss I have suffered."

The reason for this lawsuit lies in the fact, that the San Francisco Peace Treaty does not contain any agreement about the citizenship of these kind of persons-and Japan just went ahead one-sidedly to deprive the Korean residents in Japan live under very hard conditions until this day: having their basic human rights violated and being discriminated against.

The cases of Mr. Kim, who is publicly denouncing the root of this unbearable situation, together with the case of Mr. Son Do-Hoe, another Korean resident, who has also filed a lawsuit to have his citizenship confirmed, will have to be watched and are attracting more and more the interest of those who are concerned with the human rights situation in Japan.

THE TRAGEDY OF FAMILY THAT IS PROKER UP

Article 23 of the International Covenant on Human Rights B(International Covenant on Civic and Political Rights) says, "The family is the natural and fundamental group unit of society and is entitled to protection by society and the State". The International Covenant on Human Rights came into effect legally in Japan on Sept. 21, 1979. But how firm a protection can this covenant become for the security of fundamental human rights of the Koreans in Japan? Here is a case in which we can see the problem of a broken family, a case with direct relation to the above mentioned covenant.

Mr. Park Pa-Nin is detained in the Omura Detention Camp since two years ago and fears be might be sent to Korea at any moment. When can he live with his family again?

This problem is related deeply to the rights of residence of the Korean residents in Japan. Mr. Park was born in August, 1935, in Ohtsubo, Shimonoseki City(South end of the main island of Japan). Because of his father being drafted for working at several coal mines, he changed his residence very often. In June, 1946, at the age of eleven, he went back to Korea with his parents, but seven years later in Sept. 1953, counting on his brother's help, he returned to Japan without permit to enter. He was caught and brought to the Omura Detention Camp. Fortunately he was then released temporarily. He received a special residence permission in June, 1961 from the Minister of Justice. Later he married and had four children.

He failed in business and had difficulties of pay back his debts. Pressed for repayment by a loan shark he finally did not see any other possibility but put fire to a house for getting the insurance. In May, 1974, he was sentenced to five years imprisonment for arson and frond. While he served his sentence in prison, he reflected on his conduct, and with the warm encouragement of his wife and children he discovered the love of Christ. He became a model prisoner and after serving three years, he was released temporarily, but was sent to Omura Detention Camp directly. His parents live with his brother in Nagoya at present.

All his family, relatives and the persons concerned sent a petition with a list of signature to the Minister of Justice with the hope that he could live again with his family. But not only is he not free even now he has to be in fear of being sent back to Korea. On 4 Feb, 1978, Mr. Park filed a petition for stay of the execution of deportation with the Tokyo Main Court. On 17 March, 1978, this petition was rejected. The decision says, "The special permission for the residence is a measure of grace of the Minister of Justice. He can decide freely in the broad sphere of his discretion. And the International Covenant on human Rights B which the petitioner cites, not only does not bind our country legally, but should the complainant be sent back to Korea by force, which for the time being leads to a separation of the petitioner form his family, but it should cause no trouble for both the petitioner and his family to return to their home country, and to live together for the rest of their lives because they are all Koreans···"

Namely, he says two things: a) because the International Covenant on Human Right has not yet legally come into effect It has no validity; b) they encourage that the family returns to Korea. His wife and four children were born in Japan and Japan is the place where the ties of their everyday life are, wherefore they have no desire to go to Korea.

On 23 March, 1978, the case was brought before the Tokyo Supreme Court, and it is now under consideration. If it is rejected, Mr. Park is in the critical situation of immediately being sent back.

While Daddy was serving his sentence and also while he was in the Omura Detention Camp, his four children have sent more than one hundred letter of encouragement to their Daddy wishing that the family can live together very soon. These letters are compiled into one book, named "Give Us Our Daddy Back" and published from Fubai Publishing Company on 1 Sept., 1973. This was picked up by many newspapers and became a subject of conversation. Also in Korea, it was soon translated and published by Bon U Publishing company on 31 Dec., 1978 under the same title.

Is it just because hi is a Korean in Japan that he must bear such distress? How can we create a world where man is able to live as a man without being discriminated? This right should not be taken away by any means, not even by the power of the State.

11 October, 1979

From the Book "Give Us Our Daddy Back": Choe Chang-Hwa(ed.)
OMURA DETENTION CAMP-A WHITE-WASHED TOMB

Mr. Park Fa-Nin is sitting behind the thick walls of the Omura Detention Camp, fearing that he might be deported to Korea at any time.

In the New Testament we read the following passage: "Woe to you, scribes and Pharisees, hypocrites! for you are like white-washed tombs, which outwardly appear beautiful, but within they are full of dead men's bones and all uncleanness. So you also outwardly appear righteous to men, but within you are full of hypocrisy and inipuity."(Mathew 23:27, 28)

Omura Detention Camp is exactly like this. Its building, the "front" they put up are beautiful, but the inside and the content is rotten. The discrimination and prejudice against the Koreans, which are hidden at the bottom of the hearts of the Japanese have taken the form of a concrete symbol. At the same time Omura tells you truly, how superficial and false the thinking of the Japanese is concerning the basic human rights.

When we hear "Omura", we Korean residents in Japan are taught immediately how empty our right of residence is, although this right can be said to be the basis of our right to exist, and we start trembling, when we think of it. There are people who call the Omura Detention Camp the "Auschwitz" of Japan, and I agree with them.

What all Korean residents fear

With it's full name Omura Detention Camp is called the Detention Camp for Immigrants at Omura, and it falls under the jurisdiction of the Ministry of Justice. Its location is Omura-City in the Nagasaki Prefecture.

The present Detention Camp looks very good from the outside and has all kind of equipment. The places where you can meet the inmates and otherwhere there are TV-cameras in all kind of places they consider necessary so that everything can always be watched.

The old building and been damaged quite extensively by termites, therefore a new building with heating system has been erected, a ferro-concrete structure on 2 800 m2 area.

One is told that the Omura Detention Camp is the place, where persons stay temporarily, who enter the country either form North or South Korea without the proper passport or visa, until they can be sent back by the next ship. If this were the truth, it would seem as if the Detention Camp has no relation to the Korean residents in Japan, but in reality it is quite different. The Detention Camp had to be reconstructed into a brand-new building, since they are planning to deport the Korean residents by force.

For instance take a person who was born and brought up in Japan, has been given permission to stay permanently, but has the Korean citizenship. If he commits a crime and is given a sentence of more than 8 years he is forcibly deported. One who has only a "Special residence permit" is, of course, treated even more severely.

Further, people who in the rubric for "nationality" in their aliens' registration card have written "North Korea" are treated according to the "immigration ordinance" and Sent to Omura for deportation already if they have been given a sentence of over one year. They are put into the Detention Camp for a certain amount of time, then they get released on a temporary permit. But they must report once a month to the immigration office and have their temporary permit renewed. Under this mental stress they finally have no other choice but to give up and decide to return to North Korea. This kind of forcible deportation is called by the beautiful name of "voluntary return". The total number of Korean residents who have been deported forcibly through Omura Detention Camp amounts to 17 721 persons. Besides this we should not forget the great number of persons who are listed as those who "applied for leaving the country on their own expense" but actually were in reality also deported. (Since for them, being inmates of Omura, there was no other possibility to meet their family, they applies for "leaving the country on my own expense". Of course, once their names are on the list of the ship for deportation, they have to leave, but for a few days they are allowed to return home to their family in Japan, and to achieve this short visit, they applied for deportation.)

The number of those who fear Omura is not limited to those who have sommited some crime. If someone in the family commits some crime, you see the family torn apart, and including me there is nobody among the 650 000 Korean residents in Japan who can be reasonably sure not to be detained in Omura.

Previously Imperial Japan had plundered Korea by force, making it their own possession. They deprived the Koreans of their specific culture, education, customs and even their language. Moreover they forced the Koreans to change their names. They killed many of them by driving them as soldiers into the war of aggression Japan had started all by herself, by making them do forced labor in coal mines or ammunition factories. During the long time of 35 years until the liberation brought about by Japan loosing the war, the Japanese have constantly discriminated and contempted as the "rebellious Koreans". Having lost their home land the Koreans have been forced to live a distressful and inhumane life under the boots of imperialistic Japan. One should try and comprehend the "problem of Omura" on this dark historic background of the relation between Japan and Korea. This discrimination exists today as it did before.

Until recently Japan refused to sign the "International Human Rights

Covenant". This not only means that the Japanese politicians had no understanding of how important it is to protect the basic human rights of the people, but they tried to avoid the recognition that difference of citizenship gives no right to violate human rights and discriminate. Actually, exactly because they knew all too well how deeply the discrimination and prejudice against the Koreans is rooted in the Japanese society they tried to avoid the ratification.

Unless one comprehends the above history of the two countries, one can hardly understand a story like that of Mr. Park Fa-Nin, who is born and brought up in Japan, who went "back home" to Korea but came back to Japan again. That he came without a permit when he decided to return to Japan and therefore could only get a "special residence permit", has its reason to. At that time there was no legal rule for him to enter Japan.

The attached is a part of the author's thesis entitled <u>Some Considerations Concerning Nationality From the Viewpoint of International Law</u>. Journals of the Graduate school of Fukuoka University. Vol.3, Page 23-34, 1971. Summary of "Nationality and Human Rights" Page 36-169, 1975. The two chapters selected consider the major points in international law, precedents, and treaties concerning the determination and deprivation of citizenship and nationality.

At relevant points references are made to the status of Koran residents in Japan. It is hoped that this will clearly demonstrate Japan's complete disregard or the basic human rights of the 600,000 Koreans living in Japan, a member of civilized world community. The Japanese position is not only arbitrary and inhuman but also unlawful under international law

BY CHOE, CHANG HWA.

Translated by Dr. Kim, Ho-lim

CHAPTER IV

FORCIBLE DEPRIVATION OF NATONALITY

1. There are instance where laws defining nationality provide for its forcible,

<u>ex parte</u> deprivation by the state. The following grounds are, although by no means generally accepted, common :

1) Acceptance of foreign citizenship, service in foreign armed forces, acceptance of honorific titles or positions from a foreign nation.

2) Emigration to and residence in a foreign country.

3) Criminal conviction.

4) Political attitudes and activities

5) Racial or national basis.[14]

The issues that arose in international law were the ex parte deprivation of nationality carried out en masse by some totalitarian nations and whether such an act was permissible under international law.15

2. One example of such a deprivation of nationality occurred after World War Ⅰ, when a great many persons became stateless by legal action of certain states. Example of such instances follow:

1) The Soviet Union denied Russian nationality to those subjects of the Russian Empire. It was accomplished by a governmental edict of October 15, 1921.

It was further supplemented by an order of October 29, 1924.[16] It is comprehensively set forth in Article 7 of the Nationality Law of the Soviet Union of August 19, 1938.[17]

2) Turkey has taken away citizenship from many Armenians and Christians.18

3) Italy enacted a law, effective January 31, 1926, where by citizenship was deprived of persons defined therein.19 Further, the Fascist government revoked naturalizations of Jews after January 1, 1939.20

4) Countless persons were deprived of German nationality in Germany under the Nazi regime. Legal bases were stated in the laws concerning the revocation of nationalization and denial of German citizenship of July 14, 1933, in the procedural provisions of July 26, and in a more comprehensive Order 11, an appendix to the Imperial Civil Law of November 25, 1941.21

5) Japan has practically taken away Japanese nationality from Koreans and Formosans, who have resided in Japan and who ought to be Japanese nationals, based on the following provisions: Appendix to the National

Assembly Election Law of December 17, 1945, Appendix to the National Assembly Election Law of February 24, 1947, and Article 11 of the Foreign Nationals Registration Act of May 2, 1947.23

3. The following are selected legal cases in international law concerning recognition of deprivation of nationality by a third country.

1) On July 26, 1944, the British high court decided that those stateless persons whose German nationality was deprived by Germany following Order 11 still possessed the quality of enemy aliens(German nationals). In view of national security in wartime the court did not recognize Germany's deprivation of nationality. It thus implied that such an act could be recognized during peace time.24

2) On August 18, 1943, the U.S. Circuit Court of Appeals touched on this problem in a case involving group nationalization of stateless persons. It was the Schwarzkopf case, in which the court decided that de jure German citizens were only those persons who came under German jurisdiction after the annexation of Austria and not those outside of the annexed territory to whom voting rights were not awarded. Even if the Imperial German Civil Law(Article11) were applied in this case the same conclusion would be obtained. Even for a German-born German citizen, recognition of the effect of the German Nationality Deprivation Act outside of German territory would not preclude the application of the Alien Enemy Act. Schwarzkopf was adjudged not an enemy alien and hence was ordered released.25

3) The Court of Cassation in French upheld the legality of the German Citizenship Deprivation Act in the Kurzman case of November 28, 1946. The issue in this case, however, was not the legal force of the deprivation of nationality and citizenship but a diplomatic recognition of the Soviet regime.26

4) The Swiss Federal Court, in a case involving a marriage between a person deprived of Russian citizenship by the Russian Citizenship Deprivation Law and a woman of Swiss citizenship, affirmed the Swiss citizenship of their child by virtue of the mother's Swiss nationality, and incidentally recognized the stateless status of the birth. On the other hand the Swiss courts have declared that a woman of Swiss citizenship, who was married to a man whose German citizenship, who was married to a man whose German citizenship had been

deprived as a result of Appendix Order 11 to the Imperial Civil Law of November 25, 1941, had lost her Swiss citizenship. The courts did not consider the statelessness of the husband in this case. Combined opinions in related cases in Swiss Federal courts indicate that, although the conflict between Swiss laws and the statelessness arising from Order 11 was not directly considered, the courts did express their doubts as to the legality of such law under international law, but nevertheless recognized the force of such a deprivation outside German jurisdiction.[27]

4. Some Scholarly Opinions

1) There are several scholars who consider that deprivation of nationality should be recognized under international law.

Makarov states that international law does not prohibit forcible deprivation of nationality and, although it was not a universally accepted principle until several decades ago, it has become popular through a series of political developments.[28]

Shenk von Stanffenberg asserts that a state has the right to define its won nationality and may exclude undesirable persons from its national membership; Niboyet writes that, despite the rules of evidence, in the reality of things a state does not have the duty to protect its nationals from losing their nationality.[29]

2) There are scholars who view that the deprivation of nationality itself does not violate international law but to refuse to accept nationals of other states whose nationalities were deprived is against international law. Fisher Williams argues that international law does not prohibit a nation from depriving citizenship from its members, insofar as the act is between that state and an individual, but that there exists a legal duty under international law for an uninvolved nation to admit a person so deprived and not possessing a new citizenship.[30] Hyde writes that when a person loses his nationality while in residence in another country and has not taken a new nationality, and when the country of his residence requests his readmission into the country of his previous nationality, the letter may not refuse his readmission.[31] A similar provision is found in Article 20 of the Harvard Draft Convention on nationality.[32]

3) Some scholars question the legality of a state's right, under international law, to deprive its members of nationality by its own law. Francois

declares that a state does not have the right to deprive any of its members of nationality but may accord a different legal status under certain circumstances.[33] Isay argues that a state may not deprive groups of residents of nationality.[34]

Nitti also asserts that it is against international law to deprive a person of his nationality before the person obtains a new nationality.[35] Learned societies have adopted resolutions to prohibit devotionalization and to make loss of nationality dependent on the acquisition of a new nationality.

5. Revocation of Deprivation of Nationality[36]

The international community has the right to request a nation that has deprived nationality to revoke its discriminatory law in <u>toto</u>.[37]

Several nations have revoked deprivation of nationality.

1) In several orders in 1946 the Soviet Union allowed restoration of citizenship, which had been taken away from the citizens of the old Empire, through application to its consulates.

2) Italy, by a royal edict of November 17, 1932, revoked the denial of nationality based on the law of January 31, 1926, and its entire legal force.

3) The German Federal Republic provide in its Basic Law(Article 116, Section 2), for the restoration of citizenship to those whose citizenship was deprived between January 30, 1933, and May 8, 1945, because of political, racial, or religious reasons, through simply reporting to the government. They are regarded as not having lost the citizenship, so long as they have maintained residence in the Federal Republic since May 8, 1945, and have not expressed an intention to the contrary.[38]

6. Conclusion

From the existing legal cases and scholarly opinion it is not possible to draw that deprivation of nationality violates international law, because there exists on obvious rule concerning the problem. There are today many nations which have in their legal systems provisions for forcible deprivation of nationality. The international significance of such a practice lies in the fact that a great number of people have been deprived of nationalities after the two world wars. Such a practice by several totalitarian and nationalistic states have made it an international issue.39 According to current views and international law, a state owes the "duty of admission" to other states, rather than to its people.40 A state has the duty vis-à-vis other states to admit persons of its own nationality when no other state admits them. It is because no state has the duty to admit foreign nationals.41 A state has the obligation to offer residence to its own nationals; the relationship between nationality and residence does not taken on an automatic quality of that between nationality and the right of diplomatic protection. Loss of nationality terminates the right of protection by that nation under international law, but it does not necessarily accompany the loss of the right of residence. A state infringes on the sovereignty of another only when it denies its own nationals the right of re-entry or the right of residence in its own territory, not when it deprives them of nationality.42 The "duty of admission" is the most Important concept that international law has attached to the nationality status. A state has the duty to observe the rights of residence and re-entry even when it deprives persons of their nationality, and that duty continues to remain in force even after the act of deprivation.[43] As for the case of Koreans in Japan, Japan has not rescinded its <u>de facto</u> deprivation of the Korean residents of their Japanese nationality, and its forcible repatriation of them constitutes a serious problem that goes against the worldwide trend toward the protection of human rights since World War Ⅱ.

CHAPTER Ⅴ
CHANGE OF TERRITORY AND NATIONALITY

The matter of the nationality of the residents affected by territorial change is in reality a question of national interests, and hence not subject to the nation's internal law but to international law. The change of nationality of the residents in one territory when that territory comes under the control of another state is a rule under international law that is born of long practice and is recognized by scholars. According to Hansjork Jellinek, the change of nationality as a result of a takeover of a state by another, whether or not by a treaty, is automatically based on a fact of international law. The significance of this point is that the change of nationality of the affected people takes effect without regard to the intent or action of the state involved, and generally does not require special application for the change of nationality on the part of the affected people. This is the only rule in international law that contains automatic definition of nationality.

1. Historical Survey

In times ancient it was customary for conquering nations to massacre or enslave the inhabitants of a conquered nation. In Roman and Greek periods the conquered people were given the lowest statuses, and later in the feudal age land and inhabitants became a part of the territory and were taken Over together. The development of popular government brought with it the need for the reconciliation of the interest of the state assuming the control and that of the new inhabitants. Christianity had a great deal of influence on the idea of "clause d'amniste." The inhabitants of the ceded territories were accorded better legal statuses and protection of their liberty and rights. Even then their nationalities were changed. An attempt to improve the practice of forcible change of nationality and realize the freedom of the choice of nationality was the idea of "clause d'option."[47] The old form of the choice of nationality was to let the inhabitants of the newly acquired territory to freely move out of it. The first of such a provision was found in the surrender terms of Arras in 1640, and many similar ones have been found since.[48] At first such freedom was accorded only to the nobility and land owners but it has steadily been extended to all other inhabitants. Such a change of residence, however, was by no means expulsion nor a temporary one but according to lawful treaties.[49] Since the modern concept of nationality did not exist then, it should be viewed as a system of free residence. The concept of nationality emerged only after the fall of the feudal system and with it the appearance of the modern nation state. Only then did the idea of permanent residence lose its meaning as an essential factor that bound the state and its members, the idea of "nationality" replace residence, and the freedom to choose nationality become recognized. This is essentially what the modern system of free choice of nationality encompasses. Under the old system it was impossible for a former inhabitant not to pledge allegiance to the new ruler without moving out of the territory, but the new system now made it possible. It was the Elisson Treaty between France and Spain in 1785 that the term "option" was first used. Then in a treaty between

Belgium and Holland, signed on April 19.1839, the modern concept of the choice of nationality was formally found, a beginning which set the pattern for many succeeding treaties.[50] A treaty signed after World War Ⅱ similarly provides for the choice of nationality.[51]

2. The Basis for the Choice of Nationality

The freedom to reside, move, and to select one's own nationality is found in the Human Rights. The American Declaration of Independence also lays down the democratic principles that government is based on the consent of the people,, an individual has the choice of nationality based on his free will, and that no one shall be deprived of nationality against his free will. Rousseau advances the Natural Law argument that the right to dissolve the tie between the individual and the state by a change of residence is an inalienable, God-given right, which no man may be forced to give up. This expresses the liberal thought that the individual's free sill determines the union of the individual and the state, that the individual has the freedom to choose the state to which he wants to belong. Becoming a citizen thus is seen as a contract between the individual and society. Thus there is a common ideological basis for all the cognate ideas-the choice of nationality, freedom of nationality, the principle against forcible determination of nationality, naturalization, and renunciation of citizenship.[52] The aim of the modern concept of automatic award of nationality by the nation that assumes sovereignty over a new territory as well as the modern concept of option is not to negate the change of nationalities but to unburden the administrative rigidity. Thus the freedom to choose a nationality is a benefit not only to the inhabitants but to both the nation that takes over and nation that hands over a territory and its inhabitants.

3. Legal Concepts Pertaining to the Choice of Nationality

The origin of the choice of nationality is traceable to tradition rather than to academic theories. What is the legal nature of this concept? As has already been stated, the concept of "option" began with the Elisson Treaty of 1785, and it meant the choice of one nation between two. Although this view—that the choice offered is between two—is shared by Bluntschli, Calvo, Pradier-Fodere, Nys, and Gareis, it is incorrect. Should the holder of the right refuse to choose, he remains the national of the state that takes over a new territory. The holder of the right is given the option only of whether or not he wants to hold on to his previous nationality and not the option between the new ruling nation or a third nation. The choice of nationality is closely tied to a change in territorial sovereignty and is fundamentally different from the acquisition of nationality through naturalization. The former is in extreme contrast to Naturalization and is an ex parte legal action by the holder of the right. Although long in use, the choice of nationality has not always been provided in treaties. Also, it has not become part of working international law unless it is specifically provided in a treaty. That is, no state has the right to demand the choice of nationality from the nation that takes over a territory, according to current international law. Denial of the choice of nationality does not violate the current rules of international law. Therefore, the choice of nationality is based on specific provisions contained in a treaty and has developed through treaties between nations.[54]

4. Kinds of the choice of Nationality

The term used in the above example and in various treaties are by no means uniform. Consider, for example, the Versailles Treaty. Article 37, Article 85, Article 91(Section 3), Article 106(Section 1), Article 113(Section 3), which apply to the inhabitants of former German territories, adopted the traditional concept of the choice of nationality and recognized the right of the inhabitants in the ceded territories to opt German nationality.[55] Further, Article 85(Section5) and Article 91(Section 9) of the Versailles Treaty and Article 40(Section 4) of the Neuilly Treaty provided that those citizens of the new German state who resided in foreign countries, who had held old German nationality former territories, were to be given the choice of nationality according to ethnic groupings. The fact of birth in the Ceded territories was not considered.[57]

According to Article 113(Section 1) of the Versailles Treaty, those persons who were born in the territory that was ceded to Denmark, but did not reside in it, and possessed German citizenship were given the right to choose Danish nationality. It was sufficient that the person was born in the territory that was ceded to Denmark.[58] The Versailles Treaty(Volume 3, Attachment 5) provided for a special system for the residents of Alsace-Lorraine.[59]

5. Academic Theories

1) Activist School

This school regards it as a remnant of feudal thought and contrary to the modern natural law concept to award nationality as a matter of course to the inhabitants of a ceded territory, but it also regards this practice as a reality under current law. The tenet of this school is that silence assumes the award of nationality by the new ruling nation. When the choice of nationality is exercised, there is said to have occurred two changes in nationality. The first is when the inhabitant becomes a national of the new ruling nation as soon as the territorial question is determined, and the second when he exercises his right of option to become the national of the previous ruling nation and loses the last nationality. The activist school considers the choice of nationality a <u>right</u> and, since it is the only means to escape from a life under a new ruler and to obtain his former nationality, a special privilege.

2) Passivist School

This school says modern men are free citizens. They are constituents of the state and must participate in national decisions. It is a natural law principle that he be given the right to freely move, be naturalized into national membership or to leave it, and not be forced into a nationality. Except through an individual's free will, no change in nationality ought to take place. The inhabitants of a ceded territory are to become nationals of a new ruling nation only through express free will. Silence assumes the retention of the nationality of the former ruling nation. When a choice of nationality is exercised, it means that no change in nationality has taken place and that the person held the same nationality both before and after the change in the territory. The choice of nationality is regarded as a duty, an obligation. It is not a right but a duty because an automatic change of nationality accompany-iny a change in territorial control is prohibited, and in order to keep the old nationality the option of nationality must be exercised.[60]

6. The Nationality of Korean Residents in Japan

1) Korea was annexed to Japan with the singing of the Treaty of Annexation of August 22, 1910. Whether this treaty was lawful or unlawful under international law is a separate question to be discussed elsewhere. But assuming that it was lawful, it is the principle of international law that the

inhabitants of the annexed territory automatically give up Korean nationality and receive Japanese nationality. With Japan's acceptance of the Potsdam Declaration through the surrender instrument on September 2, 1945, Japan gave up its sovereignty over Korea. On August 15, 1948, the Republic of Korea became an independent state and it was so recognized by the Third General Assembly of the United Nation in December of the same year.

2) Japan became an independent state again through the Peace Treaty of April 28, 1952. It is a currently accepted international practice and a firmly established point of international law that in the absence of specific treaty provisions the inhabitants affected by a territorial change give up the nationality of the old ruling nation and become national of the new ruler.[61] The problem is then the question of the nationality of Koreans who resided in Japan proper and who have held Japanese nationality. The view of the Japanese government, according to a statement by Nishimura, chief of the Treaty Section, during a Die interpellation, is that Koreans living in Japan will revert back to Korean nationality if they or their forebears up to two generations were of Korean nationality at the time of the annexation.[62] A Top priority Communication, chief of Civil Affairs, thus was notified that Koreans and Formosans, including those living in Japan proper, were to lose Japanese nationality as of the effective date of the treaty.[63] Japanese Supreme Court cases indicate that persons with the legal status of Koreans according to Japanese law are to belong to Korea and are defined as those who are registered in the Korean Family Register. Those Koreans were to lose Japanese nationality who held the legal status of Koreans according to Japanese law at the time the treaty took effect.[64] Professor Minobe maintains that all persons, except those who especially want to remain in Japan and desire Japanese nationality, are unquestionably to give up Japanese nationality. However, he adds, until the treaty is signed it may not be specified by law.[65] Mr. Koshigawa raises the point that as far as overall legal status of Korean residents in Japan is concerned, Japanese nationality is realistically closed to them and is open only to those who desire Japanese nationality.[66] Professor Egawa argues that in the absence of such a provision in the Peace Treaty the matter depends on the future relationship and agreement between the two nations, and in view of the independence of Korea the determination

of the recovery of Korean nationality should follow ethnic or national basis.[67] Professor Kawakami asserts that it is the rule of international law, when determining the membership of an independent nation, to arrive at an agreement between Japan and Korea, the latter having become independent and in control of its territory. He further states that Japan is entitled to define the loss of Japanese nationality for certain categories of persons but, in the absence of any appropriate rule in international law, this should follow the Japanese Constitution. And inviolability of the freedom of the Choice of nationality, it guarantees by extension the the freedom to maintain Japanese nationality.[68] Professor Kuwada, in his criticism of Tokyo District Court cases, asserts that so long as constitutionality and logic are concerned, Japanese nationality should be kept even by those natural-born Koreans who had hithertofore held it.[69]

3) Korea-Japan Treaty

Korea and Japan initiated direct talks as a result of the U.S. Supreme Headquarters' request that the two nations negotiate on the nationality problem of Korean residents in Japan. At its second session five committees were established to deal with, among other things, the nationality and treatment of the Korean residents. The second article of the Basic Accord affirmed that all treaties and accords between Korea and Japan before August 22, 1910, are <u>no longer in force</u>. This provision is considered relevant to the nationality problem. Had the Annexation Treaty of 1910 not ever been in force, it would mean that no change in nationality has ever taken place. Had it been in force, it would mean there has taken place a change in territory and consequently the inhabitants' change in nationalities. This provision is interpreted to the advantage of each participant nation according to his domestic situation and national feelings, and lacks uniform interpretation. Japan's interpretation, according to Bureau Chief Ushiroku, is that although it was asserted at first that the Annexation Treaty was never in force, it was later agreed, it view of precedents in international law, to put the words "no longer"(in force). Thus, the official states, Japan did not waver on its position that the treaty was at one time in force.[70] The Korean interpretation, according to a statement by Foreign Minister Lee in the National Assembly, is that this clause affirms that all the treaties and accords made on or before August 22, 1910, were never in force from the beginning.[71] Professor Pai argues that unless this clause enables reparation to Korea for its loss and damages during the 36 years of colonial rule, as was demanded at the 1951 preliminary Korea-Japan talks pursuant to this clause, it is as barren as Article 231 of the Versailles Treaty of 1919 against Germany, lacking substance as to colonial responsibility and being legally meaningless. As for the effect of a treaty forced upon a party, as was the case involving Japan and Korea, the provision does not even have the retroactive effect of either cancellation or revocation. It simply recognizes the cessation or loss of the effect only due to a change in power, which is the essence of compulsion. Professor Pai states that the correct interpretation under international law of the effect of a treaty compelled on a party in this manner is to recognize the essential element of force.[72] There exists in the Diet record a provision on the determination of nationality concerning the legal status of Korean residents in Japan. According to the Foreign Nationals Registration Order(Article 11) of May 2, 1947, Korean residents in Japan were considered foreign nationals and the registration certificate bears "Korea" in the appropriate space. Pursuant to a Supreme Headquarters memorandum of February 20, 1950, it was permitted to replace "Korea" with "Republic of Korea," The Japanese government held that this pertains only to the usage of terms and has no relevance to the problems of nationality or recognition of government. The change form "Korea" to "Republic of Korea" was done through mere presentation of the registration certificate. However, the Japanese government, during the Diet deliberations on the treaty, changed its position on the terms to formally require "Republic of Korea."[73] It is felt that the determination of the nationality of those who apply for permanent residence after the treaty is legally based on an agreement by the two governments.

7. Conclusion

By the Japan-Korea Annexation Treaty(1910) a territory was annexed and Japanese nationality automatically given. The Peace Treaty of San Francisco affirmed a change in territory. Japanese nationality was lost to the inhabitants of the territory given up by Japan and a new nationality of a new sovereign nation automatically given. However, those inhabitants who were not affected by the territorial change are not subject to a change in nationality. The Peace

Treaty thus ought to have provided for the right of option for two groups of people: the Japanese residents in Korea to choose Japanese nationality and Korean residents in Japan to choose(recover)Korean nationality. In reality most Japanese residents in Korea have been repatriated, and about 1,500,000 Koreans in Japan have returned to Korea, leaving about 600,000 in Japan. The right to freely move, the ancient form of the choice of nationality, can be said to have occurred. As for the 600,000 Korean residents in Japan, since they have not change their territory of residence, they ought to possess Japanese nationality.[74] The Japanese Supreme Court decisions are unconstitutional because relevant points of international law have not been taken into consideration. Professor Pai states that, since the Peace Treaty did not provide for the nationality of the Korean residents in Japan(except those who decided to take Korean nationality and those who were naturalized into Japanese) nor did the Korea-Japan agreements provide for uniform rules, their status cannot be considered legally changed and hence they should be considered holders of Japanese nationality.[75] Those Korean resident who applied for permanent residence in Japan as a result of the Korea-Japan Treaty received confirmation of their Korean nationality according to international law. However, even these are entitled to the right to choose Japanese nationality. The German Federal court decided on October 30, 1954, in a case involving the nationality of Austrians living in Germany, that when a change of territory is involved the nationality question should be treated as an exception and should require a special law. It further declared that the plaintiffs are Austrians living in Germany having German nationality. Later the German government, in a special legislation, determined that those Austrians who became German citizens after April 27, 1945, as a result of the German-Austrian Annexation are no longer German citizens. However, it provided that those Austrians who lived in Germany since April 27, 1945, could reobtain German nationality retroactively "by making a declaration to this effect."[76] it must be concluded that the procedure enabling the recovery of German nationality in this manner is a guarantee of basic human rights. This vividly exemplifies the true liberty of possessing and not being deprived of one's nationality.

14. P. Weis; Nationality and Statelessness in international law p.123-124.

15. Bernhard Dubois, Die Frage der Volkerrechtlichan Schranken der landesrechtlichen Regelung der Staatsangehorigkeit, s.41.

16. Sandifer, Soviet citizenship, A.J.I.L, 1936, vol. 36, o.626. Bernhard Dubois, op. cit., s.42

17. Department of Justice, New nationality Law of Nations, p.420.

18. Bernhard Dubois, op. cit., s.42

19. Bernhard Dubois, op. cit., s.42

20. P. Weis, op. cit., p.124.

21. Bernhard Dubois, op. cit., s.44

22. Lee, Yu-Hwan The Fifty years, History of Koreans in Japan, p.101-103

23. Hiho, Kohei, Interpretation of the Alien Registration Act. p.232. Thes Association of Human Rights of Koreans in Japan, Legal situation of Koreans in Japan, p.197.

24. Bernhard Dubois, op. cit., s.50-51

25. Herbert W. Briggs. The Law of Nations, Second Edition p.490-494

26. Bernhard Dubois, op. cit., s.52.

27. Bernhard Dubois, op. cit., s.52-54.

28. Makarou. Allgemeine Lehren des Staatsangehorigkeiterechts s.104.

29. Bernhard Dubois, op. cit., s.46

30. Bernhard Dubois, op. cit., s.49

31. Hyde, International Law, Vol, Ⅱ, p.1169.

32. Harnard Draft Convention, The Law of nationality, A.J.I.L, Vol.23, special number, p.13 ff.

33. Francois, Le Probleme des Apatrides, Recueil des cours, 1935, vol, Ⅲ, p.343(61)

34. Francois, Le Probleme des Apatrides, Recueil des cours, 1924, vol, Ⅳ, p.441(5)

35. Bernhard Dubois, op. cit., s.47.

36. P. Weis. Op. cit., p.127.

37. H. F. Van Panhuys, The role of Nationality in International Law, p.163.

38. Bernhard Dubois, op. cit., s.61.

39. Bernhard Dubois, op. cit., s.56-57

40. H. F. Van PANHUYS, OP. CIT., P.56

41. Lanterpache, Oppenheims International Law, Vol. I , p.588.

42. P. Weis, op. cit., p.129.

43. Bernhard Dubois, op. cit., s.57-58

44. Yamashita, Yasuo, "Element Problelm of Territorial Transfers p.1. Yamada Mira, Private International Law p.159. Nakamura shingo, Private Tnternational Law p.64.

45. Hansjorg Jellinek, Der artomatische Erwerb und Verlust der Staatsangehorigkeit durch Volkerrechtliche Vorgange. Zugleick ein Beitrag zur Lehre von der Staatensukzession, s. 2ff.

46. Joseph L. Kunz, op. cit., p.112-113.

47. Yamashita, Yasuo, op. cit., p.7-8.

48. Joseph L. Kunz, op. cit., p.114.

49. Joseph L. Kunz, op. cit., p.116.

50. Joseph L. Kunz, op. cit., p.117.

51. Rousseau, Public International Law, vol. 1, p.193.
Transtlatedby Kotani, Hayashi, Kotera, Hara.

52. Yamashita, Yasuo, op. cit., p.21-23.

53. Joseph L. Kunz, op. cit., p.120.

54. Joseph L. Kunz, op. cit., p.120-122.

55. Louis Le Fur et Georges Chklaver, Recueil de textes de Droit International public, p.322(37), 347(85), 353(91-3), 362(106-1), 366(113-3).

56. Louis Le Fur et Georges Chklaver, p.347(85-1), 353(91-4), 575(40-4).

57. Louis Le Fur et Georges Chklaver, p.347(85), 353(91-9), 575(40-4).

58. Louis Le Fur et Georges Chklaver, p.366.

59. Louis Le Fur et Georges Chklaver, p.344.

60. Yamashita, Yasuo, op. cit., p.69-74.

61. Max Sorenson, Manual of public International Law, p.479

62. Records of Special commission of peace treaty.
The 12 Congress, Vol.5, p.24.

63. Kuwada, Saburo, Cross of Private International Law and Public International Law, p.299-300.

64. Kuwada, Saburo, op. cit., p.296-298.

65. Minobe, Tatsukichi, Interpretation of New Constitutional Law. P.42-43.

66. Koshigawa, zunkichi, Legal Situation of non-Japanese in Japan. Reports of Study of Justice, Vol.2, No.3, p.72.

67. Egawa, Hidefumi, nationality, Study of peace treaty, Vol. 2, p.150-151.

68. Kawakami, Taro, "Certain Problem of Private International Law

In Mordan Case Law. Journal of family court, Vol.2, No.w p.5-6.

69. Kuwada, Saburo, op. cit., p.302.

70. Journal of Law, Vol. 37, No. 10. (Step. 1965), p.65.

71. Asahi-Newspaper, "From Congressional Record of Republic of Korea Nov., 2, 1965.

72. The Korean Association of International Law.

The Korean Journal of International Law, Vol.15, No.1, p.258-259.

73. Choe, Chang-Bwa, An event of Kim, Hiro and Minority, 1968 p.297-311.

74. Choe, Chang-Bwa, op. cit., p.347.

75. Pae, Jae-Shick, Fundamental Human Rights and the Law of Nations(For a study on the Essence of Legal Status of Korean Inhabitants in Japan) p.57-58.

76. P. Weis, op. cit., p.157-158.

PUBLISHED
TWICE A MONTH
BY THE NCC
JAPAN

Japan Christian Activity News

#484 – October 24, 1975

KOREAN PASTOR SUES JAPAN BROADCASTING CORP.

What's in a name? A lot, say the Korean residents of Japan--especially those who remember the humiliation of being forced to take a Japanese name in 1939 by the Japanese Colonial rulers of Korea.

The Rev. CHOE Chang-Hwa, pastor of a Korean Church in Kita-Kyushu, had that unforgetable experience at the age of nine while living in what is now North Korea. Today, at age 45, Rev. CHOE adamantly insists on being called by the Korean reading of his name, which is not the current custom in Japan.

On August 26th, Rev. CHOE briefed newsmen about an open letter he had written to the mayor of Kita-Kyushu concerning the human rights of the 640,000 Korean residents of Japan. During that interview, Rev. CHOE repeatedly mentioned that the Chinese characters for his name should read as "CHOE Chang-Hwa" (the Korean reading) and not as "Sai Sho Ka" (the Japanese reading.)

Rev. CHOE Chang-Hwa being interviewed by reporters.

Despite his insistance, the local television station of the Japan Broadcasting Corp. (NHK) reported about the letter written by "Sai Sho Ka". The Protestant pastor visited NHK's Kita-Kyushu television station the next day to protest the pronunciation and to demand a correction. The chief of the broadcasting section refused, telling Rev. CHOE that the Japanese reading was "customary".

Maintaining that a name is a symbol of personal character, national identity and racial pride, Rev. CHOE took his case to the Kokura branch of the Fukuoka District Court on October 3rd. His suit demands that NHK pay him 1 yen as a token of apology. "Just as a name is the basic human being, one yen is the basic currency," said Rev. CHOE. He is also demanding that NHK publicly apologize to him on the air and that the apology be published in four leading Japanese dailies.

Although no apology has been printed to date, Rev. CHOE's protest has gained considerable coverage in the Japanese media. The Asahi Shimbun, Japan's largest daily newspaper, has had two major stories on the case. One was very sympathetic towards CHOE's appeal but concluded that the whole issue of Koreans' names was simply "most difficult". Another story quoted at length a Japanese linguistics professor who said that the Japanese people could benefit from learning other people's languages and pronouncing their names correctly.

The National Christian Council of Japan Human Rights Committee for Aliens in Japan decided Oct. 20th to support Rev. CHOE's demands. Citing the "long history of Japanese forcing Koreans to change their names", the committee said that NHK was guilty of discrimination by refusing to use Korean names. The committee strongly demanded that NHK admit its mistake and accept Rev. CHOE's requests. Furthermore, the committee said this would be a good occasion for NHK to (1) teach its employees basic Korean, and (2) hire Korean employees.

While some Japanese, including Christians, are backing Rev. CHOE, others have shown distaste for the South Korean pastor. He has received several angry or threatening letters saying "If you don't like the Japanese reading of your name, then why don't you return to Korea?" or "I eagerly hope someday there will be no Koreans in Japan; you are a heavy burden in Asia."

Rev. CHOE was given the Japanese name "Takayama Shoka" under the Imperial decree of 1939. With the Japanese defeat in 1945, his full Korean name was legally reassumed but in most cases was read in the Japanese way. Even in recent years, the Koreans in Japan have been split on the issue: some, hide their background in order to survive in a discriminatory society; others insist on their Korean names; and still others don't appear to care much either way.

The custom of Japanese readings of the names in Christian characters is as old as Japanese use of Chinese characters since the seventh century. The NCCJ's decision challenges this practice in order to respect the identity of every human being, Korean or Chinese.

<u>Pronunciation Case</u>   At the Fukuoka District Court's Kokura branch on July 11, Pastor CHOE Chang Hwa lost his suit demanding an apology from NHK-TV for pronouncing his name according to the Japanese, rather than Korean, pronunciation on a broadcast. The head of the South Korean Kokura Church, Choe had demanded the government-sponsored NHK insert an announcement of apology in national newspapers and pay him one yen in token damages on the grounds that NHK infringed on his human rights. He announced he would appeal.

Choe claimed that when NHK (Nippon Hoso Kyokai/Japan Broadcasting Corporation) approached him to do a documentary on his work, he agreed on the condition that the Chinese characters comprising his name be pronounced in the Korean way. When NHK followed its standard procedure of reading the characters in the Japanese manner, Choe sued, insisting that a person's name is an important part of a person's individuality.

The case became an emotional one because of its associations with Japanese imperialism and the colonization of Korea, when all Koreans were forced to take Japanese names. Resident Koreans—most of them forced to come to Japan during World War II as menial laborers—make up one of Japan's largest minorities.

In his decision, Judge TSURUO Moroeda ruled NHK did not cause insult or damage to the complainant by using the Japanese pronunciation. Although the judge agreed that names are not merely signs, but symbols of human personalities in a sense, he noted that it is customary in Japan to pronounce Chinese characters in the Japanese way, a practice which he declared had nothing to do with feelings about Korean and Chinese people. Therefore, he commented, it is not appropriate to single out the custom as a bad one.

"It should be brought home that when the names of foreign places and people are used in Japanese, the names acquire Japanese characteristics," the judge concluded. A demand that NHK henceforth pronounce Korean names in the Korean way was also turned down.

27. Reading Korean Names

A Korean pastor living in Japan has brought suit against NHK (Japan Broadcasting Corporation), demanding: "I have only one name. I want my name read correctly according to the Korean way rather than according to the Japanese way."

The pastor's name is Choi Chang Hwa according to the Korean way, but NHK broadcast his name as Sai Sho Ka (Japanese way). He demanded an apology but only ¥1 in compensation, probably because he is appealing that this is not a problem about money.

Even among Japanese, a person is somewhat unhappy when his name is not pronounced correctly. If Choi says that he does not want to be called by a name which is unpleasant to him, that is probably a justifiable reason.

In the colonial days, Japan engaged in the cultural brutality of taking away the names of the residents of Korea and Taiwan. We know that in the opposition to having their names pronounced in a way convenient to the Japanese there is an undercurrent of history.

So if Choi wants to be called Choi in Japan, maybe we should try to comply with his wish as much as possible. In such a case, however, we want him to write his name in "katakana" (Japanese alphabet letters) or Roman letters. To add "katakana" to Choi and make us read it Choi is tantamount to telling us to study a foreign language, and that is a very difficult thing.

As for the problem of reading Chinese characters, there is also a problem between Japan and China. Chinese do not read Tanaka as Tanaka, but pronounce his name Tien Chung according to the Chinese way. Miki becomes San Mu. In the same way, Japanese do not call the Chinese Communist Party Chairman Mao Tse-tung, but read his name "Mo-taku-to."

It is reciprocity in reading names, and each country reads names according to its own method. It seems that there are the advantages of ease of remembering and of arousing friendly feelings.

Since the same Chinese characters are used, trouble occurs over the way they are read. When we use the Japanese method of reading the Chinese characters, the question is whether the person concerned will feel it is prejudice or consider it as a matter of convenience.

If a person charges that it is prejudice, it is probably a fact to a person who feels that way. It seems it will be impossible to get such a person to understand, no matter how we explain the problem. (Oct. 7)

통일일보(1981.3.24) 在日同胞の地位に国連機関も“監視”

東洋経済(1981.3.27) 『同胞の人権』世界が注視

「同胞の人権」世界が注視

国連人権委　日本公使呼び審議

崔昌華代表が帰日報告

日本、「前向き」と表明

「同胞自身の運動が重要」

「同胞自身の運動が重要」と語る崔昌華代表—30日、東京・羽田事件室で

同化政策隠す？

一連の法改正

18. 유엔 인권의 재일한국인 문제 토의

유엔 인권의 재일한국인 문제 토의
(81.2.2-3.13 제네바)

1981.3.27.

일본담당관실

목차

1. 토의 경위 및 결과
2. 한국인 목사 로비활동 전개
3. 근년 재일한국인 인권문제 다룬 논문, 보고서
4. 한일 고위 실무자 회의(81.1.29-30)
5. 별첨자료
    − 실무자 회의보고서 사본
    − 재일동포 인권 문제에 대한 유엔의 관심(81.3.23. 경향신문 사설)
    − ICJ "The Review"지 논문(영문 및 국문)
    − "Koreans in Japan"(최창화)

유엔 인권의 재일한국인 문제 토의

1. 토의 경위 및 결과
    − 유엔 인권위 5인 실무자회의, 80.8. 세계 각국으로부터 접수된 약5만건에 달하
      는 인권사항 중 재일한국인 차별대우 문제 등 약20건을 현저한 인권 유린사항
      으로 채택.
    − 유엔 인권위 전문가회의(80.9.4-8), 본 회의에서 정식 논의키로 결정.
    − 81.3.2. 제37차 유엔인권위(81.2.2-3.13. 제네바 개최), 비공개리에 재일한국인
      의 인권문제 정식 토의.
        ○ 인원위의 Working Group, 본건을 향후 1년간 계속 검토키로 건의함.

○ 주 제네브- 일본대사, 일본은 재일한국인의 지위 향상 노력할 것임을 밝힘.
  - 인권위 본 회의, 일본대사 발언 감안, 동문제는 인권위가 다룰 성질의 문제라
    기 보다 한일 양국정부간에 해결할 문제로 결정함.
2. 한국인 목사 로비활동 전개
  - 최창화 목사(일본 후쿠오카), 강은홍 목사(미국 남장로 교회 파견 선교사) 등
    은 3.2. 인권위 회의장 밖에서 "Korean in Japan"이라는 영문책자, 배포
    * 동책자 주요 내용
      ○ 오무라 수용소의 비인권적 실태 지적
      ○ 3년마다 외국인등록 갱신시 재일한국인에 대한 지문 체취 등 비인도적
        사실 비난
    * 최창화 목사의 향후 계획(81.3.26. 본인과 연락, 확인)
      ○ 일본 정부의 향후 태도 지켜보아 가면서 국제적인 캠페인 전개 예정
      ○ 국제인권위의 높은 관심도를 Power로 이용.
      ○ 현재 World Christian Church 인사들과 구체적 방안을 협의중임.
    * 81.4월 중순경 방한 예정임.
3. 근년 재일한국인 인권문제 다룬 논문, 보고서
  - 국제법률가 위원회(the International Commission of Jurists)의 The Review
    No. 23, 1979
    "Protection against Discrimination in Japan"
  - 81년 미국의 인권백서, 재일한국인 문제 취급,
    * 81.3.18. 상기 ICJ, Macdernot 사무총장, 주 제네바 대사에게 이태영 여사가
      ICJ위원에 피선 되었음을 통보해옴.
      ○ 위원수: 40명
      ○ 임기: 10년
      ○ 81년 개선위원 5명(이중 아세아는 3명 "한국, 일본, 말레이지아")
      ○ ICJ 총회(81.4.27-5.1. 헤이그)에 이태영여사 초청(파견여부 안기부, 법
        무부에 의견 조회중)
  - 동경법대 오누마 야스아키 조교수, "재일조선인의 법적지위에 관한 고찰"
    * 대한 국제법학회와 협조, 오누마 교수 초청하여 세미나 개최 예정임.
4. 韓·日 高位實務者 會議
  議題
  1. 法的地位 問題
    - 永住權 賦與 問題(協定永住權 申請期間 再設定 및 一般 永住權 賦與問題)

- 强制 退去 問題
    - 日本 出入國 管理令 改正 問題
2. 福祉 및 待遇 問題
    - 國民年金法의 全面的 適用 問題
    - 韓國 信用組合에 對한 政府系 金融機關의 代理 業務 認可 問題
3. 其他 問題(社會的, 人道的 待遇)
    - 公平한 就業機會의 保障
    - 社會參與 擴大
    - 在日한국인 青少年 敎育 問題
    - 사하린 僑胞 歸還 促求
    - 對韓 偏向 認識 是正

의제별 검토
1. 일반 영주허가 특례 설정
    - 영주허가 대상자
        ○ 126호 해당자 14만
        ○ 동자녀(4-1-16-2) 14만(이중 한국계 6만, 조총련계 21만, 대만계 1만)
    - 금차 국회에서 출입국 관리령 통과될 경우 조총련동포 21만 중 약10만
      정도가 일반영주 신청할 것으로 관측됨.
2. 재입국기간 연장 및 회수재입국 실시
3. 국민연금 부여
    - 36세 이상 고령자 제외(재일한국인 약21만 제외)
        ○ 25년(20-60세 사이)간 불입한 후 65세부터 월간 1인당 7만엔 정도 수령
        ○ 일본인 무연금자 약100만임.
    - 일측은 경과조치 실시에 난색 표명(단 일본인 무연금자 구제조치 실시할
      경우 구제가능성 불배제)
4. 개정법안 통과 전망
    - 출입국 관리령, 국민연금법 개정안 공히 금차 국회에서 통과될 전망임.
    - 통과될 경우 82.1.1.부터 시행될 것임.
     * 동 개정법안 운용에 따른 문제점등 아측과 협의갖기로 함.
5. 기타
    - 3년마다의 지문채취 제도 개선 시사
    - 오무라 수용소 개선

− 국적법 개정 검토(부계주의, 모계주의 선택 가능토록 함.)

Ⅴ. 한일간의 현안문제

1. 재일한국인의 차별대우 시정

가. 재일한국인 현황(80.6.30. 현재)

− 한국인총수: 663,631명

− 한국적 소지자도 협정영주 허가자: 349,964

− 조총련 및 중립계 교포: 276,501명

나. 관련사항

− 법적지위

○ 협정영주권 재설정 문제

○ 일반영주권 부여 문제

○ 입관령 개정 문제

− 복지 및 대우

○ 국민연금의 전면적 적용 문제

− 사회적, 인도적 대우

○ 사회참여 문제

○ 청소년 교육문제

○ 大村수용소 문제

다. 한·일 고위실무자 회의 개최

− 81.1.29-1.31. 동경에서 양국 외무부 아주국장을 수석대표로 하는 재일한국인 문제 전반에 관한 고위실무자 회의를 개최

− 동 고위실무자 회의는 1년이내 개최하기로 합의.

라. 협정영주자의 강제퇴거 움직임에 제동

− 일측은 1978년 이후 점차 협정영주권자의 강제퇴거를 늘여 나가려는 방향인 것으로 판단되는 바, 이는 상기의 국제 인권규약 및 협정정신에 위배되는 것으로 이중 처벌의 성격을 띤 비인도적인 처사임을 지적함.

(* 협정영주 강제송환 현황)

○ 기송환자 78년 - 2

79년 - 4

80년 - 3

○ 보류자(1980.12. 현재): 9

− 지난 81.1.29-31 한·일 고위실무자회의에서도 동건에 대한 아측 입장

을 이미 일측에 밝히고, 또한 동회의를 계기로 재일한국인의 인권보
장이 더 진전되는 방향이 양국관계에 바람직하다는 인식을 같이한 점
등을 지적, 금차는 물론 앞으로 협정영주자의 강제퇴거자는 인수치
않을 방침임을 분명히 함. 상기와 같은 아측 대응에 따라 일측의 협정
영주자 강제송환은 일단 제동이 걸림(81.2.25)
　　○ 강제송환 보류자
　　　　* 협정영주권자: 9
　　　　* 법률126호 해당자: 18
　　　　* 기타 인도적 고려 대상자: 17
　　* 이 같은 아측 태도에 따라 일측은 조총련 이계백 부의장의 재입국
　　　과 관련시킬 것임을 시사했으나, 결국 이계백의 입국은 허가하지
　　　않았음.
　마. 유엔 인권위에서의 재일한국인 차별문제 검토, 토의
　　○ 관계자료 입수
　　○ 관계문관 전문 지시
　　○ 현황 파악 후 앞으로의 대책 요수립, 추진
　바. 재일한국인 문제의 여론화 문제
　　○ 천주교
　　○ 문학화 문제

19. 외무부 보고사항–재일한국인 법적지위 및 복지문제에 관한 한일 고위실무자 회담 결과

외무부 보고사항
번호 아일700-331
일시 1981.2.5
발신 외무부장관
수신 대통령각하 국무총리
제목 재일한국인 법적지위 및 복지문제에 관한 한일 고위실무자 회담 결과

　　다음과 같이 보고합니다.
　　　81.1.29-31.간 동경에서 개최된 재일한국인의 법적지위 및 복지문제 등의 전

반에 관한 한일 고위 실무자 회담(수석대표: 양측 외무부아주국장) 결과 및 금후 대책 방향을 다음과 같이 보고합니다.

1. 금번 회담에서 아측은 재일한국인의 문제는 일본이 아측과 사전에 충분히 협의해서 처리해야 할 사안임을 명백히 한 후, 재일교포의 기본적 인권이 충분히 보장되지 않았을 뿐 아니라 그들이 일본 사회에서 여러가지 차별 대우를 받고 있는 불행한 상황에 처해 있는 실정을 지적하고 한·일 관계의 진정한 우호를 위하여서나 한국 국민의 대일 감정 순화를 위하여 일측의 시급하고도 성의있는 노력을 경주토록 촉구함과 동시에 우리정부는 재일한국인 문제에 대해 새로운 견지에서 깊은 관심을 갖고 이를 본격적으로 다루어 나갈 것임을 밝혔읍니다.

2. 아측의 회의 의제로서

첫째, 교포 법적지위 향상 문제로서 협정영주권 신청 기간 재설정 기회 부여와 일반영주권 부여문제, 출입국 관리문제, 강제퇴거 문제를,

둘째, 복지 및 대우 문제로서 연금문제와 교포 금융기관의 대리업무 인가 문제를,

셋째, 교포의 사회적 지위 및 인도적 대우 문제로서 취직 기회부여, 사회 참여 기회 확대(지방공무원 및 제한적 참정권 부여) 재일한국인의 교육 문제 및 외국인등록시 지문날인 문제등을,

넷째, 기타 의제로서 사할린 교포 귀환 촉진 문제와 일본 교과서내의 제 반 불합리한 문제들을 전반적으로 거론하였읍니다.

3. 일측은 일본정부가 출입국 관리령, 국민연금법 등의 개정을 추진하고 있는 것은 재일한국인의 지위와 복지를 전반적으로 향상시키려는 선의에서 나온 것이라고 설명하고 현실적으로 금번 재일교포 관련 법안 개정 내용에 아측 요망을 충분히 반영하지 못한 점이 있으나 일단 개정 작업을 그대로 추진하고 보완적인 조치는 앞으로도 아국과 협의하여 계속하여 추진하여 나갈 것임을 밝혔으며, 또한 사회 참여 확대, 지방 공무원 채용, 국공립 대학 교직원 채용, 교포 금융기관에 대한 대리 업무 인가, 외국인 등록법상의 지문날인 및 오무라 수용소의 개선 등의 제반 문제에 관하여는 앞으로 점진적, 단계적으로 개선해 나가겠다는 긍정적인 반응을 보였읍니다.

4. 양측은 재일한국인의 포괄적인 문제에 관한 국장급 고위 실무 회담을 가급적 서울에서 빠른 시일내에 개최할 것과 동회의에서는 협정영주권 신청기간 재설정 문제등을 포함하여 금차 양측이 제기한 모든 문제를 전반적으로 검토할 것에 합의하였읍니다. 또한 회의가 없는 기간내에도 통상 외교 경로를 통하

여 양측간의 협의를 계속할 것에 양해하였읍니다.

5. 당부는 앞으로도 교포 문제를 대일 외교의 역점 사업의 하나로 삼아 동문제
   를 공식 외교 채널을 통해서는 물론 아울러 대일 각종 회담 기회에 아측의
   입장을 적극적으로 주장, 관철해 나감으로써 교포들이 일본 사회에서 떳떳한
   생활을 누릴 수 있게하며 또한 본국 정부와의 유대감과 신뢰감을 고양시키도
   록 함과 동시에 상호 존중에 바탕을 둔 새로운 올바른 한일관계 정립을 위하
   여 계속 적극 교섭코자 합니다.

   첨부: 회의 의제 1부.　　끝.

20. 신문기사

경향신문(1981.3.23)-在日同胞 人權문에게 대한 유엔의 關心(사설)

11. 일본내 차별 대우로부터의 보호

(국제법률가위원회 The Review 제23호 게재 79.12)

1. 일본의 인권규약 비준

  일본은 1979.6.21. 경제, 사회, 문화권에 관한 규제 규약과 공민권 및 정치권에 관한 국제규약을 비준했음.

  상기한 2개의 국제규약 비준으로 일본은 인권보호에 있어 일보전진했으나 시행상 문제점이 많이 노정되고 있음.

2. 재일한국인의 특수 상황

  많은 한국인이 한·일 합병 후 강제로 입국, 현재 650,000여 명에 달함. 이중 85%는 2, 3세임.

  샌프란시스코 조약에 따라 1952 일본은 외국인 등록법을 제정, 한국인들로부터 일본 시민권을 박탈하였고 따라서 정치적 참여권도 박탈되었음.

3. 재일한국인에 대한 차별대우

  가. 거주권

  한국인 대부분이 영주권이나 임시거주권을 가지고 있으나 그들이 거주 권리는 제한되어 있음.

  임시거주자는 1년 이상형 받으면 거주권 상실, 영주권자는 8년 이상형 받으면 추방됨.

  나. 근로권

  취업기회와 승진시 한국인에게 차별 대우

  다. 의료보험

  자영업, 소규모(5인 미만)업체 한국인은 특수지역 외에서는 의료보험 혜택 못받음.

  라. 사회보장

  최근 민단요구에 따라 일정부가 공영주택을 개방했으나 이 조치는 일정한 지역에서만 적용됨.

  한국인들은 이 밖에도, 아동수당 배당, 국민연금가입, 주택금고 융자 등을 요구하고 있음.

  마. 정치참여

  투표권 없음

바. 결혼

한국인이 일본인과 결혼하려는 경우 대부분 일본인 가족측 반대로 성사
안됨.

사. 소수민족의 문화 향유권

한국인들은 일본 정책이 그들 문화 말살하고자 한다고 주장.

4. 결론

일본정부는 스스로 비준한 2개의 국제규약에 위배되는 법규를 폐지 또는 개
정해야 할 의무가 있고 나아가 이런 차별문제를 시정하기 위해 특별한 조치
를 취해야 할 것임.

22. 외무부 공문(착신전보)–북한 인권 관련 자료 지원 요청

외무부

번호 USW-04053

일시 061800

수신시간 81.4.7. 10:43

발신 주미대사

수신 장관

참조(사본) 부장

제목 자료지원

1. 워싱톤 소재 INTERNATIONAL HUMAN RIGHTS LAW GROUP(대표: AMY
YOUNG-ANA-ATY-AMERICAL UNIVERSITY)은 현재 각국의 인권 현황보고서
를 작성중인 바, 동 보고서를 기초로 유엔에 PETITION을 제출할 계획임.

2. 동 단체는 당관에 북한 인권관련 자료를 요청하여, 당관에서는 북한의 종교
자유 말살 및 숙청 관계 자료를 제공함.

3. 동 보고서 등으로 북한 인권상태와 관련한 사례 자료를 지급 지원 바람. (해공,
정공)

23. 기안-재일한국인 인권에 관한 자료

분류기호 문서번호 아일700-
시행일자 1981.4.7.
기안책임자 서현섭 일본담당관실
협조 미주국장 영사교민국장
경유수신참조 주미대사
제목 재일한국인 인권에 관한 자료

　　　대: USW-04053
1. 대호 International Human Rights Law Group에 재일한국인에 관한 자료를 제공, 가급적 재일한국인의 인권현황이 동 Group 보고서에 반영되도록 교섭하시고 결과 보고 바랍니다.
2. 제37차 유엔인권위(81.2.2-3.13. 제네바)에서 재일한국인 문제가 논의되었을 때 강은홍 목사(미국 남장로교회 파견) 등이 동회의장 밖에서 별첨 자료를 회의참석 대표자들에게 배포한 바 있음을 첨언합니다.
　첨부: 1. Koreans in Japan (1979) 1권
　　　　 2. Koreans in Japan (1981) 1권.　끝.

24. 재일한국인 문제 등에 관한 회의

재일한국인 문제 등에 관한 회의

1. 일시 81.4.14.
2. 장소 청와대
3. 주재 허문도 비서관
4. 참석 공노명 차관보
5. 내용
　　- 유엔인권위의 재일한국인 문제 토의내용 등을 언론에 확산하는 방법 강구
　　- 관료 자료를 문공부 외보부장에게 전달

제37차 유엔인권위 재일한국인 문제 토의에 관한 자료
(81.3.2. 제네바)

1981.4.14.

일본담당관실

목차

유엔 인권위 재일한국인 문제 토의

1. 토의 경위 및 결과
    - 유엔 인권위 5인 실무자회의, 80.8. 세계 각국으로부터 접수된 약5만건에 달하
      는 인권사항 중 재일한국인 차별대우 문제등 약20건을 현저한 인권 유린사항
      으로 채택.
    - 유엔 인권위 전문가회의(80.9.4-8), 본 회의에서 정식 논의키로 결정.

- 81.3.2. 제37차 유엔인권위(81.2.2-3.13. 제네바 개최), 비공개리에 재일한국인
  의 인권문제 정식 토의.
  ○ 인권위의 Working Group, 본 건을 향후 1년간 계속 검토키로 건의함
  ○ 주제네바 일본대사, 일본은 재일한국인의 지위 향상 노력할 것임을 밝힘.
- 인권위, 본회의, 일본대사 발언 감안, 동문제는 인권위가 다룰 성질의 문제라
  기 보다 한일 양국정부 간에 해결할 문제로 결정함.

2. 한국인 목사 로비활동 전개
  - 최창화 목사(일본 후쿠오카), 강은홍 목사(미국 남장로교회 파견 선교사) 등은
    3.2. 인권위 회의장 밖에서 "Koreans in Japan"이라는 영문책자, 배포
    * 동책자 주요내용
      ○ 오무라 수용소의 비인권적 실태 지적
      ○ 3년마다 외국인등록 갱신시 재일한국인에 대한 지문 체취등 각종 비인
        도적 사실 비난
    * 최창화 목사의 향후 계획(81.3.26. 본인과 연락, 확인)
      ○ 일본 정부의 향후 태도 지켜보아 가면서 국제적인 캠페인 전개 예정
      ○ 국제인권위의 높은 관심도를 Power로 이용.
      ○ 현재 World Christian Church 인사들과 구체적 방안을 협의중임.
    * 81.4월 중순 경 방한 예정임.

3. 금후의 대처 방안
  가. 워싱턴 소재 International Human Rights Law Group 인권보고서에 재일한
     국인 인권문제 반영되도록 교섭
     훈령(81.4.7. 주미대사에 지시)
     * 동 그룹은 인권보고서 작성, 유엔에 petition 제출 계획이라고 함.
  나. ICJ(International Commission of Jurists) 위원(총40명, 임기10년)으로 당선
     된 이태영여사로 하여금 ICJ가 계속 재일한국인 인권문제에 관심갖도록 유도
     * 이태영 여사 ICJ총회(81.4.27-5.1.헤이그)에 초청되었음.
  다. 일본소장 국제법학자 초청, 세미나 개최
     - "재일조선인의 법적지위에 관한 고찰" 을 쓴 동경대 오누마 야스아끼(大沼
       保昭)교수를 초청세미나 개최(81.8.16-18)경, 대한 국제법학회와 협조)
  라. 유엔인권위 및 World Christian Church 등과 접촉 강화, 국제적 여론을 환기
     시킴.
  마. 국내 국제법학자 활용.
  바. 재일한국인 문제 전반에 관한 고위실무자 회의 연내 재개최

* 외상회담등에서 일측의 개선을 계속 촉구.

New York Times(81.2.5) 4,300 Captive Koreans
한국일보(81.2.15) 蘇방송, 在日同胞 差別대우 보도

New York Times
2/5/'81

4,300 Captive Koreans

To the Editor:

While the nation is rejoicing at the return of the hostages after 14 months of captivity, it would be opportune to point out that there are people on the Soviet island of Sakhalin who have not seen their homeland for 420 months. They were not repatriated after World War II.

There are approximately 4,300 Koreans — taken to Sakhalin by the Japanese as forced labor — waiting these many years to be sent home. Victims of political exigencies beyond their control (the partitioning of Korea), they, too, need to know that they have not been forgotten by the free world.

Many Koreans on Sakhalin were able to return to Korea by opting for North Korean citizenship, but the 4,300 have refused, and as "stateless" persons on the island they are subject to discrimination and political surveillance.

Home is home, whether one is an American in Iran or a Korean in Sakhalin, and everyone has the right to return home. The Reagan Administration should be urged to pressure the U.S.S.R. and the Japanese to settle their differences, so that the ordeal ends for the 4,300.

CORT ENGELKEN
Spring Valley, N.Y., Jan. 23, 1981

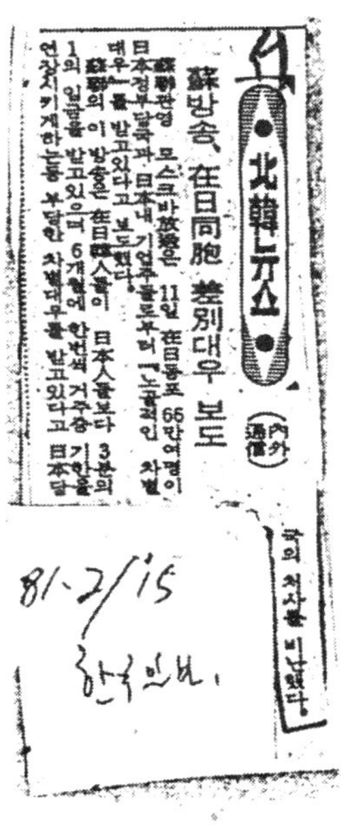

81.2/15
한국일보.

국제법률가위원회(INTERNATIONAL COMMISSION OF JURISTS)

1. 창설: 1952
2. 본부 주소: P.O. BOX 120, 109 route de Chene CH-1224 GENEVE, SWITZERLAND
　　　　(Tel: 49 3545)
3. 설립 목적: 법치정신 파급 및 인권보호
4. 기구:
　가. 총회: (COMMISSION MEETING)
　　－ ICJ 위원 40명 전원 참석
　　－ 매3년 개최
　　＊ 최근에는 1967(제네바), 1971(미국 콜로라도), 1977(비엔나)에 개최되었음.
　나. 집행위원회(EXECUTIVE COMMITTEE)
　　－ ICJ 위원 40명이 뽑는 7명의 집행위 위원으로 구성
　　－ 매년 2회 회의 개최
　다. 60여 개국에 국별위원회 조직을 갖고 있음.
5. 활동 내용
　가. 출판물 발행
　　－ The Review (년2회)
　　－ ICJ Newsletter (년4회)
　　　기타 단행본(남아연방, 파키스탄, 중남미 관계)
　나. 사절단, 조사단 파견
　　＊ 김대중 공판시 ICJ 옵서버로써 LOOKWOOD 미국 신시내티 대학교수 파견
　　　을 시도한 바 있음.
　다. 지역회의 소집
6. 특기 사항
　가. 김대중 일심선고에 대하여 ICJ 사무국은 1980.9.17. PRESS RELEASE 발표
　나. 1980.12.11. 김대중 감형을 요청하는 외무장관앞 서한 송부
　다. The Review 23호(1979.12)에 재일교포 인권문제(일본 정부의 차별대우 문
　　제)에 관한 글 게재

<u>4,300 Captive Koreans</u>
(February 5, 1981 NYT)

To the Editor :

While the nation is rejoicing at the of captivity, it would be opportune to point out that there are people on the Soviet island of Sakhalin who have not seen their homeland for 420 months. They were not repatriated after World War Ⅱ.

There are approximately 4,300 Koreans-taken to Sakhalin by the Japanese as forced labor-waiting these many years to ne sent home. Victims of political exigencies beyond their control(the partitioning of Korea), they, too, need to know that they have not been forgotten by the free world.

Many Koreans an Sakhalin were able to return to Korea by opting for North Korean citizenship, but the 4,300 have refused, and as "stateless" persons on the island they are subject to discrimination and political surveillance.

Home is home, whether one is an American in Iran or a Korean in Sakhalin, and everyone has the Administration should be urged to pressure the U.S.S.R. and the Japanese to settle their differences so that the ordeal ends for the 4,300.

CORT ENGELKEN

Spring valley, N.T, Jan, 23, 1981

25. 주후쿠오카 영사관 공문-재일 미국적 목사 북한방문 사실 보고

주후쿠오카 총영사관
관리번호 81-202
번호 후쿠오카 제54호
일시 1981.4.16.
발신 주후쿠오카 총영사
수신 장관(사본: 주일대사)
참조 정보문화국장, 영사교민국장
제목 재일 미국적 목사 북한방문 사실 보고

    주로 재일한국인 대상으로 선교활동을 하고 있는 미국적 한국인 목사가 모친(65세)을 만나겠다는 이유로 북한을 방문하였다가 귀일한 사실을 다음과 같이 보고함.

1. 인적사항
   ○ 성명: 강은홍(康恩弘)

      미국명: Edwin Enhong Kang

      1934.9.30 생
   ○ 직업: 미연합 장로교회 및 미국 남장로 교회 파견 선교사(목사)
   ○ 원적: 평양시 기림리
   ○ 본적: ******
   ○ 재미 주소: 1204. Rennie Ave, Pichmond, Va.
   ○ 재일 주소: 후쿠오카시 쥬오꾸 다이묘 1-4-25.

      (처 및 자녀 3명 동거)
   ○ 학력: 1960년 서울 숭실대학 영문과 졸.

           1966년 미국 Richmond, Va. 소재 Vnion 신학교 졸.

2. 재일활동
   ○ 1978.8. 일본으로 건너와 선교하는 한편 최창화 목사가 주로 하는 재일동포의 인권획득 투쟁 연합회 동조.
   ○ 유엔 인권 위원회에 제출하는 서류 작성.
   ○ 1979.10. 유엔 인원위원회 회의 참석(뉴욕)
   ○ 1980.3. 1980.8. 1981.3. 등 3차에 걸쳐 제네바 인권회의 참석.

3. 북괴 방문 경위
   가. 강목사는 월남후에도 계속 노모를 만나고 싶다는 생각이 있었고 76년 아프리카 자이레에 선교사로 근무시 방북코저 아국 대사관 및 북괴 대사관에 접촉 시도한 바 있으나 여의치 못하였다 함.
   나. 81.2 월말 제네바에서 개최된 세계 인권회의 참석차 2.16 도착 2.18. 주제네바 북괴 대표부 방문, 진충국 대사와 만나 북괴 비자 발급 요청, 일단 거절 당하였으나 수차 전화 및 일방적 방문으로 3.17. 주서서 북괴 대사관에서 비자 발급 받음. (세계인권회의에 같이 참석한 최창화 목사, 김형식 목사는 물론 아무에게도 말하지 않았다 함. 동 사실을 최, 김 양 목사로부터도 확인 받음)
   다. 3.18. 파리에서 파키스탄 공항으로 북경 도착 1박후 3.19(중공 민항편) 평양착
   라. 3.21-30.북괴 체제, 가족 상면, 3.31. 북경에서 일본 항공으로 귀일, 4.6. 당관을 방문 동 사실을 설명함.

4. 방문동기

노모와 동생을 만나고 싶었고 또 미국 장로교회에서는 북괴선교 가능성을 모색하고 있기 때문에 방북하였다 함.

5. 북괴 체제시 동향

가. 평양공항 도착시부터 소위 해외동포 영접위원회에서 안내, 노동신문(3.21 일자) 및 테레비에 미국선교사 강은홍이 방문하였다는 보도를 했다 함.

나. 모친(65세)와 남동생(42세)이 사는 평양시내 집을 2회에 걸쳐 방문, 이틀 밤 같이 보냄.

다. 안내로 만수대, 김일성 박물관, 대성산 공원 등 견물

라. 북한 주민들은 경직되어 있으며, 가족들은 북괴 요원이 있을 때에는 기계적으로 김일성을 찬양하였으나, 조카를 포함 가족만이 있을 때는 찬양 말이 없었다 함.

마. 전체가 철저히 통제되어 있고 김정일 후계 체제는 굳어지고 있는 인상이 었다 함.

6. 참고

가. 동 목사의 북한 방문에 대해 재일동포의 인권획득 투쟁연합회에서는 이 사실을 중시 재일동포에게 끼치게 될 영향을 고려 인권투쟁 멤버에서 제외하기로 결정하고

나. 재일 대한 예수교 총회에 이 사실을 상정하여 강목사의 재일 활동을 견제할 움직임을 보이고 있음.

다. 강목사는 어머니를 만나고 싶은 일념에서 취한 행동으로 가기 전 협의하고 싶었으나 그러지를 못하였고(비록 미국 시민이기는 하나) 한국인이므로 갔다 온 후에 사실을 말하게 되어 미안하게 여기고 있다고 함.

라. 자신은 한국을 방문 관계 당국에 사실을 해명할 용의가 있어 조치해 주었으면 하고 있으니 참고 바람.

7. 당관 조치

가. 당관에서는 미국적을 가진자이기 때문에 신중히 접촉하고 있으며 북괴 당국은 므엇인가 동인으로부터 얻어내려는 음모가 내포되어 있을것이며,

나. 또 북괴에 노모와 동생 등 가족이 있는 강목사로서는 이들의 안전을 위해서도 북괴가 강요하면 간첩행위를 하지 않는다는 보장이 없음으로 동인의 동향을 예의 주시하고 있음. 끝.

주후쿠오카 총영사

26. 이태영 여사 면담

이태영 여사 면담

1. 사단법인 한국 가정 법률 상담소 이태영 소장은 81.3월 ICJ(International Commission of Jurists)위원(총40명, 임기10년)에피션, 동 총회(81.4.27-5.1. 헤이그) 참석차 81.4.25. 출국 예정임.

2. 이와 관련 하기인은 81.4.21. 동인의 사무실로 이 여사를 방문, 순수한 개인적 견해임을 밝히고 ICJ가 재일한국인의 인권문제를 동 기관지 The Review에서 크게 취급(79.12월호) 한 점을 상기시킴과 아울러 재일한국인의 차별실태에 관해 설명하고, 또한 금번 회의 참석과 위원 피신을 계기로 ICJ가 재일한국인의 인권문제에 계속 관심을 갖도록 노력해 주는 것이 바람직하다는 견해를 피력함.

   가. 면담자: 일본담당관실 서현섭 사무관

   나. 면담일시: 81.4.21. 10:30-11:30

   다. 장소: 가정법률상담소

3. 동인의 언급요지

   - 지금까지 국제회의에 수차 참석해 보았으나 이번처럼 사전에 회의 관련 브리핑을 받은 적이 없었음. 금번 브리핑으로 회의에 임할 자세를 결정하게 되었음.

   - 금번의 브리핑은 대단히 유익했으며, 회의 참석시 로비활동 등에 최대한 활용토록 하겠음.

   - 재일교포에 대한 보다 구체적인 자료를 출국전(81.4.25. 예정)까지 전해주면 항공기내에서라도 검토하여 재일한국인의 인권 향상을 위해 각국 대표들과 활발히 접촉하겠음.(자료 전달 약속함)

   - 개인적인 민원 사항임을 전제, 자신은 전직 외무장관 배우자로서 임시외교관 여권발급 대상자임에도 불구하고 매번 여권을 내야하는 번거로움이 있는데 이의 해결책은 없는지를 문의함.(여권업무 사항에 대해서는 잘 모르겠다고 답변함)

4. 이태영여사 수교자료 목록

   - 유엔인권위 재일한국인 문제 토의결과 설명서

   - 국제법률가 위원회 설명서

   - ICJ의 Review(23호) 국, 영문

   - 뉴욕타임즈 81.4.5.자 기사사본 1부.(출입국 관리령 개정)

- 뉴욕타임즈 81.2.5.자 기사 사본1부.(사하린)
- 81.3.20. 통일일보(국민연금)
- 81.3.8. 조선일보(차별실태)
- 일본인, 재일한국인 사망(연령비교표)
- 배재식 교수 논문 요약문
- Koreans in Japan
- 교포소년 임현일 자살에 관한 자료
- 일본 국민연금제도 및 출입국 관리령 설명서

27. 기안—국제인권규약과 재일한국인에 관한 검토자료 송부

분류기호 문서번호 아일 700-12268
시행일자 1981.5.22.
기안책임자 서현섭(일본담당관실)
경유수신참조 주일대사
제목 자료 송부

    국제인권규약과 재일한국인에 관한 검토자료를 별첨 송부하니 업무에 참고
하시기 바랍니다.
    첨부: "국제인권 규약과 재일한국인" 사본 1부.　끝.

27-1. 첨부—국제 인권규약과 재일한국인

국제 인권규약과 재일한국인

1. 인권규약
    - A규약: 경제적, 사회적, 문화적 권리에 관한 인권규약(International Covenant
    on Economic, Social and Cultural)
        ○ 1966년 제21차 유엔총회에서 채택, 1976.1.3. 발효

○ 생존권적 기본권: 노동의 권리, 노동3권, 사회보장 받을 권리, 가정·혼인·연소자 보호, 생활수준, 교육을 권리 등 규정
○ 규약의 실시 확보의 방법으로서 규약 체약국이 유엔에 실시 상황 보고
○ 체약국 정부는 입법조치 등 타의 적당한 방법으로 인권실현의 점진적 달성을 강구해야 함.
- B규약: 시민적, 정치적 권리에 관한 국제 규약(International Covenant on Civil and Political Rights)
○ 1966 제21차 유엔 총회에서 채택, 1976.3.23. 발효
○ 자유권적 기본권: 생명에 대한 권리, 고문·비인도적 굴욕적 처우, 형벌의 금지, 외국인 추방을 위한 조건과 심사청구권, 이중 처벌의 금지, 차별대우 금지, 정치에 관한 권리와 기회의 보장, 종족적·종교적·언어적 소수자의 보호 등 규정
○ 규약실시 확보의 방법으로서 심사기관인 인권위원회(Human Rights Committee) 설치
- 내외인 평등원칙 실현 지향
○ 권리보장을 "모든자"(All People)에게 라고 규정(단 B규약 25조만 "모든 시민"이라고 규정)
2. 일본과의 관계
가. 발효
- 서명: 1978.5.30
- 비준: 1979.6.21.
- 발효: 1979.9.21.
- 규약에 관한 유보 및 해석 선언
1) 일본은 A규약 제7조(d)의 적용에 있어 동 규정의 "공휴일의 보수"에 구속되지 않는 권리를 유보한다.
2) 일본은 A규약 제8조 1(d)의 규정에 구속되지 않는 권리를 유보한다. 단, 일본정부에 의한 동규정의 비준시 일본법령으로 전기의 규정상의 권리가 부여되고 있는 부문에 대해서는 이를 제한하지 않는다.
3) 일본은 A규약 13조 2(b) 및 (c)의 규정 적용에 있어 동규정상의 "특히 무상교육의 점진적 도입에 의해"에 구속되지 않는 권리를 유보한다.

해석선언
일본정부는 결사의 자유 및 단결권의 보호에 관한 조약의 비준에 제하여 동

조약 제9조에서 말하는 "경찰"에는 일본의 소방이 포함된다고 하는 입장을 취하고 있음을 상기시키고

A규약 2조 및 규약22조 2에서 말하는 "경찰의 구성원"에는 일본의 소방직원이 포함된다는 해석을 선언한다.

나. 일본 국내 법적 효력

- 일본 헌법 전문 3항(여하한 국가도 자국일에만 전념하여 타국을 무시해서는 안되고, 정치도덕의 법칙은 보편적인 것이며, 이 법칙에 따르는 것은 자국의 주권을 유지하고 타국과 대등관계에 서려고 하는 각국의 책무라고 믿는다) 및 98조 2항(일본국이 체결한 조약 및 확립된 국제법규는 성실히 준수하는 것을 필요로 한다)에 비추어 볼 때 조약 등의 국제법은 동조약에 특별의 실시 규정이 있는 경우를 제외하고는 원칙으로서 성립과 동시에 효력이 발생하여 당사국을 구속한다.

  * 1952.11.5.의 오사카 고등재판소의 판결은 헌법98조 2항의 의무에 대해 "국내법상 국가제기관 및 국민 각자가 성실히 이것을 준수할 의무를 진다는 것이 분명하다"고 해석한 바 있음.

- 인권규약은 각 개인이 갖는 인권을 국제적으로 보장하려는 다자 조약이며, 국제 인권장전이라고도 할 수 있는 조약이기 때문에 체약국의 국민에 대해 직접, 법적으로 구속하고 권리의무를 설정하는 효력이 있다고 생각됨.

- A규약 5조 2항

  (No restriction upon or derogatin from any of the fundamental human rights recognized or existing in custom shall be admitted on the pretext that the present Covenant does not recognize such rights or that it recognizes them to a lesser exient.) 규정에 따라 A규약(b규약도 동일)이 정한 인권규정보다 일본국의 국내법의 인권규정이 보다 높게 보장된 것이라고 하더라도 국내법을 개정할 필요가 없을 뿐 아니라 개정이 허용되지 않음.

- A규약(B규약 동일)의 인권규정이 일본국내법의 인권규정보다 보다 높게 규정되어 있는 경우에는 국내법의 개정이 필요시 됨.(이에 따라 일본은 국민연금법 적용 관련 국내법 개정 추진함)

3. 재일한국인의 인권과의 관련 문제

- 강제 퇴거

  ○ 현행 입관령 규정상 강제퇴거가 부정되고 있지 않으나 B규약 23조 1항 (The family is the natural and fundamental group unit of society and

is entitled to protection by society and the State) 및 A 규약 10조 1항
(The States Parties to the present Covenant recognize that: 1. The
widest possible protection and assistance should be accorded to the
family, which is the natural and fundamental group unit of society,
particularly for its establishment and while it is responsible for the care
and education of dependent children. Marriage must be entered into
with the free consent of the intending spouses.)에 따라 강제퇴거가 가
족이산, 생활파괴를 초래하는 경우는 가족의 권리 침해가 됨.
- 내외인 평등원칙
  ○ "모든자"에게 권리보장을 인정하는 국제 인권질서의 창설은 일본의 재일한
    국인 대우의 문제점을 다시 부각시켰음.
- 외국인 등록법
  ○ 외국인 등록증의 상시 휴대와 제시 의무가 규정되어 있는 바, 주목해야
    할 점은 동 의무위반시 징역을 포함한 형사벌이 규정되어 있는 것임.
    특히 상시 휴대치 않을 경우 형사처벌을 전제로 한 강제수사의 대상이 될
    가능성이 있는 바 이는 재일한국인의 행동의 자유에 대한 중대한 제약임.
  ○ 외국인 등록을 형사벌로서 의무화하고 상시 휴대의무를 규정한 것은 B규
    약 12조 1항(Everyone lawfully within the territory of a State shall, within
    that territory, have the right to liberty of movement and freedom to
    choose his residence) 및 동3항(The above-mentioned rights shall not
    be subject to any restrictions except those which are provide by law,
    are necessary to protect national security, public order(order public),
    public health or morals or the rights and freedoms of others and are
    consistent with the other rights recognized in the present Covenant.)에
    비추어볼 때 상기 규정은 외국인의 이동, 거주의 자유에 대한 과당한 제한
    이 됨.
  ○ 14세부터 매3년마다 외국인등록 갱신시 지문 채취토록 되어 있음.
  ○ B규약 7조에 위배(7조: No one shall be subjected to torture or to cruel,
    inhuman or degrading treatment or punishment)
- 사회보장
  ○ A규약2조 2항(Each State Party to the present covenant undertakes to
    take steps, individually and through international assistance and cooperation,
    especially economic and technical, to the maximum of its available

resources, with a view to achieving progressively the full realization of the rights, recognized in the present covenant by all appropriate means, including particularly the adoption of legislative measures) 및 B규약 제2조(Each State Party to the present covenant undertakes to respect and to ensure to all individuals within its territory and subject to its jurisdiction the rights recognized in the present Covenant, without distinction of any, kind, such as race, colour, sex, language, religion, political or other opinion, national or social origin, property, birth or other status.), 등 26조(All persons are equal before the law and are entitled without any discrimination, to the equal protection of the law. In this respect, The law shall prohibit any discrimination and guarantee to all persons equal and effective protection against discrimination on any ground such as race, colour, sex, language, religion, political or other opinion, national or social origin, property, birth or other status.)는 국적에 의한 차별 취급을 금지하고 있으며, 사회 보장 면에 관해서도 내외인이 평등하지 않으면 안될 것은 물론임.

○ A규약 제9조(The States Parties to the present Covenant recognize the right of everyone to social security, including social insurance)는 사회 보장에 대해 모든 자의 권리를 보장하고 있음.

○ 따라서 국민연금의 국적조항은 물론 제한적 국민연금법 적용은 국제 인권 규약에 저촉된 것임.

- 교육문제

○ B규약 27조(In those States in which ethnic, religious or linguistic minorities exist, persons belonging to such minorities shall not be denied the right, in community with the other members of their group, to enjoy their own culture, to profess and practice their own religion, or to use their own language)에 외국인은 민족교육의 권리가 보장되며, 또한 민족교육의 장으로서 외국인 학교가 확보되어야 함.(조약 13조 참조)

○ 현재 재일한국인 학교를 포함한 거의 대부분의 외국인 학교는 학교의 설치 기준(학고교육법 3조)에 결한 것으로 각종 학교로서 취급되고 있음. 따라 서 민족고육의 장인 재일한국인 학교를 학교교육법 1조의 "학교"로 인정하 는 방향기 인권규약의 정신에 부합하는 것이라고 생각됨.

재일한국인의 생활보호를 위한 인권선언

우리 재일한국인은 인간 존엄성과 생존의 권리를 위한 "인간 해방"을 선언한다.

일본 제국주의로부터 "정치적 해방"을 쟁취한지 30여년, 우리들은 "대한민국 국민이 일본의 사회질서 하에서 안정된 생활을 영위하기 위한" 제권리를 확보하여야 할 역사적 전환기에 와 있음을 자각하여, 이를 위한 투쟁의 대열을 정비하고자 하는 바이다.

우리들 칠십만 재일한국인은 의무의 이행에 합당한 인간으로서 권리의 보호를 일본국으로부터 못 받고 있다.

200여항에 미치는 민족차별은 우리들에 대한 인권유린이며 인간 학대나 다름없는 것이다.

우리들에게는 "인간해방"의 권리가 있을 뿐만 아니라, 이를 쟁취하기 위한 투쟁을 행하여야 할 사명이 있다.

역사는 진정 인권과 도의의 시대에 들어서고 있다.

이는 체제와 이념을 초월한 전인류의 염원으로서의 관심을 집중시키고 있는 것이다.

우리들 재일한국인이 고대하고 있는 시대가 도래하고 있다고 할 수 있다. 일본국에 거주하는 우리들의 과거는 우리들이 기대하는 것과 같은 것이 아니었다.

일제 36년에 이어 전후 30여년, 우리들은 부당한 학대 밑에서 가까스로 생존해온 것에 불과하다.

우리들은 역사적, 또한 오늘날의 요청에 응해서 우리들 재일한국인에 대한 일본국의 모든 차별과 학대를 철폐하여, 인권 보장과 도의적 처우를 실현하기 위한 투쟁을 행하는 것이다.

이것은 우리들의 의무에 수반되는 것이다. 이는 우리들의 의무에 수반하는 정당한 권리이며, 진정한 한일 우호의 기초도 되는 것이다. 또한 일본인 자신에게 있어서는 외국의 인권 논쟁에 관심을 보이기 보다, 신변 가까이 있는 재일한국인의 인권문제에 양심을 가지고 귀를 기울이는 편이 훨씬 중요한 것이 아닐까.

"아무도 인종, 피부색, 성, 언어, 종교, 정치상 기타의 의견, 국민적 기타 사회적 출신, 재산, 문벌 기타의 지위와 같은 어떠한 종류의 차별도 받음 없이, 이 선언에 내걸고 있는 모든 권리와 자유를 향유할 권리를 지닌다."라고 한 세계 인권 선언의 기본정신에 돌아가, 우리들 자신의 후대를 위해 인간적 제권리의 회복을 위한 투쟁에 칠십여만 재일한국인이 결속하여, 관계국제기구의 지원을 받으면서 세계적 연대 투쟁을 강화함으로써, 아래 사항을 쟁취할 것을 기약한다.

1. 일본국은 재일한국인의 역사적 배경을 인식하여 모든 면에 있어서 인간 차별을 철폐, 내국민과 동등한 권리를 보장할 것.
2. 일본국은 재일한국인의 생존과 자유와 신체의 안전을 향유할 수 있는 권리를 보장하며, 비인도적 또는 인간적 체면을 손상하는 어떠한 처우도 철폐할 것.
3. 일본국은 재일한국인의 자유로운 재산 향유와 노동 및 직업선택의 공정한 자유를 보장할 것.
4. 일본국은 재일한국인의 인격의 자유와 발전에 불가결한 경제적, 사회적, 문화적 제권리에 대한 제한을 철폐할 것.
5. 일본국은 재일한국인의 교육의 자유를 신장하여, 사회적 보호수단에 대한 평등한 참가의 권리를 보장할 것.
   우리들 칠십만 재일한국인은 우리들 자신의 제권리를 보장하기 위하여, 일본국의 법질서에 의해 허용되어 있는 모든 정치 활동의 자유를 최대한으로 활용하는 바이다.

재일대한민국 거류민단
제27회 정기 중앙위원회

28. 외무부 공문(발신전보)–외국인 등록법 개정

외무부
번호 WJA-08181
일시 171650
발신 장관
수신 주일대사
제목 외국인 등록법 개정

　　금 8.17자 국내 석간신문 보도에 의하면, 일본정부는 금년 가을 일본 국회에서 외국인 등록을 현행 3년에서 5년으로 연장하고 등록대상 연령도 16세로 올리는 등 외국인등록법 개정안을 상정키로 했다고 하는 바, 상세내용 보고바람.
　　(교일)

29. 외무부 공문(착신전보)–외국인 등록법 개정

외무부
번호 JAW-08401
일시 181536
수신시간 81.08.18. 17:48
발신 주일대사
수신 장관
제목 외국인 등록법 개정안

  연: 일본영725-5792
  대: WJA-08151
  1. 대호 외국인 등록법 개정안의 내용 및 해설기사 등은 연호 정파편으로 기송부 하였는 바 그 중요 내용은 아래와 같음
  가. 확인 신청기간의 연장(현행 3년에서 5년으로)
  나. 등록증의 휴대의무, 지문압날 및 등록신청에 있어서의 본인 출두 의무 년령 인상(14세에서 16세로)
  다. 년소자의 확인제도 폐지(14세까지에서 16세까지로)
  라. 벌칙의 정리 경감(내용 미확정이나 다소 완화)
  마. 지방 자치 단체에 있어서의 사표(베낄사, 포포)의 분류정리 등의 폐지
  2. 상기의 법이 개정되면 재일교포를 포함한 재일 외국인의 대우는 상당히 개선되는 것은 사실이지만 동개정은 주재국의 행정개혁의 일환으로 추진되고 있는 것인 바
  가. 14세 이상일 경우 년 평균 24만 건에 달하는 등록 갱신 사무량을 16세 이상으로 할 경우 12만건 정도로 반감되며
  나. 외국인등록 사표 중 각 지방 자치단체 보관분을 폐지하고 법무성에서만 보관하고 또한 사망, 출국 등으로 반납되는 등록증의 법무성 송부를 폐지하여 내년도부터 외국인 등록에 소요되는 년간 경비 12억엥 중 2억3천만엥을 절약할 수 있다는 계산임
  4. 상기와 같이 외국인 등록법이 개선된다 하드라도 외국인의 동향을 감시한다는 동법의 본래의 목적엔 아무런 변화도 없고 또한 구주제국에 비교하면 극히 엄격한 것으로서, 재일외국인의 입장에서 보면 범죄인 취급의 인상을 받게 되는 것이므로 불평과 저항감을 저항감을 완전 제거할 수 없는 것이라는 것이 일반

여론임.

　　4. 일본정부는 동 외국인 등록법 개정안을 차기 통상국회(82년도 초순)에
제출 82.10.1 시행을 예정하고 있음을 참고로 첨언함

　　　(일영-교일, 아일)

30. 주일대사관 공문-외국인 등록법 개정안

주일대사관
번호　일본(영)725-5792
일시　1981.8.17.
발신　주일대사
수신　장관
참조　영사교민국장, 아주국장
제목　외국인 등록법 개정안

　　주재국 법무성은 외국인 등록법 개정안을 내년도 정기국회에 제출 예정인
바, 이와 관련한 금8.17.자 당지 아사히 신문보도 및 해설기사를 별첨 송부합
니다.

　　첨부: 동기사 1부.　끝.

주일대사

아사히신문(81.8.7)　外国人登録法を緩和、改正案の骨子

外国人登録法を緩和

切り替え、五年に延長

改正案の骨子

変わらぬ監視姿勢

'81. 8. 1.7
朝 日 新 聞

31. 외무부 공문(착신전보)-외국인 등록법 일부 개정 중의원 의결

외무부
번호　JAW-11057
일시　041717
발신　주일대사

수신 외무부장관
제목 외국인 등록법 일부 개정 중의원 의결

　　　연: JAW-08401
　　1. 연호 외국인 등록법 개정안 중 일부가 81.11.2. 중의원에서 의결되었는 바(시
　　행 82.4.1) 그 주요 내용은 아래와 같으며 상세는 정파편 송부하겠음.
　　　　가. 외국인 등록 신청서 사진은 2매만 제출 (종래 3매)
　　　　나. 외국인 등록사표 중 각 지방 자치단체 보관분을 폐지하고 법무성에서만
　　보관
　　　　다. 반납된 등록증명서를 각 지방 자치단체가 법무성에 송부하던 것을 폐지
　　2. 연호 기타 외국인 등록법 개정안은 82년도 통상국회시 제출할 예정이라 함을
　　참고바람(일본영, 영재, 아일)

32. 주일대사관 공문–외국인 등록법 일부 개정 중의원 의결

주일대사관
번호 일본(영)725-7604
일시 1981.11.5.
발신 주일대사
수신 장관
참조 영사교민국장, 아주국장
제목 외국인 등록법 일부 개정 중의원 의결

　　　연: JAW-11057
　　연호로 보고한 외국인 등록법 일부 개정 주요내용 및 동 법률 신구대조문을
　별첨 송부합니다.
　　첨부: 1. 외극인등록법 일부 개정 법률 요강 1부.
　　　　　2. 외국인등록법 일부 개정 법률 신구 대조조문 1부. 끝.

　　주일대사

外国人登録法の一部を改正する法律案要綱

一　新規登録、登録証明書の引替交付、再交付及び登録事項の確認の各申請に際して写真三葉を提出することとなつているのを、二葉で足りることとすること。(第三条、第六条、第七条、第十一条関係)

二　市町村長は、登録原票の写票二葉を作成し、都道府県知事及び都道府県知事経由法務大臣に各一葉を送付することとなつているのを、一葉を作成して都道府県知事経由法務大臣に送付すれば足りることとし、都道府県知事の行うこととなつている写票の分類整理事務を廃止すること。(第四条、第十六条関係)

三　返納された登録証明書を市町村長から法務大臣に送付させる手続を廃止すること。(第六条第七項、第七条第八項、第十一条第十項、第十二条第四項関係)

外国人登録法の一部改正する法律

　外国人登録法(昭和二十七年法律第百二十五号)の一部を次のように改正する。

　第三条第一項第三号中「三葉」を「二葉」に改める。

　第四条第二項中「その写票二葉」を「当該登録原票の写票」に、「その一葉都道府県知事に、他の一葉を」を「これを」に改め、同条第三項を削り、同条第四項中「除く外」を「除くほか」に改め、同項を同条第三項とする。

　第六条第一項第三号中「三葉」を「二葉」に改め、同条第七項を削り、同条第八項を同条第七項とする。

　第七条第一項三号中「三葉」を「二葉」に改め、同条第八項を削り、同条第九項中「前条第八項」を「前条第七項」に改め、同項を同条第八項とする。

　第十一条第一項第三号中「三葉」を「二葉」に改め、同条第九項中「第六条第八項」を「第六条第七項」に改め、同条第十項を削る。

　第十二条第四項を削る。

　第十六条第一項中「都道府県知事及び」を削り、同条第二項を削る。

　　附則

1　この法律は、昭和五十七年四月一日から施行する。

2　日本国に居住する大韓民国国民の法的地位及び待遇に関する日本国と大韓民国と

の間の協定の実施に伴う出入国管理特別法(昭和四十年法律第百四十六号)の一部
を次のように改正する。

　　第四条第二項中「都道府県知事又は」及び「外国人登録原票の写票又は同法に
定める」を削る。

　　理由

　外国人登録事務の簡素化及び合理化を図り、財政支出の効率化に資するため、
都道府県知事の行うこととなつている登録写票の分類整理事務の廃止、返納されて
登録証明書を市町村長から法務大臣に送付させる手続の廃止等を行う必要がある。
これが、この法律案を提出する理由である。

32-2. 첨부-외국인등록법 일부 개정 법률안 신구 대조안(1/7)

外国人登録法の一部改正する法律案新旧対照案文

改正案	現行
(新規登録) 第三条　本邦に在留する外国人は、本邦に入つたとき(入管法第二十六条の規定による再入国の許可を受けて出国した者が再入国したとき及び入管法第六十一条の二の六の規定による難民旅行証明書の交付を受けて出国した者が当該難民旅行証明書により入国したときを除く。)はその上陸の日から九十日以内に、本邦において外国人となつたとき又は出生その他の理由により入管法第三章に規定する上陸の手続を経ることなく本邦に在留することとなつたときはそれぞれその外国人となつた日又は出生その他当該自由が生じた日から六十日以内に、その居住地の市町村(東京都の特別区の存する区域及び地方自治法(昭和二十二年法律第六十七号)第二百五十二条の十九第一項の指定都市にあつては区。以下同じ。)の	(新規登録) 第三条　同上

長に対し、次に揚げる書類及び写真を提出し、登録の申請しなければならない。	
一、二　（略）	一、二　（略）
三　写真(提出の日前六箇月以内に撮影された五センチメートル平方形又は名刺形の無帽、かつ、正面上半身のもので裏面に氏名及び出生の年月日を記入したものとする。以下同じ。） 　二葉	三　写真(提出の日前六箇月以内に撮影された五センチメートル平方形又は名刺形の無帽、かつ、正面上半身のもので裏面に氏名及び出生の年月日を記入したものとする。以下同じ。） 　三葉
2〜4　（略）	2〜4　（略）
第四条	第四条
1　（略）	1　（略）
2　市町村の長は、前項の登録をした場合には、<u>当該登録原票の写票</u>を作成し、<u>これを</u>都道府県知事を経由して法務大臣に送付しなければならない。	2　市町村の長は、前項の登録をした場合には、<u>その写票二葉</u>を作成し、<u>その一葉を都道府県知事に、他の一葉を都道府県知事を経由して法務大臣に送付し</u>なければならない。
（廃止）	3　<u>都道府県知事は、送付を受けた当該登録原票の写票を分類整理しておかなければならない。</u>
3　市町村の長は、都道府県知事の承認を受けた場合を<u>除くほか</u>、第一項の登録原票を当該市町村の事務所の外に移動してはならない。	4　市町村の長は、都道府県知事の承認を受けた場合を<u>除く外</u>、第一項の登録原票を当該市町村の事務所の外に移動してはならない。
(登録証明書の引替交付)	(登録証明書の引替交付)
第六条　外国人は、その登録証明書が著しくき損し、又は汚損した場合には、その居住地の登録証明書を添えて提出し、登録証明書の引替交付を申請することができる。	第六条　同上
一、二　（略）	一、二　（略）
三　写真二葉	三　写真<u>三葉</u>
2〜6　（略）	2〜6　（略）
（廃止）	7　<u>第四項の規定により新たに登録証明書を交付し</u>

	た市町村の長は、き損し、又は汚損した登録証明書を都道府県知事を経由して法務大臣に送付しなければならない。
7　市町村の長は、第一項の申請があつた場合には、その外国人の登録原票を新たに登録原票に書き換えることができる。	8　同上
(登録証明書の再交付) 第七条　外国人は、紛失、盗難又は滅失により登録証明書を失つた場合には、その事実を知つたときから十四日以内に、その居住地の市町村の長に対し、次に揚げる書類及び写真を提出して、登録証明書の再交付を申請しなければならない。入管法第二十六条の規定による再入国の許可を受けて出国した者が再入国をし、又は入管法第六十一条の二の六の規定による難民旅行証明書の交付を受けて出国した者が当該難民旅行証明書により入国した際、紛失、盗難又は滅失以外の事由により登録証明書を所持していない場合においても、同様とする。	(登録証明書の再交付) 第七条　同上
一、二　(略)	一、二　(略)
三　写真二葉	三　写真三葉
四　(略)	四　(略)
2〜7　(略)	2〜7　(略)
(廃止)	8　市町村の長は、前項の規定により返納を受けた登録証明書を、都道府県知事を経由して法務大臣に送付しなければならない。
8　前条七項の規定は、第一項の申請があつた場合に準用する。	9　前条第八項の規定は、第一項の申請があつた場合に準用する。
(登録証明書の切替交付) 第十一条　外国人は、第四条第一項の登録を受けた日(第六条第三項若しくは	(登録証明書の切替交付) 第十一条　同上

第七条第三項の確認又はこの項の申請に基づく確認を受けた場合には、最後に確認を受けた日)から三年を経過する日前三十日以内に、その居住地の市町村の長に対し、次に揚げる書類及び写真を提出して、登録原票の記載が事実に合つているかどうかの確認を申請しなければならない。 一、二　（略） 　三　写真二葉 2～8　（略） 9　第六条第七項の規定は、第一項の申請があつた場合に準用する。 （廃止）	一、二　（略） 　三　写真二葉 2～8　（略） 9　第六条第八項の規定は、第一項の申請があつた場合に準用する。 10　市町村の長、第五項又は第八項の規定により返納を受けた登録証明書を、都道府県知事を経由して法務大臣に送付しなければならない。
（登録証明書の返納） 第十二条 1～3　（略） （廃止）	（登録証明書の返納） 第十二条 1～3　（略） 4　前二項の規定により登録証明書の返納を受けた市町村の長は、その登録証明書を都道府県知事を経由して法務大臣に送付しなければならない。
（変更登録の報告） 第十六条　市町村の長は、第八条第六項（第九条第三項において準用する場合を含む。）又は第十条第一項の規定により変更登録をした場合には、都道府県知事を経由して法務大臣にその旨を報告しなければならない。 （廃止）	（変更登録の報告） 第十六条　市町村の長は、第八条六項（第九条第三項において準用する場合を含む。）又は第十条第一項の規定により変更登録をした場合には、都道府県知事及び都道府県知事を経由して法務大臣にその旨を報告しなければならない。 2　都道府県知事は、前項の規定により報告を受けた場合には、登録原票の写票の記載事項の書換をしなければならない。

⑤ 재일본 한국인 법적지위 향상 문제, 1982

○ ○ ○

기능명칭: 재일본 한국인 법적지위 향상 문제, 1982

분류번호: 791.23

등록번호: 19574

생산과: 동북아1과/재외국민과

생산연도: 1982-1982

1. 외무부 공문(착신전보)–재일교포 지위향상 협의

외무부
관리번호 82-36
번호 JAW-01193
일시 121510
수신시간 82.01.12. 16:27
발신 주일대사
수신 장관
제목 재일교포 지위향상 협의

　　1. 금. 1.12. 일한 의련 사무국 측이 당관에 알려온 바에 의하면, 2.16(화) 동경에서 일·한 의련의 재일한국인 지위향상 분과위(위원장: 와다 고사꾸의원)와 한국측 분과위(위원장: 김사룡의원)간의 협의를 개최할 예정이라고 통보하여 왔음.
　　2. 동건은 일본측 사무국이 한국측 사무국 측과 사전협의를 통해 진행중인 바, 한국측으로부터는 김사룡 위원장 및 5명 정도가 방일할 예정이라 하며, 일정이 확정되는 대로 당관에 알려주기로 하였음.
(일정-아일)

2. 한일의원연맹 공문–의원연맹 재일한국인 법적지위 특위의 한일양국 특위 합동회의 토의에 필요한 자료 협조 의뢰

한일의원연맹
번호 한의연제82-16호
일시 1982.1.18.
발신 한일의원연맹 간사장 김윤환
수신 외무부장관
참조 영사교민국장
제목 의원연맹 재일한국인 법적지위 특위의 한일 양국 특위 합동회의 토의에 필요한 자료 협조 의뢰당 의련은 일본측 야스이. 켕(安井謙) 의장의 초청으로 재일한국인 법적 지위 특위 합동회의(민단과의 3차 회의)를 2.15-17 동경에서 열기로 하고 김사룡 특위장 외 4명의 의원으로 구성된 대표단을 파일하는 바, 이 회의에 필요한 아래와 같은 자료를 협조해 주시기를 부탁드립니다.

    1. 81.9. 이후의 재일교포의 법적, 사회적 지위 개선 내용(법률 개정 등에 의한)

    2. 재일교포 법적, 사회적 지위 향상을 위한 앞으로의 문제점 등 외무부의 의견

    * 주제 발표문을 작성해야 하니 1.30일까지 부탁드립니다.

한일의원연맹 간사장 김윤환

3. 기안-한일의원연맹 회의 관련 자료 송부

분류기호 문서번호 영제725-
시행일자 1982.1.21.
기안책임자 재외국민과 이현동
경유수신참조 한일의원연맹 간사장
제목 자료송부

대: 한의연제82-16호
대호로 요청하신 자료를 별첨 송부하오니 참고하시기 바랍니다.
첨부: 재일교포 법적, 사회적 지위 개선에 관한 자료 1부. 끝.

3-1. 첨부-재일교포 법적, 사회적 지위 개선에 관한 자료

<u>재일교포 법적, 사회적 지위 개선에 관한 자료</u>

1. 81.9. 이후 개선 내용
   가. 협정영주권: 미취득자에 대한 일반영주권 부여
      1) 법적근거: 일본국 출입국 관리 및 난민법 부칙7조(개정안 81.6.5 국회통과 82.1.1 발효)
      2) 내용: 일본거주 외국인으로서, 평화조약 발효에 따라 일본국적을 이탈한 자로 1945년9월2일 이전부터 계속해서 일본에 거주하는 자 및 그들의 직계비속으로 일본 영주권을 신청하는 경우 이를 허가토록 함.
      3) 동법 발효로 126호 해당자(주로 조총련계) 약 26만명이 일반영주권을 취득할 수 있는 기회가 보장 됨.
   나. 복수제 입국허가 및 재입국허가 기간 연장
      1) 법적근거: 출입국관리 및 난민법 제26조(개정안 81.6.5 국회통과, 82.1.1 발효)
      2) 내용:
         − 1년 유효 복수 재입국 허가제도 신설
         − 재입국 허가기간내 재입국할 수 없는 상당한 이유가 있을 경우, 재외 일본영사관에서 1년간 동 유효기간 연장 가능
      3) 동법 발효에 따라 재일교포의 본국 왕래 및 제3국 여행이 종전보다 훨씬 편리하게 됨.
   다. 외국인 등록 수속 일부간소화
      1) 법적근거: 외국인 등록법 제3조, 6조, 7조, 11조(개정안 81.11.2 국회통과, 82.6.1 발표
      2) 내용: 외국인 등록의 신규, 갱신, 재교부신청서 필요한 사진 3매를 2매로 간소화
   라. 국민년금(노령연금) 가입 문호 개방
      1) 법적근거: 국민년금법 제7조(개정안 81.6.5 국회통과, 84.1.1 발효)
      2) 내용: 종래 재일외국인이 가입할 수 없도록 규정된 "국적조항"을 삭제함.
      3) 국민년금법의 국적조항 삭제에 따라 재일교포를 비롯 일본에 주소를 둔 20세 이상 60세 미만의 외국인도 60세가 될 때까지 25년 이상 보험료를 납부할 수 있는 자는 국민년금에 가입할 수 있게됨.
      4) 그러나 60세가 될 때까지 25년 이상 보험료를 불입할 수 없는 35세 이상의 재일교포가 제외되고 있음.
2. 문제점 및 의견
   가. 협정영주권 미취득자를 위한 영주권 신청기간 재설정

- 금번 개정입관법 발효로 협정영주권 미취득자로 일반영주권 취득이 가능
  하나, 협정영주권 신청 당시 조총련의 위협 내지 방해로 인해 본의 아니
  게 협정영주권을 취득하지 못한 자 및 그동안 성묘단 사업 등을 통해 조
  총련에서 민단으로 전향한 자들에게는 일반영주권 보다 한일기본조약에
  의해 특별한 대우를 받는 협정영주권을 부여하여야 함.
- 일본측은 금번 입관법 개정조치로 민단 일반영주권 부여, 협정 개정의
  어려움 등을 이유로 아측의 주장을 계속 반대해 오고 있으나, 재일교포의
  역사적 특수성을 지적, 일반외국인과는 달리 협정영주권을 부여토록 협
  정영주권 신청기간의 재설정을 위한 일측의 성의 있는 태도를 촉구, 설득
  해야 할 것임.

나. 35세 이상자의 국민년금 가입
- 개정 년금법에 따라 년금 가입 대상에서 제외된 35세 이상의 재일교포는
  전전부터 오늘날까지 일본에 거주하면서 일본국민과 마찬가지로 일본사
  회 발전에 크게 기여한 이들의 연금 불입기간이 25년 미만이란 사유로
  연금대상에서 제외함은 년금법의 기본정신 및 사회정의에 반하는 것이라
  고 하겠음.
- 35세 이상의 재일교포에게도 국민년금 실시 당초와 마찬가지로 불입기간
  단축 등의 특례 규정을 설정하여 이들을 구제할 수 있는 방안이 강구되도
  록 설득해야 할 것임.

다. 기타 법적, 사회적 복지향상
현재 일본국의 자치기관인 각 시정촌의 조례에 따라 각 시정촌 별로 구구하
게 재일동포에게 적용되고 있는 제반 법적, 사회적 복지향상의 혜택을 전국
적, 통일적으로 모든 재일교포들에게 적용될 수 있도록 각 시정촌의 설득을
위한 민단의 자발적이고도 활발한 운동이 요망됨.

4. 외무부 공문–재일교포 법적, 사회적 지위개선에 관한 자료 송부

대한민국 외무부
번호 영재 725-
일시 1982.1.22.
발신 외무부장관(영사교민국장 송학원)

수신 한일의원연맹 간사장
제목 자료송부

　　　대: 한의연 제82-16호
　　　대호로 요청하신 자료를 별첨 송부하오니 참고하시기 바랍니다.
　　　첨부: 재일교포 법적, 사회적 지위개선에 관한 자료 1부. 끝.

외무부장관
영사교민국장 송학원

5. 외무부 공문(착신전보)–재일한국인 지위향상

외무부
관리번호 82-91
번호 JAW-01533
일시 261826
수신시간 82.01.27. 08:21
발신 주일대사대리
수신 장관
제목 재일한국인 지위향상

　　　연: JAW-01198
　　　금 1.26. 당지 일한의원연맹 사무국측이 연호 재일한국인 지위향상에 관한
특별위원회 개최 등에 관하여 당관에 알려온 바는 다음과 같음.
　　　1. 위원회순서(82.2.16. 09:30-16:00 힐튼호텔)
　　　　　가. 개최
　　　　　나. 쌍방위원장 기조보고
　　　　　다. 토의
　　　　　　　1) 재일한국인의 법적 사회적 지위 향상문제
　　　　　　　2) 재사할린 한국인 귀환문제
　　　　　　　3) 기타

라. 위원회 보고서 채택

마. 폐회

2. 동 특별위 출석예정자

가. 일츠: 위원장 와다고오사꾸

부위원장 오찌미찌오, 나까오 간세이

위원: 하라다 겐 외 의원 12명

나. 한국측: 위원장 김사룡 외 위원 4-5명

3. 한국측 대표단 체일중 주요일정(안)

2.15. 12:00 나리타 공항도착

15:00-17:00 예방(야스이겐회장, 가스가잇고 회장대행, 사꾸라우찌
외상, 모리시따후생상 등)

2.16. 09:30-12:00 및 1400-1700 재일한국인 지위향상 특별위원회

(일정 아일 국법 영재)

6 주일대사관 공문–재일한국인 지위향상에 관한 특별위원회 관계 자료 송부

주일대사관

번호 일본(정)700-626

일시 1982.1.28.

발신 주일대사

수신 장관

참조 아주국장

제목 재일한국인 지위향상

연: JAW-01533

연호 보고한 재일한국인 지위향상에 관한 특별위원회 개최일정 등에 관한
관계자료를 별첨 송부합니다.

첨부: 상기자료 1부 끝.

주일대사

在日韓国人地位向上に関する特別委員会次第

日韓議員連盟
1982.2.16　9:30〜16:00
東京ヒルトンホテル・京都の間

開会
共同議長選出
双方委員長基調報告
討議
　　　1．在日韓国人の法的・社会的向上問題
　　　2．在サハリン韓国人の帰還問題
　　　3．その他
委員会報告書採択
閉会

在日韓国人地位向上特別委員会出席予定者

1982.2.16
　於　東京ヒルトンホテル

(日本側)

役職	氏名	役職	氏名
委員長	和田耕作	委員	白川勝彦
副委員長	越智通雄	〃	船田　元
〃	中野寛成	〃	今枝敬雄
委員	原田　憲	〃	大島友治(参)
〃	小渕恵三	〃	田代由紀男(参)
〃	木野晴夫	〃	柄谷道一(参)
〃	粕谷　茂	〃	田沢智治(参)
〃	亀井静香	〃	田渕哲也(参)

(韓国側)

委員長　金仕龍

以下委員4〜5名

韓日議職代表団滞日日程(暫定案)

日韓議員連盟

日次		日程
2/15 (月)	10：00 17：00 18：00	東京ヒルトンホテルへ(各各別途到着) 表敬(安井会長、春日会長代行、桜内外相、森下厚相) 夕食会(民団団長主催)
2/16 (火)	09：30 12：00 12：00〜13：00 14：00 17：00	在日韓国人地位向上特別委員会 昼食会(安井会長) 同上委員会(会場・京都の間)

会場・宿泊：東京ヒルトンホテル

(注)日程・行事は都合により若干変更することがあります。

통일일보(82.1.28)　一般永住特別申請、早くも1万人突破＿多い"家族そろって"手続きの簡略化も手伝う

（1）　第2805号　〔昭和□年5月2日□□□□第三種郵便物認可〕

30年目の「特例永住」に思う

社説

“理念の貧困”ひしひしと

他民族に懐開く国際化を

7. 기안-후지이 심의관 면담내용

관리번호 82-103
분류기호 문서번호 아일700-169
기안책임자 동북아1과 사부성
경유수신참조 주일대사
제목 후지이 심의관 면담내용

　　아주국장은 작 1.20. 한일 대륙붕 공동위원회 제4차 정기 연차회의(82.1.19-
20. 서울) 일측 수석대표로 참석했던 후지이 히로아키 외무성 관방 심의관과
면담을 갖고, 특히 재일한국인 법적지위 문제, 조총련계 유학생 문제, 일본 언론
의 대한 보도자세 등에 관하여 별첨 요지의 아측 입장을 전달하였는 바, 주재국
당국과의 접촉시 참고 바랍니다.
　　첨부: 후지이 심의관과의 면담요지 1부. 끝.

7-1. 첨부-후지이 심의관 면담 요지

후지이 심의관 면담 요지

1. 아주국장 언급 내용
　가. 재일한국인의 법적지위 문제
　　　협정영주 미신청자 및 조총련으로부터 전향한 자들을 위해 협정영주권 신청
　　　기간 재설정과 재일한국인에 대한 국민연금, 특히 노년연금 문호개방 등은
　　　반드시 실현되어야 할 것인 바, 이 문제 해결이 매우 어렵고 시간이 걸린다는
　　　것은 알고 있음. 그러나 당장이라도 실현 가능한 문제들, 예컨데 취직에 있어
　　　서의 차별 철폐 등 사회적 지위향상을 위해서는 적극적으로 조치해 주어야
　　　할 것이며, 그와 같이 실현가능한 문제들에 대해 계속적으로 positive하게
　　　움직임으로써 일정부가 이 문제에 매우 전향적으로 일하고 있다는 것을 보여
　　　주어야 할 것임. 재일한국인의 지위 및 처우 개선을 위한 일측의 진정한 노력
　　　이야말로 새로운 차원의 한일 관계 발전을 위한 전제 조건이 된다고 함.
　나. 조총련계 유학생 문제

1) 조총련계 유학생에 대하여 일측은 인도주의적인 고리에서 재입국을 허가
   해 주고 있다고 하나, 아측은 우리의 안보상 그대로 지나쳐 버릴 수 없는
   심각한 문제로서, 아측으로서는 어떻게든 이에 대처하지 않으면 안될 입
   장임.
   북한은 조총련을 통하여 일본을 북한의 대한 공작 전초기지로서 이용하고
   있는 바, 조총련계 유학생 문제도 이러한 북괴의 대남책동의 일환으로서
   해외에서 이들을 여러가지로 이용할 것이 크게 우려되는 바임.
   한국 안보는 일본 안보에도 직접 관련이 있는 만큼 그러한 차원에서 조총
   련 유학생에 관한 자료제공에 협조해 주어야 할 것이며 아측은 결코 이
   자료를 가지고 일정부를 곤란케 하거나 본인들을 괴롭히는데 사용치 않을
   것임은 물론 철저한 비밀을 보장할 것임.
   입관국장 증명서 견본조차 제공치 못하겠다는 것은 양국간 선린 우호관계
   에 비추어 볼 때 도저히 납득이 가지 않음.
2) 일본을 기지로 한 반한단체에 의한 반한활동 문제는 재작년 김차관-스노
   베 대사간에서도 공식적으로 논의된 바 있는 바, 일정부는 이들 활동에
   대하여 응분의 경계와 저지책을 강구해야 할 것이며, 시이나 메모에서 이
   미 일측이 이러한 취지의 약속을 한 바 있음을 상기시키는 바임. 일본이
   북한의 반한활동 기지화 되어 이로 인해 한국이 위협을 느끼게 된다면
   한국민은 일본에 대해 결코 신뢰감을 가질 수가 없을 것임.

다. 일본 언론의 대한 보도자세

일본 언론의 한국관계 편향보도가 한국민을 자극시키고, 또 한국언론이 이에
반응을 일으키게 된다면 양국 관계가 좋은 방향으로 나가고 있는 이때 불필
요한 장애요인이 될 수 있으므로 일본정부는 일본 언론을 자극시키지 않으면
서 한 방향으로 유도하는데 노력해 주기 바람. 결코 언론에 대한 통제를 요구
하는 것은 아님. 그러나 쌍방이 모두 상대방 국민감정을 자극하지 않도록
노력하는 한편 상호간 국민의식상의 단층을 해소하는데 노력한다면 언론의
보도 태도나 방향이 현저히 개선될 수 있다고 믿고 있으며 아측은 현재 그러
한 노력을 경주하고 있음.

2. 후지이 심의관의 언급내용

가. 문화교류 문제: 현재 청소년, 대학생 교류강화를 위해 새로이 예산에 반영시
   키는 것을 검토중임.

나. 조총련 유학생 문제:

한국측의 입장은 충분히 이해하고 있으나, 한국측의 요청사항은 개인의 프라

이버시를 존중하는 일본의 시스템 때문에 응하기가 어려움.

다. 재일한국인 법적지위 및 일언론의 대한 보도자세 문제:

재일한국인 문제는 제3자와의 형평문제 등 여러 문제점이 있어 시간을 두고 신중히 다루어야 할 것이며, 대한 편향보도 시정 문제는 일측도 가능한 범위에서 노력해 나가겠음.

8. 외무부 공문(착신전보)—국공립대교수 외국인에게도 개방

외무부
번호 JAW-02071
일자 031729
수신시간 82.02.04. 06:28
발신 주일대사
수신 장관
제목 국공립대교수 외국인에게도 개방(2.3. 마이니찌, 3면4단)

1. 일본에서 외국인은 국가공무원법의 예외규정으로 임용되는 이외에는 공무원인 국공립 대학교수로 될 수 없었으며 이러한 폐쇄성이 여러 외국으로부터 지적 받고 있는 바 자민당의 하다노 참원 의원은 2월2일까지 외국인에게도 국공립 대학의 정식 교수에의 길을 여는 국공립대 외국인 교수의 임용 등 특별조치 법안 요강을 매듭지었음. 이 요강에서는 교수 회의 등의 의결에의 참가에 저지 받지 않는다 라고하여 교수회의 의결에도 참가할 수 있음을 명확히 한 점이 특징임. 이 요강에 대하여 자민당 문교부의 간부도 일응 양해하고 있으며 이번 통상국회에서 의원 입법으로 제출할 전망임. 야당도 요강의 취지에는 원칙적으로 찬성하고 있으므로 제안된다면 이번 국회에서 성립될 가능성도 있음.

2. 외국인 교수의 임용은 지금까지 공무원에 관한 당연한 법리로서 공권력의 행사 또는 국가의사 형성에의 참획에 종사하는 공무원이 되기 위해서는 일본국적이 필요하다고 하는 해석이 행해지고 있다는 인사원견해(1953.6월)에 부딪쳐 국공립대에서는 실현되지 못했음. 이에 반하여 중앙교육심의회(문부대신의 자문기관)가 1974년 답신에서 외국인 교원의 채용을 용이하게 하고 적극적으로 받아들이기 위해 구체적인 개선책을 검토하여야 한다고 지적하였음. 이미 1978

년 3월 국회에서 하다노 의원의 질문에 대해 당시 사나다 내각 법제국 장관은 교수회의 등에서의 인사 운영 등 공권력의 행사만은 피하도록 하고 교육 연구에 한 한다면 검토의 여지가 있다고 말하여 교수회의 등에의 출석을 제외한 형태로 외국인에게도 교수에의 길은 있다는 견해를 밝혔음.

3. 이를 받아 문부성은 1978년 평의회 교수회 등의 의결에 관여할 수 없다라는 조건을 붙여 외국인 교수를 받아들이도록 하는 법안요강을 매듭지었으나 외국인이 공권력의 행사에 참가하는 것은 일본의 국익에 해가 될 우려가 있다는 등의 신중론도 나와 정부부내의 의사통일이 되지않아 지금까지 법안 제출이 보류되어 왔음.

4. 이번의 요강은 1976년에 문부성이 매듭 지운 요강을 거의 받아들이고 있는 바 하다노 의원은 외국인을 맞이하는데 벽을 쌓는 것은 제외국의 대학이 우수한 일본인을 강사로 초빙하고 있는 것에 비추어 문화의 일방 무역이므로 그 철폐를 위해 의원 스스로가 노력해야 한다고 함. 또한 교수회의의 의결에도 참가할 수 있도록 하게 된 것은

1) 제외국의 대학에서는 거의가 교수회의 의결에 참가할 수 있도록 되어 있으며

2) 학술의 국제교류가 빈번하게 되어 외국인이 공권력의 행사에 참가하는 것이 반드시 국익을 해하지는 않는다고 하는 소리가 강해졌다고 하는 생각에 의한 것 같음. 이 요강은 참의원 법제국의 심사를 통과하였는 바 하다노 의원은 금후 당내의 절차를 진행할 의향임

5. 금년 1월 현재 국립대학에는 외국인교수가 293명, 강사가 364명 있는 바 모두가 교수회에는 참가하지 않는 객원교수 등으로 국가공무원법의 예외규정에 의해 일년마다의 계약으로 임용되고 있음.

6. 하다노 의원이 매듭 지운 국공립대 외국인 교원의 임용 등 특별조치 법안 요강은 다음과 같음.

제1조 대학에 있어서 교육 및 연구의 진전을 도모하기 위해서는 폭넓게 우수한 인재를 교수들로 임용하는 것이 필요함을 감안 국공립대의 교수 등으로 외국인을 임용하는 것이 가능하도록 하는 등의 조치를 정하는 것을 목적으로 한다.

제2조 국공립대의 교육 연구의 진정을 위해 필요가 있다고 인정되는 때에는 외국인을 해당 대학의 교수 조교수 박사(이하 교원이라 한다)에 임용할 수 있다. 임용된 교원은 외국인이라는 것을 이유로

1) 학교교육법에 규정하는 교수회
2) 대학운영에 관여하는 합의제 기관으로서 문부성령으로 정해지는 것의 구

성원이 되어 그 의결에 참가하는 것을 저지 받지 않는다.

　　제3조 국립학교 설치법 제3장의 3 및 제3장의 4에 규정하는 기관(국립대 공동이용 기관)에 있어서 연구 또는 교육의 진전을 위해 필요가 있다고 인정될 때에는 외국인을 국립대의 교원에 상당하는 해당기관의 직원 또는 해당기관의 운영에 관여하는 비상근직원으로서 무부성령으로 정해진 것에 임용할 수 있다. (일정, 아일, 영재)

9. 서신

尊敬하는 次官補任, 이 領□局長 □任

　　時下嚴寒에 次官補任 尊體万安하시고 視務에도 如一하실줄 仰祝하나이다

　　이곳 小生도 次官補任의 下念之德으로 大過없이 지나고 있읍니다. 昨年에도 公館長代理를 近4個月間 하느라고 꽤 힘들었읍니다마는 이제는 좀 홀가분한 氣分이옵니다.

　　今年에 들어와 僑胞社会의 큰 変化를 次官補任의 參考로 報告드립니다.

1. 日本政府가 今年 1月 1日字로 國聯難民條約에 加入하게 됨으로써 從來의 出入國管理令이 改正되어, 韓日協定永住權을 取得못한 主로 朝總聯系僑胞들도 一般永住權(特別永住權)을 申請만 하면 自動的으로 받게 되었읍니다. 勿論 이 両種類의 永住權은 申請對象者의 範圍가 若干 다르고 특히 强制退去適用에서는 協定永住權者가 보다 有利하게 되어있으나 그래도 이번 措置로 朝總聯系도 모두 永住權을 받을 수 있게 된 것은 큰 變化가 아닐 수 없을 것입니다.(協定永住權의 魅力이 多少 삭감된 것도 事實임) 우리 政府도 早速 韓日間의 地位協定 再交涉으로 現 協定의 未備點을 補充하고 特히 强制退去條項을 撤廢함으로써 在日同胞 代代孫孫의 日本內居留權을 完全히 保障토록 하여야 할 것으로 思料되옵니다.

2. 아울러 이번의 難民條約加入을 契機로 日本의 國民年金法 等 關係法令內의 國籍要件이 撤廢되어 今年 1月부터 在日同胞도 日本國民과 同一하게 國民年年, 兒童手當을 適用받게 되었읍니다. 勿論 國民年金의 境遇, 老齡年金은 現同胞中에서 35歲以上은 適用을 못받는 問題도 있읍니다마는 그래도 在日同胞의 社會福祉에서 相當한 進展이 아닐수 없읍니다.

그러면 次官補任의 來々錦安하심과 指導鞭撻을 비오면서 이만 止筆하옵니다.

1982.2.5 小生 成在祿 올림

去般全順奎氏便에 依하면 次官補任께서 同封해 올리는 雜誌를 購讀하신다하여 一部 求해올립니다. 앞으로도 必要하신 것이 있으시면 下示바랍니다.

10. 주일대사관-일본 국공립대 교수, 외국인에 개방

주일대사관
번호 일본(정)700-771
일자 1982.2.4
발신 주일대사
수신 장관
참조 아주국장, 영사교민국장
제목 일본 국공립대교수, 외국인에 개방

　　연: JAW-02071
　　하다노 아끼라 의원사무실로부터 연호 "국공립대학에 있어서의 외국인 교원의 임용 등에 관한 특별조치법(안)"을 입수하였기 별첨 송부합니다.
　　첨부: 상기법안 1부.　끝.

주일대사

10-1. 첨부-일본 국공립대학 외국인교수 임용 등에 관한 특별조치법(안) 요지(의원 입법안)

일본 국공립대학 외국인교수 임용 등에 관한
특별조치법(안) 요지(의원 입법안)

1. 목적

대학에 있어서의 교육 및 연구의 발전을 위하여는 광범위하게 우수한 인재를 발굴 교수 등에 임용하는 것이 바람직함에 비추어 국공립대학의 교수 등에 외국인도 임용할 수 있도록 필요사항을 규정하기 위함.

2. 외국인 임용

가. 국공립대학의 교수 등

1) 직명: 교수, 조교수, 강사

2) 대우: 외국인이란 이유로 아래 대학 기관의 구성원이 되고 그 의결에 참가하는 것을 방해 받지 않음.

- 교수회
- 대학운영에 관한 합의제 기관으로 문부성령으로 정한 기구

나. 국립학교 설립법이 정한 연구기관의 교수 등에 상응하는 연구원 또는 동기관의 운영에 관여하는 비상근 직원.

11. 주일대사관-일본 국공립대 교수, 외국인에 개방

주일대사관

번호 일본(정)700-771

일자 1982.2.4.

발신 주일대사

수신 장관

참조 아주국장, 영사교민국장

제목 일본 국공립대교수, 외국인에 개방

연: JAW-02071

하다노 아끼라 의원사무실로부터 연호 "국공립대학에 있어서의 외국인 교원의 임용 등에 관한 특별조치법(안)"을 입수하였기 별첨 송부합니다.

첨부: 상기법안 1부.　끝.

주일대사

国立又は公立の大学における外国人教育の任用等に関する特別措置法(案)

(目的)

第一条　この法律は、大学における教育及び研究の進展を図るためには広くす
　　ぐれた人材を教授等に任用することが必要であることにかんがみ、国立又は
　　公立大学の教授等に外国人を任用することができることとする等の措置を定
　　めることを目的とする。

(外国人の国公立大学の教授等の任用等)

第二条　国立又は公立の大学における教育又は研究の進展のため必要があると
　　認められるときは、外国人(日本の国籍を有しない者をいう。以下同じ。)を
　　これらの大学の教授、助教授又は講師(以下「教員」という。)に任用すること
　　ができる。

2　前項の規定により任用された教員は、外国人であることを理由として、次の
　　各号に揚げる大学の機関の構成員となり、その議決に加わることを妨げられ
　　ない。

　　一　学校教育法(昭和二十二年法律第二十六号)第五十九条第一項に規定する
　　　　教授会
　　二　大学の運営に関与する合議制の機関であつて文部省令で定めるもの

3　第一項の規定は、国立大学において国家公務員法(昭和二十二年法律第百二
　　十号)第二条第七項に規定する義務の契約により教育又は研究に従事する外
　　国人を採用することを妨げない。

(外国人の国立大学共同利用機関等の職員への任用等)

第三条　国立学校設置法(昭和二十四年法律第百五十号)第三章の三及び第三章の
　　四に規定する機関における研究又は教育の進展のため必要があると認められ
　　るときは、外国人を国立大学の教員に相当するこれらの機関の職員又はこれ
　　らの機関の運営に関与する非常勤の職員であつて文部省令で定めるものに任
　　用することができる。

2　前条第三項の規定は、前項の機関について準用する。

　　　　　附則

この法律は、公布の日から施行する。

　　　　理由

　　国立又は公立の大学等において外国人を教授等に任用できることとする等の
措置を定めることにより、大学等における教育及び研究の進展を図ることとす
る必要がある。これが、この法律案を提出する理由である。

○ 학교교육법
　제59조
　　(1) 대학에는 중요한 사항을 심의하기 위해 교수회를 설치하지 않으면 안된다.
○ 국가공무원법
　제2조(일반직 및 특별직)
　　(1) 국가공무원의 직은 이를 일반직과 특별직으로 나눈다.
　　(2) (일반직의 정의)
　　(3) (특별직의 정의)
　　(4) (법률 적용범위)
　　(5) (　　　　〃　　　　)
　　(6) (봉급, 급료 지불)
　　(7) 전항의 규정은 정부 또는 그 기관과 외국인 사이에 개인적 기초가 되어
　　　　있는 근무의 계약에는 적용되지 않는다.

12. 한일의원연맹 공문—재일한국인 지위향상 특별위원회 개최에 앞선 업무 협조 의뢰

한일의원연맹
번호 한의연 제48호
일자 1982.2.5.
발신 한일의원연맹 간사장 이상익
수신 외무부장관
참조 아주국장
제목 업무 협조 의뢰

　　1. 2.16 일본국 동경에서 개최되는 재일한국인 지위향상 특별위원회 개최에

앞서 한국측 대표단 일행의 일본 정계요인 래방이 2.15 15:00부터 있게 되는 바 대표단 일행이 승용차편을 주일한국 대사관으로 하여금 협조가 되도록 조치하여 주시기 바랍니다.
   2. 한국대표단
      김사룡(金仕龍)   특별위원장(민정당)
      김재호(金在鎬)   (〃)
      강보성(姜普性)   (민한당)
      조일제(趙一齊)   (국민당)
      김길준(金吉俊)   (무소속)
      이석용(李奭鎔) 사무총장
   3. 대표단 일정 별표
 유첨: 회순 및 일정표 1부
      기조연설문 1부

한일의원연맹 간사장 이상익

12-1. 유첨-기조연설문

在日韓国人の法的・社会的地位向上に関して

韓日議員聯盟
在日韓国人法的地位特別委員会
委員長　金仕龍

　今般、此処東京において、韓日議員連盟在日韓国人法的・社会的地位向上に関する会議を開催するに当って、まず、安井議会長から招請状を送って下さったことに対し深い感謝の意を表しますと共に、日韓両国間の真の友好確立並びに在日韓国人の地位向上のため、誠心言意御尽力なされておられる和田耕作委員長初め諸委員の皆さんに心からお礼を申し上げます。

　昨年九月韓国においての会議に際しましては和田耕作委員長初め日本側議員皆さんの誠意溢れるご協力により、実のある成果をあげることができましたことに対し、改めて敬意を表する次第であります。

　日本側議員皆さんの絶大的な御努力のお陰で、その間、在日韓国人の中まだ協定永住権を得てなかった者に対する一般永住権の付与、再入国許可期間の延長、公営住宅入居差別の撤廃、国民金融公庫の門戸開放、国民年金法の国籍条項削除等多方面にわたり著しい成果をあげることができました。

　なお、ここで特に申し上げたいことは、在日韓国人の地位改善につきましては、日本国の法体制上問題がないとはいえませんが、それにもかかわらず最も重要なことは、日本国民の在日韓国人に対する認識問題であります。

　申すまでもなく、歴史は前進するものであり、従って、歴史は現在を中心に過去を顧み、正しい未来を設計するものだと考えます。

　かくすることにより、歴史は正道に向かって発展するものではないかと思うのであります。

　韓国人が日本国内に居住することになった特殊な歴史的背景に対し、日本国民が、もっと理解を深めて下さることが、在日韓国人に対する諸問題を解決するための前提条件であると私は信じているのであります。

　在日韓国人は、法律的には確かに、外国人であります。しかし、彼らは、戦前から日本内に住み、日本人と同じ立場において、日本の戦争遂行政策によるあらゆる義務を果たして来、また、現在に至るまで、日本国民と同様の義務を果たしております。

　法律的考慮を加える前に、歴史的背景乃至人道的視覚、進んでは、現今の国際潮流に副った、より広い認識で考察して頂きたいと思うのであります。

　さて、在日韓国人の法的・社会的地位は、日本側議員皆さんの犠牲的な御努力のお陰で著しい改善をみたものでありますが、なおかつ、解決して頂きたい諸問題について、以下簡単に申し上げますと、

　まず、国民年金についてであります。

　国民年金の国籍条項撤廃により、在日韓国人にも年金制度が適用されることになったことは幸いであります。

　しかし、その適用範囲は三十五才未満の人たちであり、三十五才以上は一種の積み残しになるのであります。

　この、三十五才以上の人たちこそ、過去の直接の犠牲者であり、彼らこそ、日本政府が誠意を持って処遇すべき人たちであると思うのであります。

　彼らの年金払込み期間が二十五年未満という理由で、年金対象から除外されるということは、年金法の基本精神と社会正義にも反するものではないかと思われま

す。

　年金払込み期間の短縮等の特例規定をもうけ、全ての在日韓国人に国民年金法が適用されるよう要望する次第であります。

　次は、公務員採用問題であります。

　在日韓国人が広範囲にわたって日本国の公務員に採用されよう望んでおります。これは国際人権規約B規約第二十五条に基づくものであり、他方、在日外国人が日本の公務員になり得る道は、公権力の行使と公の意思形成に参画する職種以外は何ら支障がないと思うのであります。

　しかし、現実の壁は厚く、在日韓国人の多くの若者たちが失業状態に置かれてい、その中学生だけでも毎年高校以上約一万名の卒業生が出ておりますが、彼らは社会の冷たい眼差しにぶつかって深い挫折感を味わっているのであります。

　幸いに、今まで、約九十の地方自治体が在日韓国人の採用を認めており、国鉄、電々公社・専売公社等において彼らに門戸が開かれています。

　在日韓国人の立場から見れば、彼らが公務員に採用されることが、民間企業への就職の門が開けるという重大な意義を持つのであります。

　公権力の行使とか公の意思形成問題と直接関係のない分野で、在日韓国人に適した職場はいくらでもあると思います。

　教育分野とか外国登録分野、民生、福祉分野等は日本の学校に在学中の約九万名余りの韓国人子弟とか、在日韓国人の日常生活と密接に関わり合っている事実から見て、行政業務の確率化の面からも積極的に門が開かれるべき当為性があるのではないかと思うのであります。

　次に登録証の常時携帯及び呈示義務、指紋を押す義務、強制退去権等根本的に是正されなければならない重要問題が残っていると考えます。

　なお、ここに付け加えて申し上げたいことは、日本が既に「難民の地位に関する条約」と「国際人権規約」に加入したことを契機に、在日韓国人に対し各種社会福祉制度が全面的に適用されますよう法的・社会的面から制度的な解決等が講じられるよう切望いたします。

　以上、問題になる点をあげましたが、在日韓国人は理由ある歴史的背景の下に、数十年、或いはその前から日本国に生まれ、その土とと親しみ、そのコトバを話、その文化と共に生活している二世、三世が八十五％をこえているのが現実であります。

　これらの人たちを短期の日本国旅行の外国人と同じ法令で律するのは、根本的に発想そのもの自体から再考する余地があるのではないかと存じます。

　　この点から、在日韓国人に対しては、その在住の特殊性に鑑み、充分な考慮を加えるべき性質ではないかと思う次第で、これには特別法を制定して処遇されるよう切望するのであります。

　　終りに、四万人にのぼるサハリン抑留韓国人帰還問題に対する私たちの見解を申し上げます。

　　第二大戦が終了してすでに三十七年という才月が流れました。

　　日本では「戦後」処理は終って久しいといっております。しかし、サハリン抑留韓国人問題の立場から見ましたら、依然として「戦後」処理は終っていないのであります。彼らは、日本の戦後遂行政策の犠牲者たちであり、血のしたたっている傷口で、未だ癒えてない状態であるといえましよう。

　　この問題は、人道的立場において、サハリン抑留韓国人の早急帰還の実現を要望する次第であります。

　　以上、色々な難問題を多く申し上げましたが、これらの諸問題が解決されることによって、より一層日韓両国は相互信頼の基盤を強固に築き、新しい次元での協力関係が定立されるものと信じると共に、永久にして最も近い隣国として、自由民主陣営の一員として協力すれば、北東アジアはもとより、進んでは全世界の平和と繁栄に寄与し得るものと確信するのであります。

　　この集いを催して下さった和田耕作委員長初め日本側議員皆さんに再三感謝の意を表すると共に、何とぞこの会議が成功裏に終りますよう祈ります。

　　日本側皆さんの倍前の御協力をお願い申し上げると共に、御家庭の御幸福をお祈りいたします。

　　御清聴ありがとうございました。

　　　一九八二年二月十六日

13. 외무부 공문(발신전보)―재일한국인 법적지위 향상

외무부
관리번호 82-108
번호 WJA-0261
일시 051650
발신 장관

수신 주일대사
제목 재일한국인 법적지위 향상

대: JAW-01533
1. 대호 관련, 한일 의원 연맹측에서는 2.16일 일본측과의 본회의에 앞서 2.15.
   주일대사관, 민단, 아측대표단 간의 사전 합동회의 개최를 요망하는 바, 귀관
   이 동 합동회의를 주선, 일정을 통보 바람.(동대표단은 2.15. 오전까지 개별적
   으로 동경에 도착한다고 함.)
2. 동대표단 명단은 아래와 같음.

김사룡	특별위원장	(민정당)
김재호	의원	(〃)
강보성	〃	(민한당)
조일제	〃	(국민당)
김길준	〃	(무소속)
이석용	의원연맹 사무총장	

3. 또한 동대표단의 방일 기간 중 일본 정계요인 예방시 승용차 편의 제공 요청
   이 있는 바, 협조 바람. (아일-)

14. 외무부 공문(착신전보)-일본의 외국 영주허가 조건완화(2.7. 요미우리 2면 2단 보도)

외무부
번호 JAW-02186
일시 071303
수신시간 82.02.07. 15:39
발신 주일대사
수신 장관
제목 일본의 외국 영주허가 조건완화(2.7. 요미우리 2면 2단 보도)

   1. 법무성은 6일까지에 일반 외국인의 영주 허가조건의 하나인 재일 년수를
현행의 10년으로부터 5년으로 단축할 방침을 결정했음. 1월에 시행된 출입국관

리 및 난민인정법에 의해 난민이 영주를 위해 필요한 재일 년수가 3년으로 완화된 사실 등과의 BALANCE를 취하기 위한 것임.

2. 일반외국인에 대한 영주허가 조건은 종래 출입국 관리령에

1) 일본의 이익에 합치한다

2) 소행선량

3) 독립생계유지 능력의 세가지를 규정, 더욱이 내규에 의해 일본에 10년 이상 거주하고 있는 사실이 부가되어 있었음. 금회 동 관리령이 출입국관리 및 난민인정법으로 바뀜에 따라 소행선량 등의 3조건은 그대로 남았으나 내규의 재일 10년을 5년으로 단축하려는 것이 금회의 신방침임.

3. 현재 재일5년의 조건을 충족시키는 외국인은 약4만명이라 함. 이중에서 어느 정도가 영주허가를 받은 경우 입국시의 직업으로부터 전직하더라도 채류자격을 상실할 불안이 없어지는 등 이점이 많기 때문에 지금까지 매년 2백명 정도였던 영주허가 건수가 대폭 증가하는 것은 확실하다는 것이 법무성의 견해임

4. 법무성으로서는 현재 대량의 신청으로 처리에 쫓기고 있는 한반도 출신자 등에 대한 특별영주에 관한 사무 절차가 일단락하는 대로 일반외국인에 대해서도 새로운 기준에 의한 영주허가를 추진하려고 하고 있음.

(일정 아일 영재)

15. 외무부 공문(발신전보)–재일한국인 법적지위 향상

외무부
번호 JAW-02246
일시 09179
수신시간 823.02.09. 00:42
발신 주일대사
수신 장관
제목 재일한국인 법적지위 향상

대: JAW-0261
대호 아측 대표단 민단 및 당관과의 사전 합동회의를 아래와 같이 개최예정

인 바 한일 의원연맹측에 통보하여 아측대표단이 동 사전회의에 참석토록 조치하여 주시기 바람.

　　1. 일시: 1982.2.15(월) 15:00

　　2. 장소: 주일대사관 7층 회의실

　　3. 참석자:

　　가. 한일 의원연맹 아측대표단 6명(대호 대표단)

　　나. 주일 한국대사관 6명(이상진 공사, 박종기 총영사, 양세훈 참사관, 박명호 참사관, 김권만 참사관, 김석우 1등서기관, 임창묵 2등 서기관)

　　다. 민단 중앙본부: 6명(장총명 단장, 박병헌 부단장, 김치순 부단장, 권혁두 사무총장, 전준 권익위 부위원장, 문성환 민생국장)

　　(일본영 아일)

16. 외무부 공문(착신전보)−최창화 목사 일행 방한

외무부

번호 JAW-02286

일시 101827

수신시간 82.02.10. 19:37

발신 주일대사

수신 장관

제목 최창화 목사 일행 방한

　　1. 재일 대한기독교 고꾸라 교회 목사이며 재일한국인의 인권획득 투쟁연합회 대표인 최창화 목사가 일행2명과 함께 아래와 같은 계획으로 방한하는 바 업무에 참고바람.

　　가. 방한목적

　　1) 인격권 소송서명 운동에 대한 계몽(이름 바르게 부르기 운동에 대한 국내 여론 환기)

　　2) 일본에서의 지문 거부운동에 대한 국내 여론 환기

　　3) 기타 재일한국인의 인권투쟁 관련 계몽 및 국내 여론환기

　　나. 방한기간: 1982.2.15(월)-2.20(토)(투숙호텔: 종로 YMCA호텔)

다. 수행자: 김형식 목사, 김득삼 목사

2. 참고사항

가. 최창화 목사 일행의 금번 방한은 국제 인권옹호 한국연맹 윤창현씨의 주선에 의한 것이라 함.

나. 방한기간 중 상기 목적을 위하여 아래와 같은 일정 주선을 희망하고 있음.

1) 문공부 차관 예방

2) 방송공사 사장 예방

3) 신문 또는 방송망을 통한 인터뷰

(일공 해일 분공 정문)

통일일보(82.2.13) 「国籍条項」は国際化に逆行、愛知「外国教員採用」拒否問題

TONG-IL ILBO　　1982年2月13日 (土曜日)

「国籍条項」は国際化に逆行

愛知「外国人教員採用」拒否問題

撤廃求め勧告書提出

名古屋弁護士会　県・市教委に

県議会へも請願書「教育想」

18. 외무부 공문(발신전보)-교포관계 재판 진전 상황보고

외무부
번호 WJA-02174, WKO-0204
일시 161910
발신 장관
수신 주일대사, 주코오베영사
제목 교포관계 재판 진전 상황보고

　　　국내 일간지 보도에 의하면, 귀관내 거주교민 강박(성강, 넓을 박, 26세, 오까야마껜 구라시끼시 고지마 시다마찌 1쬬메)씨는 외국인등록증의 재발급을 신청함에 있어 지문찍기를 거부, "고지마"간이 재판소에 정식 재판을 청구하였다고 하는 바, 동 재판 진행과정을 재일교포의 인권문제와 결부, 법적지위 향상이란 관점에서 예의주시하고 동 재판의 진전상황을 수시 보고 바람. (영재)

18-1. 신문기사-외국인등록증 지문찍기 거부, 재일교포 죄인취급 반발 제소 외

동아일보 11면(82.2.15) 외국인등록증 指紋찍기 거부, 在日同胞 죄인취급반발 提訴

중앙일보 11면(82.2.15) 指紋찍기거부에 罰金 나오자 在日同胞가 正式재판을 청구

指紋찍기拒否에 罰金나오자
在日同胞가 正式재판을청구

【東京15일=聯合】在日同胞들이 범인취급하는 外國人登錄을 거부하여 지문날인을 거부, 1만엔(약3만원) 벌금의 약식명령을 받은 在日同胞가 이에 불복하고 정식재판을 요구하여 고려사회에 커다란 파문을 던지고있다.

在日同胞 韓○○씨(28·○○)는 지난해 10월 가나가와 현(神奈川縣)에 거주하면서 지문날인을 거부, 가와사키(川崎)시청 외국인등록 의무와함께 세탁, 다지마(田○)지소에 재고소사회에 파문을 던진이후 日本정부 담당기관 거부·日本 전사회에 커다란 파문을 던지고 지문찍기 거부운동에 번지고 있는데 정시지방 요구한 裁判을 청구했다.

현재 日本에는 在日인권 문제가 悲惨행상의 2너 소倉北(北九州市) 소倉北 1町目6의7)이 80년 지문찍기간 거부·日本 裁判소에 정식재판을 청구했다.

19. 외무부 공문(착신전보)−한일 의원연맹 재일한국인 법적지위 향상회의

외무부
번호 JAW-02457
일시 171658
수신시간 82.02.17. 21:49
발신 주일대사
수신 장관
제목 한일 의원연맹 재일한국인 법적지위 향상회의

    연: JAW-02246
    대: 일본(정)700-626
    연호 사전 합동회의 및 한일의연 특별위원회가 예정대로 아래 같이 개최되었음을 보고함.

1. 사전합동회의

가. 일시: 1982.2.15(월) 1500-1630

나. 장소: 주일대사관 7층 회의실

다. 참석자

1) 한일의연 아측 대표단 5명

2) 주일 한국대사관 이상진 공사 외 6명

3) 민단 중앙본부 장총명 단장 외 3명

라. 회의내용

이공사의 한일 양국관계 및 현황 및 재일한국인 법적지위 향상 문제전반 설명, 민단 전준 권익옹호위원회 부위원장의 재일한국인 법적지위 향상에 관한 구체적인 내용설명, 한일의연 아측 대표단의 질의

2. 한일의연 재일한국인 지위향상 특별위원회

가. 일시 및 장소: 1982.2.16(화) 힐튼호텔

나. 참석자

1) 아측: 아측 대표단 6명 및 옵서버로 민단중앙 박병헌 부단장 전준 문성황

2) 일측: 와다고사구, 나가노 간세이, 후나다 하지메, 시라가와 가스히고, 이마에다 다가오 외 5명

다. 회의내용

오전: 한일 양측 위원장 인사 및 발표

오후: 한일 양측 토의

라. 주요 토의내용: 국민년금 경과조치 필요성, 공무원 채용, 지방선거권 및 피선거권 부여

마. 상세는 정파편 보고 위계임

(일본영 아일 영재)

20. 주일대사관 공문-한일의연 재일한국인 법적지위 향상 회의

주일대사관

번호 일본(영)725-1123

일시 1982.2.18.

발신 주일대사

수신 장관
참조 영사교민국장, 아주국장
제목 한일 의원연맹 재일한국인 법적지위 향상회의

연: JAW-02457
연호2항 한일 의원연맹 재일한국인 지위 향상 특별위원회 회의에 관한 상세
한 내용을 별첨 보고합니다.
첨부: 1. 동회의 내용 2부.
2. 관계기사 크리핑 2부. 끝.

주일대사

20-1. 첨부-회의 내용

日韓議連
在日韓國人地位向上特別委員会
於　힐튼호텔
日　二月十六日

出席者
日本側
和田耕作　中野寛成　船田元　白川勝彦　今枝敬雄　그 外 他數
韓国側
金仕龍　金在鎬　趙一濟　姜普性　金吉俊

民團 옵저버
朴柄憲　田駿　文性煥

그他 關係者

會議는 매우 親善 무드 속에 시작됐다.

日本側 和田耕作委員長은 인사말 속에서

(1) 國民年金 經過措置의 必要性

(2) 公務員採用 더구나 小中高校 敎員採用의 必要性

(3) 地方選擧權, 被選擧權을 生活保護上 必要하다고,

以上의 問題點을 明示했다.

金仕龍 韓國側委員長은

(1) 國民年金問題

(2) 公務員採用問題

(3) 外國人登錄法問題 및 出入國管理令問題 등에 관한 要請을 더욱 强化해야 한다고 强調 했다.

金在鎬議員은

差別 全般 問題를 討論하고 더욱

(1) 國民年金 經過措置 問題

(2) 公務員採用問題

(3) 外國人登錄法 및 出入國管理令問題를 다루어 더욱 運動을 해야 한다고 指摘했다.

趙一濟議員은

問題의 次元을 높이 들어가며 在日韓國人問題는 日本側이 歸化를 期待할 것이 않이고 이 사람들게 二國語政策을 考慮해야 하며 이것이 세계의 趨勢이고 또 日本의 國益에 合致한다는 것을 力說했다. 이때 日本側은 이들게 社會參與를 시키고 具體的으로 이것은 地方의 參政權을 意味한다고 했다.

姜普性議員은

世界의 潮流는 外國人에 對해 地方選擧權, 被選擧權을 付與하는 흐름이며 이것은 스워-덴에 좋은 例가 있고 이에 立却하여 在日韓國人에 地方選擧權, 被選擧權을 付與하라고 했다. 그리고 在日韓國人의 民族性의 特殊性을 認定하고 民族敎育을 認承해야 하고 이러야만 그들이 日本에 協調할 수 있다는 主題였다.

金吉俊議員은

사하린問題에 關해 內容說明을 하고 問題를 곧 다루여야 한다고 主張했다.

이런 一連의 主題發表가 끝나고 옵저-버-로 出席한 民團代表 田駿씨로부터 在日韓國人의 要望書(第三次)에 關連된 說明이 있었다.

韓國側 發表가 끝난 다음 討論으로 들어가 日本側議員들의 感想이 있었다.

中野寬成議員은 民團運動의 主目標는 日本內國人과 同等한 權利를 獲得함으로

서 差別狀況을 없센다는 것이니 그 主旨에 따라 日本議員들이 努力해야 한다고
했다.

白川勝彦議員은 지금까지 在日韓國人은 歸化를 하는 것이 差別을 없세는 길이라
고 生覺하여 왔지만 오늘의 韓國側의 問題指摘을 듯고 生覺을 곳쳤다. 이제부터는
在日韓國人問題를 그런 方向으로 보겠다고 했다.

今枝敬雄議員은

지금 愛知縣에서 敎員採用問題가 論議되고 있는데 곳 좋은 結果가 나올 것이라
고 했다.

午後討議

和田委員長이 問題別로 討議를 하여 具體的 對策을 세우자고 하였다. 擧論되여
結案한 것은 다음과 같다.

一, 公務員採用問題

이 問題는 船田元議員이 지금 擧論되고 있는 것을 國公立大學校員採用案件이 今
國會에 提出이 豫想되여 있어 이것을 □□□□하겠다고 했다.

二, 外國人登保特別法의 創定

이 問題는 今國會에 外登法改定案이 上程되게 되였으나 그 內容이 아직 未弱함
으로 外國人特別法을 創定함이 妥當하지만 이것은 역시 法的地位協定改訂問題로써
次後 더욱 論議하자고 했다.

三, 國民年金經過措置 問題

이것은 民團側이 國會에 請願을 내는 것이 좋겠다고 했다.

四, 今般는 採用에 關한 質問書

지금까지는 社會黨 上田卓三 議員의 昭和五十四年四月十四日付 內閣衆質 八十
七四十三號의 內閣總理大臣 答辯書가 民團運動의 基準이 되여 왔지만 此際 日韓議
連으로써 새로이 質問書를 提出하자고 하고 이것은 白川勝彦議員이 擔當하게 했다.

五, 選擧權問題

選擧權問題를 지금 提出하면 自民党에 反對가 많을 것이 豫測됨으로 이 問題는
白川勝彦議員이 党關係에 檢討를 하겠으니 問題을 맞겨달라고 했다.

討議의 나중에 金在鎬議員이 韓國人原爆被害者問題에 言及하고 그 對策을 세우
자고 하며 結論을 지었다.

통일일보(82.2.17)　日本側表明「外登法」改正など積極推進

21. 주일대사관 공문-한일의연 재일한국인 법적지위 향상 회의

주일대사관
번호 일본(영)725-1123
일시 1982.2.18.
발신 주일대사
수신 장관
참조 영사교민국장, 아주국장
제목 한·일의연 재일한국인 법적지위 향상 회의

　　　연: JAW-02457
　　　연호 2항 한·일 의원연맹 재일한국인 지위 향상 특별위원회 회의에 관한
상세한 내용을 별첨 보고합니다.
　　첨부: 1. 동회의 내용 2부.
　　　　　2. 관계기사 크리핑 2부. 끝.[1]

주일대사

22. 외무부 공문(발신전보)-재일교포 재류자 조사

외무부
관리번호 82-171
번호 WJA-02252
일시 231130
발신 장관
수신 주일대사
제목 재일교포 재류자 조사

　　　일 법무성에서 파악하고 있는 가장 최근의 재일교포의 재류 자격별(협정영

---

1) 21번 문서의 첨부 문서와 동일한 관계로 생략

주자, 126호, 126호 자녀, 일반 영주, 특별 재류, 기타) 인원수를 조사보고 바람.
(아일-   )

23. 신문기사

통일일보(82.2.25)-「地位向上」の根拠作りへ試論

2.25. 산께이

国公立大

外国人教授、正式登用に道

日本人と同じ処遇

自民、今国会に法案提出　人事委議決に参加も

24. 자료–민단의 조직관리 및 운영에 대한 외무부와 민단의 실무자급간 협의사항

민단의 조직관리 및 운영에 대한 외무부와 민단의 실무자급간 협의사항

1. 조직의 활성화 방안 문제
    ○ 외무부 실무자 의견
        가. 조직이 상부조직과 하부조직 또는 중앙조직과 지방조직으로 상하 체제를
            갖추고 있는 이상, 그 조직의 평가는
            1) 상부 조직의 통제권의 확립
            2) 하부조직의 상부조직에 대한 신속 원활한 의사 전달 및 하부로부터의
               의사전달에 대한 즉각적인 상부층의 수용 능력 여부에 따라 그 조직이
               합리적이고 능률적인 조직이라고 하겠음.
               이에 따라 앞으로 민단 중앙본부는 지방과의 협조체제 및 통제권의 확
               보를 위해 "전결 및 위임 규정의 제정"이 필요하다고 봄.
                예: 1. 상당금액 이상의 민단 소유의 매각 또는 이전의 중앙본부 사전
                       승인(지부의 경우는 지방본부 사전승인)
                    2. 일정기간 이상 논란이 계속되는 문제에 대한 중앙본부 및 지방
                       본부(지부의 경우)의 재량권 확립
        나. 정기 사업보고서에 대한 중앙본부의 평가제도의 필요성
    ○ 민단실무자 의견
        민단은 일반사업이나 예산운영에서 지방본부의 독자적 입장에서 추진되고 있
        으며 또한 각급 사무 실무자의 능력에도 문제점이 있는 실정임.
2. 교포 2,3세의 육성 강화
    ○ 외무부 실무자 의견
        가. 민단 2, 3세의 민단 참여 및 관심의 고양을 위해서는 새로운 선언 또는
            강령이 중앙대회의 신중한 토의를 거쳐 제정됨이 필요하다고 봄.
            (즉 장래의 민단 장래를 위해서는 민단 2, 3세가 현재의 일본내 생활과
            관련, 제반 어려운 조건을 극복하고 확고한 조국관을 가지며 그 시행을
            위해 적극적으로 살아가겠다는 결의를 내용으로 하는 강령을 재일동포에
            게 선언하여야 할 필요성이 있음.)
    ○ 민단 실무자 의견
        현재까지 여러 각도에서 2, 3세의 민단 참여 문제를 검토하고 있음.
3. 민단 운영 행정의 발전 및 과학화

○ 외무부 실무자 의견

　　가. 민단조직의 목표 및 민단의 활동실적은 궁극적으로 민단 행정으로 표현되고 있으므로 효과적이고 능률적인 민단 행정이 중요함.

　　　　(민단 사업 목표와 민단 행정과의 관계를 더욱 확실히 하고 유기적으로 연관시키며, 일선 실무자의 창의력과 사무 능력 발전을 위해 중요함.)

　　나. 현재 민단이 수행하는 사업을 구분하면

　　　　1) 조직 강화 사업

　　　　　단원 등록, 지방조직 확충사업, 조직요원 교육훈련, 2, 3세 육성 강화 활동 등.

　　　　2) 경제력 향상 및 후생 복지사업

　　　　　신용조합 육성, 차별철폐 운동, 각종 상조회 활동

　　　　3) 평화통일 운동 및 조총련 저지 사업

　　　　　평화통일 방안 지지 홍보활동, 성묘단 방한사업

　　　　4) 본국과의 유대 강화 및 정부 시책 지원사업

　　　　　모국방문단 사업, 올림픽 지원, 정부시책 지원 홍보

　　　　5) 민원 업무 사업

　　　　　여권 및 초청장 업무 민원 처리, 각종증명서 및 진정서 처리

　　　　6) 한일 친선 활동

　　　　　한일친선협회 결성, 각종 문화 행사 지원

　　　　등으로 구별되나, 실제적으로 민단 행정은 지방조직의 보고서를 실례로 검토하여 볼 때 상기 활동의 실적보고서로서는 미비점이 있다고 생각됨. 중앙본부 보고서도 대내외적으로 크게 인식된 개별사업(예: 성묘단 사업, 포토피아 참관단 사업, 본국 연구 사업 등)을 위주로 되어 있어 종합적이고 장기적인 기본 목표 활동의 성과 분석 및 평가에 있어서는 문제점이 있음. 따라서 각종 보고서의 양식을 개정하고 세분화 및 단순화 할 필요가 있음.

○ 민단 실무자 의견

　　가. 조총련과 항상 대립하고 있으므로 개별사업에 보고서의 초점을 맞추고 있으며 또한 현실적으로 보고서 작성을 담당하는 민단의 일부 지방에 있어서의 실무자의 행정능력에 문제점이 있음.

　　나. 민단 행정에 관심 및 능력을 가진 젊은 세대 중 사무국 요원이 있으나 모국어 능력이 부족한 현실임.

4. 정부 보조금 문제

○ 외무부 실무자 의견

　　가. 보조금은 예산운영 지침으로 볼때 기본적인 인건비나 사무비 보조가 아닌 장기적인 목표를 지닌 특별사업에 대해 지급되는 것이 일반적임.

　　나. 상기 2, 3세 육성강화와 관련하여 "특별조직위원"을 위촉, 소액의 활동비를 정기적으로 지급할 계획이 있는지 여하.

　　　　* 특별 조직위원 제도

　　　　　　- 대학별, 지구별로 일정수로 회원만 확보되면 민단에서 심사 후 신고자 대표에게 매월 소액의 특별활동비 지급(장학금과는 구별됨)

　　　　　　- 해방이후 출생된 자에 한하여 지구별로 일정수의 회원만 확보되면 민단에서 심사 후 일정기간 소액의 특별활동비 지급

　　　　　　- 재원은 정부 보조금에서 지출을 고려

　　　　　　- 민단의 간섭 및 통제는 가급적 회피

○ 민단 실무자 의견

　　가. 2, 3세를 위한 문제는 현재 장학금 제도 및 기타 사업별 특별지원도 하고 있음.

　　나. 조직을 민단 중심으로 하여야 하는 관점에서 특별조직 위원 문제는 조직의 분산이 우려되는 제도임.

　　다. 보조금 관계 자료 제출(별첨)

5. 민단 영사업무 수수료 징수 문제

○ 민단 실무자 의견

　　- 민단측 자료 제출(별첨)

　　- 실제적으로 징수하는 명분은 일부 외부에서 오해하고 있는 상황과 다름

○ 외무부 실무자 의견

　　- 민단 본부에 있어 감정문제가 개입될 가능성이 있으므로 명칭을 가칭 "대서 및 개인자료 보존 수수료"로 하여 민원인이나 실무자에게 순수한 민원 업무라는 인식을 줄 필요가 있음.

　　- 민단 경유를 민원인의 자의에 맡기되 민단측은 정기적으로 단원으로서의 의무 태만자 명단을 관할 공관에 통보하여 공관의 선도 계몽 업무에 참고토록 함.

6. 유공 교포 서훈

○ 외무부 실무자 의견

　　초창기 조직 창립 및 확장에 대한 공로자의 서훈이 일정 시점에서 어느 정도

반영되었으면 금후의 서훈 건의에 신중을 기할 필요가 있음. 또한 금후는 단
체 표창제도를 활용할 필요가 있음.
○ 민단 실무자 의견
동감임.
단체표장 실시를 위한 일정 시점의 검토는 민단 조직운영의 현실 문제와 관
련, 종합적인 검토가 요망됨.

상기 문제에 대해 실무자 입장에서 상호 협의하였음.
1982.12.18 10:00-13:00 (중앙본부 의결기관실)
민단중앙본부 사무총장　정해룡
외무부 재외국민과　　정신구

25. 한일의원연맹 공문—재일한국인 지위 향상을 위한 특별위원회 보고

한일의원연맹
번호 한의연제86호
일시 1982.3.4.
발신 한일의원연맹 간사장 이상익
수신 외무부장관
참조 아주국장
제목 재일한국인 지위 향상을 위한 특별위원회 보고

　　1. 재일한국인 지위 향상을 위한 한일의원연맹 특별위원회 회의 결과를 별첨
과 같이 송부하오니 참고하여 주시기 바랍니다.
유첨 재일한국인 지위향상을 위한 특별위원회 회의보고서 1부.

한일의원연맹 간사장 이상익

82.2.27

재일한국인 지위 향상을 위한
한일의원연맹 특별위원회 회의 참석 보고서

한일의원연맹

1. 출장목적

   재일한국인 지위 향상을 위한 한일의원연맹 특별위원회 회의 참석

2. 출장자

   한일의원연맹 법적 지위 특별 위원회

   위원장 김사룡 의원(민정)

   　　　　김재호 의원(〃)

   　　　　강보성 의원(민한)

   　　　　조일제 의원(국민)

   　　　　김길중 의원(무소속)

   　　　　이석용 한일의원연맹 사무총장

3. 출장기간

   1982. 2. 12-2. 20

4. 활동일정

2.12	15:40	일본 成田공항 도착
	18:30	동경 힐튼호텔 숙박
2. 13-14		주 일본 한국대사관 및 재일거류민단 중앙본부와 협조, 자료 수집 및 보충
2. 15	10:00	安井謙 일한 의원연맹 예방
	10:40	坂田道太 법무대신 예방
	11:40	森下元晴 후생대신 예방
	14:00	須之部量三외무성 사무차관 예방

	15:00	주일대사관, 재일거류민단 관계관과 사전 대책 회의 개최(주일 대사관 회의실)
	18:00	민단 중앙본부 주최 석식회(힐튼호텔 京都室)
2. 16	09:30-12: 00	재일한국인 지위향상 특별위원회 회의 개최
	12:10	安井謙 일한 의원연맹 회장 주최 환영파티 (힐튼호텔 奈良室)
	14:00-16:30	회의 속개
	17:10	공명당 위원장 예방(공명당 당사)
2. 17	10:30	町村金五 일한친선협회 회장 예방(국회)(참의원)
	11:30	金山政英 일한친선협회 이사장 예방
	14:00-16:00	재일거류민단과 회의 결과에 대한 평가회
2. 18	13:00	植木光敎 의원 예방
2. 18-19		自民党 관계 자료 수집
2. 20	10:30	동경 힐튼호텔 출발
	13:30	KAL-703편으로 成田 출발, 귀국

5. 회의내용

    가. 일시　82.2.16　09:30-16:30

    나. 장소　힐튼호텔(京都室)

    다. 참석자

한국측	김사룡 의원	김재호 의원
	강보성 의원	조일제 의원
	김길준 의원	이석용 사무총장(의련)
민단측	박병헌 부단장	전준 권익위원회부위원장
	문성환 민생국장	
일본측	와다 고사꾸 의원(和田耕作)	
	나가노 관세이 의원(中野寬成)	
	하라다 켕 의원(原田憲)	
	가메이 시즈가 의원(亀井静香)	
	시라가와 가즈히꼬 의원(白川勝彦)	
	후나다 하지메 의원(船田元)	
	이마에다 노리오 의원(今枝敬雄)	

다시로 유끼오 의원(田代由紀男)

가타다니 미찌가즈 의원(柄谷道一)

다자와 코모하루 의원(田沢智治)

라. 주제발표(和田耕作 위원장 사회)

(1) 和田위원장(기조연설과 인사)

○ 제9차 총회시(81.9.15-16 서울 개최) 일한양국간 중요한 의의를 지니고 있다고 할 수 있는 "재일한국인 처우문제"를 충분히 논의할 필요가 있기 때문에 조속한 시일내에 동경에서 회의를 개최하자는 당시의 합의에 의한 회의임.

○ 재일한국인의 지위는 특수한 것으로 일반외국인과는 동등시 할 수 없는 점을 고려하여, 현안문제를 해결하도록 쌍방 간에 긴밀한 연락을 하면서 최선을 다하겠음.

○ 재일한국인이 일본인과 동등한 기본적인 법적, 사회적 권리를 취득하기까지는 아직도 시간을 요하는 문제로 끈기 있는 개선운동을 계속하여야 한다.

문제점	해결책
○ 외국인등록법 개정문제	관계 당국과 계속 협의 추진
○ 출입국 관리령의 개정 문제	영주권자의 강제퇴거 및 잠재거주자 대책 심중 검토
○ 공무원 채용 문제	일본의 폐쇄성을 타파하여 올바른 인식 갖도록 노력. 교원채용문제는 의원 입법화 약속.
○ 국민연금 전면적용과 사회보장문제	경과조치를 얻어 전면 구제
○ 재사하린한국인 귀환촉진 문제	일본정부 당국에 동건 해결을 촉구
○ 지방선거권의 취득 문제	전진방향으로 연구 검토. 적절한 시기를 택하여 개선

(2) 김사룡 위원장(기조연설과 인사)

○ 본회의를 마련해준 安井회장, 和田위원장 및 여러 위원에게 감사

○ 일본측 여러분의 절대적인 노력으로 많은 성과를 거두었으나 전면적인 문제 해결을 위해서는 재일한국인이 일본에 거주하게 된 역사적 배경에 대하여 일본측이 깊은 인식을 갖는 것이 전제조건이다.

문제점	해결책
○ 국민연금의 전면적용과 사회 보장 문제	특예규정을 설정하여 35세이상자에게도 적용될 수 있도록 요망
○ 공무원채용 문제	일본법률상 공권력의 행사, 공공의 의사 형성에 참획하는 직종 외는 재일한국인 공무원채용은 지장이 없다고 본다. 즉 외국인등록 업무관계, 교육 및 민생복지 분야 등.
○ 외국인등록법 개정 문제	등록증의 상시 휴대 및 제시의무와 갱신시의 지문날인의무, 2중처벌인 강제퇴거문제 등은 근본적으로 시정되어야 한다
○ 사하린 억류 한국인 귀환 문제	이들은 일본의 전쟁수행 정책의 직접적 희생자이다. 인도적 입장에서 일본측은 조속 귀환을 실현시켜야 한다.

(3) 조일제의원

　외국인 등록법 및 출입국 관리령 개정에 대한 주제 발표

(4) 김재호의원

　사회보장(국민연금)의 전면적용과 공무원 채용에 대한 주제발표

(5) 강보성의원

　재일한국인의 지방선거권 취득에 대한 주제 발표

(6) 김길준의원

　재 사하린 한국인 귀환 촉진 문제에 대한 주제발표

다. 토의 및 결론

상기와 같은 한국측 의원의 주제발표가 끝난 후 상호간 주제에 따라 진지하게 토의를 하였으며 다음과 같은 결론을 얻었음.

(1) 외국인 등록법 개정

　재일한국인에 대하여는 일반여행자와 달리 특별법을 마련, 지위를 개선한다. 동 특별법은 일본 자민당의 적극적인 협조가 있어야함으로 자민당을 설득, 효과적으로 추진하겠다.

　○ 외국인 등록증 갱신 및 기간에 있어서는 종래3년, 14세이상 적용이 5년, 16세 이상으로 개정(82.4.1부)

　○ 외국인의 영주허가 조건 중 종래 10년 이상의 재일 거주기간을 5년 이상으로 개정(82.1.1부)

(2) 출입국 관리령 개정

동건을 법무성 당국에서도 완화시키고 있어 앞으로 바람직한 대책을 연구, 효과적으로 추진하겠다.

○ 재일한국인의 복수재입국 허가 및 재입국 연장 허가조치 개정(1년간의 재입국 허가를 받은 자는 제3국의 일본 영사관에서 추가 1년간의 재입국 기간을 연장 받을 수 있다.)

○ 영주권자가 7년 이상의 징역을 복역하였을 경우 2중 처벌인 강제퇴거의 대상이 되나 적용에 있어서는 신중을 기할 것이다.

○ 잠재거주자 취급에 있어서도 일본의 난민조약 비준을 계기로 금후 구제하는 방향으로 추진

(3) 국민연금의 전면 적용

동건은 동 연금법 제7조 국적조항(외국인은 동 연금에 가입할 수 없다)이 삭제됨으로서 20세 이상 60세 미만의 재일한국인에게도 적용되게 되었으나, 25년 이상 보험료를 납부할 수 있는 자라야 함으로 현재36세 이상의 재일한국인은 해당이 되지 않음.

○ 동건은 일본인도 6회에 걸쳐, 경과조치를 취하여 구제한 바 있음으로, 재일한국인에게도 그와 같은 방법으로 구제하겠다.

(4) 공무원 채용

동 건에 관해서는 자민당 문교분과 위원회에서 대학교의 비상임교수를 정교수로 승진 기용하도록 법안을 마련 중이다.

船田元 의원과 白川勝彦 의원이 의원 입법하겠다고 약속하였다.

○ 대학교수로 기용함에 있어서도 공권력 문제에 저촉되지 않도록 추진하며, 이와 같은 것이 현실화되면 타 공무원채용에 있어서도 문제가 해소될 것이다.

(5) 선거권 취득문제

한국측은 재일한국인에 대한 지방선거권 부여를 요구하고, 한국적을 보유한 상태에서 일본사회의 발전에 참여할 수 있도록 요망하였음. (조총련계를 고려하여 협정영주권 취득자에 부여) 이에 대해 일본측은 이 문제는 귀화 문제와도 관련이 깊으며, 특히 일본국민은 외국인 선거권 취득에 대하여 아레르기 반응이 있어, 현 단계에서 이 문제를 논의하는 것은 오히려 다른 문제 개선에 지연 또는 지장을 줄 우려가 있음으로, 이 문제는 전진적으로 연구하되, 적절한 시기를 택하여 추진키로 하였음.

(6) 재사하린 한국인 귀환문제

동건은 사실상 일본의원들이 너무나 실정을 몰랐다.

동건에 대한 실정을 파악했음으로 의원은 물론 일본 정부가 적극 추진할 수 있도록 노력하겠다.

(7) "한국" 국호의 호칭 문제

한국은 1948. 12. 12 국련총회결의 제195호(3)에 의거, 한반도에 있어 유일한 합법 정부이며 독립국가이다.

일본국은 1965.12.18 한일기본조약의 국회비준에 따라 동 사실을 인정하고 있다.

(8) 한국 거주 원폭피해자에 대한 치료 문제

한국에 거주하는 원폭피해자에 대하여는 치료 대책이 전혀 강구되어 있지 못함으로 한국에의 치료소 설치문제 또는 출장, 현지 치료문제 등 가능한 방향으로 검토하겠다.

○ 이상과 같은 문제점은 1965 체결된 한일기본조약 내용이 불실한데서 모든 차별 요소가 발생한 것이므로, 조약 체결 후 25년이 되는 1991년에 동 문제를 재론한다는 것은 너무나 소극적인 자세다. 쌍방 의련은 현 시점에서 기본 조약 내용을 재 조정할 수 있도록 각기 자국정부에 동 문제를 제기하여 개정을 촉구하자는 데 의견의 일치를 보았음.

바. 의견

(1) 금번 회의는 일본측의 성의 있는 노력과 적극적인 협조로 재일한국인의 지위향상문제에 대하여 많은 진전을 가져왔음. 특히 우리측 의원들의 의제별 층분한 연구로 내실 있는 의견교환이 이루어졌음.

(2) 금번 재일한국인 지위 향상 특별위원회 회의에는 예산국회로 다망한데도 불구하고 일본측 의원 다수가 참석하였다는 데 의의가 크며 安井謙 일한의원연맹 회장 주최 환영 파-티 및 春日一幸 일한의원연맹 회장 대행 주최 만찬 등에 일본측 의원 50여명이 참석하는 등 많은 환영과 관심을 표명하여 주었다는 것은 큰 성과라 하겠음. 특히 우리측의 진지하고도 열의에 찬 회의 운영 태도는 일본측에 감명을 주어 새로운 차원의 한일관계 정립을 위해 좋은 선례를 남겼다고 생각됨.

6. 중요인사 예방 및 연동

야스이.켕(安井 謙) 일한의원연맹 회장

○ 재일한국인의 지위향상문제는 한일우호친선의 기본적인 요소이다. 동 문제에 대하여는 "재일한국인 지위 향상 특별위"에서 진지한 논의가 있을 것으로 보나 본인도 최선의 노력을 다하겠다.

○ 한일간 현안문제인 60억불 경협 문제는 의원연맹 입장에서도 조속히 타결될
  수 있도록 정부에 촉구하겠다.

사가다. 미찌다(坂田道太) 법무대신

○ 나는 법무보다 안보 관계가 전문이다.
  아세아에 있어 한일관계는 안보적 차원에서 더욱 중요하며, 정치.사회.문화 등
  제 문제에 있어 밀접한 관계를 가지고 있다.
○ 이와 같은 의미에서 재일한국인의 지위향상 문제는 매우 중요하다고 사료된
  다. 따라서 본인은 외국인 등록법 및 출입국 관리령 개정문제 등을 충분히 공
  부하여 한국측이 요망하는 방향으로 개정 노력하겠다.

모리시다.모도하루(森下元晴) 후생대신

○ 재일한국인의 사회보장문제 특히 국민연금 전면 적용에 대한 문제점은 35세
  이상자에 대한 적용을 위한 경과 조치라고 본다. 동 문제는 실무자로 하여금
  전진적인 방향에서 충분한 연구가 이루어지도록 지시하겠다.
○ 한국은 자국의 방위는 물론 일본의 안보까지도 부담을 하고 있다. 일본이 오늘
  날 이와 같은 경제발전과 안정을 이룩하게 된 것은 한국의 덕분이다.
○ 일본은 한국에 감사하여야 하며 그런 의미에서 경협도 아껴서는 안된다. 그러
  나 일본의 일부 언론은 한국을 고의적으로 왜곡 보호하는 등 일본국민을 현혹
  했다는 점을 깊이 반성해야 한다.

스노베.료오죠오(須之部量三) 외무성 차관

○ 재일한한국인의 지위 향상 문제는 관계부처와 협조하여 개선을 위해 최선을
  다하겠다.
○ 특히 재사하린 억류 한국인 귀환 문제에 대하여는 한국과 쏘련간에 국교가
  없음으로 일본측에서 대쏘 대책 방안을 강구할 수 있도록 노력하겠다.

마찌무라.진고(町村銀五) 친선협회 회장

가나야마.마사히데(金山政英) 친선협회 이사장

○ 재일한국인의 처우개선문제(지위향상문제)는 일본이 국제사회 속에 존속하는
  한 매우 중요한 문제이다.
  동 지위향상을 위한 활동은 일본측 친선협회가 솔선해서 해결하여야 할 문제
  이나, 만족한 결과를 못가져 온 것을 미안하게 생각한다. 앞으로도 재일한국인
  지위 향상을 위한 활동을 적극 추진하는데 노력을 아끼지 않겠다.

우에끼.미쓰노리(植木光教)

재일한국인의 지위향상 문제에 대해서는 본인도 깊은 관심을 가지고 있다.

새로운 차원의 한일관계 정립을 위해도, 재일한국인이 일본에 거주하게된 역사적

배경을 고려하여 일본인과 동등한 처우를 하여 준다는 것은 바람직한 것이다.

다께이리.요시가쓰(竹入義勝) 공명당 위원장

법적지위 특별위원회 전원이 공명당 위원장을 당사로 예방하였는데 다음과 같은 당 간부(국회의원)가 배석하였음.

    니노미야.분조(二宮文造) 부위원장

    마사끼.요시아끼(正木良明) 정책심의회장

    구로야나기.아끼라(黒柳明) 국체국장

    이찌가와.유이찌(市川雄一) 기관지 국장

○ 재일한국인의 지위향상 문제에 대하여는 앞으로 공명당이 적극적으로 협력하겠다.

○ 1981.8.25. 공명당 간부 일행이 방한하였을 시 리재형 회장님을 비롯한 여러분께서 뜨거운 환대를 해주신데 대해 진심으로 감사한다.

○ 전번 방한을 통하여 한국의 현실과 남북한 대치의 긴박성 그리고 한국의 발전상 등 많은 공부를 하였으며 좀 더 일찍이 방한하지 못한 것을 후회하고 있다.

○ 경협문제는 여당이 아니어서 직접 지원은 할 수 없으나 좋은 방향으로 매듭지어지도록 측면 지원을 하겠다.

○ 작년 방한 때 전두환 대통령 각하께서 각별한 접대를 하여 주셔서 매우 감격했다. 특히 저 혼자를 따로 불러 주신 것은 잊을 수 없는 일이다.

○ 방한 때 권정달 민정당 사무국장님을 뵙지 못해 매우 섭섭했다. 방한 전에 권총장님을 동경서 만났었는데 미주를 둘러 귀국하신 뒤 저에게 보내주신 서신은 정중하고도 진지한 내용이어서 매우 감동을 받았었다.

카스카.잇코오(春日一幸)민사당 고문

    배석자 나카무라.마사오(中村正雄) 당부위원장

        와다.코오사쿠(和田耕作) 사회당 의원,

        콘도오.유타카(近藤豊) 의원

○ 작년 한국의 건국대학에서 명예박사 학위를 준 데 대해 다시 감사드린다. 우리 민사당은 재일외국인의 권익옹호에 특별한 관심을 가지고 있으며 특히 재일한국인의 처우개선을 위해 계속 적극적인 운동을 전개해 왔고 앞으로도 그럴 것이다.

○ 경협문제도 당의 힘을 다하여 한국측이 바라는 대로 매듭지어지도록 지원하겠다.

외국인의 국공립대학 교수 채용 법안 지금 국회제출 미묘하게, 법제국난색

「外人の国公大教授」法案

今国会提出微妙に

法制局難色

27. 주일대사관 공문–재일교포 법적지위 향상 관련 자료

주일대사관
번호 일본(영)725-1620
일자 1982.3.11.
발신 주일대사
수신 장관
제목 재일교포 법적지위 향상 관련 자료

    대: 영재 725-127
    대호 공문으로 지시하신 재일교포 법적지위 향상 관련 자료를 별첨 송부합
니다.
    첨부: 재일교포의 법적지위 및 복지 향상 관련 업무 현황 끝[2].

주일대사

27-1. 첨부–재일교포의 법적지위 및 복지향상 관련 업무현황

재일교포의 법적지위 및 복지향상 관련 업무현황

1. 신용조합 은행 승격 문제
    신용조합을 은행으로 승격시키는 문제는 현행 주재국 관계법령에 의하면 은행장
은 일본 국적자만이 가능토록 되어 있어 동건 추진을 중지하고 있음.
2. 상은, 흥은 신용조합 대리업무 취급 현황
    상은, 흥은 신용조합의 일본 정부계 금융기관 대리업무 취급 현황은 다음과 같음.
    가. 상공조합 중앙금고
        오오사까 흥은, 오오사까 상은, 도오꾜 상은, 코오베 상은, 요꼬하마 상은,
        아이찌 상은, 교오도 상은, 히로시마 상은, 후꾸오까 상은, 야마구찌 상은,
        와까야마 상은

---

[2] 첨부된 문서 중 "일본대학에서의 한국어 운영실태"과 "민족학급 운영상황 실적"은 지면 관계상 생략

나. 중소기업 금융공고

오오사까 흥은, 오오사까 상은, 도오꾜 상은, 요꼬하마 상은, 코오베 상은, 히로시마 상은, 꾜오도 상은

다. 일본 채권 신용은행

오오사까 흥은

라. 환경위생 금융공고

오오사까 흥은, 오오사까 상은, 도오꾜 상은, 히로시마 상은, 요꼬하마 상은, 교오또 상은

마. 주택금융공고

오오사까 흥은, 오오사까 상은, 도오꾜 상은, 교오도 상은, 아이찌 상은, 히로시마 상은

바. 국민금융공고

오오사까 흥은, 오오사까 상은, 오오교 상은

3. 국공립 대학교수 재일교포 임용문제 진척 내용

가. 일본 법규에는 외국인이 일본의 공무원이 되어서는 안된다는 특별한 법규정은 없음.

나. 다만 "공권력의 행사 또는 국가의사의 형성에 관계되는 공무원은 일본국적 소지자에 한한다"는 일본 내각 법제국 견해 때문에 한국인을 포함한 외국인은 국공립 대학에 전임강사 이상에 임명될 수 없고 조수에 한정되고 있음.

다. 81.7.1. 현재 국공립 대학에 외국인이 54명 있고 그 가운데 31명은 한국인임.

라. 일본 자민당의 문교부회에 설치되어 있는 "외국인 교사 임용에 관한 간담회"는 82.2.19 외국인을 국공립 대학의 교수, 조교수에 채용할 수 있도록 하는 특별조치 법안을 성안했으며 현재 개회중인 일본 통상국회에 제출 예정

마. 동 법안에도 외국인은 학장, 부학장 등 관리직에의 취임은 배제되나 교수회의 의결에는 참가할 수 있도록 되어 있음.

바. 민단에서 자민당의 후나다 겡(船田元)의원 등을 통해 동건 추진중임.

4. 한국학교(현행 각종학교) 정식 설립 인가 추진 상황

가 현재 4개 한국학교 중 백두학원 1개교만 정식 인가되고 있음.

나. 금강학원에 대한 정식인가도 신청, 교섭 중이나 일측은 시설 미달임을 지적, 허가를 지연시켜 오고 있음.

다. 기타 한국학교는 현재 시설면에서 정식 인가를 받을 수준에 미달됨.

5. 일본 교과서 내용 중 대한 왜곡 자료 게재 여부 및 시정 현황

  − 일본교과서 내용 중 대한국 왜곡 내용이 발견될 경우, 그 즉시 시정조치해

오고 있는 바 현재 한국관계, 특히 북괴와 관련하여 문제되고 있는 것은 없음.
- 그러나 일측의 역사 교과서 등에서 일본의 과거 한국에 대한 식민통치의 과오를 솔직히 인정치 않고 음폐하려는 경향이 있어 민단측에서 일측에 기회 있을 때마다 이 문제를 제기 이의 시정 내지는 자성을 촉구하고 있음.

6. 일본학교의 민족 학급 설치 운영 및 운영상 문제점
- 일본의 소.중.고교 중 한국 민족학급을 설치 운영하고 있는 학교는 24개교이며 동학급에 참가하는 학생 총수는 1,000임. (별첨 1, 민족학급 운영상황 실적)
- 민족학급 강사는 민단계, 조총련계 또는 중립계로 되어 있어, 강사의 정치적 성분에 따라 학생들이 강사가 자기의 정치적 성분과 상이할 경우 참가를 기피하는 경향이 있음.
- 따라서 학교에 따라서는 민족학급 수강자수가 과소한 현상임.

7. 각 대학 및 방송 등의 우리말 강좌 명칭 사용 현황 및 동 시정을 위한 조치
- 일본내 우리말 강좌를 두고있는 대학은 21개 대학인 바 2개 대학에서 한국어, 17개 대학에서 조선어, 2개 대학에서 KOREA어라는 과목명을 사용하고 있음. (별첨2, 일본대학에서의 한국어 운영실태)
- 방송은 일본방송협회(NHK)에서 우리말 방송을 조선어라는 명칭으로 개설할 것을 검토중이었으나 민단 등의 항의에 따라 동 방송계획이 보류되었음.
- 민단은 한국어 강좌의 개설을 관계기관을 통해 요청하여 오고 있음.

8. 교포 신규 생산업체 등록 또는 허가 취득상의 차별유무 및 내용
재일동포의 생산업체는 극소하나 주로 유기업, 여관, 토목업 등 써비스 업종이며 이들의 등록 또는 허가취득 등에 대한 행정상 또는 법적인 차별을 받고 있지 않음.

9. 민단이 추진하고 있는 사회복지면의 차별대우 개선 현황

항목	개선(시행)일	비고
공영주택 입주	1980.4.1.	
주택공단 입주	1980.4.1.	
주택금융공고	1980.4. .	
국민금융공고	1980.4.1.	
국민연금 및 아동수당 3법	1980.1.1.	- 관계법규를 개정, 국적조항 삭제 - 35세이상자에 대한 구제문제 계속 추진중
공무원(교원) 채용	1982.3.10.까지	17개현에서 국적조항을 삭제, 외국인에게 문호개방

28. 외무부 공문(착신전보)–일반영주권 신청

외무부
관리번호 82-424
번호 JAW-03430
일시 171818
수신시간 1982.3.17. 18:46
발신 주일대사
수신 장관
제목 일반영주권 신청

당관 박명호 참사관은 3.16. 법무성 다께우찌 자격 심사과장을 면담하였는 바
동과장은 법126호 해당자와 일반영주권 신청문제에 관하여 다음과 같이 언급하
였음을 보고함.
1. 조총련은 당초 126호 해당자에 대한 일반영주권 부여를 위한 입관령 개정문
제가 검토되고 있을 당시에는 동 입법조치에 부정적인 입장을 취하여 온 바 있
었음.
2. 그러나 동법의 개정에 따라 금년 1월 1일부터 126호 해당자의 일반영주권신
청이 가능케 되고 동 해당자가 다수 일반영주권신청의 기미를 보이자 이제는
조총련 소속원에게 동 입법조치가 조총련의 교섭의 결과라고 역선전하고 법무
성에 대해서는 해당자 전원을 금년 6월 이전에 일반영주권을 신청토록 하겠다
고 말하고 있다고 함
3. 현재 126호 해당자의 일반영주권 신청자수는 약1만8천여명에 달하고 있음
(일본영 영재)

아사히신문(82.3.19) 外人教授への門戸開放　要綱案まとめる

外人教授への門戸開放

要綱案まとめる

自民部会

東南アからの客激増
日本への入国 6年間で倍増
56年の統計
海外渡航は400万人台回復

外国人教授任用の立法化

（社説）

外国人を国公立大学の正式な教授・助教授に任用できる特別立法づくりが、自民党によって進められている。

아사히신문(82.3.21)　外人教授採用任期制を明記

外人教授採用
任期制を明記

自民が法案要綱決定

自民党文教部会（石橋一弥部会長）は二十日めの文教制度調査会（海部俊樹会長）との合同会で、国公立大教授に外国人を採用できる道を開く特別措置法案の要綱を正式に決めた。また内容は①教員、助教授、学部長などの管理職にはなれない②人せることを法案に明記する形で、制度導入に道を開いていた。

会（海部俊樹会長）との合同会は制限しない③現行の個人的処遇による外国人教師・講師制度、国公立大教授に外国人を約による外国人教師・講師制度、採用できる道を開く特別措置法は外ザーということものだ。節内案を正式に決めた。また、今国会での成立を図で情味のあった任期制については、各大学の教授会に判断を任は任期制には批判的で、この点が論議の中心になりそうだ。

통일일보(82.4.2) 本名で日本公務員に合格、北九州の主婦　李秋子さん　20倍の競争率突破

外人教授法案固まる　自民部会

自民党文教部会（石橋一弥部会長）は五日、外国人を国公立は各大学の教授、助教授、講師に公務員として採用できる道を開く法案をまとめた。六日の文教部会、総務会の了承を得た上で、議員提案の形で今国会に提出する。同法案は四条と付則から成り、「学長、学部長など管理職にはなれないが、教授会への参加は制限しない」という内容。

外国人教員の任期について管理職登用を制限。同条の②で外国人を理由に教授会参加を制限されないことを明記している。

この日まとまった「国公立大における外国人教員任用法案」は一条（目的）で「教育及び研究の進展」とともに「学術の国際交流の推進に資する」旨を強調。二条で「教授、助教授また同人教師・講師制度を残すこと

三条では、商工ネルギー舒な　と国立大学共同利用機関にも門戸を開放することを示し、四条で現行の個人的契約に基づく外国人教師・講師制度を残すことをうたっている。

は講師に任用することができる」とし、解釈上、学部長など

30. 주일대사관 공문—재류자격별 재일교포수

주일대사관
번호 일본(영)725-2190
일자 1982.4.6.
발신 주일대사
수신 아주국장, 영사교민국장
제목 재류자격별 재일교포수(PNIO 응신)

　　대: WJA-02252
　　연: JAW-03430

1. 일법무성을 통하여 입수한 재류자격별 재일교포수(외국인등록 기준)를 다음 과 같이 보고합니다.
　　총계(1980.12.31. 현재): 664,536
　　협정영주 해당자(1980.6.30. 현재): 349,964
　　법126호 2조 6항 해당자(1980.7.1. 현재): 142,668
　　법126호 2조 6항 해당자의 자녀(180.7.1. 현재): 142,112
　　일반영주 해당자(1981.12.31. 현재): 3,020
　　기타(특별 재류자격 취득자 포함): 26,772
2. 일법무성에 의하면 1957년부터 1980년말까지 27,000여 한국인에게 특별 재 류허가를 한 바 있으나 이들 중 재류 인원에 대해서는 별도로 파악된 것이 없으며, 금년말에나 파악이 가능하다 하므로 추후 동 통계를 입수하는 대로 보고 위계입니다.
3. 또한 금년1월1일부터 개정된 일본의 신입국 관리법인 "출입국 관리 및 난민 인정법"에 따라 특례 영주허가를 신청한 인원은 1982.3월 31일 현재 약 90,000명에 달한다고 함을 첨언합니다. 끝.

주일대사

31. 주일대사관 공문—재류자격별 재일교포수

주일대사관

번호 일본(영)725-2190
일자 1982.4.6.
발신 주일대사
수신 아주국장, 영사교민국장
제목 재류자격별 재일교포수(PNIO 응신)

　　대: WJA-02252
　　연: JAW-03430

1. 일법무성을 통하여 입수한 재류자격별 재일교포수(외국인등록 기준)을 다음과 같이 보고합니다.
   총계(1980.12.31. 현재): 664,536
   협정영주 해당자(1980.6.30. 현재): 349,964
   법126호 2조 6항 해당자(1980.7.1. 현재): 142,668
   법126호 2조 6항 해당자의 자녀(180.7.1. 현재): 142,112
   일반영주 해당자(1981.12.31. 현재): 3,020
   기타(특별 재류자격 취득자 포함): 26,772
2. 일법무성에 의하면 1957년부터 1980년말까지 27,000여 한국인에게 특별 재류허가를 한 바 있으나 이들 중 재류 인원에 대해서는 별도로 파악된 것이 없으며, 금년말에나 파악이 가능하다 하므로 추후 동 통계를 입수하는 대로 보고 위계입니다.
3. 또한 금년1월1일부터 개정된 일본의 신입국 관리법인 "출입국 관리 및 난민 인정법"에 따라 특례 영주허가를 신청한 인원은 1982.3월 31일 현재 약 90,000명에 달한다고 함을 첨언합니다. 끝.

주일대사

아사히신문(82.4.21) 国公大を外人教授に広く開け

国公大を外人教授に広く開け

주일대사관
번호 일본(영)725-2561
일자 1982.4.20
발신 주일대사
수신 장관
참조 영사교민국장
제목 지문 날인 거부 재판

    WJA-0174
    대호 전문으로 지시하신 재일교포 2세 강박(姜博)의 외국인 등록시 지문날인 거부 소송 제기의 경위 및 소송진행 현황을 다음과 같이 보고합니다.
-다음-

1. 인적사항
    가. 성명: 강박(姜博)
    나. 주소: 오까야마현 구라시끼시고지마시다노마찌(岡山県倉敷市児島下の町) 1-12-28
    다. 연령: 26세
    라. 직업: 가사
2. 소송 제기 경위
    81.10.27   "가나가와"현 "가와자끼"시 구역소 고지마(児島)지소(당시 동지역 거주)에 외국인 등록증 재교부 신청시 지문 날인을 거부 "가와자끼"구역소는 외국인 등록법 제14조 위반으로 "가나가와"현 "링꼬"(臨港) 경찰서에 고발
    82.12.   동인이 오까야마현 구라시끼(倉敷)시내로 주소를 옮김에 따라 오까야마현 고지마(児島)경찰서로 이관되고 오까야마 지방 검찰에 의해 고지마 간이 재판소에 기소됨.
    82.2.5.   고지마 간이 재판소에서의 약식 재판(1.26)에 따라 일화1만엥 벌금의 약식명령을 받음.
    82.2.15.   강박은 이에 불복, 외국인 등록에 지문을 날인해야 할 근거에 납득이 가지 않는다는 이유로 변호사 미즈다니(水谷)를 통해 고지마 재판소에 정식 제소함.

3. 재판 진전 상황

　　가. 동 재판의 제1회 공판이 4.15. 고지마 간이 재판소에서 개정되었는 바, 변호인측은 다음과 같은 이유를 들어 동 사건을 오까야마 지방 재판소로 이송할 것으로 청구했으며, 동 청구가 받아들여져 오까야마 지방재판소로의 이송이 결정되었음.

　　　　1) 국제 인권규약 및 헌법에 위반하고 전국 최초의 사법 판결을 요구하는 재판이다.

　　　　2) 따라서 방청인이 전국으로부터 다수 모이게 될 것이므로 다수 수용 가능한 곳에서 재판이 행해져야 한다.

　　　　3) 고도한 법률 논재를 요하는 사건으로서 동경, 오오사까 방면의 법률학자를 증인으로 요청해야 할 것이므로 "오까야마"가 지리적으로 편리하다.

　　나. 다음 공판은 5월초에 있을 예정이라고 하므로 진행상황 계속 보고하겠습니다.

첨부: 관계 신문기사 크리핑 사본. 끝.

주일대사

통일일보(82.4.17) 「指紋押なつ拒否」初め法定闘争へ

34. 주일대사관 공문-한일 의원연맹 분과위 활동 보고서

주일대사관
번호 일본(정)700-2571
일자 1982.4.22.
발신 주일대사
수신 장관
참조 아주국장
제목 한·일 의원연맹 분과위 활동 보고서

　　　한·일 의원 연맹의 "재일한국인 지위 향상 특별위원회" 합동회의(82.2.16)
의사록 및 사회문화위원회 간담회(3.4) 회의록을 입수하였기 이를 송부 하오니
참고하시기 바랍니다.
　　첨부: 상기 의사록 및 회의록 각3부. 끝.

　　　주일대사

35. 주나고야총영사관 공문-교원채용 차별 철폐(PNIO 응신)

주나고야 총영사
번호 나총영725-238
일자 1982.5.13
발신 주나고야총영사
수신 장관(사본: 주일대사)
참조 영사교민국장, 아주국장
제목 교원채용 차별 철폐(PNIO 응신)

　　　연: 나총영 725-530(81.7.16)
　　　나고야시 및 아이찌현 교육위원회는 82.5.12. 시 공립학교 교원채용에 있어
재일외국인에게도 문호를 개방키 위하여 국적조항을 철폐키로 정식 결정하고
82년 7월 시행 예정인 교원 채용시험부터 적용키로 하였음을 보고합니다.
　　　첨부: 관련기사 2매. 끝.

35-1. 첨부-관련기사

中部読売新聞(82.5.5)　教員の門、外国人にも開放＿国籍制限を撤廃

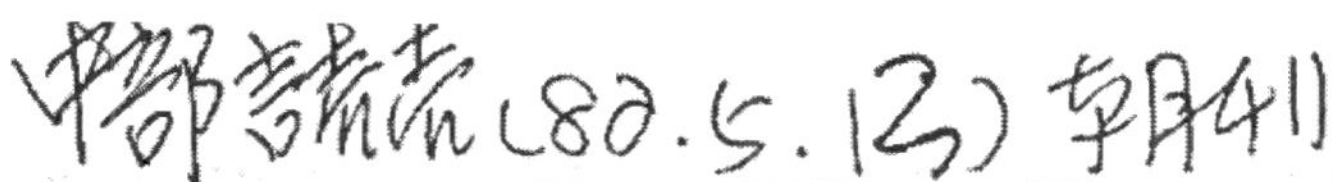
中部読売（80.5.13）朝刊
教員"狭き門"
外人に門戸開いたが…
採用2割ダウン　名古屋市
国籍条項撤廃
正式に決める

통일일보(82.8.21) 国公立大　在日同胞に教授の道開く

放置してよいか
「潜在居住者問題」

重大な人道問題

米国では救済へ法的措置

無人権状態に終止符を

悲惨な"日陰者"の生活

(1)　第2744号

1979年3月6日　日本国会衆議院文教委員会　1979年5月12日国政審議特別授承認記事第

国公立大外国人教員法の意味

社説

障害でなかった公務員法理

開放具体化は大学人の責任

37. 주일대사관 공문-외국인 등록법 일부 개정

주일대사관
번호 일본(영)725-5365
일자 1982.8.12.
발신 주일대사
수신 장관
참조 영사교민국장
제목 외국인 등록법 일부 개정

연: JAW-08401(81.8.18.)

1. 일본의 외국인 등록법 일부 개정안이 8.4. 일본 국회를 통과 10.1.부터 시행케 되었으므로 동 개정된 조항의 신구 대조문 및 관계 신문기사 사본을 별첨 송부합니다.

2. 금번 개정의 주요 골자는 등록 확인 기간을 매3년에서 5년으로, 등록증 휴대의무 연령을 14세에서 16세로 인상하고 위반자에 대한 벌금형의 상한액을 3만엥으로부터 20만엥으로 인상한 것 등인 바, 민단은 벌금형의 최고액이 20만엥으로 인상되었을뿐만 아니라 등록증의 상시 휴대, 지문 압날 제도등의 폐지 등 민단이 추진해 오던 사항이 반영되지 않았음을 지적, 동 조항의 폐지운동을 계속해 나갈것이라 함을 첨언합니다.

첨부: 1. 외국인 등록법의 일부를 개정한 법율안 신·구 대조 조문 사본 1부.

　　　 2. 상기 신문기사 크리핑 사본1부.　 끝.

주일대사

37-1. 첨부-외국인 등록법 일부 개정한 법률안 신구 대조 조문

外国人登録法の一部を改正する法律案新旧対照条文
(傍線部分は改正部分)

改正案	現行
（新規登録）	（新規登録）
第三条	第三条　　同上
1　（略）	1　（略）
2　前項の申請の場合において、<u>十六歳に</u>満たない者については、写真を提出することを要しない。	2　前項の申請の場合において、<u>十四歳に</u>満たない者については、写真を提出することを要しない。
3・4　（略）	3・4　（略）
（登録証明書の引替交付）	（登録証明書の引替交付）
第六条	第六条
1　（略）	1　（略）
2　前項の申請の場合において、<u>十六歳に</u>満たない者については、写真を提出することを要しない。	2　前項の申請の場合において、<u>十四歳に</u>満たない者については、写真を提出することを要しない。
3~7　（略）	3~7　（略）
（登録証明書の再交付）	（登録証明書の再交付）
第七条	第七条
1　（略）	1　（略）
2　前項の申請の場合において、<u>十六歳に</u>満たない者については、写真を提出することを要しない。	2　前項の申請の場合において、<u>十四歳に</u>満たない者については、写真を提出することを要しない。
3~8　（略）	3~8　（略）
（登録証明書の引替交付）	（登録証明書の引替交付）
第十一条　外国人は、第四条第一項の登録を受けた日(第六条第三項若しくは第七条第三項の確認又はこの項若<u>しくは次項の申請</u>に基づく確認を受けた場合には、最後に確認を受けた日)から<u>五年</u>を経過する日前三十日以内に、その居住地の市町村の長に対し、次に揚げる書類及び写真を提出して、登録原票の記載が事実に合っているかどうかの確認を申請しなければならない。<u>ただし、第三条第一項の申請をした日(第六条第一項又は第七条第一項の申請をしたことがある者であるときは、</u>	第十一条　外国人は、第四条第一項の登録を受けた日(第六条第三項若しくは第七条第三項の確認又はこの項の申請に基づく確認を受けた場合には、最後に確認を受けた日)から<u>三年</u>を経過する日前三十日以内に、その居住地の市町村の長に対し、次に揚げる書類及び写真を提出して、登録原票の記載が事実に合っているかどうかの確認を申請しなければならない。

その申請をした日)において十六歳未満であつた者については、この限りでない。

一〜三(略)

2　前項ただし書に規定する者は、十六歳に達した日から三十日以内に、同項の確認を申請しなければならない。

3　市町村の長は、第二項の申請に基づく確認をしたときは、登録原票に基づき新たに登録証明書を交付しなければならない。

4〜8 (略)

9　第六条第七項の規定は、第一項又は第二項の申請があつた場合に準用する。

　　(登録証明書の受領、携帯及び提示)

第十三条　外国人は、市町村の長が交付し、又は返還する登録証明書を受領し、常にこれを携帯していなければならない。ただし、十六歳に満たない外国人は、登録証明書を携帯していることを要しない。

2・3 (略)

　　(指紋の押なつ)

第十四条　十六歳以上の外国人は、第三条第一項、第六条第一項、第七条第一項又は第十一条第一項若しくは第二項の申請をする場合には、登録原票登録証明書及び指紋原紙に指紋を押さなければならない。第十五条第二項の規定により、代理人が代わつてその申請をする場合における本人についても、同様とする。

2　前項の規定は、入管法の規定により一年未満の在留期間を規定され、その期間内にある外国人には、適用しない。ただし、その者が、在留期間の更新又

一〜三(略)

2　前項の申請の場合において、十四歳に満たない者については、写真を提出することを要しない。

3　市町村の長は、第一項の申請に基づく確認をしたときは、登録原票に基づき新たに登録証明書を交付しなければならない。

4〜8 (略)

9　第六条第七項の規定は、第一項の申請があつた場合に準用する。

　　(登録証明書の受領、携帯及び提示)

第十三条　外国人は、市町村の長が交付し、又は返還する登録証明書を受領し、常にこれを携帯していなければならない。ただし、十四歳に満たない外国人は、登録証明書を携帯していることを要しない。

2・3 (略)

　　(指紋の押なつ)

第十四条　十四歳以上の外国人は、第三条第一項、第六条第一項、第七条第一項又は第十一条第一項の申請をする場合には、登録原票、登録証明書及び指紋原紙二葉に指紋を押なつしなければならない。第十五条第二項の規定により、代理人が代つてその申請をする場合における本人についても、同様とする。

2　同上

は在留資格の変更により、当初の在留期間の始期から起算して一年以上本邦に在留することができることとなった後は、この限りでない。 3 前項本文の外国人は、同項但し書に規定する在留期間の更新又は在留資格の変更に係る第九条第一項の申請をする場合には、登録原票、登録証明書及び指紋原紙に指紋を押さなければならない。第十五条第二項の規定により、代理人が代わつてその申請をする場合における人についても、同様とする。 4 前項の規定は、第三条第一項の申請をした日(第六条第一項又は第七状第一項の申請をしたことがある者であるときは、その申請をした日)において十六歳未満であつた外国人には、適用しない。 5・6 （略） 　（本人の出頭義務と代理人による申請等） 第十五条 1 （略） 2 外国人が十六歳に満たない場合又は疾病その他身体の故障により自ら申請若しく登録証明書の受領、提出若しくは返納をすることが出来ない場合には、前項に規定する申請又は登録証明書の受領、提出若しくは返納は、当該外国人と同居する次の各号に揚げる者が、当該各号列記の順位により、当該外国人にかわつてしなければならない。外国人又は外国人であったものが十六歳に満たない場合においては、第七条第七項、第十一条第八項又は第十二条第一項若しくは第二項の規定による登録証明書の返納についても、同様とする。	3 前項本文の外国人は、同項但し書に規定する在留期間の更新又は在留資格の変更に係る第九条第一項の申請をする場合には、登録原票、登録証明書及び指紋原紙二葉に、指紋を押さなければならない。第十五条第二項の規定により、代理人が代つてその申請をする場合における人についても、同様とする。 4 前項の規定は、第三条第一項の申請をした日(第六条第一項又は第七状第一項の申請をしたことがある者であるときは、その申請をした日)において十四歳未満であつた外国人には、適用しない。 5・6 （略） 　（本人の出頭義務と代理人による申請等） 第十五条 1（略） 2 外国人が十四歳に満たない場合又は疾病その他身体の故障により自ら申請若しく登録証明書の受領、提出若しくは返納をすることが出来ない場合には、前項に規定する申請又は登録証明書の受領、提出若しくは返納は、当該外国人と同居する次の各号に揚げる者が、当該各号列記の順位により、当該外国人にかわつてしなければならない。外国人又は外国人であったものが十四歳に満たない場合においては、第七条第七項、第十一条第八項又は第十二条第一項若しくは第二項の規定による登録証明書の返納についても、同様とする。

一　配偶者	一　配偶者
二　子(<u>十六歳</u>に満たない者を除く。)	二　子(<u>十四歳</u>に満たない者を除く。)
三〜五　(略)	三〜五　(略)
(事実の調査)	(事実の調査)
第十五条の二　市町村の長は、第三条第一項、第六条第一項、第七条第一項、第八条第一項、第九条第一項若しくは第二項又は第十一条第一項<u>若しくは第二項</u>の申請があった場合において、新制の内容について事実に反することを疑うに足りる相当な理由があることは、外国人登録の正確な実施を図るため、その職員に事実の調査をさせることができる。この場合において、必要があるときは、当該申請をした外国人に出頭を求めることができる。	第十五条の二　市町村の長は、第三条第一項、第六条第一項、第七条第一項、第八条第一項、第九条第一項若しくは第二項又は第十一条第一項の申請があった場合において、新制の内容について事実に反することを疑うに足りる相当な理由があることは、外国人登録の正確な実施を図るため、その職員に事実の調査をさせることができる。この場合において、必要があるときは、当該申請をした外国人に出頭を求めることができる。
2〜3　(略)	2〜3　(略)
(罰則)	(罰則)
第十八条　次の各号の一に該当する者は、一年以下の懲役若しくは禁錮又は<u>二十万円</u>以下の罰金に処する。	第十八条　次の各号の一に該当する者は、一年以下の懲役若しくは禁錮又は<u>三十万円</u>以下の罰金に処する。
一　第三条第一項、第七条第一項、第八条第一項若しくは第二項、<u>第九条第一項</u>又は第十一条第一項<u>若しくは第二項</u>の規定に違反してこれらの規定による申請をしないでこれらの項に規定する期間を超えて本邦に在留する者	一　第三条第一項、第七条第一項、第八条第一項若しくは第二項、<u>第九条第一項</u>又は第十一条第一項若しくは第二項の規定に違反してこれらの規定による申請をしないでこれらの項に規定する期間を超えて本邦に在留する者
二　第三条第一項、第七条第一項、第八条第一項若しくは第二項、<u>第九条第一項</u>又は第十一条第一項若しくは第<u>二項の規定による申請(第十五条第二項の規定による場合の申請を含む。)</u>に関し虚偽の申請をした者	二　第三条第一項、第七条第一項、第八条第一項若しくは第二項、<u>第九条第一項</u>若しくは第二項又は第十一条第一項の規定による申請に関し虚偽の申請をした者
三　第三条第一項、第七条第一項、第八条第一項若しくは第二項、<u>第九条第一項</u>又は第十一条第一項<u>若しくは第</u>	三　第三条第一項、第七条第一項、第八条第一項若しくは第二項、<u>第九条第一項</u>若しくは第二項又は第十一条第一項の

二項の規定による申請(第十五条第二項の規定による場合の申請を含む。)を妨げた者	規定による申請(第十五条第二項の規定による場合の申請を含む。)を妨げた者
四～五(略)	四～五(略)
六 第十三条第一項の規定に違反して登録証明書を受領せず、又は市町村の長が交付し若しくは返還する登録証明書の受領(第十五条第二項の規定による場合の受領を含む。)を妨げた者	六 第七条第七項、第十一第五項若しくは第八項又は第十二条第一項若しくは第二項の規定に違反した者
(廃止)	六の二 第七条第七項、第十一条第五項若しくは第八項又は第十二条第一項若しくは第二項の規定による登録証明書の返納(第十五条第二項の規定による場合の返納を含む。)を妨げた者
七 第十三条第二項の規定に違反して登録証明書の呈示を拒んだ者	七 第十三条第一項若しくは第二項の規定に違反して登録証明書を受領せず、これを携帯せず、若しくはその提示を拒み、又は市町村の長が交付し若しくは返還する登録証明書の受領(第十五条第二項の規定による場合の受領を含む。)を妨げた者
八～十(略)	八～十(略)
2 前項の罪を犯した者には、懲役又は禁錮及び罰金を併科することができる。	2 同上
第十八条の二 次の各号一に該当する者は、二十万円以下の罰金に処する。	(新設)
二 第七条第七項、第十一条第五項若しくは第八条又は第十二条第一項若しくは第二項の規定に違反した者	一 登録書の返納、登録書の提出
二 第九条第二項の規定に違反して同項の規定による申請をしないで同項に規定する期間を越えて本邦に在留する者	二 期間更新をしない
三 第九条第二項の規定による申請(第十五条第二項の規定による場合の申請を含む。)に関し虚為の申請をした者	三 虚為申請

四　第十三条第一項の規定に違反して登録証明書を携帯しなかつた者

第十九条　第十五条第二項に規定する場合において、同項各号に揚げる者が、第三条第一項、第七条第一項、第八条第一項若しくは第二項、第九条第一項若しくは第二項若しくは第十一条第一項若しくは第二項の規定に違反して、これらの規定による申請をせず、第六条第六項若しくは第十条の二第二項の規定による命令に従わず、第十三条第一項の規定に違反して登録証明書を受領せず、又は第七条七項、第十一条第五項若しくは第八項若しくは第十二条第一項若しくは第二項の規定に違反して登録証明書の返納をしなかつたときは、五万円以下の過料に処する。同上第三項本文の規定に違反して登録証明書の返納をしなかつた者も、同様とする。

四　携帯

第十九条　第十五条第二項に規定する場合において、同項各号に揚げる者が、第三条第一項、第七条第一項、第八条第一項若しくは第二項、第九条第一項若しくは第二項若しくは第十一条第一項の規定に違反して、これらの規定による申請をせず、第六条第六項若しくは第十条の二第二項の規定による命令に従わず、第十三条第一項の規定違反して登録証明書を受領せず、又は第七条七項、第十一条第五項若しくは第八項若しくは第十二条第一項若しくは第二項の規定に違反して登録証明書の返納をしなかつたときは、五千円以下の過料に処する。同上第三項本文の規定に違反して登録証明書の返納をしなかつた者も、同様とする。

통일일보(82.8.12) 「指紋」廃止へ継続運動、民団・外登法西安成立で方針

38. 외무부 공문(착신전보)–재일교포 법적지위 관련 영문자료 송부 요청

외무브
번호 GVW-0903
일시 012000
발신 주제네바대사
수신 장관

    당지 INTERNATIONAL COMMISSION OF JURISTS의 요청이 있으니 재일교포 법
적지위와 관련된 영문 자료를 가급적 차주 파편 송부하여 주시기 바람(아일, 국기)

39. 주일대사관 공둔–지문 날인 거부 재판

주일대사관
번호 일본(영)725-6665
일시 1982.9.10.
발신 주일대사
수신 장관
참조 영사교민국장, 아주국장
제목 지문 날인 거부 재판

    대: WJA-0174
    연: 일본(영)725-2561
    연호 공문으로 보고한 재일교포 2세 강박(姜博)의 외국인 등록법 지문 날인
거부 재판2회 공판(82.6.7)에서 강박 자신의 의견진술이 있었고 3회 공판(82.9.3)
에서 변호인의 의견 진술이 있었는 바 동 진술서 및 관련신문 기사 사본을 별첨
송부합니다.
첨부: 1. 강박의 의견진술서 2부.
      2. 변호인 의견 진술서 2부.
      3. 상기 신문기사 사본 2부. 끝.

주일대사

통일일보(82.9.7)　国際人権規約違反明けらか「指紋」拒否裁判第3回公判　弁護側　姜さんの無罪主張

裁判終了後、今後の運動について討議する「姜さんを支える会」メンバーら

外国人登録指紋押捺拒否裁判

意見陳述書

一九八二年六月七日

姜博

岡山地方裁判所　御中

外国人登録法違反

被告人　姜博
意見陳述書

はじめに

　私が、現在被告として問われている事柄とは一体何であるのたろうか。私を川崎区役所田島支所が告発し、児島警察署が六時間に亘る取り調べの後、書類送検し、はたまた児島区検の検事が取り調べの後、起訴した事柄とは一体何であつたのか。

　一九八一年一〇月二七日、川崎市川崎区田島支所において、私は、新しい登録書を交付された際、指紋押捺を拒否したとして以上の取り扱いを法の名の下に受け、罰金一万円の略式命令を受けた。全ては、私が、指紋を押すことを「拒否」したことに端を発しているようだ。細かいことを言えば、私はその時、つまり、一九八一年一〇月二七日の田島支所において「拒否する」とは一度も言つていない、私は終始一貫して「何故指紋を押す必要があるのか。わたしは、指紋を押すことなしに登録は出来ると考えるがどうか、このまま指紋を押すことには納得できない」と疑問と意見を述べたものである。しかし、係員の「指紋押捺拒否にあたりますので」という言葉と共に私は、指紋押捺拒否者となつてしまつた。私は改めて、ここでおそまきながら、指紋押捺を拒否すると、はつきりと言葉で伝えておく。在日韓国人が、役所で、外登法の指紋押捺制度に疑問を発した瞬間に、その人間は外登法違反の被疑者となり、現在は被告となつているこの現実は、弱者に対する有無を言わさない公権力の適用であり、弱者の人権を切り捨てる行為であり、断じて承服できない。

　これが、私が正式裁判を申し立てた理由の一つである。

　第二に、役所、警察、検察庁を通じて、私は、一貫して、私の主張を繰り返してきたが、役所は「法律で決まつていますので」、警察は「悪法も法ですから」、検事は「裁判で争うしかないね」と対応し、これらを通じて私は法そのものを問わなければならないと示唆され、私もその通りだと痛感したのである。無力な一人の人間が「人権侵害だ」と訴えても、法をたてにそれを押しつぶそうとする姿勢、そのことこそが、人権侵害であることに気がつかない状況に強い怒りを覚える。

　第三点は、私が、外国人として、日本に出生し、日本の中で生活してきた、その背景、また同様にして生まれ、生活している多くの在日韓国人及び朝鮮半島から渡つてきた多くの在日韓国人の現況を考えると、当然のごとくこの問題は、一個人の問題に帰することはできない事柄であるからだ。

　私を問おうとする検察側の意図は全く的はずれになるたろう。何故なら、問われているのは、外登法そのものであり、問おうとしているものは、私及び理不尽な外登法制度を押しつけられている外国全体であると思うからだ。明らかに被告と原告が逆転している。

　とりわけ、現在、判明しているだけで、全国で私を含めて一〇名が指紋を拒否している。これは、決して偶然ではないだろうし、また、事前に計画したものでもない。人間としての当然の権利の行使である。

　以上のことをふまえれば、私を告発し、起訴した行為そのものが、間違いであることは、明らかであろうし、早急に、外登法における指紋押捺制度は、廃止されるべきであろう。

　くり返すが、問われているのは、外登法そのもである。私は、何ら押捺を拒否したことを恥じていないし、罪を犯したと思つていない。

　以上、長々と、裁判を開始するにあたつての私の気持ちを述べてきたが、さらに、何故、私が指紋押捺を拒否したのかを説明しなくてはならない。しかも、それは、昨年の十月二七日以前の短い期間の直接的な契機にとどまらず、私自身の成育史と、私がその中で考えてきたことを述べなくてはいけないと思う。

　日本人の仮面をかぶりつづけた十八年間、私は、一九五六年、岡山県の旧児島市、現在の倉敷市児島で生まれた。

　私は、自分が韓国人であると意識したのがいつ頃かはつきりしない。ただ漠然と思いだすままをあげてみたい。年令は、いずれもはつきりしない。まず、私の家

族の様子と近所の日本人の家庭との違いがあつた。両親とも、朝鮮で生まれていた
から、当然食生活でも近所の日本人と相当の違いがあつた。今は、日本人もよく食
べるが、キムチを私も小さい頃からよく食べた。同様に、焼肉なども食べたが、近
所の日本人が、食べているのは、見たことがなかつた。それらは、別に恥ずかしい
ことではなかつたが、唐がらしや、ニンニクをほとんど使わないその当時の日本人
の食生活とはかなり違い、違和感と共に「ニンニクくさい」などと学校でだれかがい
うと、自分のことかなと、ドギマギしたことはたびたびあつた。また、小学校を通
じて、オモニ(母親)は日本料理をほとんどつくれなかつたので、遠足の時などは、
いつもタマゴ焼とソーセージがおかずで、もつと他のものがつくれないのかなと思
つたこともあつた。しかし、それらは些細なことで、最も違つたのは、ニワトリの
料理の仕方や豚の足を食べることで、「日本人は、こんなの食べるかなあ」と思つた
りもしたし、法事(チェサ)の時の料理は完全に朝鮮式であつた。

　次に、衣服のことがある。結婚式があつた時などは、主に、チマチョゴリを着
て、靴は先のとがつたもので、私は、正直「変な形の靴だ」と思つた。タクシーから
おりて、家に入つてくる時などは、近所の人に見られないかなあとドキドキしてい
た。

　また、家に友達がくる時も、白いチマチョゴリを着てきたりして、友達にみら
れないかなあ、また、その顔立ちや、歩き方も明らかに日本人と違つて見えた。小
さい頃、兄貴と水島の親戚の家によく行つたが、朝鮮人がたくさん住んでいる地域
で、チマチョゴリを着ている人がたくさん歩いていた。みんな同じような髪型で独
得な歩き方をしていた。子供心にも、自分の住んでいる所とあまりにも雰囲気が違
い、また、家の屋根は、みんな低かつた。また、カルキの強いにおいのする小さな
プールのような所に、布切れを入れていたり、大きな色のついた瓶がたくさん置い
てあつた。小学校の高学年位になつて、水島に行く時は、その近くのバス停から歩
いていくのだが、一種独得な所へいくという不思議な緊張感があつたことを覚えて
いる。それらは決してプラスのイメージではなかつた。話は戻るが、水島にたくさ
んいたおばさん達と全く同じ雰囲気のおばさん達が家にくる時は、はつきりいつて
いやであつた。近所の子供に見られるのがいやであつた。それは、服装だけのせい
ではなく、言葉であつた。私は、現在、朝鮮語の簡単な読みと単語を書くことは多
少できるが、聞き取れないし、話せない。その当時は全くわからなかつた。大きな
声で朝鮮語を話している姿を見ると「もつと小さい声でしゃべらんかなあ、早く家
に入らんかな」と本気でイライラしていた。今思い出すと顔が赤くなるほどだが、
本当のことだ。

「アイゴー」という言葉は、知つていた。オモニがよく口に出していたし、一番上の兄が事故で亡くなつた時は、二年位いつも「アイゴーアイゴー」といいながら泣いていた。悲しい時や、怒つている時によくでた。この当時はまだ五・六才位だつたがよく覚えている。

幼稚園の時の記憶に「スカラ」のことがある。スプーンのことなのだが、おやつの時「スカラ、スカラ」といつても先生には意味が全然わからず、家でつかつている言葉が通じないのには驚いたし、恥ずかしかつた。

服のことで言えば、家には、着物が一枚もなかつたので、小学校の時、日本人の親が黒い着物を着てくるとめずらしかつたし、参観日などはいつもアボヂが来た。オモニは字はカタカナしかよめなかつたし、僕の自分の中にオモニが、学校に来るのが恥ずかしいという気持ちも多分にあつた。また、家庭訪問の時もいつもそばにいてオモニが何か変なことを言わないかなと心配していた。今思えばオモニの人格を私は全く認めていなかつたと思い、顔がますます赤くなる。

小学校の一・二年の時は学校から勝手に帰つてきたり、ずる休みをして、非常に家族を手こずらせた。登校拒否なのだが、原因は自分でもわからない。小学校の高学年になると、自分が朝鮮人であることは、はつきりわかつていたが、ばれることがとにかく理屈抜きにいやだつた。近所の友達も含めて、朝鮮人であることを理由にいじめられたことはほとんどない。私の方でひたすら隠しつづけていた。もちろん、日本名で学校に行つていた。アボヂは当時スクラップ、つまり廃品回収の仕事をしていた。小学校・中学校を通じて、学校で廃品回収をやると、アボヂがとりにくることがあつて、私は正直イヤであつた。

小学校の五・六年になると、真面目に学校に行つていたと思うが、家では相もかわらずワガママで、不自由なく育つた。生活の程度も近所の日本人に比べて悪くなかつたが、それらは全て親のおかげである。

卒業証書は、本名で受け取つたと思う。というのは、クラスで受け取つた時、名前が本名で書いてあり、かつこして日本名があり、とつさに友達に見られないように、かくした記憶があるからだ。家庭調査書なども、本籍の欄を見られないように何度も隠して出した記憶がある。中学校に進学する時、担任の先生が、私だけに紙をくれた。外国人で進学する場合どの中学校に行くかという通知てあつたと思うが、そのような時、いくら隠しても違うものは違うのだなと思つたものである。同じ小学校に朝鮮人は一人か二人いたと思うがよくわからなかつた。中学校になると、よその小学校の生徒と一緒になつた。その中学校はホーム―ルームとは別に五科目のみ能力別編成をしていて、A組・B組・CD組・EF組・IG組と五ランクで、成績順にしていて、今思えば徹底して学力によつて生徒を差別し、生徒自信も「勉強ができる、できない」で友達の壁があつた。

　私は、ともかくA組かB組を往復する程度の成績で、いわゆる「いい子」であつた。勉強ができる子にとつては、都合のいい学校であつたから、AかBを往復する私はその中で、比較的居心地のいい生活を送つたが、今考えればひどい学校だ。

　中学時代も日本名ですごした。成績で生徒を見る学校であつたから、先生の中には、「お前らみたいなクラスは山徳へ売つてしまうぞ」と私のアボヂの会社(スクラップ)の方を指しながら生徒をしかる先生がいてクラスは笑いに包まれたが、私はイヤな言葉であつた。歴史で、朝鮮のことがでるとヒヤ汗が出て本当に恥ずかしかつた。クラスは、「朝鮮」ということばが出ると笑いが出て、生徒の中には「あのチョウセン部落きたねえのお」という会話がでた。そこは、私もよく小学校時代にオモニと行つた所で、電車道のそばに朝鮮人がたくさん住んでいた。私は、そのような時は、聞こえないふりをしたり、知らん顔をしていたが、「朝鮮人であること」がばれるのがますますいやになつた。中学校には、私の知つている限りでも数人の同胞の生徒がいたが、直接知つているのは一人だけで、彼とは赤ん坊の頃から遊んでいたらしい写真が家にあつたし、小学校の時にも、オモニがその家にいついていたので知つていたが、本人とは話らしい話もしなかつた。正直、私の方は避けていたと思う。彼も私も体が大きかつたしお互いにバスケットとバレーをしていて、体育館でよく顔をあわせていたが、私もおそらく彼もいじめられることはなかつたと思う。「体力の中学時代」といつていいと思う。ただ一度、ある日本人生徒と殴りあつたことがある。その生徒が私のことを、「お前のことを知つているぞ」といつたからである。その生徒とさきほどの彼とは同じ小学校だつたのでそこから私のことがわかつたのかなとその時思つたがよくわからなかつた。お互いに鼻血を出し合つたが、次の日からはその生徒も私も知らん顔したままであつた。ただ、学校内で「チョウセン、チョウセン、バカニスルナ、オナジメシクッテトコチガウ」というはやし言葉は何度か聞いたことがある。私に向けられたものではなかつたが、私はそれらも素通りしてしまい本当に臆病であつた。

　中三になつて、進学の時期になつた。進路指導があつて、将来の希望の職業を聞かれても私は何と答えたか、またどう書いたのか思い出せない。おそらく適当に答えたからであろう。

　アボヂからは何度となく「朝鮮人は日本人の二倍働いてようやく同じだ、手に職を持て」と聞かされていたが、私は素直に納得できなかつたし、社会の様子がわからなかつた。何となく普通科へ進むことにした。成績によつて普通科へ行く生徒が多いクラスであつたことも一つの理由だろう。

　その進路指導時期に、私の中一・中二の担任であつた先生に対する不信は未だに根強く、時折夢に出てくることさえある。彼は職員室で中三の担任と隣の机にいたのだが、ある日のホームルームの打ち合わせで私は学級委員をしていた為相談にいつたのである。そのホームルームは、高校の面接の準備であつたのだが、その先生曰く「一人一人本籍が言えるかどうか、言わせて見ればいいじゃないか」と横から口を出したのである。私は、一体何をいいたいのかびつくりしたが、受験体制にどつぷりつかつている時期なので「高校で本籍を面接の時に本当に聞かれるのか」不安になつたと共に「私が一番に言うなんてことができるのか」と本当に顔がまつ青になつた。しかし担任が「そんなことは必要ない」という声を聴くとホッとしたのもつかの間、その先生がニヤニヤしている顔を見て心の底から憎らしいと思つた。

　小学校・中学校を通じて、日本名で日本人のふりをしつづけてきても、大切な時には「本名」と「本籍」が必ずでてきて、私の悩みのタネであつた。神経質な性格にそれはこたえたが、解決のすべを知らなかつた。そのような時期だつたと思うが、家でオモニとたわいもないことでケンカをした時、それが出た。「何でオレを生んだんだ、韓国へ帰ればいいじゃないか」と言つた。あとでハッとしたが、今でもその時のオモニの悲しそうな顔ははつきりと覚えている。

　高校受験票は本名であつた。これは、小・中学校にはなかつたことで当日まで落ちつかなかつた。列に並んで受験票のチェックを受ける時も、なるべく前後の人に見られないようにし、見せ合いながら笑いあつている同じ中学校の生徒の中で孤独であつた。

　合格発表を高校に見に行く時も同様、必死で自分の受験番号と名前を探すのだが、それは合格かどうかというより、名前がどうなつているかだ。やはり、本名であつた。一緒に見にきていた生徒がそばにいたが「合格してたよ」と言つて、なるべく早くそこから離れるようにした。またまた孤独であつた。それからまた大変である。地元の新聞には合格者の名前がでるのである。やはり本名であつた。中学校にいくと、友達が「あれ、新聞に名前でてたか」と問うてきたが「ウン、あつたよ」と答えた。実際にあつたのだが日本名と本名を使いわける典型的な場合がこうやつて作られる。親には、そのようなことはほとんど言えない。後日同胞青年と出会つて話をしても、やはりみんな親にはいわなかつた。いや、親はそれ以上に大変なのだから言えなかつたという話を聞いて、これは私個人の性格とかの問題ではなく、根本的な社会問題だと思つたものである。

　入学して、またまたイヤな身上調査書がいることになる。今までと同様、なるべく本籍欄を見られないように提出する。それには涙ぐましい努力がいる。たとえば一番後の席の場合、これは簡単で、自分の上に人のをのせればいい。まん中の場合は絶望的でサッとのせて急いで渡す。一番前の席の場合は後から集めてくる人に「持つて行つてやるよ」と自分が持つていくのである。

　本当に無駄な努力であつた。今流行の言葉でいえば「根の暗い性格です」といつたところだ。しかし、中学・高校を通じてクラブ活動をやつたり、クラス委員や体育祭の実行委員とかに選ばれて、のりやすい性格もあつてそれなりに楽しくやつた。高校も普通科で、今度は成績は中位でごく平凡で全く無風な学生生活を送つた。

　しかし、今になつてはそういう学校に対しては、批判的にならざるを得ない。そのような中で、外国人登録書をもつことになつた。それまで親のを見たことはあるが、自分で持つことには実感がなかつた。おをらく高校一年だつたと思う。正確には役所で調べればわかるだろうがアボチが「市役所へ写真をもつていつてこい」と言つたので、授業を抜け出して行つた。入学する時には外国人登録済証明書を取りにいつたことがあつたので、初めてではなかつた。その時には市役所のカウンターで「外国人係の林さんいますか」と聞くのも恥ずかしく、その机の所にいつて待つている間に人に見られるのではないかと気が気ではなかつた。その時たくさんの登録原票を見てこんなに児島にいるのかと思つたものである。しかし、今回はすぐには終わらなかつた。何色か忘れたが色のついた手帳に色々書きこんでその後「指紋を押してもらいます」と言われた。そして、その人はハッと気づいて「ここじゃまずいから向こうにいきましょう」と渡りろうかの向こうの誰もいない部屋で指紋を取られた。取る時に左手を押えられて「ちゃんと取らないといけないからこういう風に廻して」と自分で指紋を押すマネをして「その通りにして」と言つた。私はうまくできるかなあと思いつつ指紋を押したが「うまい、うまい」と言われてとまどつたのを覚えている。学校に戻ると、クラスの友達が「どこに行つていつたんだ」と聞いたが「ちょつと市役所」とあいまいに答えた。すべてのことがあいまいで表と裏がある生活であつた。

　卒業がせまるとまた進路指導である。親は「大学で何百万つかうよりも早く手に職をつけた方がいい」と常々いつていたが、私は家を出たかつたし、すぐ働くのもイヤであつた。相変わらずワガママで、経済的には何とかなるのではないかという気持ちもあつた。しかし成績はどんどん下つており、勉強もなかなか集中できなかつた。大学はどこでもよかつたが、勉強は正直あまりする気はなかつたし、通りそうな所を受けた。大府府と京都府、それから神奈川県の三つに通つたが、神奈川県のその大学には私の高校からはほとんど行く人がいなかつた。その大学は、実は私が小学校四年生位の頃、兄貴は京都の大学へ行つたのだが、神奈川の大学の名前のパンブレットを見たことがあつたのだ。兄貴の行つた大学も含め大阪、京都、東京の大学へは私の高校から何人も行つているが、その大学の場合はそうでなかつたことが、私の「ネライ」目であつた。兄貴が大学から本名でいつていたことは知つていた。私もそうしたいと強く願つていたが、人間関係があまりにも窮屈で完全な逃げの形であつたが、誰も知らない所でやり直したいと思つたのである。願書はすべて本名で書いた。受験の際は高校と同じようになるべく同級生にみられないようにしたが、神奈川の大学の受験の際は同級生はいなかつたのではないかと思う。できれば、ここにしたいと思いつつ、受験したが相変わらず臆病であつた。友達も「どうしてそこへ行くんだ、一緒の大学へ行こう」と誘つたがあいまいに答えた。

　　卒業式にはあまり出たくなかつた。大阪と京都の大学はすでに合格していたが、神奈川の大学が偶然卒業式当日に発表で、しかも大阪、京都の入学金納付の締切りが近ずき、その日、横浜へ行つて合否かを知らなければ払わなければならなかつた。私は卒業式に出られないと担任に伝えると、担任は卒業式の名前は、どうするかと聞いた。その先生は今思えば以前にも一度だけ、あいまいな言い方で私に接近しようとしたことがあつたのだが、その一度きりだつたので私はびつくりして、しばらく考えたが「日本名でいいです」と答えた。今考えれば私のそれまでの学生生活の清算をする最後のチャンスだつたのだが、自らかくしててまつたのである。後日、高校へ証書を取りに行くと、そこには本名だけが書いてあつた。私は小・中・高を通じて、全て日本名で通学したが卒業証書は全て本名でもらうという二重の生活を送りつづけたのである。

　　神奈川の大学に決めて、アボヂと下宿を探しに行つた時、アボヂが「朝鮮人にアパートを貸してくれる所は少ないから汚くてもがまんしろ」と言われて、大学生活に不安を強くもつたが、やり直すしかないと思つたのである。

●日本社会の民族差別

　　以上、長々と私の高校時代までの姿を述べてきたが、これは日々韓国人であることを隠しつづけ、うまれた地域と学校社会の中で、ビクビクしながら生きてきた。主体のない一在日韓国人青年の生の姿である。しかも、解決のすべも持たないみじめな姿であつた。大学に進学した後、私は、それまでの過去をすて去り誰も私の過去を知らない所でやり直したいと思つた。しかし、それは全くの幻想であつた。何故なら、私を悩ませていたのは「何故、朝鮮人であることを隠すのか、何故本名を使えないのか、何故、ありのままをさらけ出せないのか」という自己にすみついていた絶望感と敗北意識であつたからだ。しかも自己のわずかな体験でしか裏打ちされていないのであるから、ともすれば、やり直したい気持ちもしぼむことがあつた。しかし、はつきりしていたことは、決して私一人の個人的な問題ではないということであつた。私の家庭、あるいは私自身の問題がその悩みの起因ではないことは確かた。そこには常に回りの日本人の目を気にし、そこから起因するものがあつた。朝鮮人であることは社会的な事実であるのに、日本名を名乗つているのは、そう「名乗らせる外的」な要因があるはずだつた。私は、朝鮮関係の本を何冊か読んだが、私が全く学校で教えられたこともない歴史が書いてあつた。また、私の抱えていた朝鮮人であることによる悩みは、実はこの百年の間の朝鮮と日本の歴史の中で生み出され続けた日本人の朝鮮及び朝鮮人蔑視であり、それによつて形成された日本社会の民族差別によつて引き起こされているのであること、それがいかにも朝鮮人自身が自ら進んで自分の存在を隠し、日本名を名のつているかのような形をとつて姿をあらわしていたのである。私は、本名で生きることに固執することに決めた。それは、日々わずらわしいほど細かいことにまで及ぶ。大学二年からは、日本読みをしていた名前を朝鮮語読みで登録した。クリーニング屋、病院、電話や自己紹介など、名前が必要な時には、字を説明し、読み方を教えて納得してもらうのはばからしい程の努力であつた。しかし、それらはすぐに限界が来た。折にふれ、自分の問題意識と意見を日本人に訴えていつたが、私のわずかな体験と知識ではすぐタネ切れになつた。しかも、私は、在日朝鮮人や民族差別という言葉を使つてはいたが、その中味を実はほとんど知らなかつた。私は、在日朝鮮人全体の様子や、現実の生活状況や、民族差別と立ち向う活動に興味を持つた。そして現在もまた、本名を名乗り続け、韓国人として生きつづける為にも不断にその努力を怠つてはならないと思つている。

　外登に初めて指紋を押した時は、恥しさと不安で一枚であつたが、その後の切替の際は、こんな対応にビクビクしてたまるかと開きなおりの気持ちで指紋を押しつづけてきた。そして、現在私はそれとは全く一八〇度逆の形で指紋を押すことを拒否した。しかし、私の中に何か特別な変化があつたのではない。民族差別に負けないで韓国人として日本社会の中で生きていく気持ちは全く変わつていないし、だからこそ指紋を押すことができなかつたのである。

　それは、外登法が日本の敗戦後から現在まで一貫して強固に存在する日本社会の排外意識と民族差別を温存、補強してきた一端を担いつづけているからである。それらは後に改めて述べるが、ここでは、私がこの約八年間を見聞し、学んだ民族差別の状況を述べたい。

　外登証の切り替は三年毎であるが、三年というのは一つの区切りになりやすい
期間で、私自身の八年間の中で、切り替の時の気持ちはその間、何を経験したか、
学んできたのかで違う。私が拒否したことそのものはかなり偶然的な点もあろう
が、拒否することが正しいと思つているのはその間の私の考えの集積の結論であ
る。

◉名前について
　一九七四年に、横浜地裁において在日韓国人にとつて画期的な判決がでた。あ
る在日韓国人青年が、日立製作所を受験した際、氏名欄に日本名を、本籍欄に出生
地を書いたため、日立側が「うそつきな性格」として、入社を拒否した事件であり、
これに対して、民族差別だとして争い、勝利したものである。日立が、韓国人であ
ることを理由に入社を認めまいとしたことは明白であり、それを「嘘つきな性格」と
して、責任を転化したことの陰険さに驚くべきものがある。しかし、何故その青年
は日本名と出生地を記入したのか。明らかに本名と本籍を記入すれば不利となりう
る日本社会の現実を知つていたからである。しかも、彼自身それまで本名を自分の
名前として使用することもなく、本籍もまた、ただ外登証に書いてある場所であ
り、そこはまだ彼が一度も行つたことのない韓国の地名だつたのである。
　彼は、明らかに日本名を自らの名前として地域においても、学校社会においても
も使用してきたし、またまわりも彼に本名を使用させるような環境を与えなかつ
た。日本名を利用することを「うそつき」であると非難できる者がどこにいるのだろ
うか。しかし、またそのことは一人の人間にとつて二重の仮面をかぶつて生きるこ
とであり、人間的な歪みを必らずもたらすことは間違いない。私自身も高校時代ま
で心を開いて話せる友達がいなかつた。やはり、本当の自分の姿をかくしていると
いう後めたさが常につきまとつていたからである。だからこそどうしても同胞自身
の中で「本名を名のろう、名のらせよう」という運動が必要となつてこざるを得な
い。
　日本人の全てとは言わないが多くの人は朝鮮人が日本名を使つていることにそ
れほど違和感をもたない。いや、逆に本名を名のろうとすると「日本名はないので
すか」とくる。しかも、それがとりわけ市役所や警察との対応の中で多いのだから
話はややこしくなる。本当の名前を明らかにすべきところで最も日本名が強要され
やすいという現実は、一体何なのか。日本には約六七万人の在日韓国・朝鮮人が住
んでいるといわれるが、本名がでるのは罪を犯して新聞やテレビに出る場合が最も

多い。そこには、従順で、何も起こさないでおとなしく生きていれば、日本人らしく扱うが、朝鮮人が悪いことを行なえば、君は「朝鮮人だ」とつきはなす状況が厳然としてある。また、日本名を名のり、おとなしくしていれば、容認するが「私は朝鮮人だ、本名で生きる」と主張すれば排除しようとする日本社会の対応と考えあわせれば「朝鮮人は、事実としては存在するのだが、社会的には存在を認めようとしない日本社会」が如実に浮びあがつてくる。これらは朝鮮人がなぜ日本名を名のるようになつたのかを明らかにすれば、さらに理解しやすくなる。それは、創氏改名という前代未聞の日本の政策に源をたどれるだろう。

　朝鮮を植民地にした過程において、朝鮮人を日本人にするという皇民化政策は、名前を日本名に変えるという創氏改名、朝鮮語の使用禁止という朝鮮民族の否定と破壊であつたが、基本的には植民地経営をたやすくする為に単一民族の神話のもと、朝鮮人を日本人の下に置き二級国民として設定し、日本人全体に朝鮮人への蔑視教育を行うものであつた。朝鮮人を日本人にするという、歴史と民族を無視した人為的な政策が今、現在まで脈々と生きつづけ、在日朝鮮人の存在を社会的に認めない風土をつくりあげている。

　名前は、その個人の実体を示すものの一つであり、人間関係の重要な要素である。あるいは本名を使わせぬという行為がどれほど非人間的なものかは未だ日本社会の中では充分に理解されていない。本名を使えばすぐ「変な名前」とくるのである。私の見たり聞いたりしただけでも、小学校等に本名で通学した子供達は、直接的な差別言動を多く受ける。彼らの母親は本名で通学させることは「大きなカケ」であると言い切る。そして、それはまた家族もまた日本名で日々生きているからである。教育という現場においてすら、もつとも基本的な本名を名のることが保証されないのだから、他には推してしかるべきである。現に、私の外登にも当初は、本名の横に日本名が書き込まれ、係員は日本名で呼ぶことさえあつた。それが善意とさえ思つている。

　私は、自分から申し出て正しい本当の名前のみを残してもらうようにしなければならなかつたほどである。私は本名で子どもを学校に送つている。オモニ達に心から敬意を表するし、共に生きていきたいと思う。

　ある本で読んだ言葉で、正しくは忘れたが、私の気持ちとぴつたりの表現がある。「隠すしんどさよりも、さらけ出し、人間らしく生きるしんとざを選びたい」。私はこの中味は、人間として最も重要なことを示していると思うし、今回、私が指紋を拒否したことによつて私にふりかかつてくるしんどさも、またそれに連がりうると信じている。

●教育について

　現在、正確な数はわからないが、在日朝鮮人全体のうち、約一四万人が学生及び生徒として学校に通つていると言われ、そのうち日本学校へ行つているのは約八〇パーセント近いといわれている。

　私のケースは決して列外ではなく、大部分は日本名で、日本人のふりをして学校で学んでいるわけである。しかも、日本人の教師の一部を除いては、朝鮮人生徒に接する何をも持つておらず、ただ「ちよつと事情のある子供」でぐらいにしか見ていない。

　当然、同胞の子供達は、日々ビクビク、あるいは開き直つて日本人のふりをして生活しているのである。彼らが、そして私自身が学校生活で得る朝鮮及び朝鮮人のイメージはマイナス的なものが圧倒的である。日本社会に厳然と朝鮮人に対する差別が存在しているのであるから、それは当然学校社会にも反映し、授業に朝鮮がでてくれば、笑いとさげすみが充満し、ケンカをすれば「チョウセンのくせに」、「チョウセンへ帰れ」となる。

　外登証を持つ年令は、最も感受性の強い年頃であるから、日頃常に持つているのは少ないのではないかと推測する。そもそも、こんなに大切で大事なものを、学校などへもつていつてなくしたらどうするのか、家に大切にしまつておくべきだと、まあ、おそらくこういう家庭が多いのではないだろうか。親の多くは、教育は学校まかせが現実にはおおいだろうし、外登証などについて詳しく子供に教えたりはしない。教師などは、百人中九九人は、持つていることさえ知らないだろうし、見た人はもつと少ないだろう。しかも、そこに強制的に指紋を押させられていることを知つている人は何人いるだろうか。おそらく長年にわたつて何万、何十万という朝鮮人生徒が、外登証を持つた学校生活を送つただろうと思うが、一回でも日本人教師から何か問題提起があつたことがあるのだろうか。明らかに、朝鮮人生徒は、教室の片隅に放置された存在なのである。

　しかし、それらは個人の努力だけによつては、あまりにも困難である。朝鮮人をとりまく地域の日本人達が、共に本名で生きられる環境づくりに努力してほしいと切望するし、その中心的担い手は教師と地域の子供を持つ父母達である。また、民族差別は独立して存在しない。障害者や、部落差別がきつい所ほど、朝鮮人に対する差別もきついという関係は、確実に存在する。一人一人の人権と人格が尊重されなければ民族差別を含めてあらゆる他者を切すて、排除するものは強まるばかりである。

　現状のままで、学校の中で朝鮮人であることを明らかにし、本名を名乗れば、容赦なく差別の攻撃にさらされる。かといつて、私は自分の様に日本人のふりして生きろとは決して言えない。川崎にいる時、よく中学生などに言われたものだ。「俺に本名で学校に行けというが、自分だつて大学からなのつたんじやないか」と。たしかにそうだが、私はよくりきんで「これからの生き方で勝負しようじやないか」とタンカを切つたものだ。

　私は、自分の子供は絶対に本名で育てたいと思うが、さきほどの中学生同様先に進むものが生き方をみせてやらなければ言葉だけでは犠牲になるのは弱い子供達である。

●外登法の性格

　外登法は、確かに全ての外国人に適用される法律ではあるが、それが作られた経過をみると、明らかに在日朝鮮人を対象にしたものであることがわかる。

　私は、学者ではないから歴史や法律を充分に研究していない。にもかかわらず、そう言えるのは、次の事実からである。

　一九四五年に、日本の敗戦によつて朝鮮は植民地から解放されたが、当時日本には在日朝鮮人は、約二百万人もいたといわれ、当然、その存在は大きな社会的な問題であつた。その後、帰国者は多数にのぼつたが、様々な理由で日本に在留する者も多く、その数約六〇万人といわれる。また、同じく日本が植民地にしていた台湾人も多数在留していたが、その数は、朝鮮人に比べてはるかに少ない。当時の外国人は、彼らによつて大多数が占められており、それ以外はほとんどいわゆる連合国民であつた。しかも、朝鮮人及び台湾人は、日本の植民地政策によつて日本に居住するようになつた為、皇民化政策によつて日本国民とされていたが、日本の敗戦によつて解放された国民でもあつたから、極めて複雑な状態にあつたと思われる。連合国司令部の規定によると、次のようになる。「中国人である台湾人及び朝鮮人は軍事上の許す限り、解放国民として取り扱われるが必要な場合は敵国人として扱われる」一九五二年、日本が、サンフランシスコ平和条約(いわゆる講和条約)を締結することによつて、当然その処遇が問題となつた。しかも、一九四七年の新憲法発布の前に、外国人登録が、勅令によつて公布されており、在日朝鮮人は、選挙権、被選挙権を停止させられたまま、しかも「日本国籍を有する」とされながらも、外国人登録令に適用されていたのである。また、一九五一年には、外国人登録令から、出入国及び退去強制条項の部分を分離し、新たに出入国管理令を作り、施行した。講和条約発効によつて、実質上主権を取り戻した日本政府は、これら二つの法律をもとに一方的に「朝鮮人及び台湾人は平和条約発効の日をもつて日本国籍を喪失し外国人になる」と、通達し、適用したのである。そもそも、これらの法律は、パスポートをもつて入国した者を対象とすべきものであるのにもかかわらず、日本の植民地政策によつて発生した在日朝鮮人に適用したことは大きな問題である。しかも、その当時外国人といえば、在日朝鮮人・台湾人、そして連合国民であつたことを考えるならば、誰を対象にしてつくられたのかは明白である。

　日本の戦争責任を全く無視した処置である。その後、在日朝鮮人の法的地位は、韓日条約の発効によつて韓国籍と朝鮮籍との間に差異が生まれ、ますます複雑化して、現在に至つているが、基本的な外登法の問題点は、そのまま残つている。

　とりわけ、指紋押捺制度と、常時携帯義務は、その最も典型的なものである。しかも、指紋押捺制度は、一九五二年の外登法によつて、初めて導入され、様々な反対と問題点により、三年も実施が延期されたいわくつきのものである。

●指紋押捺制度は人権侵害である

　戦前、戦後を通じて、在日朝鮮人は、不当な民族差別を受けつづけ、また、苛酷な法的な規制にしばられている。しかし、前述したように、就職差別に対する斗いや、本名を名のる取り組みが地域にくりひろげられているし、また、日本社会そのものの、人権意識の高まりによつて、制度的な改善が行われつつある。国際人権規約の発効による影響であろうか、差別に対する日本国内の法整備もわずかながら行なわれ、児童手当や、住宅金融公庫の融資などが認められるようになつた。しかし、たとえば今年の春、新聞の折り込みに入つていた広告には、住宅ローンの案内で住宅金融公庫は在日外国人にも利用できるのにもかかわらず、これと併記する提携ローンには、はつきりと借入資格として、日本国籍を有する者としており、外国籍を排除しているのである。これは、岡山の最大手の銀行であるが、何故、だめなのか、疑問を持つことさえしない銀行に対して大きな怒りを持つ。銀行の何百、何千という行員がだれ一人異議をとなえないのかどうかその実態はわからないが、この銀行の人権意識が如実に示されている。また、現在まで岡山市では公営住宅に国籍条項があるときいて驚いている。人権とは、侵害している側にはわかりにくいものである。しかし、外登法の指紋押捺制度の場合は、全国で何十万もの人間が、日常的に指紋を押させられ、押させている人間はその状況を最もよく知つているはずである。現に、私に対応した係員は「あなたの主張はわかるが、どうしようもない、部内でも問題になつている」と私に言つている。また、大阪では、指紋押捺制度の廃止を外国人登録係の職員の団体が国に要望したと聞いている。また、私は指紋を押させないで、登録はできると主張したが現に登録は確実に実施されており、登録制度に指紋が必要とは考えられない。

　登録する側も、受け付ける係員も必要ないといつているのに必要としているのは一体誰なのか。今まで述べてきたように在日朝鮮人の歴史と外登法の成立の課程を考えあわせるならそれは在日朝鮮人を人権を侵害してでも弾圧し、管理しようとしている日本政府であることは明らかである。指紋押捺制度は、登録制度に指紋押捺が必要かどうか以前の人権の問題としてまず考えるべきだろう。おのずと答えは、明らかだが、技術的なことは私自身が不押捺の登録証を所持して約八ヶ月、何ら不都合がないのだから簡単なことであろう。指紋押捺制度は明白に人権を侵害するものであるから、外登法そのものが日本の批准している国際人権規約と日本国憲法に違反していると私は考える。一九七九年月に日本において発行した国際人権規約の、自由権規約の第七条には「何人も非人道的な若しくは品位を傷つける取扱いを受けない」とあり、日本国憲法第一四条の法の下の平等がうたわれているからだ。

　私が、現在、起訴されている外登法違反はその法律そのものが違法であるから、私は無罪であり、起訴そのものが無効であると考える。また、人権を守る為に行つた良心的な行為が、人道的にも罪になるとは、思わない。私が、一八年間、日本人として生きてきた存在とその後現在までの存在は、明らかに相反する生き方であつたが、これらに全て私の送つてきた人生の事実であり、消し去ることはできない。

　新しく生まれかわつた人生をとどまることなくさらに続けていく為にも、また我が子も含め、多くの同胞の子供達の将来の為にも、指紋押捺制度の不当性と差別性を見逃がすことはできない。私が、指紋を拒否した最も根源的な理由が私自身にもようやくはつきりとわかつた。それは、日本社会の中で、韓国人として、人間として生きていきたいという欲求であり、決して二度とみじめであつた、オドオドした日本人のふりをする生活に戻ることがない為の正当な人間としての拒否であり、主張であるということだ。

　　一九八二年六月七日

　岡山地方裁判所　　御中

外国人登録法(指紋押捺義務)違反

被告人　姜博

弁護人意見陳述書

岡山地方裁判所御中

岡山地方裁判所　御中　被告人　姜博

外国人登録法第一四条(諮問押捺義務)違反

目次
第一　公訴事実について
第二　指紋押なつ制度の本質
第三　国際人権規約の効力
第四　外国人登録法の歴史
第五　在日朝鮮人の歴史と実態
第六　在日朝鮮人の法的地位

第一　公訴事実について
一、公訴提起に伴なう瑕疵は治癒されないことについて
　　　1　検察官は、公訴事実の「登録原票等」とは、登録原票以外に登録証明書、指紋
　　　　原紙二葉を含むと釈明した。この釈明によって訴因の不特定という公訴提起
　　　　に伴なう瑕疵は治癒されたと考えるべきであろうか。答は否である。検察官
　　　　は、可及的に、いかなる行為が犯罪であるかを特定主張する責任があり、こ
　　　　れが不可能であったとは本件ではとうてい考えられない。このような検察官

の怠慢を救済してやる必要性も合理性もない。したがって登録証明書及び指
紋原紙二葉については、公訴提起はなかったとして裁判所は訴訟指揮をすべ
きである。

二、被告人の体験したこと。

1 被告人は、川崎区役所田島支所の係員が登録証明書を被告人に示した事実
は、現認しているが、他の書類は一切示されていない。多くの書類について
は、被告人は勿論諮問押捺を拒否する言動はしていないのである。事実論と
しても被告人は無罪である。

2 検察官は、本件で諮問押捺義務の発生時期は、「登録証明書再交付申請時」と
主張した。しかし、これは皮相的観察である。外国人が申請しても、仮に係
員が関係書類を示して押捺を要請しない場合も充分ありうるのであるから、
この様な外国人に何ら責任がないときも義務が残存するとは到底解釈できな
いことは明白である。この事は、外国人でさえ一体どんな書類に押捺せよと
要求されるのか、一般的に周知徹底していないこと及び関係当局の窓口係員
が過去に、指紋押捺を要請する職務の返上方を決議していることで証明でき
る。

3 つまり、窓口係員は、自分達が窓口へ来た外国人に対して、これこれの書類
に指紋を押捺せよと要求する行為が、自分達の職務内容に含まれていること
を知っているのである。検察官が主張する様に、外国人の「登録証明書再交
付申請時」だというような抽象論では、申請時の一連のプロセスを全く知ろ
うとしない、したがって、本件の本質に目をつぶった論議というべきであ
る。

第二　指紋押捺制度の本質

一、指紋押捺行為の特異性

1 裁判所、検察庁を始め、いわゆる法律関係の職場に勤務する人間にとって、
「判こをもってないなら、ここに左手の人さし指で指印しなさい。」というよ
うなことは、日常的に経験している。

2 しかし、このような職場に入るまでのことと、他の職場で行われていること
を冷静に比較し対照するならば、この日常的な事実は、社会の一部特殊部分
でのことにすぎないことがたやすく判明し、自分達の感覚がマヒしているこ
とに気付くはずである。

3 外国人登録関係窓口係員が、諮問押捺義務の返上を決議したのも、考えてみ

れば、人間としての正しい感情に目覚めたからにすぎないのである。

　東洋なかんずく中国、日本等では印鑑が重視されることについては、世界一といっても過言ではなく、吉相印の広告等は、新聞雑誌等でも大々的になされている。このような風潮、国民性について思いをいたすならば、指紋制度の異質性に気付くはずであるし、指紋制度とは、一体何時ころからどんな由来があるのかについて考察をしなければならない。

二、諮問押捺を国家が市民に要求する根拠

1　国家が市民に対し指紋を採取することを認めているのは、日本国では原則として、犯罪の嫌疑を受けている場合であり、これは、刑事訴訟法規をみれば明らかである。

2　外登法は、外国人であるとの理由で、指紋の押捺を強制し、これに違反するものに刑罰をもってのぞんでいる。外国人は犯罪人でもないのに、何故この様なことを要求できるのかを考えなければならない。

3　これについて、外国人は内国人と法的地位が異なることすなわち入国管理事務を根拠とする見解もある。確かに、指紋は個々人によって違っており、人物の同一性の判別には最有効の手段である。しかし、指紋を採取しなければ、密入国者がふえ入管事務が遂行できないとか、根底からゆらぐことはありえない。

4　いったい行政については、その行政事務、行為の内容に応じて目的と手段、方法の間には、合理的な整合性が要求されることは、一般に「比例の原則」として承認されている。外国人に入国を認めたり、滞在を認めることは、古くは特権の付与と考えられてきたが、現在の国際化社会では、内外人平等の原則は浸透し、可及的に平等な取扱いを指向している。これは憲法一四条の法の下の平等原則からみて当然のことである。入管行政は、この新憲法や戦後の国際化という視点から再検討することなく旧来の古い行政法のドグマや外国人に対する危険視政策を根底に解釈されてきた。いわば、根本的に再検討を要求される分野だったのである。

5　当局者は指紋を押捺させないと密入国者との判明が不可能というが、これは誤っている。日本国内に在住する日本国民全員の指紋が採取され管理されているならば、ある人間が密入国者か否か直ちに判明することもできるかもしれないが、この様な独裁的な恐怖政治をしている国家はどこにもない。ある人物が資格を国家から認められているか否かを判定する制度で広範囲に維持されている運転免許制度でも、免許証には写真が貼付されているだけであ

る。「写真は偽造されるからダメで、免許証に指紋を押捺させよ」という議論
は出てこないのはなぜか。つまり、国家が生活のすみずみまで管理の綱を広
げるについて誰も承服しないからである。民主主義社会では、人権尊重の見
地から、行政権力の介入進出に歯どめがあることを忘れてはならない。ま
た、立法当初の混乱した世情の中で、ガリ版ずりの登録証が作成された状況
と高度に偽造防止技術が発達している現在、即に指紋押捺の存在意義を失っ
ているといえる。

6 指紋押捺に密入国を思いとどまらせる抑止力があるという議論があるが、こ
れも説得力はない。なぜ指紋に抑止力があり、写真に抑止力がないのかは全
く証明できてないのである。

7 結局指紋押捺は、これを国家が人民に要求できる合理性は犯罪の嫌疑が相当
ある場合であり、その他の場合には、昔からやってきたといっても、そのこ
とだけで合憲適法だとはいえないのである。

第三　国際人権規約の効力

一、昭和五四年九月二一日以降、日本国内で効力を有することとなった国際人権規
約のうち市民的及び政治的権利に関する国際規約(自由権規約)第七条は、「何人
も拷問又は残虐な、非人道的な若しくは品位を傷つける取扱い、若しくは刑罰
を受けない」と規定している。

　　本国際人権規約は単なるプログラム規定ではなく、日本国内法としても効力
を有する。

二、ところで、指紋押捺制度は、前述のとおり犯罪人の特定手段として発展してき
たこと、日本では印鑑が、ヨーロッパ等ではサインが重視されてきたことから
明白なように、決して対等な人間関係にある相手に要求できるものではない
し、これを要求された者は侮辱されたと感じることは多言を要しない。即ち、
「品位を傷つける取扱い」であり、相手のパーソナリティー(人格)を認めていな
いからこそ、このような取扱いを強制することについて何の疑問をも抱かない
のである。

　　外国人登録法一四条に定める指紋押捺義務は前記自由権規約第七条に違反す
るから、本件公訴事実は、犯罪とならないのである。

三、憲法第一四条違反について

1 憲法第一四条は、外国人にも適用されるが、ただ合理的な差別は許容される
というのが通説判例である。

2 すでに検討してきたように、指紋押捺制度は、必要性、合理性、相当性のいずれの見地からしても、許容される限度を超えており、外国人に対してのみこれを受忍させることは失当である。

　したがって、外国人登録法一四条は、憲法一四条に違反するので、本件公訴事実が仮に証明できたとしても、罪とはならないのである。

第四　外国人登録法の歴史

　ところで、外国人とりわけ在日朝鮮人取締法規として作用してきた外国人登録法の誕生とその変遷の歴史は次のような経過となっている。

一、戦前の外国人登録

1 徳川時代の鎖国政策が破られるまで、外国人登録制度は特に必要とするものではなかったし、明治以降現行の昭和二七年法律一二五号外国人登録法に引き継がれるまでには明治二七年勅令一三七号「帝国内ニ居住スル清国臣民に関スル件」なども敵国人としての取締法規、第二次第戦後の外国人登録がある。

二、外国人登録令の制度

1 第二次世界大戦が我国の敗戦という形で終結し、国内における外国人に関する動向の把握は戦後処理という混乱した社会情勢下で非常に困難な状態であった。連合軍最高司令官は右のような実態が占領行政を阻害する原因となることをおそれ、昭和二一年四月二日付覚書「日本における非日本人の入国及び登録に関する件」によって、日本政府に対し外国人登録を実施するよう命じ、旧内務省が法令の立案に着手し、約一年後の昭和二二年五月二日、いわゆるポツダム勅令として「外国人登録令」(昭和二二年勅令二〇七号)が今布施行せれた。従って、その性格は現行の外国人登録法と出入国管理令を一本化したようなものであり、当初から治安的色彩の濃いものであった。そして、この法令の施行により「日本人」として居住していた朝鮮人および台湾人は突如として外国人としての登録を強要されるようになったものである。

2 昭和二六年対日平和条約が締結され、ポツダム命令制定の根拠法である「ポツダム宣言の受諾に併い発する命令に関する件」(昭和二〇年勅令五四二号)は当然廃止され、従前の外国人登録令は出入国管理手続を除き、外国人登録法(昭和二七年法律一二五号)に継承された。基本的性格はやはり外国人取締法規と言うべきものである。そこで、ここにはじめて指紋押捺制度が採用された。しかし、何故指紋押捺制度が採用されたのかの理由、必要性は、解説書等によっても明確ではなく、実施は各界から反対意見がだされ最終的には昭和三〇年四月二七日からとなったのである。

三、1 外国人登録法の改正の概論

　　　外国人登録令は占領政策推進のためになされたものであり、外国人登録法はその流れを継承するものであったため、その改正は必然的であり、国際的にも矛盾のある現行法はより合理的なものへと、国際化時代を迎えて国際人権思想の発展とともに今後も改正の動きは止まないものと思われる。現在までの本件に関連する主な改正の経過は左記のとおりである。なお改正は第一次から今国会(第九六回)改正分を含め一一次にわたっている。

イ　第二次ないし第四次改正

　　　昭和二八三月二六日法律第二四号「期限等の定のある法律につき当該期限等を変更するための法律」(即日施行)による改正である。外国人登録法は、昭和二七年四月二八日に施行されたが、指紋押捺義務を定めた同法第一四条及びその義務違反等に対する罰則を定めた第一八条一項第八号は、指紋押捺制度実施のための準備と外国人に対する趣旨徹底を図る必要から施行時期をずらし、「この法律施行の日から一年以内において政令で定める日から施行する」と規定した(附則第一項但書)。当初は昭和二八年四月二八日以前において政令で定めた日から施行されることになっていた。しかし、同法附則第八項により昭和二七年九月二九日から同年一〇月二八日の間に行われた登録証明書の一斉切替に際し、朝鮮人団体等による切替反対運動が起こり、諮問押捺反対の意見が強くだされ、翌年四月二八日までにそれを実施することは時期尚早であると判断された。そこで、とりあえず外国人登録法附則第一項但書の「一年以内」を「昭和二八年六月一日までの間」に改めることとした。以上が第二次改正の内容である。

　　　ところで、第二次改正は、参議院の緊急集会における臨時かつ応急の措置であったので衆議院の総選挙が終わって新たに招集された特別国会において、それを追認すること(憲法第五四条第三項の衆議院の同意)が必要となったが、この新国会では、単なる追認にとどまらず、指紋制度の実施時期を更に延期して「二年以内」に政令で定めるという措置をとった。これが昭和二八年五月三〇日法律第四二号「外国人登録法の一部を改正する法律」(即日施行)による第三次改正である。

　　　以上要するに、当初昭和二八年四月二八日までに実施することとなっていた指紋制度は、延期措置によって昭和二九年四月二八日まで猶予されたが、昭和二九年一月に入り、「新年度予算編成方針は、緊縮予算として新規事業は一切認めない」旨の閣議決定があり、指紋制度実施のための予算も認められなかったので、遂に再々延期のやむなきに至った。昭和二九年四月二〇日法律第七〇号「外国人登録法の一部を改正する法律」(即日施行)による第四次改正がそれであって、同法附則第一項但書の「二年以内」は「三年以内」に改められている。このようにして、最終的には昭和三〇年四月二八日までに実施することとなった指紋制度は、同年三月五日政令第二五号「外国人登録法第一四条及び第一八条第一項第八号の規定の施行期日を定める政令」によってその年の四月二七日から施行されるに至った。

ロ　第六次改正

　改正の目的は、指紋制度の実施とからみ、事務の合理化や外国人の義務の軽減をねらいとしたものであって、

(イ)登録証明書交付予定期間指定制度の採用、(ロ)指紋押捺時期の明確化、(ハ)申請等のための本人出頭義務の明示、(ニ)市町村合併に伴う変更登録手続における職権登録制の採用、(ホ)居住地変更に係る事前届出制の廃止、(ヘ)再入国許可による出入国の場合の登録の継続などを含むほか、特に(ト)従来二年ごとに切替を行うこととなっていのを三年ごとに改め、かつ、切替手続の内容を「新たに登録証明書の交付を申請しなければならない」から「登録原票の記載が事実に合っているかどうかの確認を申請しなければならない」にかえている。

ハ　第七次改正

　昭和三三年二月二六日法律第三号「外国人登録法の一部を改正する法律」(五月一〇日施行)による改正であって、指紋関係を中心に手直しされた。同条第二項において、出入国管理令上一年未満の在留期間を付与されて在留する者で期間更新許可等による期間を通算しても一年に満たないものには、指紋の押捺を免除する旨が規定された。このほか、登録証明書の交付予定期間が到来する前に居住地を変更した場合の扱い(第八条の二)が登録の訂正手続に関する規定(第一〇条の二)が新設された。

ニ　第一〇次改正、第一一次改正

　昭和五五年五月二八日法律第四号「外国人登録法の一部を改正する法律」(一〇月一日施行)による改正で新規登録申請期間の延長、変更登録申請期間の緩和、確認申請制度の合理化、登録証明書の返還申込制度の廃止等が行われた。そして、これに続く昭和五十年八月第九六回国会において従来三年ご

とに行われてきた登録更新を五年に延長し、満一六未満を登録更新から除外
するなど、指紋押捺義務を実質的に軽減する改正が行われた。

2 今後の改正の方向

　　昭和五五年法律第六四号による外国人登録法の一部改正(第一〇次改正)
はさしあたり必要と認められる事項につき手直しを加えたに過ぎず、その
国会における論議の過程においても数多くの問題点が指摘されている。又
第一一次の改正においてもその議論が充分に考慮されなかった。(イ)永住
者や一二六該当者らに対して三年ごとに登録確認手続を繰り返す必要性が
ないこと。(ロ)未成年者に係る登録証明書携帯、提示義務を減免するこ
と。(ハ)暗いイメージのつきまとう指紋押捺義務の軽減、廃止、(ニ)住民
基本台帳法や、戸籍法上の義務違反に対する罰則と比し、外登法上の罰則
は均衡を失した重さがあり、これを軽減する必要等が継続的に具体的検討
課題としてあげられている。このように、外国人登録法は過去の国益を害
するおそれのある「外国人」と取締る法規から、「外国人」住民共同体を形成
する一住民として権利を擁護していくための制度へと大きく変革を迫られ
てきている。つまり、外国人登録法はその実質において住民登録法に限り
なく近づきつつあるし、国際人権規約の発効とともに根本的に問い直され
なければならなくなってきている。

　　そして、以上みてきたように外登法改正の歴史は、行政の事務合理化と
いう技術的要請からなされたものを除き、立法当初から理由に乏しく、常
に批判されてきた指紋押捺制度の見直し要請に対し、当局側が抵抗し、妥
協がはかられてきた歴史、即ち朝鮮人を国益を害する「外国人」として管理
の強化をせんとする当局側の態度が常に論争されてきたといっても過言で
はないのである。

第五　在日朝鮮人の歴史のと実態

一、次に外登法の適用対象とされる在日朝鮮人の歴史と実態について述べていく。

　　これをのべるのは、被告人の意見陳述にもあったように、被告人の本件に及ん
だ動機は、在日朝鮮人の歴史及び実態と深いかかわりがあるからである。現在
日本国内には、約七八万人の外国人が居住し、その八五パーセントにあたる約
六七万人は在日朝鮮人で占められている。なぜ六七万人もの朝鮮人が日本国内
に居住するようになったのか。それは日本の朝鮮侵略の結果であり、日本が朝
鮮を植民地としていたからに他ならない。

二、一九〇四年、日露戦争開戦に伴ない、日本は中立を宣言する朝鮮政府に「日韓
　　議定書」を強要して、朝鮮における日本軍の行動と軍事基地設置の自由を認め
　　させ、これに対する朝鮮民衆の反日闘争を弾圧したうえ、遂に一九一〇年日本
　　は朝鮮を併合してしまった。この「日韓併合」以降日本は朝鮮を日本の植民地と
　　して三五年間支配しつづけてきたのである。

三、日本は朝鮮植民地化に伴ない、土地調査事業と称して農民から土地を奪い、日
　　本人地主への土地集中化をすすめていった。土地と生活を奪われた農民は、村
　　に止まって新たに小作人となるか、それとも都市に出て労働者となるか、何れ
　　の途しかなかった。しかし、村に止まっても高い小作料と不安定な小作関係の
　　ため食べていくこともできず、また都市に出たところで、離農農民を雇入れる
　　企業も少なかった。そこで結局生活を奪われた朝鮮人農民は生きるために国を
　　あとにせざるをえなくなるのであった。

四、他方、日本の資本家も朝鮮人の安価な労働に眼をつけ「日韓併合」の翌年である
　　一九一一年ころから、朝鮮人労働者の募集をはじめた。「労働ブローカー」が朝
　　鮮に出かけ、農民をだまして低賃金労働者としてかり集めることとなってので
　　ある。そして日本国内でも第一次世界大戦による特需が本格化した一九一七年
　　ころからは、朝鮮人労働者の募集も本格化し朝鮮人の渡航も急増することと
　　なったのである。一九一三年の在日朝鮮人の数は約四〇〇〇名にすぎなかった
　　のに比べ、一九一七年には一万五〇〇〇人に急増しているのである。

　　　その後一九一九年からはじまった朝鮮独立を求める「三・一独立運動」のあと
　　は、一時日本政府は朝鮮人渡航を制限したりしたが、これは日本政府が「三・
　　一独立運動」を武力弾圧し、治安上の理由で制限したからである。

　　　しかし、第一次世界大戦後の不況が回復期に向うや、再び安価な朝鮮人労働
　　者を日本に渡航させ、一九二四年の在日朝鮮人の数は一六万八〇〇〇にも達す
　　ることとなった。

　　　日本へ渡航した朝鮮人が就いた仕事は、ほとんどが肉体労働で、鉄道、トン
　　ネル、ダム、道路工事の土方人夫として働かされるのである。賃金も日本人労
　　働者に比べて極端に低く、又その低賃金すら支払われなかったことが多かっ
　　た。そして労働時間も一二時間から一六時間労働といった、まさに奴隷労働に
　　等しいものであったのである。

　　　このような過酷な労働条件であったにも拘わらず、朝鮮人渡航者が跡を絶た
　　なかったのは朝鮮農村の疲弊が深刻なことと労働者狩りが執ように続けられて
　　いたからに他ならない。

　　一九二八年の朝鮮人渡航者は一年間だけで九万人にも及び、この年の在日朝
鮮人の数も三四万にんに及ぶこととなったのである。

五、一九二七年ころからはじまった世界金融恐慌の影響により、日本国内で失業者
は街にあふれるようになった。

　　日本政府はこのような状況下で朝鮮人の渡航を「失業の輸入」と称して、再び
朝鮮人の渡航を厳しく制限し、日本人失業者の増大の原因を朝鮮人が仕事を
奪ったかのような差別的な言動が眼につくようになった。その結果、朝鮮人渡
航者の数も一時減少することとなった。

　　しかし、日本政府はこの昭和恐慌の活路を求めるため、一九三一年、中国進
路を開始し、満洲国建設を企図し、朝鮮人民を満州に移住させ、日本侵略の尖
兵として中国人民と対立させることをはかろうしとしたのである。

　　そして、この満州事変をきっかけに、日本独占資本は本格的に朝鮮侵略を開
始し、莫大な資本を投下してゆくこととなったのである。

　　以降、日本政府は日本国内でも挙国一致戦国体制のもとで、石炭産業、軍需
工場、軍事基地建設のために、国家総動員法が公布された一九三八年には、朝
鮮人の強制連行を決定し、朝鮮人労働者を、強制連行してきたのである。

　　トラックで朝鮮農村にでかけては無理矢理、農民をトラックに乗せて、日本
国内に集団連行してきた。

　　一九四〇年に在日朝鮮人の数は一〇〇万人を突破して一一九万人となった
が、このような急激な増加は強制連行の結果に他ならない。そしてその後も毎
年増加の一途をたどり、一九四五の日本帝国主義は敗北時には、その数は実に
二三六万五〇〇〇人となったのである。

六、日本帝国主義は侵略戦争を遂行するために朝鮮人を強制連行してきただけでは
ない。朝鮮人の「皇国皇民化」政策を強行したのである。朝鮮人の「日本臣民化」
をはかり、更には、朝鮮に固有の性名を日本式に変えさせる「創氏改名」まで断
行して朝鮮人を根こそぎ侵略戦争に動員していったのである。強制的な陸軍志
願兵制度によって日本側が発表した数字だけでも三二万九九三四名の朝鮮青年
が兵士として戦場に送られ、その他、軍事要員として各地の戦線に動員された
朝鮮人は一五万人にものぼり、戦火の果てに死亡したものも数えきれないほど
である。

　　また、朝鮮女性を各地の戦場に慰安婦として連行したりさえしたのだる。

七、このような歴史をもって在日朝鮮人は戦後日本に居住することとなった。一九
四五年当時の在日朝鮮人の数は約二三〇万人と述べた。これは実に当時の朝鮮

総人口の約一割にあたるのである。そして日本で生活する現在の在日朝鮮人は
すべて彼ら本人かその子孫である。

　　そして植民地戦争の犠牲者として生まれた在日朝鮮人の歴史が必ずしも正し
く、また広く伝えられているとは思えないこと、最近の「教科書問題」で明らか
である。

　　しかし、在日朝鮮人である被告人を裁くにあってはこの歴史を抜きにして裁
くことはできないし、外登法の本質と矛盾も見抜けないことはいうまでもない
ことである。

第六　在日朝鮮人の法的地位

一、在日朝鮮人の歴史について、彼らの法的地位の変遷と現状について述べる。

　　一九四五年八月、日本帝国主義は敗れ、朝鮮は日本の植民地から開放され
た。前述のとおり、当時の在日朝鮮人の数は約二三〇万人と言われている。当
然在日朝鮮人も過去の植民地の遺物から一切が解放されなければならないはず
であった。彼らの国籍は一九一〇年「日韓併合」以後、日本国家の利益に従い国
籍選択の自由が認められることなく日本国籍を強要されつづけてきたのであ
る。ところがこの状態は一九五二年四月二八日の講和条約発効の日まで続けら
れてきたのである。つまり在日朝鮮人は一九五二年四月二八日まで日本国籍を
有することとされていたのである。

二、敗戦後の在日朝鮮人の地位に最初に言及したのは、一九四五年一一月三日の
　GHQの「日本占領及び管理のための指令」で「朝鮮人は軍事上許す限り解放国民
　として扱われるが、必要なばあいは敵国民として扱われること」といった誠に
　訳のわからぬ指令で当時の在日朝鮮人の法的地位も極めて不安んあった。

　　そして、その三ヶ月後には「日本国籍」を有する在日朝鮮人の選挙権・被選挙
　権を停止して、外国人登録令の適用を一方的に図っていった。それなら、外国
　人なら民族教育を認めるのかといえば今度は、「日本国籍」を有するのだから日
　本の学校教育法に基づく教育をさせよといって民族学校のは閉鎖命令まで出し
　ていったりした。

　　しかし、日本国籍の強要は植民地支配の延長である。とりわけ民族教育の弾
　圧は朝鮮人の主体性を認めず、これに反抗するものは外国人登録令違反で外国
　追放というのでは日本政府の犯罪性はどんなに非難されてもされすぎることは
　ないだろう。日本の植民地支配の犠牲者が解放後もなぜこのよう扱いをうけな
　ければならないのか、その説明はできないはずである。

三、続いて一九五二年四月二八には講和条約が発効し、日本はGHQ政治からはなれた。今後日本政府は講和条約発効後は、出入管理令と外国人登録法この二つの法律により外国人管理を自前でやることとなった。

　ところが日本政府のとった措置はなんら在日朝鮮人の意向を問うことなく、今度は彼らの「日本国籍」日の離脱を一方的に図り、一転して外国人だという理由でこの二つの法律の適用を迫ってきたのである。

　しかし、この二つの法律の被適用者は、これを読めば明らかなように、あくまでも旅券をもって仕事や研究観光等で日本に入国し、一定の在留活動を行ない出国する外国人を対象にしたものである。つまり外国人登録法の被適用者は旅券を所持する外国人となっている。

　しかし、当時の在日朝鮮人及びその子孫は誰れ一人として旅券など所持していない。日本の植民地(領土)から強制連行されてきた在日朝鮮人に旅券などあるはずがないからである。又、その必要がなかったのである。旅券を所持して出入国する外国人を被適用者とする外国人登録法を一律に旅券を所持していない在日朝鮮人に適用することこそ最大の矛盾であり、最大の問題である。

　この点に関し政府は在日朝鮮人は、当時者の自由意思で日本に在留することとなったのだから、旅券を所持して入国する外国人と同じに取り扱い外登法を適用し管理する必要があるという論理である。在日朝鮮人の人権を踏みにじり、なぜこのような論理が成りたつのか、まさに加害者と被害者が逆転しているといってよい。

四、また政府はこのように言う。「法律一二六―二―六」を設ける在日朝鮮人を優遇しているではないかと。

　この法律の内容は、戦前から講和条約までひきつづき日本に居住していた在日朝鮮人の在留資格と在留期間だけは、別に法律ができるまでは適用しないとされているからだ。

　しかしこれはまったくのゴマカシである。そもそも他の条項はすべて適用されるし、法律一二六―二―六は「外国人の入国・在留に関する事項は一国の主権のまったく自由裁量に属する」と外国人一般に対する考えのワク内のものでしかないからである。

五、このような状況にひきつづき、一九六六年一月一六日日韓基本条約と法的地位協定が成立した。この法的地位協定の結果、在日朝鮮人のうち韓国籍のものには協定永住権を与えることとなった。協定永住権が認められると、何か大変、法的地位が安定したかにみえるが実はそうではない。例えば強制退去の可能性は常にあるといってよいから、協定永住権者の法的地位は極めて流動的なのである。

　要するに在日朝鮮人の在住権は法律一二六—二—六や協定永住などによってはいるがこれも極めて不安定極まりない。

六、ところで、自国に存在する外国人に対してどの程度の自国の権利享有を認めるかという法的地位に関しては、初期には敵視時代や排外時代などの権利否認の時代があったのであるが、今日のような国際化時代においては世界的に広く内外人平等主義がとられるといってよい。日本に在住する外国人の地位に関して規定している我民法第二条も基本的には平等主義を表明しているものと理解されている。

　それにも拘らず、我国においては原則として永住を目的とする外国人の入国を認めない入管行政の基本政策があり、その理由として単一民族社会の崩壊により社会秩序の安定が損なわれる恐れをかかげている。しかしこのような排外主義から平等主義への確かな歩みの中で今なおこのような鎖国的態度はまさに時代錯誤も甚しいというべきである。

　在日朝鮮人はいろいろの形で日本社会に貢献してきた。勿論税金も収めてきた。国籍がないという理由だけで社会から排除し定住を不安ならしめることがあっては絶対ならない。そして日常市民生活の分野において、できるかぎり多くの市民的権利が平等に与えられて然るべきである。

　戦後、人権の保障は内外人平等主義へと進んできた。

　世界人権宣言、国際人権規約の成立は国際の壁を超えて大きく前進してきた。法的拘束力をもたない世界人権宣言が法的拘束力をもつ国際人権規約へ変ってきたのである。

　もはや、外国人といわれる在日朝鮮人の人権は国際的人権保障の流れに沿って保障されるべきである。

七、以上述べたとおり、外国人登録法第一四条は憲法、国際人権規約に違反するものであるから、被告人は無罪である。被告人の声こそ正義の声といってよい。そしてこの声は全国いたるこころで湧きあがり、現在知れている範囲での全国指紋押なつ拒否者はたちどころに一五名以上にもなった。しかもこの声は燎原の火のごとく全国六七万人の在日朝鮮人に拡がろうとしているのである。

　このような状況の中で今国会において、外登法一四条の指紋押捺義務はその対象者が一四才から一六才に、切替期間が三年から五年に、そして罰則の軽減と改正されているが、極めて不徹底に終わり、ごまかし以外の何ものでもない。

　指紋押なつ義務が国際人権規約に違反していることは明らかであり、政府は
ただちに外登法一四条の指紋押なつ義務をただちに撤廃する義務がある。にも
かかわらず、違法な外登法にもとづき、そして国民的非難の強い状況の中であ
えて被告人を起訴すること自体が公訴権の濫用であるから、本件公訴は棄却さ
れるべきである。

　最後に、全国民とりわけ全在日朝鮮人の注視するこの裁判の今後の進行につ
いては決して形式的審理にとどまることなく、在日朝鮮人の歴史から外登法の
本質へ、そして在日朝鮮人の人権と指紋押なつ制度の存在理由を明らかにして
ことこそ、事件の核心に触れることができるものであるということを指摘し
た。

昭和五七年九月三日

右　被告人　姜博

弁護人弁護士　　水谷　賢

同　　向田英生

同　　和田朝治

40. 주일대사관 공문—I.C.J 요청자료 송부

주일대사관

번호　일본(영)725-6666

일자　1982.9.11.

발신　주일대사

수신　장관

참조　아주국장

제목　I.C.J 요청자료 송부

　대: WJA-0922

　1. 대호로 지시하신 International Commission of Jurists 요청자료를 별첨
송부합니다.

　2. 동 자료는 여분이 없어 각2부 또는 3부씩 송부합니다.

첨부: 1. Koreans in Japan(October 1979) 2부
　　　2.　　　　　　〃　　　　(October 24, 1979) 2부
　　　3. Koreans in Japan(October 15, 1981) 2부
　　　4. Far Eastern Economic Review(August 20-26, 1982) 3부.　끝.

주일대사

41. 기안-재일교포 법적지위 관련 영문자료 송부

분류기호 문서번호 아일700-
시행일자 82.9.21.
기안책임자 동북아1과 박승무
경유수신참조 주제네바 대사
제목 자료송부

　　대: GVW-0903
　　대호로 요청한 재일교포 법적지위 관련 영문자료를 별첨과 같이 송부합
니다.
첨부: 1. Koreans in Japan(October 24, 1979) 1부
　　　2.　　　　　　〃　　　　(October 24, 1979) 1부
　　　3. Koreans in Japan(October 15, 1981) 1부
　　　4. Far Eastern Economic Review(August 20-26, 1982) 3부.　끝.

통일일보(82.9.21) 光と影の国際人権規約、発効から3年、日本の対応

43. 외무부 공문(발신전보)—외국인 교원 채용

외무부
번호 WJA-1009
일시 041725
발신 외무부장관
수신 주일대사
제목 외국인 교원 채용

    10.4자 국내 석간신문 보도에 의하면, 일 문부성은 지난10.2 전국의 교육위
에 대해 국공립 초·중·고교 교원에 종전대로 외국인을 채용하지 말도록 요망
하는 공문을 시달했다고 하는 바, 동보도의 사실 관계를 조사,보고 바람.
    (아일-)

44. 신문기사

동아일보(82.10.4) 日公立初中高 교사 外國人은 채용말라

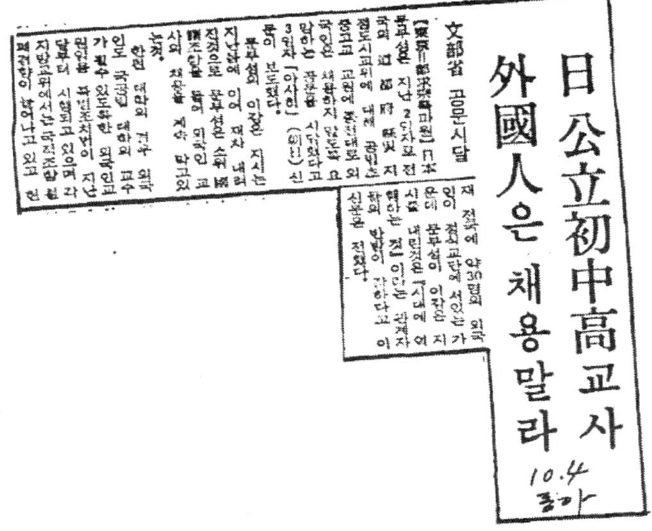

통일일보(82.10.5)　なぜ、また感情を刺激する—日本文部省の「公立校外国人教諭排除」をみて(社説)

報　　（THE TONG-IL ILBO）　　1982年10月5日 (火曜日)

日本公立学校教諭「外国人排除」は不当

文部省通知に反発高まる

大学認めたのに逆行だ

同胞・日本人団体、抗議へ

在日同胞にも国公立大学教授への道がようやく開かれ、在日同胞社会では、次は公立小・中・高教諭の門戸開放を、との要望・期待が高まっている折、日本文部省は二日までに全国の都道府県教育委員会に対し、公立学校の教諭に外国人を採用しないよう求める通知を文書で通達、大きな反発を買っている。同胞が文部省で外国人採用制限を求めてきた日本人団体からは、現実に次第として採用される同胞が増えているだけに、これらの現状は時代の流れに逆行する暴挙として反発の声が高まっている。

文部省段階で出された通知内容は、先月から施行すべきであるとの見解を打ち出すによって、国籍別採用などと、同行の通知にも限定される日本人に限られてきた「国籍条項」撤廃を求めてきた在日同胞ばかりでなく、現実に次第として採用される同胞が増えている。

在日同胞問題ばかりでなく、「国籍条項」撤廃を求めてきた日本人団体からの怒りの声も高まった。

しかし、その一方では文部省の...

「排外主義強めるもの」

45. 외무부 공문(착신전보)- 외국인 교원 채용문제의 신문보도에 대한 조사보고

외무부
번호 JAW-10097
일시 071605
수신시간 82.10.07. 15:20
발신 주일대사
수신 장관
제목

1. 관련 WJA-1009
2. 82.10.3 일자 아사히 신문의 +문부성은 전국의 도도 부현, 지정도시 교위에 대하여 공립의 초, 중, 고교교사로 외국인을 채용하지 말라는 통지문을 보냈다+라는 보도에 대하여 다음과 같이 보고함.
가. 통지문촬송의 사실 여부: 82.9.18 +수신: 도도부현, 지정도시교육위원회 교육장, 발신: 문부성 초중등 교육국 지방과장+으로 통지문이 발송됨
나. 통지문의 내용: 국공립대학에 있어서의 외국인 교원의 임용에 관한 특별조치법 시행의 통지와 공립초중고교의 교사의 취급은 변경된 것이 아니라는 내용(동 통지문 사본 추송)
다. 통지문 발송의 취지 :
일본에서는 공권력의 행사 또는 공적인 의사형성에 참여하는 공무원이 되기 위해서는 일본국적을 필요로 하는 공무원에 관한 법리에 따라 외국인이 공무원에 취임하는 것을 인정하지 않해왔으나 대학에 있어서의 진리 탐구에 훌륭한 인재를 국적을 불문하고 널리 구하기 위하여 국공립 대학에 있어서의 외국인 교원의 임용에 관한 특별조치법(82.9.1 법률89호)을 제정 시행하게 되었음을 통지하고 아울러 국공립 초중고교의 교사에 대해서는 종래와 같이 외국인의 임용을 인정하지 않는다는 것을 통지하기 위한 것임.
(일본교-아일, 문교부)

46. 주일대사관 공문- 외국인 교원 채용문제의 신문보도에 대한 조사보고

주일대사관

번호 일본(교)1077-512-7222
일자 1982.10.7.
발신 주일대사
수신 외무부장관
참조 아주국장
제목 외국인 교원 채용문제의 신문보도에 대한 조사보고

    1. 관련: 1009
    2. 82.10.3 일자 아사히 신문의 "문부성은 전국의 도도부현, 지정도시 교위에
대하여 공립의 초, 중, 고교 교사로 외국인을 채용하지 말라는 통지문을 보냈다"
라는 보도에 대하여 다음과 같이 보고합니다.
        가. 통지문발송의 사실 여부: 82.9.18 "수신: 도도부현, 지정도시교육위원회
            교육장, 발신: 문부성 초중등 교육국 지방과장"으로 통지문이 발송됨
        나. 통지문의 내용: 동 통지문 별첨
        다. 통지문 발송의 취지: 일본에서는 공권력의 행사 또는 공적인 의사형
            성에 참여하는 공무원이 되기 위해서는 일본국적을 필요로 하는 공
            무원에 관한 법리에 따라 외국인이 공무원에 취임하는 것을 인정하
            지 안해왔으나 대학에 있어서의 진리 탐구에 훌륭한 인재를 국적을
            불문하고 널리 구하기 위하여 "국공립 대학에 있어서의 외국인 교원
            의 임용에 관한 특별조치법"(82.9.1 법률89호)을 제정 시행하게 되었
            음을 통지하고 아울러 국공립 초중고교의 교사에 대해서는 종래와
            같이 외국인의 임용을 인정하지 않는다는 것을 통지하기 위한 것임.
    첨부: 문부성 통지문 "57초지 제39호(82.9.18) 사본1부. 끝.

    주일대사

46-1. 첨부–문부성 통지문 "57초지 제39호(82.9.18)

57初地第39号
昭和57年9月18日

都道府県・指定都市教育委員会教育長　殿

文部省初等中等教育局
地方課長　野崎　弘

国立又は公立のが大学における外国人教員の任用等に関する特別措置法及び同法の施行に関する通知について(送付)

　このたび、標記の法律が施行され、文部事務次官から同法の施行に関する通知が行われましたので参考までに送付します。
　なお、同法は、国公立大学の教授等への外国人の任用について、特別措置を講じたものであり、公立の小学校、中学校、高等学校等の教諭等についての取扱いを変更するものでないことを念のため申し添えます。

国立又公立の大学における外国人教員の任用等に関する特別措置法
昭和五十七年九月一日
法律第八十九号

(目的)
第一条　この法律は、国立又は公立の大学等において外国人を教授等に任用することができることとすることにより、大学等における教育及び研究の進展を図るとともに、学術の国際交流の推進に資することを目的とする。
　(外国人の国立又は公立の大学の教授等への任用等)
第二条　国立又は公立の大学においては、外国人(日本の国籍を有しない者をいう。以下同じ。)を教授、助教授又は講師(以下「教員」という。)に任用することができる。
2　前項の規定により任用された教員は、外国人であることを理由として、教授会その他大学の運営に関与する合議制の機関の構成員となり、その議決に加わることを妨げられるものではない。
3　第一項の規定により任用される教員の任期については、大学管理機関の定めるところによる。
　(外国人の国立大学共同利用機関等の職員への任用等)
第三条　国立学校設置法(昭和二十四年法律第百五十号)第三章の三及び三章の四に規

定する機関においては、外国人を国立の大学の教員に相当するこれらの機関の
職員又は当該機関の運営に関する重要事項について、当該機関の長に助言し、
若しくはその諮問に応ずる職員に任用することができる。

2 前条第三項の規定は、前項の規定により任用される職員について準用する。この
場合において、同条第三項中「大学管理機関」とあるのは、「文部省令で定めると
ころにより任命権者」と読み替えるものとする。

（解釈規定）

第四条　第二条第一項及び前条第一項の規定は、国立の大学及び同項に規定する機
関において国家公務員法(昭和二十二年法律第百二十号)第二条第七項に規定する
勤務の契約により教育又は研究に従事する外国人を採用することを妨げるもの
ではない。

　　　附則

（施行期日）

1 この法律は、公布の日から施行する。

（暫定措置）

2 第二条第三項中「大学管理機関」とあるのは、当分の間、「評議会(一個の学部を置
く大学又は一個の研究科を置く大学教育法(昭和二十二年法律第二十六号)第六十
八条の二の大学にあっては、教授会)の議に基づき学長」とする。

文人審第128号

昭和57年　9月13日

各国公立大学長
大学を設置する各地方公共団体の長　　　　　殿
各国立大学共同利用機関の長
大学入試センター所長

文部事務次官

三角哲生

国立又は公立の大学における外国人教員の任用等に関する
特別措置法の施行について(通知)

「国立又は公立の大学における外国人教員の任用等に関する特別措置法」(以下「法」という。)が、先に第96回国会において成立し、昭和57年法律第89号として、9月1日に公布され、同日から施行されました。

また、本法の施行に伴い、「国立又は公立の大学における外国人教員の任用等に関する特別措置法第三条第二項の規定に基づく国立大学共同利用機関において任用される外国人の国立の大学の教員に相当する職員等の任期に関する省令」(以下「国立大学共同利用機関外国人教員任期省令」という。)及び「国立又は公立の大学における外国人教員の任用等に関する特別措置法第三条第二項の規定に基づく大学入試センターにおいて任用される外国人の国立の大学教員に相当する職員等の任期に関する省令」(以下「大学入試センター外国人教員任期省令」という。)が、それぞれ昭和57年文部省令第31号及び昭和57年文部省令第34号として、いずれも9月13日に公布され、同日から施行されました。

本法は、大学等における教育及び研究の進展を図るとともに、学術に国際交流の推進に資するため、新たに、国立又は公立の大学等において、外国人を教授等に任用し得る道を開いたものであります。

従来、我が国では、公権力の行使又は公の意思の形成への参画に携わる公務員となるためには日本国籍を必要とするとの公務員に関する法理により、外国人が国立又は公立の大学の教授等に就任することは認められないところでありました。

しかしながら、大学における研究教育は、真理の探究を旨とし、世界に通ずる普遍的なものであり、したがつて、国際的に開かれたものであるべきであることにかんがみれば、すぐれた人材を国籍を問わず広く求め得る道を開くことは、今日、すべての大学に強く要請されているところであります。

本法は、このような観点に立って、前記の公務員に関する法理の特例措置を講ずるものとして制定されたものであります。本法の制定によって、大学等における国際交流が一層促進されるとともに、特に学問研究が国際的な拡がりをもって促進されることにより、その水準の一層の向上が期待されるところであります。

ついては、教授等の任用に当たつては、このような本法制定の趣旨が生かされるよう御配慮願います。また、本法及び省令の内容は下記のとおりでありますので、運用上遺憾のないようお取り計らい下さい。

なお、国立又は公立の小学校、中学校、高等学校等の教諭等については、従来

とおり外国人を任用することは認められないものであることを念のため申し添えま
す。

記

第1　国公立大学関係
　　1　国立又は公立の大学においては、外国人を教授、助教授又は講師(以下「教員」
　　　　という。)に任用することができることとされたこと(法第2条第1項)。なお、
　　　　外国人を学長、学部長等の管理職に任用することは、従来どおり、認められ
　　　　ないものであること。
　　2　外国人の教員は、外国人であることを理由として、教授会その他大学の運営
　　　　に関与する合議制の機関の構成員となり、その議決に加わることを妨げられ
　　　　るものではないこと(法第2条第2項)
　　3　外国人の教員の任期については、大学管理機関の定めるところに依ることと
　　　　されたこと(法第2条第3項)。この場合、「大学管理機関」は、当分の間、「評議
　　　　会(一個の学部を置く大学又は一個の研究科を置く学校教育法(昭和22年法律
　　　　第26号)第68条の2の大学にあっては、教授会)の議に基づき学長」とされたこ
　　　　と(法附則第2項)
第2　国立大学共同利用機関及び大学入試センター関係
　　1　国立大学共同利用機関及び大学入試センターにおいては、外国人を教授若し
　　　　くは助教授又は評議員若しくは運営協議員に任用することができることとさ
　　　　れたこと(法第3条第1項)。なお、外国人をこれらの機関の長等の管理職に任
　　　　用することは、従来どおり、認められない者であること。
　　2　1に揚げる者に係る任期については、次の通りとされたこと(法第3条愛2項)。
　　　(1)　国立大学共同利用機関関係
　　　　　ア　国立大学共同利用機関(岡崎国立共同研究機構を除く。)に於て任用さ
　　　　　　　れる外国人の教授及び助教授の任期は、運営協議員で構成する会議
　　　　　　　の議を経て当該機関の長が申し出たところにより、文部大臣が定め
　　　　　　　るところによること(国立大学共同利用機関外国人教員任期省令第2
　　　　　　　条第1項)。
　　　　　イ　岡崎国立共同研究機構において任用される外国人の教授及び助教授
　　　　　　　の任期は、機構に置かれるそれぞれの研究所の長の申出に基づき、
　　　　　　　機構の長が申し出たところにより、文部大臣が定めるところによる
　　　　　　　こと。研究所の長の申出に当たつては、当該研究所の運営協議員で
　　　　　　　構成する会議の議を経る者であること(国立大学共同利用機関外国人

教員任期省令第2条第2項)

　ウ　国立大学共同利用機関において任用される外国人の評議員及び運営
　　　協議員の任期は、それぞれ国立大学共同利用機関組織運営規則(昭和
　　　52年文部省令第12号)第3条第5項及び第5条5項の定めるところによる
　　　こと(国立大学共同利用機関外国人教員任期省令第3条)。

(2)　大学入試センター関係

　ア　大学入試センターにおいて任用される教授及び助教授の任期は、運
　　　営協議員で構成する会議の議を経て大学入試センター所長が申し出
　　　たところにより、文部大臣が定めるところによること(大学入試セン
　　　ター外国人教員任期省令第2条第1項)。

　イ　大学入試センターにおいて任用される外国人の評議員及び運営協議
　　　員の任期は、それぞれ大学入試センター組織運営規則(昭和52年文部
　　　省今第20号)第5条第5項及び第6条第5項の定めることろによること
　　　(大学入試センター外国人教員任期省令第3条)。

47. 외무부 공문(착신전보)–하따노 법상 예방

외무부
관리번호 82-1313
번호 JAW-12109
일시 071525
수신시간 82.12.07. 12:27
발신 주일대사(일정)
수신 장관(아일)
제목 하따노 법상 예방

　　금 12.7 본직은 하따노 법상을 신임축하차 예방한 바 면담요지 하기와 같이
보고함.

　　1. 본직은 먼저 신임을 축하하고 지금까지와 다름없이 한일 친선강화를 위하
여 협력하여 줄 것과 특히 재임중 70만 재일교포의 법적지위 향상을 위하여
지원하여 줄 것을 요청하였음.

2. 이에 대하여 동인은 한일간에는 금후 관계 강화를 위한 적극적인 움직임
이 있을 것이 아닌가 전망하고 자신으로서는 재일한국인 관계 등 문제가 있을
경우 알려주면 적절히 조정하여 한일 우호강화를 위해 노력하겠다고 답하였음.
끝.

48. 주일대사관 공문–재일한국인의 권익 향상 관련 자료

주일대사관
번호 일본(영)725-8689
일시 1982.12.9.
발신 주일대사
수신 장관
참조 영사교민국장
제목 재일한국인의 권익 향상 관련 자료

　　재일 거류민단에서 추진중인 재일한국인의 권익에 관한 요망서(제4차)를 별
첨 송부하오니 참고하시기 바랍니다.
　　첨부: 자료1부.　끝.

주일대사

48-1. 첨부–재일한국인의 권익에 관한 요망서

在日韓国人の権益に関する要望書

(第四次)

一九八二年六月　　　日

在日本大韓民国居留民団

　　　　殿

目次

一、在日韓国人の法的地位及び待遇に関する協定の改定

二、外国人登録法の改正

三、出入国管理法の改正

四、公務員採用

五、社会保障の全面適用

六、韓国の呼称について

七、「韓国語」講座の開設

八、教科書問題

はじめに

　在日韓国人の八五％以上は日本生まれの日本育ちである。いわゆる二世・三世であり、全ての面で日本の社会に完全に定着しております。しかしながら在日韓国人は、日本社会のあらゆる部分で、いわれのない差別に苦しんでいます。この差別を解消することは、一人在日韓国人のためのみならず、日本社会の国際化、韓日友好に不可欠であります。

　在日韓国人は、こうした点を勘案しながらすでに長期間にわたってこれらの差別を撤廃し、在日韓国人の権益増進を図るため、「権益運動」を展開してきました。この権益運動を推進していくにあたってわれわれは、日本の差別状況を行政差別と意識差別とに区分し、まずは行政差別を同運動によって撤廃することが先決であると考え、五つの具体的項目を挙げてその改善を要望してきたのであります。それが「要望書」の第一次、第二次、第三次に示された内容であります。すなわち、(1)住宅入居の差別撤廃、(2)金融差別撤廃、(3)国民年金をはじめとした社会保障制度の全面適用、(4)公務員採用、(5)外国人登録法及び出入国管理令の改正の五項目であります。

　幸いにして、これら五項目の要望に対して地方自治体をはじめ、中央省庁、国会議員、そして一般の方々の理解を得ることができ、多大の成果を挙げることができました。それはつぎのような法改正及び差別撤廃措置であります。

　一、住宅公団及び公営住宅入居の差別撤廃措置(八〇年四月一日実施、建設省通

達)

二、国民金融公庫及び住宅金融公庫の貸付差別撤廃措置(八〇年四月一日実施、
　　大蔵省通達)

三、外国人登録法の一部改正(八〇年十月一日及び八二年十月一日実施、法改正)

四、出入国管理令の一部改正(八二年一月一日実施、法改正)

五、国民年金法の一部改正(国籍条項の撤廃のみ)と児童手当関連三法の一部改正
　　(八二年一月一日実施、法改正)

以上の状況であります。

しかしながら、これらの行政上の措置はわれわれの要望するところのほんの一部を満すのみであり、在日韓国人が日本社会において一般の社会人として生きていく基本的要件とは、まだかなりの距離があります。

われわれの権益運動は、この社会に在日韓国人に対する差別がある限り続けられるものであります。その運動は、納税をはじめとした諸義務に対する見返りとしての住民の権利を要望するものであり、その方法は民主主義のルールにのっとっております。そして、その基本精神は日本国憲法と韓日法的地位協定の精神であり、国際人権規約に示された精神であります。

以上のことから、われわれはとくに次に列挙する事項を要望するものであります。

一、在日韓国人の法的地位及び待遇に関する協定の改定

在日韓国人に対する法的地位協定は、「在日韓国人が日本の社会秩序の下で安定した生活を営むことができるようにすることが、両国間及び両国民間の友好関係の増進に寄与することを認めて、次のとおり協定した」とその前文で述べ、協定永住許可の付与などを明記しています。しかしながら、同協定締結から十七年が経過して、在日韓国人の実態にそぐわない条項が出はじめております。そこでわれわれは日本国政府に同協定の改定交渉を積極化する様要望するとともに、同交渉において同協定の条文を次のように改定することを要望するものです。

(1)、協定の条文中にある「永住を許可する」条文を「永住権を付与する」という文句に転向すること。

(2)、第二条の主旨に基き、大韓民国国民の日本における居住については、「直系卑属の子孫に永住権を付与する」とすること。

(3)、韓国籍をもって一般永住を許可されたものは、一定期間日本に永住すれば

これに協定永住権を付与できるようにすること。

(4)、外国人登録特別法の制定

(5)、第四条に、公共住宅入居、公的金融の融資、社会保障の全面適用、公務員
　　採用などを条文に追加挿入するとこと。

(6)、第四条に、他方自治参与を認める条文を追加挿入すること。

(7)、第四条に、在日韓国人の民族教育に関する事項を追加挿入すること。

二、外国人登録法の改正

(1)、「外国人登録特別法」の制定

在日韓国人は日本国憲法が制定される以前から日本に居住している「住民」であります。納税の義務もはたしている住民である在日韓国人を、数日、あるいは数ヶ月で自国に帰る一般の外国人旅行者と同一の法規によって律することは基本的に矛盾があります。その矛盾は外国人登録法において特に顕著であります。そこで在日韓国人には、韓日法的地位協定の発効に伴って「出入国管理特別法」が制定された如く、「外国人登録特別法」の制定が強く望まれます。

(2)、外国人登録証明書の常時携帯と呈示義務の免除

在日韓国人に対して、登録証の常時携帯や呈示を求めることは、すでに実質上なんの意味もない行政行為となっております。早急にこれらの行政行為はやめるべきであります。

(3)、切替毎の指紋押捺義務の廃止

一般の外国人旅行者と違い、言語を含め全ての面で日本人と何ら変るところのない在日韓国人は、証明書の切替え(確認)毎に指紋押捺をする必要はありません。そこで、例えば刑法上の成人である満二十歳になった時に、一度だけ指紋押捺を確認するということにすべきです。指紋は一生不変のものである以上、その確認も一生に一度でいいはずであります。

(4)、登録証明書の切替(確認)制度の改正

在日韓国人は永住許可まで受けて、日本への永住を決意しているのですから、現行の各個人五年毎の画一的切替は不必要であると思います。世帯単位の申請または代理申請等、切替制度を大幅に緩和すべきであります。

(5)、登録事項の簡素化

現行の外国人登録事項は二十項目の多数に及んでおります。在日韓国人は日本に永住を決意している「住民」なのでありますから、その登録事項も住民基本台帳な

みに簡素化すべきであります。

(6)、登録法の刑罰規定の廃止

在日韓国人は一方で住民として納税の義務を負わされておりますが、一方では登録証の不携帯というウッカリミスでも罰金二十万円を課せられる刑罰規定で管理されております。たとえ外国人であっても、在日韓国人は住民として正当にあつかわれるべきで、登録法上の刑罰規定を廃止し、住民基本台帳と同様の罰則規定に改正すべきであります。

三、出入国管理法の改正

(1)、永住者の退去強制制度の廃止

協定永住者及び一般永住者はその永住許可を取得した主旨からして、また日本国憲法制定以前からの住民であったことからして、さらには家族など全ての生活基盤が日本にあることなどからして、日本国民に退去強制制度が適用されないように、在日韓国人に対して同制度を廃止すべきであります。

(2)、潜在居住者の処遇についての要望

潜在居住者の中には、人道問題として対処すべきケースが多々あります。長年の潜在居住ですでに日本に生活基盤をもつこれらの人びとに対して、特別の配慮がなされるべきであります。とくに難民条約が批准され、アメリカでもこの種の問題解決に先例を見るとき、日本で前進的に取り組むべきであります。

四、公務員採用

(1)、国家・地方公務員採用

国家公務員法第三十八条、地方公員法第十六条、一九五五年三月八日付人事院事務総長の見解からして、在日韓国人が公務員に任用することに法的支障はないはずであります。また、昭和五十四年四月十三日付内閣衆質八十七第十三号の内閣総理大臣の答弁書によってもその主旨は確認されております。われわれは国際人権規約A規約第六条に示されている通り、公務員への任用を要望するものであります。

(2)、教育

現在日本の小・中・高校に在学する在日韓国人の児童・生徒は、四万余校に八万九千余人の多きにのぼっております。こうした点からしても在日韓国人の教員任用への道を積極的に開くべきであります。幸いにして、東京都をはじめ大阪府、三重県など、全国二十五の都府県では、すでに二十八人の在日韓国人を教員に任用しております。今後ともより一層任用の門戸を開放するよう要望するものであります。

(3)、国公立大学教員

国公立大学教員には、第九十六回国会で法律が制定され、この九月一日から基本的に在日韓国人も任用されるようになりました。しかし、同法律によりますと、総長や学長等の管理職登用の道が不明確でありますので、その登用に明確にすることを望むものであります。

(4)、地方自治体

地方自治体の職員は、われわれ在日韓国人の生活と密着している職域であることを勘案すれば、無条件で解放すべきものであると考えます。

五、社会保障の全面適用

(1)、国民年金の全面適用

国民年金制度は、国民皆年金の思想から出発したものであることからして、行政上の都合によって未適用の人たちが存在することがあってはならないと考えます。在日韓国人には年金法の改正によって三十五歳未満の人たちには適用の道が開かれたものの、三十五歳以上の人たちは未適用となっております。国民年金制度発足当時三十五歳以上の人たちに対して実施した経過措置を、在日韓国人の三十五歳以上の人たちにもとるべきであります。

(2)、民生委員など

在日韓国人は、その特種な存在経緯などから日本人には理解できないような悩みがあります。こうした人たちの悩みを聞き、社会復帰等を促す民生委員、児童委員、人権擁護委員などに、在日韓国人を委嘱することを考慮すべきであります。それは、日本の民主社会への在日韓国人の積極的参加の姿勢であります。

六、韓国の呼称について

韓国は、一九四八年十二月十二の国連総会決議第一九五号(3)によって「韓半島における唯一合法政府である」と認定された独立国であります。日本国も、一九六五年十二月十八日韓日基本条約締結の国会批准によってこれを認めています。こうした点を踏まえて、今後われわれにかかわる呼称は全て、「大韓民国」あるいは「韓国」、「韓半島」、「韓国人」など、韓国内で使用している用語に準じて公式用語にして頂きたいと考えます。

七、「韓国語」講座の開設

　NHKが視聴者に対して外国語講座を開設する理由は、言語を通して外国の文化と意思の正確な疎通を図り、友好親善を増進するためだと考えられます。日本にとって最も近い友好国である韓国語講座がNHKにないことは理解しかねます。韓国のKBSは八一年一月からすでに日本語講座を開設していることからしても、NHKは早急に「韓国語講座」を開設すべきであると考えます。

八、教科書問題

　われわれは、日本社会において子弟の教育を行っております。特にその大多数は日本の学校で学んでおります。その学校教育の中での歴史教育がわれわれの民族の正しい歴史を無視して、いちじるしく歪曲されていることに驚かざるを得ません。われわれは韓国歴史編さん委員会の見解が正しいものと信じております。早急に歴史教科書の是正を願うものであります。

おわりに

　われわれの運動は、居住地域の個人を単位とする住民運動であります。以上列挙した要望は中央省庁に関連するものでありますが、われわれは運動の方針としてまず地方自治体にこれらを要望、中央への集大成を期するものであります。
　地方自治体は、こうしたわれわれの要望を地域住民要望としてこれを受理し、行政上の措置として上級省庁にこの旨を上申されるよう強く求めるとともに、とくに知事会、市長会、町村長会、県議長会、町村議長会を通じて決議事項とし、関係各中央省庁に通告する方式が望ましいと思います。
　地方自治体のみなさんの理解と支持をとくに願うものであります。

49. 주일대사관 공문—재일한국인의 권익 향상 관련 자료

주일대사관
번호 일본(영)725-8985
일자 1982.12.20.
발신 주일대사
수신 장관
참조 영사교민국장
제목 재일한국인의 권익 향상 관련 자료

　　　연: 일본(영) 725-8689
　　82.12.17. 재일 민단 권익옹호 소위원회는 연호 재일한국인의 권익에 관한
요망서 내용 중 5페이지(3) 항 내용을 별첨과 같이 수정키로 결정하였음을 보고
합니다.
　　첨부: (3)항의 수정 내용

주일대사

49-1. 첨부—(3)항의 수정 내용

(3) 諮問押捺義務の廃止
　　一般の外国人旅行者と違い、言語を含め全ての面で日本人と何ら変るところの
ない在日韓国人は指紋押捺の必要はないと考えます。

50. 외무부 공문(착신전보)—한국식 이름 부르기 캠페인

외무부
번호 JAW-12455
일자 291803

수신시간 82.12.29. 21:38
발신 주일대사(일정1등 조상훈)
수신 장관(아일)
제목 한국식 이름 부르기

　　　대: WJA-12234
　　　대호 외무성 북동아과에 확인한 바 외무성은 최근 북동아과가 중심이 되어
성내 및 정부기관 관계자가 한국인 인명을 가급적 한국식으로 부르도록 캠페인
을 벌리고 있으며 현재까지는 외무성내에 동 문제에 관해 특별히 상부 재가나
문서가 배포된 일은 없으나 한국인 인명의 구체적인 표기방법 등 실효적인 홍보
요령 등에 관하여 명년도에 들어가 연구 검토코자 하고 있다 함.

51. 외무부 공문(착신전보)–한국식 이름 부르기 캠페인

외무부
번호 WJA-12234
일시 291600
발신 장관(아일)
수신 주일대사/총영사
제목 한국식 이름 부르기

　　　금 12.29자 국내신문 보도에 의하면, 일 외무성은 내년1.1부터 한국인의 이
름을 한국식 발음으로 부르기로 결정하였음을 발표했다고 하는 바, 동 보도의
사실관계를 조사, 보고바람.

부록

역대 외무부 장관과 주일대사 명단, 대사관 정보

해방이후 재일한인 외교문서 해제집

┃제10권┃ (1980~1984)

1. 역대 외교부장관 명단

정부	대수	이름	임기
이승만 정부	초대	장택상(張澤相)	1948년 8월 15일 ~ 1948년 12월 24일
	2대	임병직(林炳稷)	1948년 12월 25일 ~ 1951년 4월 15일
	3대	변영태(卞榮泰)	1951년 4월 16일 ~ 1955년 7월 28일
	4대	조정환(曺正煥)	1956년 12월 31일 ~ 1959년 12월 21일
허정 과도내각	5대	허정(許政)	1960년 4월 25일 ~ 1960년 8월 19일
장면 내각	6대	정일형(鄭一亨)	1960년 8월 23일 ~ 1961년 5월 20일
국가재건최고회의	7대	김홍일(金弘壹)	1961년 5월 21일 ~ 1961년 7월 21일
	8대	송요찬(宋堯讚)	1961년 7월 22일 ~ 1961년 10월 10일
	9대	최덕신(崔德新)	1961년 10월 11일 ~ 1963년 3월 15일
	10대	김용식(金溶植)	1963년 3월 16일 ~ 1963년 12월 16일
제3공화국	11대	정일권(丁一權)	1963년 12월 17일 ~ 1964년 7월 24일
	12대	이동원(李東元)	1964년 7월 25일 ~ 1966년 12월 26일
	13대	정일권(丁一權)	1966년 12월 27일 ~ 1967년 6월 29일
	14대	최규하(崔圭夏)	1967년 6월 30일 ~ 1971년 6월 3일
제4공화국	15대	김용식(金溶植)	1971년 6월 4일 ~ 1973년 12월 3일
	16대	김동조(金東祚)	1973년 12월 4일 ~ 1975년 12월 18일
	17대	박동진(朴東鎭)	1975년 12월 19일 ~ 1980년 9월 1일
전두환 정부	18대	노신영(盧信永)	1980년 9월 2일 ~ 1982년 6월 1일
	19대	이범석(李範錫)	1982년 6월 2일 ~ 1983년 10월 9일
	20대	이원경(李源京)	1983년 10월 15일 ~ 1986년 8월 26일
노태우 정부	21대	최광수(崔侊洙)	1986년 8월 27일 ~ 1988년 12월 5일
	22대	최호중(崔浩中)	1988년 12월 5일 ~ 1990년 12월 27일
	23대	이상옥(李相玉)	1990년 12월 27일 ~ 1993년 2월 26일
김영삼 정부	24대	한승주(韓昇洲)	1993년 2월 26일 ~ 1994년 12월 24일
	25대	공로명(孔魯明)	1994년 12월 24일 ~ 1996년 11월 7일
	26대	유종하(柳宗夏)	1996년 11월 7일 ~ 1998년 3월 3일

	27대	박정수(朴定洙)	1998년 3월 3일 ~ 1998년 8월 4일
김대중 정부	28대	홍순영(洪淳瑛)	1998년 8월 4일 ~ 2000년 1월 14일
	29대	이정빈(李廷彬)	2000년 1월 14일 ~ 2001년 3월 26일
	30대	한승수(韓昇洙)	2001년 3월 26일 ~ 2002년 2월 4일
	31대	최성홍(崔成泓)	2002년 2월 4일 ~ 2003년 2월 27일
노무현 정부	32대	윤영관(尹永寬)	2003년 2월 27일 ~ 2004년 1월 16일
	33대	반기문(潘基文)	2004년 1월 17일 ~ 2006년 11월 9일
	34대	송민순(宋旻淳)	2006년 12월 1일 ~ 2008년 2월 29일
이명박 정부	35대	유명환(柳明桓)	2008년 2월 29일 ~ 2010년 9월 7일
	36대	김성환(金星煥)	2010년 10월 8일 ~ 2013년 2월 24일
박근혜 정부	37대	윤병세(尹炳世)	2013년 3월 13일 ~ 2017년 6월 18일
문재인 정부	38대	강경화(康京和)	2017년 6월 18일 ~ 2021년 2월 8일
	39대	정의용(鄭義溶)	2021년 2월 9일 ~ 2022년 5월 11일
윤석열 정부	40대	박진(朴振)	2022년 5월 12일 ~ 2024년 1월 10일
	41대	조태열(趙兌烈)	2024년 1월 10일 ~ 2025년 7월 18일
이재명 정부	42대	조현(趙顯)	2025년 7월 19일 ~

2. 역대 주일대사 명단

정부	대수	이름	임기
제3공화국	초대	김동조(金東祚)	1966년 01월 07일 ~ 1967년 10월
	2대	엄민영(嚴敏永)	1967년 10월 30일 ~ 1969년 12월 10일
	3대	이후락(李厚洛)	1970년 02월 10일 ~ 1970년 12월
	4대	이호(李澔)	1971년 01월 21일 ~ 1973년 12월
제4공화국	5대	김영선(金永善)	1974년 02월 09일 ~ 1978년 12월
	6대	김정렴(金正濂)	1979년 02월 01일 ~ 1980년 08월
	7대	최경록(崔慶祿)	1980년 09월 26일 ~ 1985년 10월
제5공화국	8대	이규호(李奎浩)	1985년 11월 14일 ~ 1988년 04월
노태우 정부	9대	이원경(李源京)	1988년 04월 27일 ~ 1991년 02월
	10대	오재희(吳在熙)	1991년 02월 19일 ~ 1993년 04월
김영삼 정부	11대	공로명(孔魯明)	1993년 05월 25일 ~ 1994년 12월
	12대	김태지(金太智)	1995년 01월 20일 ~ 1998년 04월
김대중 정부	13대	김석규(金奭圭)	1998년 04월 28일 ~ 2000년 03월
	14대	최상용(崔相龍)	2000년 04월 17일 ~ 2002년 02월
	15대	조세형(趙世衡)	2002년 02월 06일 ~ 2004년 03월
노무현 정부	16대	라종일(羅鍾一)	2004년 03월 05일 ~ 2007년 03월 17일
	17대	유명환(柳明桓)	2007년 03월 23일 ~ 2008년 03월 15일
이명박 정부	18대	권철현(權哲賢)	2008년 04월 17일 ~ 2011년 06월 06일
	19대	신각수(申珏秀)	2011년 06월 10일 ~ 2013년 05월 31일
박근혜 정부	20대	이병기(李丙琪)	2013년 06월 04일 ~ 2014년 07월 16일
	21대	유흥수(柳興洙)	2014년 08월 23일 ~ 2016년 07월 01일
	22대	이준규(李俊揆)	2016년 07월 08일 ~ 2017년 10월 27일
문재인 정부	23대	이수훈(李洙勳)	2017년 10월 31일 ~ 2019년 05월 03일
	24대	남관표(南官杓)	2019년 05월 09일 ~ 2021년 01월 17일
	25대	강창일(姜昌一)	2021년 01월 22일 ~ 2022년 06월 23일
윤석열 정부	26대	윤덕민(尹德敏)	2022년 07년 16일 ~ 2024년 08월 05일
	27대	박철희(朴喆熙)	2024년 08월 09일 ~ 2025년 07월 14일
이재명 정부	28대	이혁(李赫)	2025년 09월 26일 ~

3. 주일 대사관 및 총영사관 창설 시기

주일본 대한민국 대사관	1965년 도쿄에 창설
주고베 총영사관	1966년 5월 창설, 1974년 5월 7일 총영사관 승격
주나고야 총영사관	1966년 5월 창설, 1974년 5월 총영사관 승격
주니가타 총영사관	1978년 4월 창설
주삿포로 총영사관	1966년 6월 총영사관 창설
주센다이 총영사관	1966년 9월 창설, 1980년 5월 총영사관 승격
주오사카 총영사관	1949년 사무소 창설, 1966년 총영사관 승격/현재 임시 청사
주요코하마 총영사관	1966년 5월 25일 창설
주히로시마 총영사관	1966년 5월 시모노세키 총영사관 창설 및 폐관(1996년 12월), 1977년 1월 히로시마 총영사관 개관
주후쿠오카 총영사관	1946년 9월 사무소 개설, 1966년 1월 총영사관 승격

4. 주일 대사관 및 총영사관 소재지

주일본 대한민국 대사관	東京都 港区 南麻布 1-7-32 (우-106-0047)
주고베 총영사관	兵庫県 神戸市 中央区 中山手通 2-21-5 (우-650-0004)
주나고야 총영사관	愛知県 名古屋市 中村区 名駅南 1-19-12 (우-450-0003)
주니가타 총영사관	新潟市 中央区 万代島 5-1 万代島ビル 8階 (우-950-0078)
주삿포로 총영사관	北海道 札幌市 中央区 北2条 西12丁目 1-4 (우-060-0002)
주센다이 총영사관	宮城県 仙台市 青葉区 上杉 1丁目 4-3 (우-980-0011)
주오사카 총영사관	大阪市 中央区 久太郎町 2-5-13 五味ビル (우-541-0056)
주요코하마 총영사관	神奈川県 横浜市 中区 山手町 118番地 (우-231-0862)
주히로시마 총영사관	広島市南区翠5丁目9-17 (우 734-0005)
주후쿠오카 총영사관	福岡市 中央区 地行浜 1-1-3 (우-810-0065)

이경규	동의대학교 일본학과 교수, 동아시아연구소 소장
이행화	동의대학교 동아시아연구소 연구교수
이재훈	동의대학교 동아시아연구소 연구교수
김선영	동의대학교 동아시아연구소 연구교수

이 저서는 2020년도 정부(교육부)의 재원으로 한국연구재단의 지원을 받아 수행된 연구임. (NRF-2020S1A5C2A02093140)

해방이후 재일한인 외교문서 해제집

┃제10권┃ (1980~1984)

초판인쇄　2026년 01월 21일
초판발행　2026년 01월 30일

편　　자　동의대학교 동아시아연구소
저　　자　이경규 이행화 이재훈 김선영
발 행 인　윤석현
발 행 처　박문사
등록번호　제2009-11호
책임편집　최인노

우편주소　서울시 도봉구 우이천로 353 성주빌딩
대표전화　(02) 992-3253(대)
전　　송　(02) 991-1285
전자우편　bakmunsa@hanmail.net

ⓒ 동의대학교 동아시아연구소 2026 Printed in KOREA

ISBN 979-11-7390-028-0　　94340　　　　　　　　　**정가** 50,000원
　　　　979-11-92365-24-5　　(Set)